北京法官审判业务丛书

法律的道路

THE PATH OF THE LAW

中国应用法学研究方法论

Research Methodology of Chinese Applied Jurisprudence

李俊晔·著

人民法院出版社

图书在版编目（CIP）数据

法律的道路：中国应用法学研究方法论 / 李俊晔著
. -- 北京：人民法院出版社，2019. 11
（北京法官审判业务丛书）
ISBN 978-7-5109-2560-3

Ⅰ. ①法…　Ⅱ. ①李…　Ⅲ. ①法学—研究方法—中国
Ⅳ. ①D920.0-3

中国版本图书馆CIP数据核字（2019）第110646号

法律的道路：中国应用法学研究方法论

李俊晔　著

策划编辑	李安尼
责任编辑	赵芳慧
出版发行	人民法院出版社
地　　址	北京市东城区东交民巷 27 号（100745）
电　　话	（010）67550628（责任编辑）67550558（发行部查询） 65223677（读者服务部）
客 服 QQ	2092078039
网　　址	http：//www.courtbook.com.cn
E－mail	courtpress@sohu.com
印　　刷	三河市国英印务有限公司
经　　销	新华书店

开　　本	787 毫米 ×1092 毫米　1/16
字　　数	380 千字
印　　张	24.5
版　　次	2019 年 11 月第 1 版　2025 年 6 月第 5 次印刷
书　　号	ISBN 978-7-5109-2560-3
定　　价	79.00 元

《北京法官审判业务丛书》编委会

总 序

时代呼唤人才，人才成就伟业。进入新时代，北京市法院更加重视人才在法院各项工作中的全局性、基础性和先导性作用，着眼于打造全国法院的审判业务、审判研究、改革创新和人才聚集“四大高地”，研究制定了《新时代推动首都法院高质量发展人才支撑行动计划（2018年—2022年）》，系统化推进首都法院审判人才建设，努力为实现首都法院高质量可持续发展提供战略支撑。

为进一步将人才队伍建设落在实处，经北京市高级人民法院党组研究，决定结合领军型人才、专家型人才、复合型管理人才、优秀青年人才、优秀审判团队和特色人才高地“六个层面”的人才队伍体系建设，鼓励各类人才积极加强审判业务研究、改革创新研究，并将优秀的研究成果汇集成《北京法官审判业务丛书》，以期进一步指导和推动审判业务和改革创新工作，促进更多的审判人才脱颖而出。

对于领军型人才，包括全国审判业务专家、北京市有突出贡献的科学技术管理人才等，研究重点为首都法院重大任务、重大改革或重要基础性问题的推进或突破。对于专家型人才，包括北京市审判业务专家、北京市法院司法实务研究专家、北京市法院信息技术专家等，研究重点为审判或执行工作规律的探索等方面。对于既懂专业又懂管理的复合型管理人才，包括全市三级法院的院级和庭室层面管理人才，研究重点在审判或执行管理、司法行政管理或队伍建设等方面。对于优秀青年人才，主要包括北京市司法业务技能比赛标兵（含法官、法官助理和书记员）、各院的院级审判业务专家、国家法官学院北京分院兼职教师等优秀青年人才和专家型后备人才，研究重点为审判或执行方法经验、应用法学研究等方面。对于优秀人才团队，包括优秀审判团队和执行团队等，研究重点在团队建设规律探索、经验做法交流等方面。对于特色人才高地，突出知识产权、涉外商事、金融、互联网审判等特色，研究重点在探索特色审判规律、发挥人才高地的辐射带动作用等方面。

丛书的编辑和出版工作，始终坚持中国特色社会主义法治方向，严格遵循北京市高级人民法院党组提出的“最高标准、最严要求、最好效果”，成熟一本，出版一本。编入丛书的书籍，都是作者们多年审判工作的积淀，也是首都法院司法实务的精华，既强调实践性，更突出思想性，而不局限于解释论的视角，目的在于历经岁月更迭仍不失指导价值。

智者顺势而谋，人才应时而兴。希望更多的法院人受丛书的启发，身体力行审判事业和司法改革实践，妙笔生花记录审判经验和探索感悟，孜孜不倦求精进，留得华章启后人，以更多更好的作品，为中国的应用法学研究和法治建设贡献智慧和力量。

北京市高级人民法院

二〇一九年十一月

书剑双修，知行合一
——在法院做学问以致良知的法治中国梦

来自马克思主义认识论的人生智慧

社会主义法治中国梦，是我们进入法院的初心，也是坚守审判事业的信念。在法律的道路上，我们如何精彩前行？古今中外，让我们景仰的法律界泰斗，何以为贤？他们是法官中最有学问的，同时又是学者中最会办案的。伟大先贤成功之道，就蕴含于实践与认识辩证统一关系中。这个哲学原理，一字千金，人生至理。如何写好论文？专注于技巧，就误入歧途。写论文的背后是做研究、搞科研，终极秘密就在于知行合一的哲学原理。

党的十九大报告指出："时代是思想之母，实践是理论之源。"审判实践和学术研究就是司法能力的双翼，二者相互促进并一体融合，是致良知的根本之道。良知是时代的产物，习近平新时代中国特色社会主义思想就是我们这个时代的指导思想，指引司法实践以致良知。透过每一个司法案件的缩影来阅读社会，积累真情况，抽象"真问题"；进而通过应用法学理论研究探索社会规律和司法规律，努力创新对社会生活、法治建设有实用价值的"真学问"。我深切体会到，法院的学术讨论会是一场大智慧、真学问的汇聚。脱颖而出的，一定是能够对中国的司法实践有所推进、对中国的应用法学研究卓有贡献的真知灼见。

每届全国法院学术讨论会的一等奖作品都会受到广泛关注。其实包括我在内，很多一等奖作者并没想到自己会获奖，只是想把一些真问题研究透，获奖只是副产品。对待获奖，不可急功近利。功利是眼前的东西，会让我们看不清远方梦想。我的获奖论文是一个系列，涉及事实认知、证明逻辑、经验法则、社会效果、裁判方式等。这些问题都是让我忧心、也让大家困惑的实践难题。作为国家法官学院北京分院兼职教师，我每年会讲授一些司法实务的课程。我的授课内容都是从研究成果转化而来，在授课中与大家讨论，以获取共识，将研究之“知”转化为审判之“行”，并接受司法实践的检验。我有个小梦想，将司法方法系列难题各个击破，开创法学方法论新境界。习近平总书记讲：“干事业好比钉钉子。钉钉子往往不是一锤子就能钉好的，而是要一锤一锤接着敲，直到把钉子钉实钉牢，钉牢一颗再钉下一颗，不断钉下去，必然大有成效。如果东一榔头西一棒子，结果很可能是一颗钉子都钉不上、钉不牢。”“发扬钉钉子精神，就要一张蓝图绘到底。”把司法方法研究到底，十年不够，也许二十年，磨出一把利剑，奉献给亲爱的法官同道，奉献给我热爱的司法事业。

十年来我的个人成长，受益于北京法院的培养，受益于全国法院学术讨论会平台的培育。知恩当图报，我每年帮助北京法院和全国兄弟法院指导学术论文。我力争从一篇篇论文中总结出规律来，发现一些论文没获大奖，病根就是知、行“两张皮”。我们一定要避免写两种文章：一种是教条式的文章，空谈理论，不接地气。这些文章的问题不是从实践中来的，是从别人的认识中来的。马克思主义者认为，好的理论发端于实践，揭示的是实践的规律。另一种是经验式的论文，就事论事，不见规律。或只看表面现象，或猜测原因不加论证，不求甚解，是害人的学问。上述两种都是知与行不统一的主观主义。

毛主席多次强调，要以做学问的方式搞政治、以做学问的方式搞治理。老一代革命家写文章，是为了名扬天下获大奖吗？当然不是，是为中国革命、中国人民解决实践难题。一篇篇光辉文章，不同于王明脱离实际而教条空谈马列主义，也不同于不学无术、不求规律而凭经验瞎指挥；这就是习近平总书记讲的学、思、用贯通的道路，知、信、行统一的道路。知即做学问，信即讲政治，行即干工作。深刻领悟老一代革命家文风，我们发现，讲政治、干工作、做学问，其实是一回事，就是知行合一，达到致良知的境界。良知，就是马克思主义立场、观点和方法。马克思主义不是用来高调门表忠心的，也不是用来引经据典装饰文章的，而是致良知的思想武器。

中国司法实践生长出中国法学理论

什么是“问题意识”？这个问题本身就是个有很大问题的问题。我在毛泽东同志《矛盾论》《关于农村调查》等著作中领悟到一些关于观察问题的世界观和研究问题的方法论，尝试将“问题意识”放到实践与认识辩证关系中思考，发现“问题意识”是动态多层次的问题。毛泽东同志在《关于农村调查》中谈到如何认识延安：“当我们观察一件事物时，第一步的观察只能看到这件事物的大体轮廓，形成一般概念。好比一个初来延安的人，开始他对延安的认识只是一般的、笼统的。可是当他参观了抗大、女大以及延安的各机关学校之后，他采取了第二个步骤，用分析方法把延安的各部分有秩序地加以细细的研究和分析。然后第三步再用综合法把对各部分的分析加以综合，得出整体的延安。”研究问题，也要逐渐深入。借鉴毛泽东同志调查研究的方法，我把问题意识归纳为具有操作性的三个层次。

第一个层次是实践导向、深挖问题，是那些我们看到的零碎的、表象的问题；而且这些问题一定是有困难的、不如意的、负能量的。那些好的亮点工作、正常运转的工作，不需要动脑筋解决，不属于问题。但这也不是绝对的，问题意识还表现为居安思危的忧患意识。不要理所当然地认为平时工作面临的、生活中遇到的一些问题都是理所当然。要从中发现问题，以批判精神发现一些不对劲的地方。如何炼成敏锐的眼光？首先要从甘当小学生的精神做起。毛泽东同志讲，关于调查研究，“没有满腔的热忱，没有眼睛向下的决心，没有求知的渴望，没有放下臭架子、甘当小学生的精神，是一定不能做，也一定做不好的”。阳春白雪，起于下里巴人，也终归于下里巴人。任何称得上高大上的理论，都是从社会生活的具体问题开始。没有细碎的具体问题作为支持，高大上的理论只是花架子，会因缺乏实践基础而轰然坍塌。

对第一个层次的资料进行梳理，就进入了问题意识的第二个层次。此时核心工作就是整合问题并大胆假设。问题如果处于零散的状态，就没有办法做研究。科学理论一定是抽象性的，如此才可能在一定范围领域内具有普遍的指导作用。如果太具体了，只见树木，不见森林。这个过程也是从感性认识到理性认识跃迁，关键的方法是什么？抽象！用抽象的方法将零散的问题体系化，将零碎的资料整合起来。

如何才能找到适合解释和解决问题的理论？在此先重申，在问题意识第二层次中梳理出核心命题是前提基础，核心命题是能够有的放矢之“的”。这个核心命题一定是从实践中生长出来的，脱离问题意识第二层次空谈理论毫无意义。把握住了这个核心命题，就找到了向问题意识第三层次登堂入室的“钥匙”。拿着“钥匙”查阅资料，就会提高效率，还可能产生心理学上讲的“吸引力法则”，即念念不忘，必有回响。实践命题为理论注入新生命。理论本来就不是教条，而是从实践中总结提炼出来的人类智慧。

上述问题意识的动态变化，对问题的认识实现从实践到理论、从具体到抽象、从感性到理性、从现象到本质的跃迁。核心命题是跃迁的主线，在问题意识第二层次表现为核心实践命题，进入问题意识第三层次就转化为核心理论命题。这个核心命题，就是贯穿始终、知行合一的良知。

探究因果律：敬畏天时，敬畏民心

毛泽东同志在1942年延安干部会上做了著名的讲演《反对党八股》，其中提到的“党八股的第五条罪状是：甲乙丙丁，开中药铺”。反对的就是“不提出问题，不分析问题，不解决问题”，“这种方法就是形式主义的方法，是按照事物的外部标志来分类，不是按照事物的内部联系来分类的”。毛泽东同志在《改造我们的学习》的报告中，对“实事求是”这个概念作了科学阐释，指出“‘实事’就是客观存在着的一切事物，‘是’就是客观事物的内部联系，即规律性，‘求’就是我们去研究”。事物内部联系就是“实事求是”的“是”，是事物之间规律性的联系，在哲学上称为因果律。

习近平总书记指出：“实事求是，是马克思主义的根本观点，是中国共产党人认识世界、改造世界的根本要求，是我们党的基本思想方法、工作方法、领导方法。”这些方法也是做学问的根本方法。读马列原著，会让学术研究能力有根本性的提升。理解实事求是，不可望文生义、不求甚解，只言片语，会造成断章取义的理解。我反复研读《改造我们的学习》这篇文章，才有茅塞顿开的感觉。如何探知事实间因果律？先要讲“实事”，即表面的关联性。我们只能从能直观感受的具体人、具体事、具体案例入手，否则就是空谈大道理，拿大理论忽悠人。《反对本本主义》一文开篇讲没有调查就没有发言权，反对瞎说，就是反对一些原则上正确的话，实质上是一本正经地说废话。

直观的具体很重要，但不能止步于此。我们可以用“5问法”连续问5个“为什么”，追究根本原因。问题未必一定是5个，目的是打破砂锅问到底。内在的、规律的关联性这个“是”，深藏不透，可能被表面关联性掩盖、扭曲、迷惑。“求是”的“求”是一个很苦的过程，毛泽东同志在《反对本本主义》中形象地讲，“调查就像‘十月怀胎’，解决问题就像‘一朝分娩’。调查就是解决问题”。那种“所谓伊人，在水一方”求之不得的感受是常态，更多时间是在迷茫中试错，在试错中煎熬。我的几篇获奖论文，不是一上来就知道方向、路子在哪里，研习大量相关理论，都不解渴；却偶然在看似不相干的理论领域，找到能够解释问题本质规律的路径。对问题执着地念念不忘，不一定什么时候就会眼前一亮。这个过程就像做科学研究，可能需要几年甚至更久。

我们有时“求”不到“是”，可能是陷入盲人摸象的困境。实践中是否有这样的问题，只属于法律问题而与其他领域无关？实践中的法律现象，法学理论往往只是表层，底层理性一定来源于其他领域。为什么这么说？马克思在《政治经济学批判》序言中讲，“法的关系正像国家的形式一样，既不能从它们本身来理解，也不能从所谓人类精神的一般发展来理解，相反，它根源于物质的生活关系”。法律底层的物质生活关系几乎涉及人文科学的全部，也涉及自然科学和技术。面对一个具体的法律问题，其本质一定不只在法律本身，一定会触及一门或多门其他学科的理论。如果只懂法律知识，就必然盲人摸象。

告别盲人摸象，需要博览群书，把视野从普通相机升级为全景相机。我们可以看一下《毛泽东读书集成》，多达十一编一千多种，每一种又不知多少本书。毛主席最有名的有关读书的言论就是：饭可以一日不吃，觉可以一日不睡，书不可以一日不读。为什么历史选择了毛泽东，人民选择了毛泽东？毛泽东遍历了马克思主义、哲学、自然科学、社会政治、经济学、军事、历史、文学、书法等领域，头脑中装下一部百科全书。革命一次次陷入危机，王明的路线、博古的路线不管用了，谁还跟着他们走？毛主席的办法总是比别人多，也比别人看得更深更远，能够把握乱世乱局中的深层因果律。

书太多，哪能读得过来？可以顺藤摸瓜，可以向毛泽东学习做好联系员和评论员的读书方法。但除了投入时间下苦功夫，没有捷径。曾有师兄告诫，年轻时讲工作与生活的平衡，就永远是低水平的平衡。书读多了、读活了，就会发现，你不是一个人在战斗，背后站着强大的亲友团。遇到难题，你可以唤醒、调动古今中外最伟大的智慧，帮助你一起来研究，总会找到看穿问题那个视角，摸透本质规律。

规律、因果律，不是线性的，而是多重、连环的，因果之间以多因一果、一因多果、多因多果、因果回环等复杂结构有规律地关联着。面对因果律，当以敬畏之心冷静观察和调研研究，探索深层的因果律结构，绝不能以制造问题的方式来解决问题。因果之间的规律性联系不仅复杂而且多变，敬畏因果律当敬畏天时。当我们研究制度运行的条件时，还要坚持历史唯物主义用发展的眼光来看待条件，改革推进讲节奏就是讲条件，条件不成绝不可搞“大跃进”，条件不足要考虑周全后补齐，有困难不可心急气馁，对策要讲系统性和持续性。大手笔的改革，需要长时间的反馈回路。研究司法改革，不可迷恋于夕阳余晖的绚烂，不为短期功利成效遮蔽深层体制性、机制性矛盾，不学温水煮的青蛙贪图当下的舒适；研究司法改革，还要在黎明前的黑暗寒冷中保持定力，不因改革震荡期的新生矛盾而怀疑、惧怕，更不能走回头路。

对因果律保持敬畏之心，在社会治理与改革中，当敬畏民心。人民是历史的创造者，人民是真正的英雄，人民性是马克思主义最鲜明的品格。习近平总书记指出：“时代是出卷人，我们是答卷人，人民是阅卷人。”社会是一个玄妙的系统。研究改革问题，不能把法院自己当成中心，自己过家家；而是要把司法体制这个小系统放在社会大系统中考察设计，放到社会治理体系和治理能力现代化的格局中寻找出路。为什么不仅要为人民服务，更要以人民为中心？因为不论大小系统，都不以论文作者个人意志为转移。人民群众不是抽象的概念，在法院，不论是司法方法、还是改革举措，一线办案同志、当事人以及关心司法事业的群众才是系统反馈回路的决定者、主宰者。实践检验真理，实际上是群众检验真理。如果我们做研究、写论文悟到了这个精髓，就会让思想熠熠生辉。

美好初心与美丽梦想

学术讨论会的平台不仅锻炼了我，还给了我一个广阔的视野。不同作者的优秀论文，给我不一样的启发，引发我进一步的奇思妙想。获奖论文字里行间，感受全国优秀法官大胸怀、大理想、大格局、大担当。身在其中，幸在其中。我愿意把我的体会与大家分享，每次授课交流也让我得到更多新知。授课内容常讲常新，感受共同进步、一起成长的快乐。有一次授课后，我看到一些同志在微信群分享的感想，非常感动。有人谈到期待不断进步的自己；有人谈到点燃波澜壮阔的人生理想；还有人谈到为人类理想而奋斗……也许这才是法院学术讨论会真正的初心，是时代为牵引、问题为导向的应用法学研究的初心。初心美好，无畏得失。出于言之有据、对人负责的内心要求，我把应用法学研究方法当成一门学问来做，以成此书，以书会友。愿以书为纽带、见书如见人，在这里，我们一群志同道合的朋友，邂逅一生的美丽。我们有能力获奖，但我们不是为了获奖。因为，在远方，法律的道路上，还有更精彩的使命、更美丽的梦想。

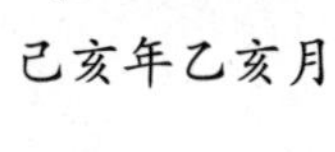

己亥年乙亥月

目录

CONTENTS

1 问题发掘术：问题意识三层次修炼

知行合一：来自实践论的人生智慧

党的十九大报告指出："时代是思想之母，实践是理论之源。"[①] 伟大法官一定是伟大判决造就的，而伟大判决又是伟大思想的凝聚。他们是思想者，归根结底是伟大的法学家。反过来思考一下，为什么他们会成为伟大的法学家？他们伟大的思想是来源于天赋吗？我们无法考证他们是不是天才，但至少我们不相信天才能先知一切。如果我们寻找伟大思想的印迹，你一定会发现法律的道路是一条实践铺出来的道路。伟大法律思想源于实践，成于思考，其源泉不在高贵的象牙塔中，而在朴实的司法实践中。

古今中外，能够流芳百世的法官，一定具有深厚的学术研究能力；闪耀伟大思想的法学家，一定具有扎实的法律实践功底。伟大法律先贤走出了属于他那个时代知行合一法律的道路。若以二元视角来看，实践和认识的关系是什么呢？简单来说，就是互为因果。

① 习近平：《决胜全面建成小康社会 夺取新时代中国特色社会主义伟大胜利——在中国共产党第十九次全国代表大会上的报告》，载《人民日报》2017年10月28日，第3版。

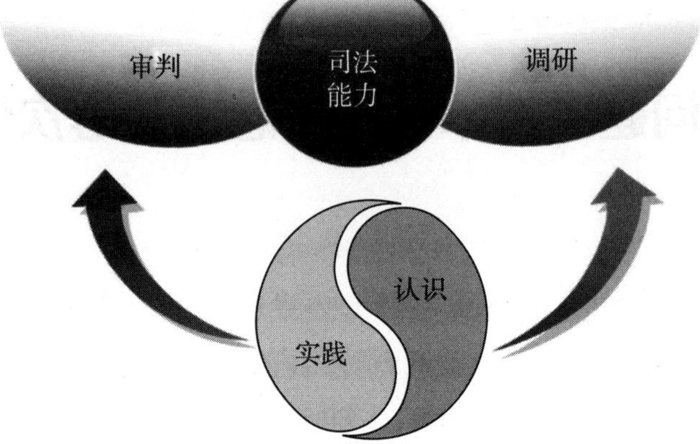

实践，在司法领域实践表现为审判活动，还包括侦查、公诉、辩护等活动；认识，就表现为调查研究写论文。二者之间的关系是什么呢？其实我们在上学时就学过了，也是高考的重点。让我们回顾一下要点：

一方面，实践对认识具有决定作用：实践是认识的来源，实践是认识发展的动力，实践是认识的目的，实践又是检验认识正确与否的唯一标准。

另一方面，认识也影响实践，反作用于实践：正确的认识科学的理论对实践有巨大的指导作用；错误的认识不科学的理论则会把实践引向歧途。

结论：实践决定认识，认识依赖于实践，对实践有反作用。这就是实践和认识的辩证统一关系。

我在几次授课过程中测试过，能完整地把实践与认识关系的基本哲学原理讲清楚的同志并不多。原因就是我们当初学习高中政治课本时，缺少生活和工作阅历，更多地依靠死记硬背。这些基础知识，通过高考后就逐渐淡忘了。当经历一些法律实践后，再回味当年背诵过的基础知识，越发体会上述简单的句子，都是最深刻的哲学原理。这些哲学原理，一字千金，是伴随我们一生最重要的人生道理。再看看党的思想路线的基本内容：一切从实际出发，理论联系实际，实事求是，在实践中检验真理和发展真理；其精髓是，解放思想、实事求是、与时俱进；其实质和核心是，实事求是。可以说，党的思想路线，就是遵循实践论的思想路线；党在革命时期、建设时期和改革时期不同阶段取得成就的根本原因，就是正确处理好实践与认识的关系。

我们为什么要反对教条主义？因为脱离了实践。“马克思主义者认为，只有人们的社会实践，才是人们对于外界认识的真理性的标准。”①没有哪个理论是脱离实践单纯的教条；一旦脱离实践，理论就失去了生命力。“我们应该记住：好的理论必须是不脱离制度环境的理论，对制度的基本情况一无所知的学者是不可能提出任何有意义的理论的。……有一种误区，以为一个没有任何相关知识的人更容易不受既有观点的束缚，也更可能提出一种创造性的理论，这种看法并不现实。”②如果把创新当成无知者的无畏，很多情况是遍体鳞伤。创新要解放思想、跳出窠臼，是跳出脱离实践的教条的束缚，是对既有理论的批判。批判不是批斗，并不意味着将前人推倒重来，自己白手起家。大胆创新不是鲁莽，勇敢的战士首先要用理论武装自己。好的理论不会束缚人，只有教条才会束缚人。好的理论发端于实践，揭示的是实践的规律，也会在不断解决新的时代命题中获得新生。

如果说受到好的理论的束缚，其实是受到实践规律的束缚，这种束缚谁也逃脱不掉。不同时代的实践难题，是理论创新的生命力；创新的理论力也必然转化为改革的实践力。“我们改革开放的成功，不是靠本本，而是靠实践，靠实事求是。”③本本是教条，会束缚实践的改革脚步。理论创新与实践改革是知行合一的辩证统一。这个道理来源于《实践论》，但我们谈《实践论》的道理，也不要把理论当成教条。读懂《实践论》，首先必须放到中国革命史的背景中理解，放到延安时期的实践问题中理解，体会当时历史条件下理论与实践的知行合一。同时，我们还要把理论读活，跳出对只言片语的教条式理解，从中抽出活的灵魂。邓小平同志就是把毛泽东的哲学思想读活了，他讲：“我读的书并不多，就是一条，相信毛主席讲的实事求是。”④实事求是，

---

① 毛泽东：《实践论》，人民出版社 1952 年版，第 2 页。

② 陈瑞华：《论法学研究方法》，法律出版社 2017 年版，第 103 页。

③ 邓小平：《不是靠本本，而是靠实践》，中共中央文献研究室编：《毛泽东、周恩来、刘少奇、朱德、邓小平、陈云论调查研究》，中央文献出版社 2006 年版，第 163 页。

④ 邓小平：《不是靠本本，而是靠实践》，中共中央文献研究室编：《毛泽东、周恩来、刘少奇、朱德、邓小平、陈云论调查研究》，中央文献出版社 2006 年版，第 163 页。

就是在不同时代做到知行合一的活的方法。做到实事求是，实践获得发展，理论获得创新。习近平总书记讲，“理论的生命力在于不断创新，推动马克思主义不断发展是中国共产党人的神圣职责。我们要坚持用马克思主义观察时代、解读时代、引领时代，用鲜活丰富的当代中国实践来推动马克思主义发展，用宽广视野吸收人类创造的一切优秀文明成果，坚持在改革中守正出新、不断超越自己，在开放中博采众长、不断完善自己……”①

教条，一种是禁锢在历史中和书本中的教条，另一种是绝对的、泛化的、空想的教条，后者更须警惕。社会主义核心价值观中包含了自由、平等等法治理念，但不能把这些理念当成脱离实践的教条来空谈。我们必须在中国特色社会主义制度下谈，在党的十九大报告中提到的中国已经进入新时代的背景中谈，在新时代主要社会矛盾的分析中谈。有学者讲，“因为所有这些被抽象表达的制度法律实践都同特定的时空语境相联系，其正当性、合理性、有效性以及局限性都受限于具体语境”。②如果脱离具体的制度环境就毫无意义，自由、平等就成为抽象的教条，成为绝对的空想。如果把抽象的教条奉为金科玉律，就会脱离实践，产生不切实际的极端化、绝对化的空想，进而产生反对现有制度的错误思想，甚至会滋生被西方价值观糖衣炮弹击倒的重大风险，在做学问的过程中万万不可有。

实践是检验真理的标准，也是真理生长的土壤。反对教条主义，就要重视实践的力量。但是如果把实践当成经验，只看表面现象、只分析表层原因，不去深度思考和理论研究，又会掉入经验主义的陷阱。霍姆斯告诉我们，“法律的生命不是逻辑，而是经验”。③很多人将原文 experience 译为经验，笔者认为译为实践更为贴切。在《法律的道路》一书中，霍姆斯也认可实践是法律的发展动力。在实践决定论这一点上，多个理论异曲同工，殊途同归。我

---

① 习近平：《在纪念马克思诞辰 200 周年大会上的讲话》，载《人民日报》2018 年 5 月 5 日，第 2 版。

② 苏力：《大国宪制：历史中国的制度构成》，北京大学出版社 2018 年版，序第 2 页。

③ ［美］奥利弗·温德尔·霍姆斯：《普通法》，冉昊、姚中秋译，法律出版社 2003 年版，第 1 页。原文：“The life of the law has not been logic: it has been experience.” 出自［美］O. W. Holmes, The Common Law, London: Macmillan & Co., 1882, p.2。

们为什么要反对经验主义？因为忽视了科学理论的指导，仅凭片面经验盲目实践，就可能造成盲人摸象的局面。反思革命、建设的历史教训，根源都在于出现教条主义和经验主义两种主观主义错误。反思单位、组织和个人的小事中的得失，也是如此。因此，一定要毫不动摇地坚持以马克思主义科学理论的指导，尤其要用马克思主义哲学理论武装头脑。指导思想不是当工作中的口号，不是文章中的装饰，而是知行合一致良知的思想武器。真正用马克思主义的世界观和方法论把自己武装起来，你将成为在法律的道路上无往而不胜的战士。

是否会有同志质疑我，讲这些大道理和做研究、写论文有什么关系？毛泽东同志讲："中国的教条主义和经验主义的同志们所以犯错误，就是因为他们看事物的方法是主观的、片面的和表面的。片面性、表面性也是主观性，因为一切客观事物本来是互相联系的和具有内部规律的，人们不去如实地反映这些情况，而只是片面地或表面地去看它们，不认识事物的互相联系，不认识事物的内部规律，所以这种方法是主观主义的。"我每年评阅和指导很多论文，我力争从一篇篇论文中总结出规律来，发现一些论文没获大奖，病根就是知、行两张皮。我们一定要避免写两种文章：一种是教条式的文章，空谈理论，不接地气。这些文章的问题不是从实践中来的，是从别人的认识中来的。另一种是经验式的论文，就事论事，不见规律。或只看表面现象，或猜测原因不加论证，不求甚解，是害人的学问。上述两种都是知与行不统一的主观主义。我们还不能过分专注于技巧，文法、修辞、做图表等技巧都解决不了根本性的格局问题。实践与认识关系的哲学原理，是认识世界和改造世界的根本真理。不论多么深刻的法理、事理、情理，都必须符合客观规律，受到根本哲学真理的制约。当你站在马克思主义实践论这个高度去思考，眼光就深邃了，胸怀就开阔了，格局就宽广了。如果能够把一个具体问题放在宏大的实践和理论背景下研究，得到的见解就不一样了。

在实际工作中，是不是存在审判和调研"两张皮"的现象？由于绩效考核中有办案的分数，有调研的分析，审判和调研分别去抓的两项工作。解决"两张皮"问题，就要做到知行合一。"知行合一"的命题，是心学大师王阳明在贵阳文明书院讲学时首次提出。王阳明所说的“知”，是人的道德意识、思想意念；“行”是践行“知”的实际行动。知行合一，讲的是思想意念和实际行动的关系。王阳明“知行合一”思想包含两层意思：一是知中有行，行中有知；二是以知为行，知决定行。阳明心学的核心命题“致良知”，是指按照道德要求行动从而符合“良知”，是知行合一的境界。在道德指导下产生的意念活动是行为的开始，符合道德规范要求的行为是“良知”的实现。

王阳明“致良知”“知行合一”的思想，对于我们理解实践与认识的辩证关系具有很好的启发；但是应当注意到阳明心学不得不受制于历史时空条件的局限，批判性地理解阳明心学是对圣人最好的尊重。阳明心学与马克思主义认识论有殊途同归的契合点，但我们提倡的知行合一是唯物主义的，与阳明心学的本源和立场不同。王阳明主张“致良知”的“良知”是先天的、先验的，来源于孟子的思想，“人之所不学而能者，其良能也；所不虑而知者，良知也”。[①] 认为良知即正确的认识是先验的，是唯心主义的观点，也是认识的局限造成的，没有揭示良知的本质。看似与生俱来的良知，源于人类的“心智共同结构”[②]，本质上属于社会意识的层面，是第二性而不是第一性的。良知最终根源于社会存在，是生产力水平决定的生产关系及其他社会关系在人类心智的反映。我们主张的知行合一，是马克思主义以实践为基础的知行合一。毛泽东同志就多次强调，以做学问的方式搞政治、搞治理，[③] 我们同样应当以做学问的方法搞审判、抓工作。

知行合一，重点在“合”，结果为“一”。知与行应当是一元的，不应是二元的。讲理论与实践相结合，不如讲理论与实践相融合。论文，是思想中的工作；工作，是实践中的论文。审案子，不仅是法条的推演；抓工作，要避免教条主义、经验主义两种蛮干，而是对作为正确认识的良知的生动实践。搞研究，不是瞎琢磨；写论文，不是爬格子，而是要写在法治中国的大地上。审案子、抓工作与搞研究、写论文，达到知行合一的境界，实现公平正义的

---

① （春秋）孟轲：《孟子·尽心上》。

② 参见［英］哈耶克：《社会科学的事实》，载《个人主义与经济秩序》，邓正来译，生活·读书·新知三联书店 2003 年版，第 96~100 页。

③ 参见韩毓海：《重读毛泽东：从 1893 到 1949》，人民出版社 2017 年版，第 179~188 页。

"致良知"，也实现了实实在在的讲政治。深刻理解知行合一的道理，就要用心学习政治理论；学习理论的根本方法和最终目的，还是知行合一。习近平总书记讲，"学习理论最有效的办法是读原著、学原文、悟原理，强读强记，常学常新，往深里走、往实里走、往心里走，把自己摆进去、把职责摆进去、把工作摆进去，做到学、思、用贯通，知、信、行统一"。[①] 所谓知，做研究；所谓信，讲政治；所谓行，干工作。法律的道路，是一条学、思、用贯通的道路，是一条知、信、行统一的道路。如果我们做到了，就会发现，在法律的道路上，我们正在从事一份有尊严的职业，因为这条道路能够将个人的成长与社会的进步联系在一起，将个人"格物致知"与社会的"致良知"联系在一起。

做研究？做文章？法律人的使命如何担当

什么才是好的见解？是为哗众取宠，还是经世致用？这取决于我们写论文的本质，是做研究，还是做文章。在实践论指引下，不言自明。会做文章的人，顶多是个码字的"写手""捉刀人""笔杆子"。有一些善于独立思考的人，不喜欢别人称他为"大笔杆子"。再大的"笔杆子"，如果不能出思想，精美的结构、华丽的词藻，也只是表面文章。

---

① 习近平：《广大干部特别是年轻干部要做到信念坚、政治强、本领高、作风硬》，载《习近平关于"不忘初心、牢记使命"重要论述选编》，党建读物出版社、中央文献出版社2019年版，第385页。

法律人，不当“笔杆子”，当什么？从党和国家命运历程中，可以看到实践与认识互动循环、螺旋上升的过程；革命、建设和改革的历程就是实践和理论艰苦卓绝不断探索和前进的过程。无论从人类法律道路的历程中，还是从个人成长成才的人生经历中，也能看到同样的道理。马克思主义实践论的道理是任何人都必须遵从的规律。

法律人的使命，推进法律实践与法学理论的发展，同样要遵从基本的哲学原理。党的十八届四中全会通过的《中共中央关于全面推进依法治国若干重大问题的决定》在中国法治建设的道路上具有里程碑意义，指明了法律人的使命，即全面推进依法治国；总目标是建设中国特色社会主义法治体系，建设社会主义法治国家。党的十九大报告重申了这个总目标，进一步提出，“全面依法治国是中国特色社会主义的本质要求和重要保障。必须把党的领导贯彻落实到依法治国全过程和各方面，坚定不移走中国特色社会主义法治道路，完善以宪法为核心的中国特色社会主义法律体系，建设中国特色社会主义法治体系，建设社会主义法治国家，发展中国特色社会主义法治理论，坚持依法治国、依法执政、依法行政共同推进，坚持法治国家、法治政府、法治社会一体建设，坚持依法治国和以德治国相结合，依法治国和依规治党有机统一，深化司法体制改革，提高全民族法治素养和道德素质”。法律人必须带着这种使命感去做研究，志在为中华之崛起而读书、为推进中华法治而研究，才会得到真知灼见。也许做出伟大贡献的目的离我们还很遥远，但是推动法治进程一小步也是可以做到的。我们看到，有一些博士论文、博士后研究报告，洋洋洒洒几十万字，真知灼见却不多。在实践论的视野里，旨在扎扎实实推进法律实践和法学研究一小步，研究成果才对社会有价值。

推进法治进步一小步，谈何容易，是不是仍然离我们很远？当然不容易，但不会太远。得到真知灼见，必须经过长期艰苦的实践观察、理论学习和理性思考。我最近几年写了几篇还算不错的论文，但是这些问题是我思考了好多年才动笔成文。我想所有的研究者、思考者，都有同感。这个求索过程的艰辛，只有作者自己才能体会。我们要有自信，胸怀使命做研究，一定不负初心。我曾经写过的一篇文章《民事二审裁判方式的缺陷与重构——从不完全归纳向类型化演绎转型》，给了我两个没有想到的惊喜。第一个惊喜是第一次获得全国法院学术讨论会征文一等奖。在全国会议上，点评我的论文的专家提到，最高人民法院的民事法官们正在草拟民事诉讼法司法解释，也参与了论文评审，这篇论文产生了较大共鸣，对司法解释的制定也产生了一定影响。当我看到司法解释第 334 条，给了我第二个没有想到的惊喜。我后来在第 28 届和第 29 届学术讨论会又获得了一等奖，但更大的喜悦是，关于事实认知的诉讼证明的两篇文章得到了来自全国各地很多法官的关注和认可，也解决了他们的一些困惑。这让我体会到做研究的价值。翻开每年全国法院学术讨论会的论文盒，从法院获奖论文的字里行间，能够感受到法律人的大胸怀、大理想、大格局、大担当。自己身在其中，幸在其中。我深切体会到，法院的学术讨论会是一场真功夫的较量。脱颖而出的，一定是能够对中国的司法实践有所推进、对中国的应用法学研究有所贡献的真知灼见。

法律实践和学术研究就是驱动法律人能力素质提升的“双轮”，也是担当法律人使命的“双翼”。领悟实践与认识关系的基本哲学原理，透过每一个司法案件的缩影来阅读社会，积累真情况，抽象“真问题”；进而通过应用法学理论研究探索社会规律和司法规律，努力创新对社会生活、法治建设有实用价值的“真学问”。这才是真才实学，才是真知灼见，才是对法治中国梦卓有贡献的学问。法律人，不要迷失于浩繁的案卷，在注重法律实践工作的同时，更需要格外注重发掘问题、积累资料、总结规律。所谓工学矛盾，就是磨刀和砍柴的矛盾。在取得一些学术成果的同时，也一定会提升实践能力。

无论之于个人，之于组织，之于事业，法律实践和学术研究都是螺旋上升的过程。螺旋上升的核心轴是什么？做事做学问，最终为了什么？这就是初心和使命的问题。党的十九大报告指出：“中国共产党人的初心和使命，就是为中国人民谋幸福，为中华民族谋复兴。”党的事业取得伟大成就，一个重要法宝，也同时是不同于世界其他政党的中国特色，就是始终坚持群众路线：一切为了群众，一切依靠群众，从群众中来，到群众中去，把党的正确主张变为群众的自觉行动。如果把党的初心和使命内化为个人成长进步的初心和使命，那么法律实践和学术研究一定会在互动中螺旋上升。利他，而非利己，是事业成功的秘密，也是学术成就的秘密。如果以获奖为目的参加学术讨论会，最终就可能求之而不得，获不了奖。如果把个人成长与国家、社会和人民的命运联系在一起，带着忧国忧民的使命感做研究，为了解决实践难题、为了推进法治进步而学习和研究，那么获奖就是自然而然的副产品。

利他主义，坚持群众路线，既是一种学术伦理态度，也是一种学术方法路向。如何才能敏锐地发现有价值的研究命题？如何才能找到有价值的理由和证据？如何才能提出让人佩服的见识？一切奇技淫巧都不重要，最终的秘诀，一定在利他主义和群众路线中。毛泽东同志提倡以做学问的方法搞政治、搞治理，这就要发挥人民群众的主动性和创造性，就要问计于民，就要到人民群众中寻找解决问题的办法，这个办法就是调查研究；毛泽东同志认为，调查研究便是“致良知”的基本方法，他在《反对本本主义》中提出，“没有调查，就没有发言权”的重要论断。[①] 这个论断再进一步理解，就是“不做正确的调查同样没有发言权”。[②] 如何才能做正确的调查呢？根本方法就是群众路线。各种社会科学调查研究方法都是表面之术，只有群众路线才是根本之道。

我到全国各地法院做过多场讲座，最近一两年讲座的主标题是叫“点亮青春智慧之光”。为什么喜欢拟这个题目，而不是论文写作多少招多少式、论文获奖秘笈之类的更吸引眼球的题目？我就是想分享我由衷的想法，做学术研究，不能仅仅为了获奖而名扬天下，博取个人事业发展的资本。有时往往特别追求获奖反而不会获大奖。对待获奖，不可急功近利。功利是眼前的东西，会让我们看不清远方梦想。写论文，做研究，其实获不获奖并不重要，好好提升自己的认识水平、思想境界是非常重要的。每届全国法院学术讨论会的一等奖作品会受到广泛关注。其实包括我在内，很多一等奖作者并没想到自己会获奖，只是想把一些真问题研究透，获奖只是副产品。在这个问题上，伟大领袖毛泽东同志就是最好的榜样。在艰苦卓绝的革命年代，毛泽东同志写下那么多光辉著作。我们考察一下每一篇著作的时代背景，会发现，

① 参见韩毓海：《重读毛泽东：从 1893 到 1949》，人民出版社 2017 年版，第 185 页。

② 毛泽东：《总政治部关于调查人口和土地状况的通知》(1931 年 4 月 2 日)，载《毛泽东农村调查文集》，人民出版社 1982 年版，第 13 页。

当革命遇到危难，毛泽东同志就会理性思考，用一篇光辉著作提出科学理论，指导革命渡过难关继续前进。我35周岁的生日是在井冈山上度过的。在八角楼上，仿佛再现挑灯夜读、写下《中国的红色政权为什么能够存在？》《井冈山的斗争》两部光辉著作的伟大身影。革命的历史没有剧本，当大家纷纷对革命失去信心、质疑中国的红色政权还能不能继续存在的生死攸关危难时，谁也不知道下一步该怎么走。这个时候，需要有一个伟人站出来，需要有一个伟大的思想点亮革命的道路。

张载“横渠四句”曰：“为天地立心，为生民立命，为往圣继绝学，为万世开太平。”[①] 如果抱着对信仰法律和信仰人民的理想信念，有志于通过写作锤炼心性智慧并解决一些实践问题，有志于通过深入的研究把问题彻底弄清楚并形成科学而通达的认识，有志于把辛苦得来的真知灼见分享给他人并唤起他人的思考和解决他人的困惑，那么，就用你的青春智慧之光点亮了他人，你就为中国法治事业的进步增添了一点光亮、做出了一点贡献。

批判精神和质疑眼光，打败熟视无睹和理所应当

如何才能发现值得研究的问题？很多老师都会说，要有问题意识。问题不会以守株待兔的方式获得。是否会有人质疑，陆游曾说过“文章本天成，妙手偶得之”，那么是否能遇到好的研究命题，要看天看运气、看缘分了？此话有一定道理。物质决定意识。唯物论者不承认有天知存在，处于意识层面的问题不可能先天地存在头脑中。能够遇到什么样的问题，的确依赖于工作环境和人生阅历有关的缘分。客观存在的工作和生活环境是发现问题的土壤，

① （北宋）张载：《横渠语录》。

但好文章中的好问题绝对不会从天上掉下来。即使有时会莫名其妙地产生一些有价值的灵感，也是长期关注某一领域问题而偶得的结果。文章之天成指的是要顺应规律，不要有太多人为造作因素，并非依靠天赐灵感。如何能够发现好问题？仍然需要洞悉和顺应人类实践和认识规律，在从事或观察的法律实践活动领域内，充分发挥主观能动性，从问题的表面矛盾开始洞悉到深层矛盾。

问题意识的第一步，就是要有主动发现问题的动机。这个动机就是批判精神和质疑眼光。批判不是批斗，不是全盘否定，而是以发展的眼光看待问题的矛盾。我想大家都有必要问自己一个问题："你会理所当然地以为理所当然的事情就是理所当然的吗？"如果每天日复一日、年复一年忙碌于眼前的工作，干完活就万事大吉，没有养成思考的习惯，就不会发现问题。我们身边的问题不是太少，而是太多了。真实的情况是，层出不穷的问题都在看着我们，而我们却没有看到。例如，我在全国法院系统第 26 届学术讨论会撰写的《民事二审裁判方式的缺陷与重构——从不完全归纳向类型化演绎转型》一文中谈到的因立法漏洞导致错误的一审判决被二审维持、正确的一审判决被二审发回改判的现象，可以说存在了几十年，却没有被人关注过。为什么会这样？就在于"熟视无睹"这个词。当我们对身边每天都在发生的问题见怪不怪时，问题就不是问题了。打败认识上的"熟视无睹"最好的武器，就是"批判精神"。古语"天道有常，世事无常"，需要用质疑的眼光从常态中敏锐发现反常，从反常中发现常理。

批判精神和质疑眼光，从哲学上讲，就是否定之否定规律。黑格尔在《逻辑学》中首先提出辩证法的三大规律，即对立统一规律、质量互变规律、否定之否定规律。否定之否定规律也是唯物辩证法基本规律之一，揭示事物发展的前进性与曲折性的统一，表明事物的发展是螺旋式上升而不是直线式前进的，对于人们正确认识事物发展的曲折性和前进性具有重要的指导意义。中国共产党在长期革命、建设和改革过程中形成了"批评和自我批评"这项优良传统和作风。"批评和自我批评"之所以能够成为我党取得革命胜利和长期执政的重要法宝之一，从根本上讲，这是对辩证法否定之否定规律的尊重和利用。哲学主张的否定不是现实中对人的否定和攻击，我一定要澄清一下对“批判”这个词的误会。批判≠批斗！批判性思维，在英文中表述为“critical thinking”，但翻译为中文后就会让不求甚解的人误解为批斗的意思，其实这个词完全没有一点攻击性。

“批评和自我批评”的优良传统和作风，不仅对个人成长和组织建设具有重要意义，也是一个单位、一项事业发展的重要哲学方法论规律。在每年的全国法院系统学术讨论会中，都有关于司法体制改革的选题。当前的司法体制改革进程已经进入深水区，各项改革措施在推进过程中不可能一帆风顺，落实细节中的阻力、摩擦力、空白处不可避免，体系运转中制度之间的矛盾、掣肘不可避免。改革在路上，带着“批评和自我批评”的批判精神，带着社会主义法治事业的责任感，一定会发现很多值得研究的理论问题、期待解决的实践问题。

批判性思维不是盲目的行动或者反应，目标在于做出明知的决定、得出正确的结论。批判性思维，一方面是对他批判，不能轻信既有结论，要根据具体情形提出设计、评估、建议和诊断；另一方面是对己批判，不能盲目自信，对自己提出的见解放到实践中验证，让别人提出批判，通过反馈不断修正完善。有一个中部省份获得了全国法院系统学术讨论会总分第一名的成绩。通过向组织者了解，他们的成功秘诀之一就是，他们做研究、写论文不是单打独斗，而是团队作战。他们结成学术团队，在选题阶段和论文修改阶段都要对每一篇论文集体讨论，互相提意见。这个方法就是批判性思维第二个方面的有效实现途径。无论是对他批判还是对己批判，展开批判性思维，都必须提出具体的问题，依赖于所讨论的议题，而不仅仅是一个模糊的问题领域。不同的议题需求考虑不同的因素，同时还要排除无关因素的干扰。①

如何进行地道的批判性思维？在此推荐美国学者布鲁克·诺埃尔·摩尔、理查德·帕克撰写的《批判性思维》。该书中提到美国教育资助委员会的大学学习评估工程（CLA）罗列的能够让人脱颖而出的批判性思维技能，可以借

① 参见［美］布鲁克·诺埃尔·摩尔、理查德·帕克：《批判性思维》，朱素梅译，机械工业出版社2015年版，第2~3页。

鉴：[①]

独立分析数据或信息；

处理矛盾的、不充分的、模糊的信息；

基于数据而不是观点建立令人信服的论证；

识别证据的漏洞并建议收集其他信息；

知道问题往往没有明确答案或唯一解决办法；

提出替代方案并在决策时予以考虑；

采取行动时考虑所有利益相关的主体；

清楚地表达论证及其语境；

精准地运用证据为论证辩护；

符合逻辑且言辞一致地组织论证；

展开论证以避免无关因素；

有序地呈现增强说服力的证据。

为什么有的论文大家都叫好，有的论文就平淡乏味？我们可以对照这个清单检查一下，秘密就在其中。好的论文作者一定非常善于驾驭批判性思维，在文中体现鲜明的思辨性。说到底，批判性思维与唯物辩证法异曲同工，是唯物辩证法在人的思维领域的具体方法论。掌握了批判性思维，就是遵循了唯物辩证法的深刻规律。

批判性思维，包括对理论的批判和实践的批判。一方面，理论需要批判，批判性思维是人类思想进步的源泉。当今时代几乎不太可能不依赖于巨人、不借助既有知识平地起楼、白手起家。我们的创新，都是在对前辈的批判中进行，不断在巨人的肩膀上更上一层楼。如果某个学科的理论成了教条的金科玉律，那么这个学科就要停滞不前了，也就要在历史中消亡了。如果我们虔诚地迷信作者的观点、盲从作者的建议，那就成了作者的奴仆。教条式地理解马克思主义理论或者照搬使用毛泽东给出的建议，看似忠于马克思主义，实质上是阳奉阴违的背叛者。

① ［美］布鲁克·诺埃尔·摩尔、理查德·帕克：《批判性思维》，朱素梅译，机械工业出版社2015年版，第2~3页。

另一方面，实践需要批判，批判是发现端倪、洞察本质的辩证眼光。没有批判，一切问题都熟视无睹，一切风险都不知不觉。研究问题的第一步，是精准地发现问题，发现真的问题，而不是假的问题。批判，让你拥有独到的眼光，发现不一样的世界。

理论的批判和实践的批判，赋予研究成果以理论价值与实践价值的，二者是互动的，又是合一的，统一于研究命题。理论的批判，帮助研究者摘下观察问题的原有眼镜，尝试戴上不同的理论眼镜，这样才能看到原来看不到的问题、察觉原先无法感知的风险，从而实现实践的批判；相反，实践的批判，帮助研究者发现时代、时势提出的新问题，为了解决问题而进行的理性思考，就是应用型学术研究的过程，为旧理论赋予了新生命，从而形成理论的批判。

合作，是运用批判性思维的好办法。合作可以发生在合作作者之间，也可以发生在作者与读者之间，还可以发生在作者与论文主题相关的实践者、思考者之间。胡云腾大法官在全国法院第 29 届、第 30 届学术讨论会上均提倡合作研究的做法。合作要遵循三项基本原则：一是经常讨论（talk a lot），可以进行头脑风暴，或者召开专题研讨会。在每年全国法院系统学术讨论会的论文写作过程中，有些省会组织论文作者们经常讨论，相互提意见、出主意，相互帮助修改，这是很好的经验。二是容许异议（agree to disagree），不要期待自己的观点会得到所有人的赞同，也许有人会在一些细节问题上提出异议，也许有人会提出激烈的异议，这都是很正常的，集体智慧就是在异议中产生的。观点和异议都要充分说明根据和原因，不能凭感觉随意赞同或否定某人的看法。三是组织与规划（organize and plan），学术讨论会的组织工作非常重要，有一些省份的人才资源并非一流，却能够每年诞生很多佳作，就是组织者造福了这些作者们。好的组织者，会为作者提供讨论、答辩等合作机会，激发作者的批判性思维。在合作作者之间，也要有组织和规划，要有一主持人，有分工和协作，还要有讨论和异议。合作要避免学术霸权，第一作者不可以以自己的观点压制其他作者的观点，更不可以把别人的思想据为己有，即强行在别人论文上挂名。这不仅是批判性思维的问题，还是一个学术伦理和道德的问题。[①]

什么是问题?“现象—体系—规律”之难题

很多老师都会说一定要有问题意识。问题意识的重要性不言而喻，“科学研究始于对问题的发现和解释。问题是一切科学研究开始的前提和基础”。[②]那么细究起来，什么是问题意识？什么是问题呢？很少有人能够说清楚。如果仅仅说到要有问题意识这个层面，却说不清楚什么是问题意识，就不知道如何操作？我也曾因此而困扰，所以我在授课时就一定要把什么是问题意识及如何操作讲清楚。因为我给大家授课时，一定要让大家有所得。中国人很喜欢“悟”这个词，“悟”就是说不清楚的道理，需要学生揣摩。一个提着茶壶又倒不出饺子的老师，未必是一个好老师。好老师，应该让完全没有任何经验的同志也能听得懂，最好能茅塞顿开后直接上手操作。在最近几年全国法院系统讨论会上，我获得了一些奖，而我更想让更多比我年轻的同志们获奖，通过获奖找到自信、燃起研究问题和干事创业的激情。因此，我首先要把什么是问题意识这个命理研究透，争取能够让大家听得懂、可操作。

我们首先应当进行语义分析，而不是做没有根据的争论。什么是问题?《现代汉语词典》中对“问题”这个词条的解释包括多重含义：“①名要求回答或解释的题目：这次考试一共有五个~｜我想答复一下这一类的~。②名需要研究讨论并加以解决的矛盾、疑难：思想~｜这种药治感冒很解决~。③名关键；重要之点：重要的~在善于学习。④名事故或意外：那部车床又出~了。⑤形属性词。有问题的；非正常的；不符合要求的：~少年｜~食品｜~工程。”[③]

我们把这些意思梳理一下。首先，五种意思中都有一个共同的意思，就是不好的、困难的，第⑤种揭示了这个属性。那么我们的问题意识就要针对实践中有困惑的、不正常的、不符合要求的地方。问题意识体现一种担当精

---

① 参考“成功合作的三个关键”，参见［美］布斯、卡洛姆、威廉姆斯：《研究是一门艺术》，陈美霞、徐毕卿、许甘霖译，新华出版社 2009 年版，第 24 页。

② 陈瑞华：《论法学研究方法》，法律出版社 2017 年版，第 178 页。

③《现代汉语词典》(第 7 版)，商务印书馆 2016 年版，第 1375~1376 页。

神，不是对正常情况的描述，也不是对经验做法的宣传。我们就是要把眼光放在大家忧心、困惑的地方，把眼光把在最麻烦、最棘手的难题上面，通过学术研究把情况弄透、把理论辨明，找到彻底的解决办法。其次，问题的形容词的属性贯穿在前四个名词属性中，又出现层次性。有具体的问题，如④；有理论层面的类型化、成体系的疑问，如①；有实践层面的要破解的难题，如②；还有抽象意义的命题，如③。“问题”这个词条含义的多样性，就会带来表达和理解上的困扰。

什么是“问题意识”？这个问题本身就是个有很大问题的问题。问题含义是多样性的，那么我们对问题意识这个概念就不可以简单、机械、武断地理解。问题意识是一种以问题为导向的思维方式，从难题开始到最终解决难题贯穿始终，将解决问题作为落脚点。在《辞海》中，“问题解决”这个词条的释义是，“用已有知识经验和技能对问题情境加以处理并获得结果的思维过程。具有目标指向性、操作系列性和操作认知性的特征。其过程一般分为四个阶段，即发现（或提出）问题、明确问题、提出假设、检验假设”。[①] 问题意识在这四个阶段表现出不同的特征。我后来又在毛泽东同志《矛盾论》《关于农村调查》等著作中领悟到一些关于观察问题的世界观和研究问题的方法论。下面通过一张图把我整合后的问题意识三层次展现出来。

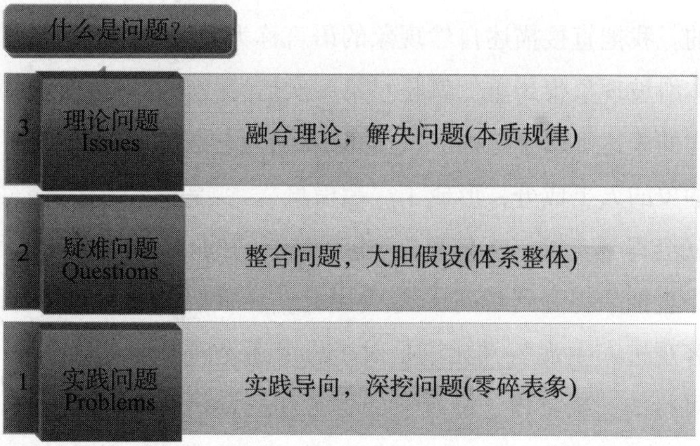

① 《辞海》（第6版，彩图本），上海辞书出版社2009年版，第2388页。

我们从下向上看，把问题分成三层。中文的“问题”一词词义丰富，难以区分。我们可以分别用三个英文单词把三个语境中的“问题”做个注释。最底层是实践问题（Problems），就是我们遇到的麻烦和困难、念叨的吐槽和不满、发现的不符和困惑等。它们是不成体系的、零零散散的问题，又是最直观的、可以感知的问题。如果掉在里面出不来，就是就事论事。思想上讲站位，视野上讲大局，心态上讲超脱，就得跳出问题看问题。这样，问题意识就上升到第二个层面，疑难问题（Questions），把零碎的问题梳理了、整合了，成了体系化的问题。到这一步，我们才可以提出疑问，进而对之解释，并最终解决之。认识意义上的解释与实践意义上的解决，都需要提出一个假设来，然后对之进行论证。这就上升到最高级的理性思维，即理论问题（Issues）。要解释得通透，解决得彻底，就要运用理论；理论不足，还要探索出理论来。到这个层面，我们的任务就是探索出隐藏于问题深处的本质和规律，并利用规律解决问题根源。如果到不了这个层次，我们看问题就是肤浅的，或是片面的；我们解决问题的水平就是治标不治本，实质上是掩盖或缓解了问题。问题意识的这三个层次，从低到高，是一个从现象到本质、从具体到抽象、从感性认识到理性认识层层跃迁的过程。

从人类语言的角度也能体察到，信息三层次表达、内容三层次整理也是问题意识三层次跃迁的过程。“语言本身是人类创造的，所以讲述自然的语言也是人工的。我把直接描述自然现象的语言称为‘第一次信息’，像‘某某山南侧的山体滑坡现象很严重’就是‘第一次信息’。像‘这一地区属于某某火山带’这样的表达则属于‘第二次信息’，因为它在‘第一次信息’的基础上加入了更抽象的人工成分，形成了‘超信息’。要是把‘超信息’再进一步抽象的话，就会得到‘第三次信息’，也就是所谓的‘超超信息’。我们可以这样把信息一直抽象提升到最高层次。”因此，在我们的思考过程中，要“归纳整理，从客观进入主观”：“无论是对于思考还是对于信息，这种‘超化’的过程都是可行的。最具体、最现实的思考和信息是‘第一次’的。把同种类的思考和信息进行收集、整理，再相互联系起来，就得到了‘第二次’的内容。如果进一步将同种类的内容再次升华，那么就可以得到‘第三次’的东西了。”“撰写论文时只写出‘第一次信息’肯定是不行的。即使加入‘第二次信息’可能也会升华度不足。因此，论文撰写需要大量‘第三次信息’……必须沿着抽象的阶梯往上爬。”[①]下面，我将对三个层次的问题意识分别论述。

问题意识初阶：放下架子，甘当学生

第一个层次是实践导向、深挖问题，是那些我们看到的零碎的、表象的问题；而且这些问题一定是有困难的、不如意的、负能量的。那些好的亮点工作、正常运转的工作，不需要动脑筋解决，不属于问题。但这也不是绝对的，问题意识还表现为居安思危的忧患意识。不要理所当然地认为平时工作面临的、生活中遇到的一些问题都是理所当然。要从中发现问题，以批判精神发现一些不对劲的地方。有时同事、朋友之间聊天时会发牢骚吐槽。不要小看这些牢骚，里面隐藏了很多非常好的研究命题。吐槽能吐出金子来。为什么我们对日常牢骚话中蕴含的富矿视而不见？因为这些牢骚中的问题太细碎、太平常了。因为平常，所以不见，就是熟视无睹。“问题无处不在、无时不有，关键在善不善于发现问题。”[②]从细碎的问题中探测到理论研究的大富矿，需要敏锐的眼光。

如何练成敏锐的眼光？首先要从甘当小学生的精神做起。毛泽东同志讲，关于调查研究，“没有满腔的热忱，没有眼睛向下的决心，没有求知的渴望，没有放下臭架子、甘当小学生的精神，是一定不能做，也一定做不好的”。[③]以学者自居、以博士为傲，不屑于关注和研究鸡毛蒜皮的小事，就是典型的自命不凡。阳春白雪，起于下里巴人，也终归于下里巴人。任何称得上高大上的理论，都是从社会生活的具体问题开始。没有细碎的具体问题作为支持，

---

① ［日］外山滋比古：《思考的整理术》，王丹丹译，北京科学技术出版社2010年版，第70~72页。

② 中共中央宣传部：《习近平新时代中国特色社会主义思想学习纲要》，学习出版社、人民出版社2019年版，第248页。

③ 毛泽东：《农村调查》（序言二），载中共中央文献研究室编辑：《毛泽东农村调查文集》，人民出版社1982年版，第16~17页。

高大上的理论只是花架子，会因缺乏实践基础而轰然坍塌。“在胡适看来，科学方法是用事实作起点的，‘不要问孔子怎么说，柏拉图怎么说，康德怎么说，我们须先从事实下手，凡游历调查统计等事均属于此项’。科学研究始于对事实的观察。”[①]不旨在发现和解决问题、不推动实践发展的理论都是伪科学，也是没有生命力的。

毛泽东同志讲：“认真调查研究，对具体问题作出具体的分析，而不是抽象的主观主义的分析，这是马克思主义的灵魂。”[②]没有事实基础的纸上谈兵，即使天花乱坠，也是百无一用。有学者讲，“社会科学方法应注重研究发生过的经验事实，研究者要有基本的问题意识，要注重社会科学研究的概念化，要充分发挥证伪和验证的功能”，主张“从发生过的经验事实出发展开研究”；引用张五常教授的话，“一个愚蠢的学者，往往去研究没有发生过的问题”；一针见血地指出，“在中国法学研究中，法学者经常误入歧途的两个方面就是过于抽象的理性思辨和以引进为目的的比较法学研究”。对于没有发生过的问题，“研究者既无法通过考察经验事实进行‘可操作性的描述’，也无法从经验事实出发提炼出任何富有说服力的理论命题”。[③]

法律人的家国情怀，不是空谈，一定要从当好学生做起。没有法律的泥巴，就没有法律的殿堂。当学生，就是当好家国人民的学生，把老百姓的小事当成大事，把工作中的小问题当成大问题。在法院这个场景下，就是要把一个个当事人、一个个奋战在一线的法官和其他工作人员的想法、感受、疾苦和需求当回事。看到冰山一角，不是不屑一顾，也不是绕过了之，而是见微知著，探知冰山下面的秘密。当学生，就要做个有心人，工作不走马看花，生活不得过且过，如此就会发现，我们需要细细研究的问题不是太少了，而是太多了。只要多留心，会发现很多不起眼却很有意思的问题正在从四面八方看着你。

问题看见了，还常常会犯两个毛病，一个是健忘症，另一个是焦虑症。

---

① 陈瑞华：《论法学研究方法》，法律出版社 2017 年版，第 178 页。

② 毛泽东：《中央转发邓子恢关于农村人民公社基本核算单位试点情况调查报告的批语》，载《建国以来毛泽东文稿》（第九册），中央文献出版社 1996 年版，第 605 页。

③ 陈瑞华：《论法学研究方法》，法律出版社 2017 年版，第 146 页。

先谈谈健忘症。你有没有过这样的经历？突然不知道哪儿来了灵感，发现有一个很有意思的问题，但是后来怎么都回忆不起来了，觉得特别可惜。如果不及时记录下来，很多发现的问题和关于这个问题的看法的灵感就会稍纵即逝。所以，我们要及时把遇到的问题记录下来，这非常重要。你的大脑只是个 CPU，还是放在硬盘里更可靠。有些人喜欢随身揣个小本，这是一个非常好的习惯。即使没有本没有笔，也要把宝贵的灵感随手记在手机里。一个细碎问题的灵感，可能就是通向理论宝藏的入口。还有一个问题，平时忙于办案或者事务性工作，没有时间研究。如果发现很多问题又没有时间梳理、没有时间研究，就可能造成焦虑症。没时间深入，那把这个问题先记录下来放在那儿，等有时间时再梳理。而且，记录下来的问题也要积累，如果第一层次的问题太少、太片面，也难以进行深入思考。

问题意识中阶：抽象核心命题，构建问题体系

对第一个层次的资料进行梳理，就进入了问题意识的第二个层次。第二层次的核心工作就是整合问题并大胆假设。问题如果处于零散的状态，就没有办法做研究。为什么呢？我前文提到实践与认识的哲学关系，谈及认识中的科学理论指导实践的原理。科学理论一定是抽象性的，如此才可能在一定范围领域内具有普遍的指导作用。如果太具体了，那就只能去指导一件小事，对其他的问题就没有指导作用了。所以说，科学理论一定是抽象的，不是一眼就能看到的表象，必须要深入地研究摸索。我们研究问题想要深入到理论层面，就必须从感性认识上升到理性认识。研究中国法治经验，也要注意感性认识和理性认识两个层面。“一是在纯粹客观描述的意义上，意味着那些‘对经历的体验’而已；二是从价值判断的角度来看，是指那些可供推广的‘成功经验’以及值得汲取的‘失败教训’。”[①] 从感性认识到理性认识跃迁，关键的方法是什么？抽象！必须要抽象，通过抽象的方法将零散的问题体系化，

① 陈瑞华：《论法学研究方法》，法律出版社 2017 年版，第 297 页。

将零碎的资料整合起来。

抽象，不是凭空想象，必须有扎实的基础资料。理性认识是在感性认识基础上的第二次认识。毛泽东同志讲过，“无数客观外界的现象通过人的眼、耳、鼻、舌、身这五个官能反映到自己的头脑中来，开始是感性认识。这种感性认识的材料积累多了，就会产生一个飞跃，变成了理性认识，这就是思想”。[①]平时记录的小问题非常重要，可以先放在那，等积攒多了也就体现价值了，可以作体系化思考的原料。在体系化理性思考的过程中，“社会科学研究主要存在两个风险，第一个风险是‘只见树木，不见森林’。也就是说，很多研究者的眼里只看见大量的数据、材料、现实和事实，而不能提出任何假设”。“社会科学研究的第二个风险是研究者为避免那种过于主观的断言，有时会走向另一种极端，那就是过分强调细节和过程，把过程细节化、素材故事化。”[②]

避免上述两个风险，就需要一种归纳的思维。从逻辑思维角度看，抽象是一个归纳的过程。“对问题的解释离不开归纳方法的应用。”[③]把归纳理解为从个体事实抽象出普遍规则，是有弊端的，“因为没有下手的方法，故是含糊的”。“宋朝的哲学家讲‘格物’，要认‘即物而穷其理’……后来王阳明用这个法子去格庭前的竹子，格了七天，格不出什么道理来，自己犯病倒了。”[④]“科学理论不是靠什么‘研究程序’推导出来的，而往往来自研究者在某时、某地和某种情境下提出的假设或者猜想，甚至来自研究者一时偶然的‘顿悟’。没有提出假设的能力，研究者纵然掌握了汗牛充栋般的资料和素材，并试图运用归纳方法对这些资料进行分析，也根本无法提出任何具有创新性的理论来。”[⑤]假设不是胡思乱想，我们要假设什么？是核心命题。核心命题是将问题体系化的总纲领、总指引。

---

① 毛泽东：《人的正确思想是从哪里来的？》，载《毛泽东著作选读》（乙种本），中国青年出版社 1965 年版。

② 陈瑞华：《论法学研究方法》，法律出版社 2017 年版，第 159~160 页。

③ 陈瑞华：《论法学研究方法》，法律出版社 2017 年版，第 179~180 页。

④ 陈瑞华：《论法学研究方法》，法律出版社 2017 年版，第 179~180 页。

⑤ 陈瑞华：《论法学研究方法》，法律出版社 2017 年版，第 180 页。

问题体系化不是研究的终结，而只是研究的开始。当进行初步体系化思考之后，就可以完成一篇调研报告了。调研报告的重点是把情况梳理清楚，还不能称为论文，因为还没有论。在写调研报告时，我们有时会分析原因，再设想一些对策，但这些对策仅仅是停留在大胆假设的层面，还不能称为论文。一个常见的认识误区，就是将调研报告和论文混同起来。要清楚认识到，调研报告还处于问题意识的第二层次。将调研报告反映出来的体系化问题进一步抽象，提出一个理论假设，并进一步论证，才可以上升为论文。写论文，就要进行理论分析，要实现从问题意识第二层次向第三层次的跃升，形成更高层次的理论认识。

问题意识第二层次是承上启下的关键，下接地气，上通天理。在将问题体系化的过程中，一定要注意毛泽东同志在《反对党八股》中提到的“党八股的第五条罪状是：甲乙丙丁，开中药铺”。其突出表现是“第一是大壹贰叁肆，第二是小一二三四，第三是甲乙丙丁，第四是子丑寅卯”等层层展开，却“不提出问题，不分析问题，不解决问题”。“这种方法就是形式主义的方法，是按照事物的外部标志来分类，不是按照事物的内部联系来分类的。”毛泽东同志进一步阐明如何提出问题的方法。“什么叫问题？问题就是事物的矛盾。哪里有没有解决的矛盾，哪里就有问题。既有问题，你总得赞成一方面，反对另一方面，你就得把问题提出来。提出问题，首先就要对于问题即矛盾的两个基本方面加以大略的调查和研究，才能懂得矛盾的性质是什么，这就是发现问题的过程。”在提出问题的基础上，要着眼于解决问题，关键是发现事物内部联系。“大略的调查和研究可以发现问题，提出问题，但是还不能解决问题。要解决问题，还须作系统的周密的调查工作和研究工作，这就是分析的过程。提出问题也要用分析，不然，对着模糊杂乱的一大堆事物的现象，你就不能知道问题即矛盾的所在。这里所讲的分析过程，是指系统的周密的分析过程。常常问题是提出了，但还不能解决，就是因为还没有暴露事物的内部联系，就是因为还没有经过这种系统的周密的分析过程，因而问题的面貌还不明晰，还不能做综合工作，也就不能好好地解决问题。”①

形式主义不仅是不好的作风，也是不好的文风，其病根就在问题意识的第二层次。“一篇文章或一篇演说，如果是重要的带指导性质的，总得要提出一个什么问题，接着加以分析，然后综合起来，指明问题的性质，给以解决的办法，这样，就不是形式主义的方法所能济事。因为这种幼稚的、低级的、庸俗的、不用脑筋的形式主义的方法，在我们党内很流行，所以必须揭破它，才能使大家学会应用马克思主义的方法去观察问题、提出问题、分析问题和解决问题，我们所办的事才能办好，我们的革命事业才能胜利。”②

我看到一些论文，花了很大力气做了实证调查，有详细的图表和数据，但是就像“开中药铺”一样罗列了甲乙丙丁几种情形、几种表现等，但这几点之间既无联系又无中心，就是个拼盘。其表面上有个体系，却无内在筋骨贯穿各种情形，经不起推敲，一推敲就要散架子。这样的调查研究，是盲目的，不清楚要解决的中心命题是什么。这样的调研看似资料丰富却基础不牢，不清楚理论研究的发力点在哪儿，不知道要攻克什么命题。如此，再进一步进行理论分析，就只能是牵强附会、生搬硬套，形成实践和理论“两张皮”。当处于问题意识第二层次，核心工作就是要从甲乙丙丁诸情形中发现内部联系和矛盾关系，抓住共性问题和主要矛盾，提出一个核心命题。这个核心命题，不是表面的现象，而是深藏于现象背后的本质。因此，核心命题不是就事论事，一定是深刻的，也是抽象的。源于具体问题的核心命题，是进入更为深刻和抽象的问题意识第三层次的通道。

问题意识高阶：开启理论殿堂之门，武装头脑指导实践

在人类漫长的石器时代，是不可能有理论的。理论是在文字出现以后，由一代一代喜欢思考的人从实践中抽象出来的概念、判断、推理，当推理的命题形成体系，就是一套理论。回顾人类进化和发展的历史，可以深刻认识

① 毛泽东：《反对党八股》，人民出版社 1975 年版，第 12~14 页。
② 毛泽东：《反对党八股》，人民出版社 1975 年版，第 14 页。

来源于实践的哲理。如果我们足够聪明，完全可以从实践问题中抽象出一个命题，创造出一种理论。但是，凭我们一己之力，何以超越几千年来先辈的实践和理论积淀？可以说，我们大部分发现的问题和从中抽象出来的矛盾命题，都有现成的理论可以解释。对于一个现象，有一个学科中多个理论或者多个学科的理论可以作出解释，都是非常正常的。问题在于，我们如果读书太少，见识太短，就把一个已经被先辈们涉猎过千百遍的领域当成新大陆，就会把一个学术界早有成熟理论和分析范式的东西当成新鲜事物。如果我们不学习并掌握相关的理论，就像会一个赤膊上阵的战士，只能凭经验和感觉进行分析，最终落入了毛泽东同志批判的经验主义。[①] 我发现有一些论文只是把表层的问题、初步的想法梳理一下，不分析深层次的问题，理论深度也不够。问题就出在马克思主义哲学功底不足，研究命题相关理论知识欠缺，没有洞穿问题的视角，再费力也看不到深层问题。所谓行家看门道，要有行家的理论视角，才能看出门道；没有行家的视角，就只能把表面的热闹梳理一下，整理没有价值的文章。为什么说没有价值？因为表面的热闹是大家都能看到的，可能是假问题、假原因，据此想出的对策不可能是真招实招，只能是假招虚招，即说说原则性的大道理。用理论武装起来的头脑，就好像带上具有特异功能的眼镜，能够在复杂的法律实践中发现别人看不到的问题，还能够看透问题的本质，找到真正需要着力的症结，拿出解决问题的关键一招。

如何才能找到适合解释和解决问题的理论？在此先重申，在问题意识第二层次中梳理出核心命题是前提基础，核心命题是能够有的放矢之“的”。这个核心命题一定是从实践中生长出来的，脱离问题意识第二层次空谈理论毫无意义。把握住了这个核心命题，就找到了向问题意识第三层次登堂入室的“钥匙”。拿着“钥匙”查阅资料，就会提高效率，还可能产生心理学上讲的“吸引力法则”。“吸引力法则”，[②] 是一种宇宙能量法则，指思想集中在某一领

---

① 毛泽东同志反对的主观主义主要包括教条主义和经验主义。不进行深入的理性思考，不探究问题的本质和规律，就是经验主义的典型表现。经验主义的危害十分明显，如“拍脑袋”决策、“拍胸脯”保证、出了事“拍屁股”走人的“三拍干部”。我们做学问要有扎扎实实的态度，不可做“三拍”文章，而要将天理之教条与时势之经验结合起来。

② 参见［澳］朗达·拜恩：《秘密》，湖南文艺出版社 2018 年版。

域的时候，跟这个领域相关的人、事、物就会被它吸引而来；简单说，就是关注什么，吸引什么。有一句古话，“念念不忘，必有回响”。回响的缘分不靠等待，而是靠执着的信念。当我们执着地念着这个命题，去思考、去研讨、去检索、去阅读……终有一天，会吸引到一个精妙的理论，解释这个问题，从中找到解决问题的答案；或者寻找多个相关理论，从多角度全方位剖析这个命题；或者遇到一个看似不相关的理论，但在头脑中迸出灵感，将两个毫不相干的命题联系起来，发现一条研究命题的独到蹊径，进入前所未有的奇境。奇境之奇景，就是理论的创新。

如何在问题意识的第三层次融合理论、解决问题？如何借助一定的理论工具来分析这些问题，做到理论联系实际呢？如果我们深入学习习近平新时代中国特色社会主义思想的形成过程，就可以深刻理解这些问题。而且从问题意识方法论角度领悟习近平新时代中国特色社会主义思想的来龙去脉，才能真正学深悟透。我们首先看问题意识的第一个层次，习近平新时代中国特色社会主义思想具有鲜明的时代性和问题导向，一定是发端于习近平总书记自己丰富的实践经历，例如他七年的知青岁月等。在这些丰富的实践经历中，他会面对一个又一个实践难题，发现一些具体的实际问题，在解决这些问题过程中总结了经验。在不同的领导岗位上，除了自己亲历，还会有一些同志向习近平同志汇报工作。不论是亲历的实际问题，还是请示和决策，都是问题意识第一个层次的大量实践资料。在浙江期间，习近平同志深入基层，调研实际问题，梳理出浙江的“八个优势”，提出“八项举措”的决策和部署，这就是著名的“八八战略”。[①] 我们细心观察，可以在党的十九大报告中看到“八八战略”的影子。分析一下党的十九大报告的结构，可以将报告分为三大板块。第一大板块是总论，第三大板块是党的建设。中间部分第二大板块

---

① 参见潘家玮、郭占恒等：《大道之行：深入实施“八八战略”》，浙江人民出版社 2006 年版，第 7~8 页。

是经济社会发展的战略部署，由第五到第十二部分这八个部分构成。[①] 无论是"八八战略"，还是党的十九大报告对上述八个方面战略的梳理，这种对问题体系化的梳理，就是问题意识的第二层次。我们不仅要学习习近平新时代中国特色社会主义思想的内容，更要学习蕴含其中的方法论。习近平同志非常注重深入基层调研真问题，又非常善于将问题总结、提炼并形成体系，这是非常值得我们学习的方法论。八个板块中的每一块都是一个方面问题的体系，都是从中国当前进入新时代以后遇到的一个个具体实践问题中按照一定的条理一点点梳理出来的。问题意识的第二层次就体现于此。这八个方面的问题如何解决呢？如果就事论事，问题就会浮于表面而无法得到解决，甚至走上歧途。我们反对就事论事，并不意味着反对大胆假设。大胆假设的过程是非常必要的，但假设之后还需要小心求证。在求证的过程，就需要利用理论工具来解决上述问题。那么习近平同志运用什么理论工具呢？最核心的理论工具，就是马克思列宁主义、毛泽东思想、邓小平理论、"三个代表"、科学发展观。坚持了上述指导思想特别是其中的哲学思想，才能深刻地把握时代之问，解决时代难题。解决问题的答案，就呈现在党的十九大报告里面。

实践命题为理论注入新生命。理论本来就不是教条，而是从实践中总结提炼出来的人类智慧。实践在发展，理论也要发展。知行合一不是静止的状态，而是运动变化的过程。在运用上述马克思主义理论创造性地解决当代问题的同时，新时代的新问题让马克思主义理论焕发新的活力。运用马克思主义，也就发展了马克思主义，习近平新时代中国特色社会主义思想就是马克思主义的当代理论形态。马克思主义是理解和解答时代之问的核心理论命题。无论是"八八战略"，还是党的十九大报告对八个方面战略部署，八个板块绝对不是八个拼盘。我们可以发现有一条中心主线贯穿其中，就是习近平新时

---

① 这八个部分包括：第五部分"贯彻新发展理念，建设现代化经济体系"；第六部分"健全人民当家作主制度体系，发展社会主义民主政治"；第七部分"坚定文化自信，推动社会主义文化繁荣兴盛"；第八部分"提高保障和改善民生水平，加强和创新社会治理"；第九部分"加快生态文明体制改革，建设美丽中国"；第十部分"坚持走中国特色强军之路，全面推进国防和军队现代化"；第十一部分"坚持'一国两制'，推进祖国统一"；第十二部分"坚持和平发展道路，推动构建人类命运共同体"。

代中国特色社会主义思想，这个思想的灵魂就是马克思主义。如果能够从报告中体会到马克思主义的世界观和方法论，就能领悟到问题意识的第三层次。我们也许还没有能力运用马克思主义基本原理解决重大实践问题并推进重大理论创新，但是可以从党的十九大报告中体会问题意识如何从第一层次上升到第三层次，体会如何运用实践的力量推动理论创新。沿着这一条道路，我们带着一点执着，至少可以在一个领域内解决一小块问题，推动一小步理论创新。

我曾经体验过这个过程，例如我在全国法院系统第26届学术讨论会撰写的《民事二审裁判方式的缺陷与重构——从不完全归纳向类型化演绎转型》一文。起初，我在写二审判决时发现一些零星的纠结现象，在一些二审维持判决中隐藏了一审的错误，虽然一审认定事实或适用法律有问题，但纠正错误后的裁判结果不变，就只能维持原判；相反，一些认定事实和适用法律没有问题的一审判决，却因二审中采信了当事人提交的新证据或者案件事实本身在一审判决后发生变化，二审法院就不得不改判或发回重审。当意识到这个问题以后，每遇到一个这样的案子，就把一审、二审文书单独保存起来。达到一定数量后，就把这些案子归成几大类，再细分小类，这就上升到问题意识的第二层面。核心命题是什么呢？就是二审裁判方式无法可依的问题。在通向问题意识第三层次的过程中，我遇到困难了，即找不到能够一针见血地解释这个命题的理论，找不到理性的解决办法。我带着这个问题向学校的老师们请教，在与老师的探讨过程中启迪了智慧，找到了通向问题意识第三层次的大门。有一位民事诉讼法老师建议我从逻辑学视角审视这个问题，当前的立法漏洞是归纳推理造成的，即分别归纳维持原判、改判和发回重审的情形避免不了遗漏想不到的情形；如果提炼出一审认定事实、一审适用法律和裁判结果三个要素，通过排列组合演绎推理，就不会有漏洞了。为什么要提炼出这三个要素呢？传统民事诉讼法理论中二审的功能包括监督一审与定分止争两个方面，把监督一审的功能分解为监督一审的认定事实与适用法律，就化二为三了。这三个要素的提炼有民事诉讼法理论为支撑，再运用最简单的逻辑学方法进行演绎推理，问题就迎刃而解了。至此，我们的研究是否结束了呢？回头来想想，在应用上述两个理论工具解决二审裁判方式这个命题的同时，是否有理论创新？在其他以“（一）（二）（三）……”列项归纳的法律规范中，是不是都可能出现这样遗漏特殊情形的风险？从不完全归纳向类型化演绎转型是不是一个具有普遍指导意义的立法技术变革？想着想着，会惊喜地发现一个理论创新。

原创：经验到理论、具体到抽象、现象到本质的跃迁

上述问题意识三个层次，揭示了认识问题和解决问题的规律，但不能把这三个阶段的问题意识教条化理解。我们再看看毛泽东同志《关于农村调查》谈到的怎么做调查研究的方法，包括三个步骤：“当我们观察一件事物时，第一步的观察只能看到这件事物的大体轮廓，形成一般概念。好比一个初来延安的人，开始他对延安的认识只是一般的、笼统的。可是当他参观了抗大、女大以及延安的各机关学校之后，他采取了第二个步骤，用分析方法把延安的各部分有秩序地加以细细的研究和分析。然后第三步再用综合法把对各部分的分析加以综合，得出整体的延安。”[①] 仔细品味，主席关于调查的三步走和上述问题意识三个层次异曲同工。三层次或三步骤的具体表现并不重要，二者共同揭示的规律是，对问题的认识从具体到抽象的、从现象到本质的跃迁。

核心命题是跃迁的主线，在问题意识第二层次表现为核心实践命题，进入问题意识第三层次就转化为核心理论命题。一篇好的文章，一定是从头到尾都能清晰地看到核心命题贯穿始终，并沿着核心命题的线索带着读者逐渐深入思考，渐入佳境。没有核心命题，洋洋洒洒的文字，也只是一盘散沙。在我每年评审指导的学术论文中，没有在论文主题中反映核心命题，是质量稍差的论文中普遍存在的问题。当然，一些好论文的普遍规律也在于此，能够抓住核心命题贯穿文章始终。例如，我看到的一篇关于裁判文书校对机制的反思与重构的文章，提出“注意力是一种稀缺资源”，这就是这篇文章的核

① 毛泽东：《关于农村调查》（1941 年 9 月 13 日），载《毛泽东文集》（第 2 卷），人民出版社 1996 年版，第 380 页。

心命题。如果没有这个核心命题，请大家对裁判文书校核机制进行头脑风暴，视角一定是五花八门的，一定会有人提出部分法官和书记员工作态度不认真、缺少系统的专业培训、案多人少的矛盾导致裁判文书质量下降等。那些质量一般的文章，就会把这些原因都罗列起来，再一一寻找对策。看上去下了很多功夫，其实是浮于表面做文章，没有到达问题的本质，就没有抓到核心命题，形成一盘散沙的局面。没有核心命题，各部分像拼装成的，没有主心骨。而这篇文章的作者发现了“注意力资源”这个让人拍案惊奇的视角，不论几个方面、几个层次展开文章的论述，都始终贯穿着核心命题。这个独特的命题视角为研究者提供了沙里淘金、从问题意识第一层次向第二层次跃迁的利器，提供了进一步向第三层次登堂入室的天梯。

问题意识三步跃迁，也就是一个原创性法学研究的道路。有学者把原创性法学研究概括为三方面：“第一，原创性研究应当能够提出一些新的理论和概念……第二，原创性研究应当具有实质上的理论推进。……第三，原创性法学研究一般都是从经验到理论的研究……所谓‘从经验到理论’，就是要求我们的研究从大量的现象事实和问题出发，在总结、概括和归纳的前提下提出概念、揭示命题、上升为一般性的理论，这是典型的归纳研究方法的运用。”[①] 其中，第三点揭示了原创的本质，是问题意识“从经验到理论”三层次跃迁。

在问题意识跃迁的道路上，需要避开常见的陷阱。上面提到的没有核心命题、缺少主心骨的一盘散沙是第一个陷阱。第二个陷阱就是核心命题之外的冗余内容太多了。例如，我看到的一篇关于在破产程序中适用公司人格否认制度的论文，以“执行不能”的类型化分析作为研究的基础。这种文章的核心命题还是很清楚的，但是在行文过程中与核心命题相关度不高的冗余内容太多了，还有一些经验性的浅层分析，浪费了大量字数。公司人格否认，是公司法中历史悠久的命题，有很深的理论分析空间。由于冗余内容和浅层分析挤占了大量的文字空间，真正需要深入探讨的理论问题没有深入下去。

① 陈瑞华：《论法学研究方法》，法律出版社 2017 年版，第 193~197 页。

第三个常见的陷阱，是问题意识三个层次相互脱节，形成分析与对策“两张皮”的现象。我指导过一篇关于构建诉调对接中无争议事实效力审查的文章，把这篇文章的结构呈现如下：

一、现状检视：诉调对接中无争议事实效力认定困境

二、根源探究：诉调对接中无争议事实认定难的原因

（一）立法因素：法律规范缺位导致裁判基础薄弱

（二）现实因素：诉调对接失灵导致裁判价值踟躇

三、夯实根基：诉调对接中无争议事实效力认定的理论基础

（一）价值属性：公正与效率平衡

（二）基本原则：合意与规范兼顾

四、程序构建：诉调对接中无争议事实效力的审查进路

（一）法律性质与定位厘清

（二）审查流程与标准确立

只看各级标题，就可以发现后面的制度构建与前面理论分析“两张皮”，文章几部分之间是相互独立的。其根本原因就是缺少能够贯穿始终的核心命题作为文章气脉。文脉不通，就如人的血脉不通一样，是不健康的。做文章还是做研究？这是之前抛出的问题。做文章，不可仅仅追求表面结构的均衡和词句修辞的光鲜，而应该以做研究的精神做文章，打通文脉，气血流畅。

再如一篇研究民事裁判文书争点归纳标准构建的文章。作者在第一部分对争点归纳制度的基本认识进行调查问卷研究，此后又提出了三个关键词；在第四部分提出争点归纳的基本方法和步骤，在行文上感觉有点突然，看不到与前面调研结果和三个关键词有什么关系，前后脱节。反思一下，如果做问卷调研，就要问自己几个问题：调研的目的和意义是什么？数据的背后反映了什么问题？对核心命题提供什么支持？要有一个小结，不能把一堆数字、图表摆在那里就不管了。对于提到三个关键词，要明确“来龙”和“去脉”。所谓“来龙”，就是要交代这三个要素是从哪儿来的，是从实践中总结出来的

还是从哪个理论中来或者由哪个理论改造而来。如果是凭空想出来的，就是不负责任，对于读者也没有说服力。所谓“去脉”，就是这三个要素要用起来，如何从要素分析中得出最后提炼出的方法。不讲“来龙”和“去脉”，各个部分各自为战，是一定要避免的。

第四个陷阱，是初级论文作者常见的错误思路，即以概念、常识为先导。一般情况下，以概念、常识为先导，就容易落入写教科书的窠臼。刚刚从学校毕业的大学生写论文，常常容易写这样的文章，喜欢以基本概念、基本原理、基本原则等常识性知识作为论文的开头。这样写的弊端就在于，看不清论文研究的核心命题，而且容易脱离实际，陷入概念、原理、原则的空谈。这种空谈式的写作，对于在校学习的学生而言，是很好的训练方法。但是，当我们从大学毕业工作一段时间之后，就不能再写这种空谈式的“学生腔”文章。法律人，应当担起社会责任，做一些经世致用的研究。做研究，就要开门见山地交代研究的核心命题是什么。例如，一篇关于互联网时代下民事诉讼审前程序的再造的论文，开头写的是诉讼关系视角下审前程序的规范分析，这属于常识性的分析。再如另一作者写了篇关于多元化纠纷解决机制下诉讼费制度改革，选择了以修复和完善诉讼费调控功能为视角，在文章开头就分析诉讼费制度的定义性质和功能定位，花费了很多笔墨还没有看到核心命题是什么。

开头在于交代核心命题，不宜对概念过度展开。对于我这个建议，也要辩证地看待，不要绝对化、教条化地理解。首先，概念性、常识性内容不是不能写，但要惜墨如金，如果对论证核心命题帮助不大就要压缩。其次，概念性、常识性的分析可以融入理论分析问题，不宜以概念和常识作为先导。但这也不是绝对的，对于新概念、概念生僻、概念本身需要界定或者概念本身就是核心命题等情形，也不排除以概念为先导更为适宜。

第五个陷阱就是假的实证分析，也就是没有做正确的调查研究。问卷、抽样调查是常用的实证分析工具，但是有规矩的。例如，上述那篇关于多元化纠纷解决机制下诉讼费制度改革的文章，做了很认真的调研，列出当事人对《诉讼费用交纳办法》收费标准的评价：220人（占比71%）认为标准不高，65人（占比21%）认为标准较高，25人（占比8%）回答不清楚；对人民法院执行《诉讼费用交纳办法》收费情况的评价，266人（占比86%）认为不存在违规收费，18人（占比6%）认为存在违规收费，26人（占比8%）回答不清楚。看完上述数字后，就会产生一个疑问，调研的对象都是哪些人？诉讼地位是原告还是被告，诉讼结果是胜诉还是败诉，以及不同职业身份、不同经济能力的群体，一定会有不同理解。一般来说，要交代调研的思路和方法，是全样本的大数据分析还是抽样调研；如果是抽样，用什么方法抽样，是分类抽样还是随机抽样；如果是随机，以何种办法保证随机性而不带有偏见，例如有人用等距抽样的方法。

实事求是：知行合一的根本路径，马克思主义活的灵魂

从经验到理论、从具体到抽象、从现象到本质的跃迁，就是一个实事求是、发现真理的过程。习近平总书记讲："实事求是，是马克思主义的根本观点，是中国共产党人认识世界、改造世界的根本要求，是我们党的基本思想方法、工作方法、领导方法。不论过去、现在和将来，我们都要坚持一切从实际出发，理论联系实际，在实践中检验真理和发展真理。"① 对于实事求是的概念，如果望文生义、不求甚解，就无法理解其精髓。深刻理解实事求是，必须读原文、悟原理。如何理解实事求是？一定要追溯到毛泽东的《改造我们的学习》这篇报告。毛泽东同志在报告中对"实事求是"这个概念作了科学阐释，指出："'实事'就是客观存在着的一切事物，'是'就是客观事物的内部联系，即规律性，'求'就是我们去研究。"② 事物内部联系就是"实事求是"的"是"，是事物之间规律性的联系，在哲学上称为因果律。读原文，必须整篇地读，反复地读，放在历史背景中读，放在理论体系中读，才能悟出原理来。如果只言片语地读，会造成断章取义的理解。要理解"实事求是"，

① 习近平：《在纪念毛泽东同志诞辰120周年座谈会上的讲话》，载《人民日报》2013年12月27日，第2版。

② 毛泽东：《改造我们的学习》，解放社1950年版，第7页。

就要放在《改造我们的学习》全篇中读；要理解《改造我们的学习》，还要放在1942年延安整风运动的历史背景中读，理解为什么以及如何反对主观主义，还要把主观主义、宗派主义、党八股联系起来理解。了解了原文的历史背景后，还要反复读。书读百遍，其义自现。我反复研读《改造我们的学习》这篇文章好多遍，才有茅塞顿开的感觉。而且每过一段时间重读，又会有新的感受。

如何做到实事求是，探知事实间因果律？先要讲"实事"，即表面的关联性。我们只能从能直观感受的具体人、具体事、具体案例入手，否则就是空谈大道理，或者拿大理论忽悠人。不讲"实事"，急于"求是"，在理论上是不好的文风，实际上是思想上不好的作风。毛泽东反对这种主观主义作风，"'闭塞眼睛捉麻雀'，'瞎子摸鱼'，粗枝大叶，夸夸其谈，满足于一知半解，这种极坏的作风，这种完全违反马克思列宁主义基本精神的作风，还在我党许多同志中继续存在的。马克思、恩格斯、列宁、斯大林教导我们高瞻远瞩地研究情况，从客观的真实的情况出发，而不是从主观的愿望出发；我们的许多同志却直接违反这一真理"。[①]《反对本本主义》一文开篇讲没有调查就没有发言权。反对本本主义，就要反对教条主义，反对一些原则上正确却没用的话，反对一些听起来头头是道却行不通的话。有学者讲，如此说话实质上是一本正经地说废话。

直观的感性认识，是我们认识事物、研究问题的第一步。康德《纯粹理性批判》正文开篇就讲直观的概念及其意义，"知识不问其以何种式样何种方法与对象相关，其所由以直接与对象相关，及一切思维所由以得其质料者，为直观（Anschau-ung）"。人对认识对象从感性认识开始，产生直观，进而才可能产生思维、概念等理性认识即悟性。"对象由感性授与吾人，仅有此感性使吾人产生直观；直观由悟性而被思维，且自悟性发生概念。"所有的思维还要回到直观中来。"但一切思维，不问其直接间接，由其性格最后必与直观相关，故在吾人人类，最后必与感性相关，盖因舍此以外别无

① 毛泽东：《改造我们的学习》，解放社1950年版，第2页。

其他方法能使对象授与吾人也。”与直观相关，康德还谈及感觉、现象的概念。“在吾人被对象激动之限度内，对象所及于‘表象能力’之结果，为感觉（Empfindung）。由感觉与对象相关之直观，名为经验的直观。经验的直观之对象（未规定其内容者）泛称为现象。”[①] 直观，讲的是眼见为实，一切高级的思维、深层的思考，都始于直观的质料，终于直观的检验。直观，一定从调查研究中来。经验性的感觉、头脑中的印象，都不是直观，都是靠不住的。写论文、做研究，进行过深入调查研究的同志一定会有所感触，经过调查发现的情况与原先想象不一样，甚至会颠覆掉大家原来的“共识”。缺乏直观，直接进行抽象认识，结论是靠不住的。不论是对情况的判断，还是对真理的认知，都存在这样的情况。

在实践层面，有一些成见、刻板印象，在调查研究之前，大家认为非常靠谱；可是在调查研究之后，反而对原先靠谱的认识大跌眼镜。例如调研北京市基层法院审判团队效能，调研前想象统计分析结果应当呈“纺锤形”正态分布，即大部分审判团队处于中等绩效，越往高绩效一端，或者越往低绩效一端，相应区间的团队数量会越来越少。自动生成柱形统计图后，我们发现确实有一个明显的“纺锤形”，但两端各一个畸高的柱，怎么回事呢？调查一下绩效畸低的审查团队，无一例外都是被借调或者孕产假等原因；畸高绩效团队则无一例外都是速裁团队。另外，我还比较过人均收案量排名全北京市前中后法院的案件平均审理时间。调研前猜测人均收案量越多，人案矛盾越尖锐，平均审理应当时间越长。统计结果摆在面前，发现并非如此，例如人案矛盾最尖锐的北京市通州区人民法院，平时审理时间却不比一些远郊法院更长；这与繁简分流是否有关系？继续调研后才能下结论。调查研究，眼见为实，不仅能改变原先的固有成见，还会发现新的问题。

在理论层面，实践是检验真理的唯一标准。真理是抽象的，必须应用到实践，从直观感受中来判断真理靠不靠谱。关于提高工作质量，我们相信压力创造动力，强调压力层层传导，但实际效果如何呢？例如裁判文书校核中

---

① ［德］康德：《纯粹理性批判》，蓝公武译，商务印书馆 1960 年版，第 47 页。

的低级错误问题，如果没有深入研究，我们可能会想当然地认为这比高级错误更容易避免；信奉的道理是低级的问题解决不好，能解决好高级问题吗？我曾经请大家通过头脑风暴分析裁判文书低级错误的问题。有人说法官助理和书记员责任心不强；有人说一般只是一个人校核，认为法官助理和书记员都要校核，法官也要参与；有人说庭领导不够重视，抓得不严；有人说案多人少压力大，时间不够用……我指导一位同志在某基层法院做了实证测试，把来自民商事审判庭的法官、法官助理、书记员随机等分三组，每组中均包括若干三者“1+1+1”的虚拟审判团队，对同一篇事先设置大量错误的裁判文书进行校核。第一组用时 5 分钟，无清单；第二组用时 15 分钟，无清单；第三组用时 5 分钟，分法官、法官助理、书记员三类不同清单，各自按清单指引校核。分析结果得到 3 个结论：一是无清单的情况下，大家能找到和找不到的错误基本差不多，靠人海战术不会明显提升校核水平；二是用时增加 3 倍，校核效果没有明显提升；三是清单校核用时 5 分钟比人海战术 15 分钟效果明显好；四是有清单中的某几个点，没有清单的也都找到了。直观的结果告诉我们，增加人力、增加时间，都是不靠谱的；在测试的状态下，大家精力高度集中，仍然难以把所有错误一网打尽，让领导管得再严一些，反复强调责任心再强化一点，也都不靠谱。清单革命是个好办法，可是有些问题不用清单也能解决，有些问题清单也帮不上忙，我们发现清单并非包治百病。一些大家共识的固有理念，以实践标准检测一下，可能是不靠谱的；一些改革理念、方法、措施，以实践标准检测一下，也未必包治百病，仍需改进。亲爱的朋友们，有没有过这样的经历呢？

不论对于事实认知还是理论研究，具体的直观非常重要，直观是认识基础，也是检验标准。但我们不能止步于直观，还要“求是”，追究根本原因。内在的、规律的关联性这个“是”，深藏不透，可能被表面关联性掩盖、扭曲、迷惑。“求是”的“求”是一个很苦很苦的过程，毛泽东在《反对本本主义》中形象地讲，“调查就像‘十月怀胎’，解决问题就像‘一朝分娩’。调查就是解决问题”。他还在《关于农村调查》开篇讲，“认识世界，不是一件容易的事。马克思、恩格斯努力终生，作了许多调查研究工作，才完成了科学的共产主义”。[1]那种“所谓伊人，在水一方”求之不得的感受是常态，更多时间是在迷茫中试错，在试错中煎熬。我的几篇获奖论文是一个系列，涉及事实认知、证明逻辑、经验法则、社会效果、裁判方式等。这些问题都是让我忧心、也让大家困惑的实践难题，不可能一上来就知道方向、路子在哪里。我自从工作不久，就发现并开始持续关注这些问题。研习大量相关理论，都不解渴，找不到现成的答案。偶然接触法学以外的理论领域，看似不相干的理论却嫁接在法学问题上，忽然柳暗花明。问题的本质规律隐藏得很深，被表象遮盖、歪曲；同样，曲径通幽的蹊径也必然被丛林隐蔽，被荆棘阻挡。“求是”的过程苦之又苦，几十次碰壁，才在绝望处另辟蹊径，通往解释问题本质规律。

对问题执着地念念不忘，不一定什么时候就会眼前一亮。这个过程就像做科学研究，可能需要几年甚至更久。例如，我在研习逻辑学之后，对司法裁判中事实认知有了全新的看法；在研习逻辑哲学之后，对诉讼证明的思维过程有了深刻理解；在研习信息经济学之后，对证明标准有了通透的理解，发现事实信息不对称的规律……其他学术讨论会全国一等奖论文作者都有过类似的经历。例如第30届学术讨论会一等奖论文《风险管理视角下审判辅助事务外包的困境和出路》选取了风险管理的理论视角，参透问题本质规律，在大量同主题流于表面、浅层思考、泛泛而谈的论文中脱颖而出。我听到一些关心这个主题的同志说，这篇论文难度并不高，我要是能想到风险管理的视角，我也能获一等奖。风险管理这个管用的视角是从天下掉下来的吗？这篇论文的两位合作作者分享她们的研究心得时讲到，她们请教了很多老师、咨询了很多同事，都给不出她们有价值的建议。她们检索了很多文章，到国家图书馆、学校图书馆看了各学科大量的书，感觉大量时间、精力都打水漂了。她们牺牲了所有娱乐时间，挤压了大块休息时间，还经常讨论到次日凌晨。在不断探索、试错的过程中，在不断失败、迷茫的打击后，偶然的机缘让她们发现了风险管理这条令人欣喜若狂的蹊径。当了解到她们的“求是”

---

① 毛泽东：《关于农村调查》(1941年9月13日)，载《毛泽东文集》(第2卷)，人民出版社1996年版，第378页。

心路后，还有人会不屑地说我要是知道，我也能做到吗？

实事求是，是向实践层面研判情况与理论层面探求真理的辩证统一，是“实事”之现象直观与“求是”之本质规律的辩证统一。实事求是，一定在知行合一中实现，不是简单地从现象到本质、从直观到规律。知与行两端都要去“求”，还要将知与行合在一起来“求”。感性认识与理性认识不是割裂的两个过程，问题研判、理论分析、对策决定绝对不是三张皮。再以裁判文书校核为例，要向“知”的一端去“求”，研究错误在认知心理学上的意义，探求到注意力资源这个规律性视角。这显然比不假思索头脑风暴得来的东西要高明很多，但是找到这个理论视角就意味着把握问题的规律了吗？还要回到“行”的一端接着“求”。为什么要做测试？第一个目的是看看“清单革命”的真理能否得到实践检验。测试结果说明，人海战术、时间翻倍都无济于事，清单的确起到革命性的效果。第二个目的是实践是如何检验真理的，根据检验的效果进一步修正真理。经过测试，我们发现有些错误点，大家不用清单也能轻松找到，是不是就要从清单中移除；有些错误点，有清单和无清单组都没发现，恰好清单上没有，考虑是否要添加上去再测试。

如何做到知行合一辩证统一的实事求是？就是要在知行合一“一元论”理念的指引下，把知与行当成一回事，把做学问和干工作当成一回事。例如裁判文书校核的命题，如果你想写一篇论文，就要把它当成真事来办；如果你确实要抓这项工作，那就把它当成一项研究课题、科研项目对待。如果写论文不进行艰苦“求是”，那么想当然就能得到的原因，诸如责任心不够、领导不重视、错误在考核中罚得不重、案多人少时间不够等，都是假原因；在此基础上得出的强调责任心、领导严管、错了狠罚等措施就是假对策，看上去正确，但没有效果，而且假对策有时还会制造新的矛盾和问题。如果研究工作也以这样的方式进行，那么就是又折腾又没效果。抓工作，想抓住主要矛盾，就必须拿出做科研的精神去“求是”，寻找问题深层因果律。如果只从表面抓到一堆假原因，拍脑袋想对一堆假对策，就是“眉毛胡子一把抓”了。

综上，“实事”要“实”，是“求是”的初始；“求”得之“是”在“实事”中检验，以“实事”为终归。“求是”既是做研究、又是干工作，知与行是一回事。辩证统一地认识实事求是，才得以知行合一致良知。

冷眼亮剑："黑天鹅"与"灰犀牛"，无知之错与无能之错

"求是"的过程很辛苦，但未必每次都有回报。对于"是"，求之不得是常态，这是人的有限理性决定的。求不到那个"是"，就把握不了事物内在的、规律的因果联系，进而难以做到知行合一，避免不了出事故、犯错误的风险。实事求是的道路上，充满了风险。有时候，出了事、犯了错，才看得清楚，这也是"求是"的代价。是不是所有的风险都不可预知、不可防控，所有的代价都值得呢？近几年出现"灰犀牛"和"黑天鹅"这两个热词，代表了两种类型的风险。"灰犀牛"事件指过于常见以至于人们习以为常的风险，比喻大概率且影响巨大的潜在危机；"黑天鹅"事件指极为罕见的、出乎人们意料的风险。习近平总书记在2019年省部级主要领导干部"坚持底线思维，着力防范化解重大风险"专题研讨班开班式上讲到："面对波谲云诡的国际形势、复杂敏感的周边环境、艰巨繁重的改革发展稳定任务，我们必须始终保持高度警惕，既要高度警惕'黑天鹅'事件，也要防范'灰犀牛'事件；既要有防范风险的先手，也要有应对和化解风险挑战的高招；既要打好防范和抵御风险的有准备之战，也要打好化险为夷、转危为机的战略主动战。"①

在认知心理学上，难以预知的"黑天鹅"与可预知的"灰犀牛"，分别导致"无知之错"与"无能之错"。《清单革命》的作者葛文德认为，"第一类错误是'无知之错'，我们犯错是因为没有掌握相关知识，科学只让我们部分理解了世界的运行规律。有些超高难度的摩天大楼我们还不知道该怎么建造，有些暴风雪我们还无法预测，有些心脏病发作我们还不知道该如何预防和救治"。② 此类错误对应的风险就是难以预知的"黑天鹅"。"第二类错误是'无能之错'，我们犯错并非因为没有掌握相关知识，而是因为没有正确使用这些

---

① 习近平：《提高防控能力着力防范化解重大风险 保持经济持续健康发展社会大局稳定》，载《人民日报》2019年1月22日，第1版。

② ［美］阿图·葛文德：《清单革命：如何持续、正确、安全地把事情做好》，王佳艺译，北京联合出版公司2017年版，第10页。

知识。所以，一些摩天大楼因为错误的设计或施工而倒塌了，一些突如其来的暴风雪原本是可以预测出来的，还有一些致命的刺伤被医护人员忽视了，因为他们忘记询问急救人员病人到底是被什么器械刺伤的。”① 此类错误对应的风险就是可预知的“灰犀牛”。对于两种错误的态度，葛文德认为，“‘无知之错’，可以原谅；‘无能之错’，不被原谅”。②

风险类型	错误类型	可预知性	可原谅性
“黑天鹅”	无知之错	不可预知	可以原谅
“灰犀牛”	无能之错	可预知	不被原谅

中共中央办公厅于2018年5月20日印发《关于进一步激励广大干部新时代新担当新作为的意见》，强调建立健全容错纠错机制，宽容干部在改革创新中的失误错误。这给敢担当敢作为、敢闯敢拼的干部吃了一颗“定心丸”。哪些错误可包容、可纠正？上述风险和错误类型的区分就是一个具有可行性的标准。敢啃硬骨头，就意味着面对不知底里的难题发起挑战；敢闯新道路，就意味着面对未知的领域大胆开拓、勇于创新。习近平总书记讲：“我们的事业越前进、越发展，新情况新问题就会越多，面临的风险和挑战就会越多，面对的不可预料的事情就会越多。”③ 在前进的道路上，“从来就没有什么救世主，也不靠神仙皇帝”，我们没有现成的路线方案，也没有现成的理论指引，敢闯敢拼的路上充满难以预知的“黑天鹅”。如果要求“黑天鹅”不得出现，那就是强人所难了。组织行为学认为，“只有当人们感到自己的此类行为不会受到任何惩罚时，他们才会提出新观点，尝试新办法。创新型组织中的管理者认识到，失败是探索未知领域时自然而然的副产品”。④

认识“黑天鹅”，有必要了解极端斯坦与平均斯坦这对概念。“在理想的

① ［美］阿图·葛文德：《清单革命：如何持续、正确、安全地把事情做好》，王佳艺译，北京联合出版公司2017年版，第10页。

② ［美］阿图·葛文德：《清单革命：如何持续、正确、安全地把事情做好》，王佳艺译，北京联合出版公司2017年版，第1页。

③ 习近平：《关于坚持和发展中国特色社会主义的几个问题》，载《求是》2019年第7期。

④ ［美］斯蒂芬·罗宾斯、蒂莫西·贾奇：《组织行为学》（第16版），孙健敏、王震、李原译，中国人民大学出版社2016年版，第478页。

平均斯坦，特定事件的单独影响很小，只有群体影响才大；在极端斯坦，个体能够对整体产生不成比例的影响。极端斯坦能够制造黑天鹅现象，少数事件已经对历史产生了巨大影响。”[①] 如何防止和化解重大风险呢？习近平总书记讲：“防范化解重大风险，需要有充沛顽强的斗争精神。领导干部要敢于担当、敢于斗争，保持斗争精神、增强斗争本领，年轻干部要到重大斗争中去真刀真枪干。各级领导班子和领导干部要加强斗争历练，增强斗争本领，永葆斗争精神，以‘踏平坎坷成大道，斗罢艰险又出发’的顽强意志，应对好每一场重大风险挑战，切实把改革发展稳定各项工作做实做好。”[②]

“黑天鹅”的不可预见性是相对的，也许它逃得出众人的视野，却逃不出少数大智慧、大思想、大格局、大担当者的眼睛。因果律是客观的，“黑天鹅”不可能是无因之果。因果律又是深藏的，“黑天鹅”振翅来临之前，空气的微小波动很难被察觉，只有目光敏锐者才能嗅其端倪。习近平总书记讲：“我们必须增强忧患意识，做到居安思危。解放思想、实事求是、与时俱进，是马克思主义活的灵魂，是我们适应新形势、认识新事物、完成新任务的根本思想武器。”[③] 目光何以敏锐？首先要时刻保持忧患意识，居安思危。在此基础上，按照习近平总书记的要求，“加强理论修养，深入学习马克思主义基本理论，学懂弄通做实新时代中国特色社会主义思想，掌握贯穿其中的辩证唯物主义的世界观和方法论，提高战略思维、历史思维、辩证思维、创新思维、法治思维、底线思维能力，善于从纷繁复杂的矛盾中把握规律，不断积累经验、增长才干。要完善风险防控机制，建立健全风险研判机制、决策风险评估机制、风险防控协同机制、风险防控责任机制，主动加强协调配合，坚持一级抓一级、层层抓落实”。[④] 这是我们研究风险防范问题的总指引，也是提升个人境界的总指引。防范风险的关键，就是要练就错综复杂中洞察

---

① ［美］纳西姆·尼古拉斯·塔勒布：《黑天鹅：如何应对不可预知的未来（升级版）》，万丹、刘宁译，中信出版社 2011 年版，第 25 页。

② 习近平：《提高防控能力着力防范化解重大风险 保持经济持续健康发展社会大局稳定》，载《人民日报》2019 年 1 月 22 日，第 1 版。

③ 习近平：《关于坚持和发展中国特色社会主义的几个问题》，载《求是》2019 年第 7 期。

④ 习近平：《提高防控能力着力防范化解重大风险 保持经济持续健康发展社会大局稳定》，载《人民日报》2019 年 1 月 22 日，第 1 版。

因果规律、平静细嗅天鹅振翅的本领。除了学习、学习、再学习，别无他法。

“黑天鹅”与“灰犀牛”并非天上地下互不相犯。“黑天鹅理论提醒人们注意那些意料之外的事件，让人们认识到其发生的可能性。在每一个黑天鹅事件的背后，都潜藏着一个巨大的灰犀牛式危机。你可能会认为，我们不需要注意那些明显的危机事件；或者认为，我们已经在处理这些明显的危机了。但是，事实恰恰相反。我们很少会去注意那些可以预期的事件。有时候，灰犀牛式危机越是严重，我们越难看到它的存在，越难逃离它的进攻路线。”[①] 渥克在《灰犀牛》一书中给出了灰犀牛风险（危机）的应对策略：一是承认危机的存在；二是定义灰犀牛式危机事件的性质；三是不要静立不动，也就是不要在冲击面前僵在原地；四是不要浪费危机，要真正做到从灾难中吸取教训；五是站在顺风处，眼睛紧紧盯住远方，准确预测远处看似遥远的风险，摒除犹疑心态，优化决策和行动过程；六是成为发现灰犀牛式危机的人，成为控制灰犀牛式危机的人。[②] 要防范“灰犀牛”造成的无能之错，清单是一个好办法。如何制作和使用清单？要领就是：“关键点”比“大而全”更重要。[③]

在法律的道路上，我们要时刻警惕“黑天鹅”与“灰犀牛”，随时准备与它们战斗。“黑天鹅”与“灰犀牛”是司法实践中让人生畏的难题，却因此成为学术研究中价值巨大的课题。这个价值已经远远超越法律本身，将对社会做出重大贡献。每一个司法案件都是社会矛盾的缩影，也是“黑天鹅”与“灰犀牛”的踪影。以更高的政治站位观察我们办理的类案，就可能精确预测社会重大风险，还能从类案中总结出风险的机理。例如我在 2011 年审理了大量的房屋限购问题的案件，正好当时也在攻读博士学位，研究了经济学中房地产调控中的“蛛网模型”，忽然有一个猜想，非京籍人员到了 2016 年就会

---

① ［美］米歇尔·渥克：《灰犀牛：如何应对大概率危机》，王丽云译，中信出版社 2017 年版，第 338 页。

② 参见［美］米歇尔·渥克：《灰犀牛：如何应对大概率危机》，王丽云译，中信出版社 2017 年版，第 340~348 页。

③ 参见［美］阿图·葛文德：《清单革命：如何持续、正确、安全地把事情做好》，王佳艺译，北京联合出版公司 2017 年版，第 19 页。

具备交纳社保满5年的条件，加之“蛛网模型”的作用，这些被压抑5年的购买力会不会瞬时爆发？当2016年房价暴涨印证了我当年的猜想，我后悔当年为什么不好好研究一下，并写成司法建议呼吁一下。再如近两三年，P2P爆雷成为经济领域的热点问题，最近几年我也听一些同志说在审理商事案件中发现P2P有很多风险。我们除了公正审理好案件，是否应当从类案中细嗅“黑天鹅”与“灰犀牛”的踪影，未雨绸缪，为社会做出更大贡献？当别人面对“黑天鹅”望而却步时，身处“灰犀牛”却熟视无睹时，法律人应当是冷静的智者、勇敢的战士。这是更高层次的实事求是，是真正的知行合一。卓有成效的法律人，向“黑天鹅”与“灰犀牛”亮剑！

尊重与批判：具体时空条件的知行合一才是实事求是

本书的核心命题，就是知行合一。知行合一，是写论文、做研究终极秘密，也是致良知、成大业的终极秘密。阳明先生晚年对自己的心学理论总结为著名的“四句教”：“无善无恶是心之体，有善有恶是意之动，知善知恶是良知，为善去恶是格物。”[①] 良知与善行是一元的存在，而非二元。如果能做到“知善知恶”，我们能写出一篇优秀论文。写论文、做研究为了什么？更深远的目的是“为善去恶”。如果做到了“为善去恶”，就实现了良知与善行的统一，达到知行合一、格物致知的境界。法律的道路，不止于良知，更在于格物。回想学生时代，在法学院的厅廊，我们对中外法律先贤的画像肃然起敬，感受着悠远历史的印迹。他们因何能够流芳百世？如果给他们标注一个标签，他们是伟大的法学家？还是伟大的法官？

古今中外，我们脱口而出法学圈里咖位最高的大咖，都是法学家里最会审判的，也是法官里最会搞研究的。如果问他们的成功秘诀是什么？一言以蔽之，知行合一。伟大法官一定是伟大判决造就的，而伟大判决又是伟大思想的凝聚。他们是思想者，归根结底是伟大的法学家。反过来思考一下，为

① （明）王阳明：《传习录·卷下》，载（明）王阳明：《传习录》，阎韬注评，江苏古籍出版社2001年版，第323页。

什么他们会成为伟大的法学家？他们伟大的思想是从天下掉下来的吗？我们无法考证他们是不是天才，但至少我们不相信天才会做到一切先知。如果我们寻找先贤们伟大思想的印迹，你一定会发现法律的道路是一条实践铺出来的道路。伟大法律思想源于实践，成于思考，其源泉不在高贵的象牙塔中，而在朴实的司法实践中。

先贤给我们指引了一条知行合一的法律道路，然而，法律的道路一定不是对伟大先贤的亦步亦趋。对于人类一切思想智慧，尊重不等于盲从，批判才是真正的尊重。马克思在《共产党宣言》1872年德文版序言中特别提醒读者："不管近25年情况发生多大变化，这个《宣言》中所阐述的原理到现在还是正确的。某些地方本来可以作一些修改。这些原理的实际运用，正如《宣言》中所说的，随时随地都要以当时的历史条件为转移。"[①]1895年3月11日，恩格斯在致韦尔纳·桑巴特的信中指出："马克思的整个世界观不是教义，而是方法。它提供的不是现成的教条，而是进一步研究的出发点和供这种研究使用的方法。"[②]批判的而不是教条的马克思主义者，才是真正的马克思主义者。习近平总书记讲："坚持实事求是不是一劳永逸的，在一个时间一个地点做到了实事求是，并不等于在另外的时间另外的地点也能做到实事求是，在一个时间一个地点坚持实事求是得出的结论、取得的经验，并不等于在变化了的另外的时间另外的地点也能够适用。我们要自觉坚定实事求是的信念、增强实事求是的本领，时时处处把实事求是牢记于心、付诸于行。"[③]经典的法学理论，不因出自某位我们景仰的大咖而经典，而是因作者在彼国之彼时彼地知行合一而经典。具体时空条件下的知行合一，才是实事求是。

"法律的道路"既是法律之道，又是法律之路；既要坐而论道，还要踏实行路。坐而论道，讲的是抽象意义形而上的知行合一；踏实行路，讲的是具

---

① ［德］马克思、恩格斯：《共产党宣言》，中共中央马克思恩格斯列宁斯大林著作编译局译，人民出版社1997年版，第3页。

② ［德］恩格斯：《恩格斯致韦尔纳·桑巴特》，载《马克思恩格斯选集》（第4卷），人民出版社2012年版，第664页。

③ 习近平：《在纪念毛泽东同志诞辰120周年座谈会上的讲话》，载《人民日报》2013年12月27日，第2版。

体时空条件下的知行合一。古今中外先贤走过的法律的道路，体会一下其中的道理。既告诉我们如何以一生追求知行合一致良知的境界，也告诉我们如何在一时一地做到具体的知行合一。我翻译了美国大法官霍姆斯的名篇《法律的道路》，当我把霍姆斯的一生放在美国历史与世界格局变迁中，才理解了他知行合一的成长历程，才能理解《法律的道路》何以在 19 世纪末生长出来。霍姆斯的经典形象，是留着八字胡须英俊青年，他在 25 岁时成为执业律师，又在 29 岁时成为哈佛大学讲师。1897 年，霍姆斯在波士顿大学法学院新大厅落成典礼上的致辞，发表的演讲成为享誉世界的名篇《法律的道路》；两年后出任马萨诸塞州最高法院首席大法官。1902 年，61 岁的霍姆斯成为联邦最高法院大法官。霍姆斯被誉为“伟大的异议者”，很多著名的反对意见中都体现了他敏锐的思维和明智的判断。在 1919 年 Schenck v. United States 案中，确立了著名的“明显而现实的危险”规则，解决了公民言论自由和公共安全矛盾问题。他的很多反对意见对美国法治进程产生了深远的影响。一百多年后，这篇演讲仍然在后人法律的道路上余音绕梁。《法律的道路》已经过往，法律的道路又在前方。法律的道路上，没有禁锢，是自由之思想；没有盲从，是批判之精神。

霍姆斯退休后，继任联邦最高法院大法官的是卡多佐。卡多佐不仅是霍姆斯司法事业的继任者，更是霍姆斯法律思想的继承者，但不是盲从者。《司法过程的性质》《法律的生长》《法律科学的悖论》等学术经典对我们有很大启发。新的时代会提出新的问题，这些著作是后霍姆斯时代的知行合一、格物致知。卡多佐是法学圈里引证率最高的学者之一，很多法学论文都有他的名句点缀其中，这些名句大多出自《司法过程的性质》这本小册子。小册子中讨论的哲学方法、历史方法、习惯方法、社会学方法，同样来自当时鲜活的法律实践。与其用名作中的只言片语来点缀文章，不如体系化地学习并体悟其中法律实践的规律，主动运用规律分析问题。想真正理解卡多佐的理论，首先要理解他生活的时代和国度，还要理解他的师傅霍姆斯等他的前辈的思想。想借鉴吸引国外法学思想为我所用，不可盲从，不可套用，必须立足中国国情，解决中国问题。

批判，包括实践的批判与理论的批判，是法律的道路得以延续的生命。在霍姆斯的著作中可以看到他对历史法学派、分析法学派、功利主义法学派等前辈们思想的批判性继承，可以看到对现实问题的关照。知与行的具体时空条件不断变化，批判永远必不可少。批判前人的思想，一定也会接受后人的批判。霍姆斯留下的法律的道路是开放的，一旦把它当成僵化的、教条的唯一路径，这个思想就已死去。还有一位知名大法官沿着霍姆斯的预言走出另一条法律的道路。霍姆斯在《法律的道路》中大胆预测法律未来的主宰将是大数据统计学者和经济学专家。[①] 波斯纳大法官如今家喻户晓，他在法律经济学上的伟大成就，正好诠释了霍姆斯的预言，也同时给整个法律界带来了一场革命。波斯纳大学毕业后就在最高法院做法官助理，他的伟大思想来源于长期对司法审判实践的思考。他透过纷繁复杂的法律现象探求深藏其中的规律，发现了著名的波斯纳定理，"如果市场交易成本过高而抑制交易，那么，权利应赋予那些最珍视它们的人"。[②] 发现波斯纳定理，一定是一个长期艰苦的"烧脑"过程，但却不是一场自娱自乐的"烧脑"游戏。他为司法审判创新了规则指引，为法律实践标明了行为指南。我们对待这些定理，不可生搬硬套，应当结合我国国情及具体案情，将定理基本内容进行本土化转化才能够适用。

波斯纳定理还有一个对偶形式，即法律行为的社会成本最小化为目标，"能以最低成本避免事故而没有这样做的当事人要负法律责任"[③]。这个最低成本应该如何测算？汉德法官给出了让人信服的答案，就是用他的名字命名的著名的"汉德公式"。可以先回忆一下"汉德公式"的内容是什么？我在一些授课场合测试过这个问题，发现很多年轻同志听说过"汉德公式"，但难以准确地说出来。这是什么原因呢？就是因为遗忘。为什么会遗忘？因为当初是

---

① 参见［美］奥利弗·温德尔·霍姆斯：《法律的道路》，李俊晔译，中国法制出版社 2018 年版，第 51 页。

② ［美］波斯纳：《法律的经济分析（上）》，蒋兆康译，中国大百科全书出版社 1997 年版，中文版译者序言第 20 页。

③ ［美］波斯纳：《法律的经济分析（上）》，蒋兆康译，中国大百科全书出版社 1997 年版，中文版译者序言第 26 页。

以死记硬背的方式学习“汉德公式”，从来没有运用过，没有变成知行合一的良知。“汉德公式”来源于司法实践，又直接用于指导司法实践，是汉德在担任美国联邦上诉法院第二巡回庭法官期间，在1942年美利坚合众国诉卡洛尔拖船公司一案中正式提出的。该案所涉及的是某驳船因拴系不牢，在脱锚后碰撞、损坏码头中其他船只的情形；案件的核心问题是如何确定该船船主有无过失。“汉德公式”的经典表述是B=L×P。其中，P是损失发生的概率，L是损失的数额；二者相乘得出的B就是预防损失的必要费用（或成本）。对于损失的发生有没有过错，就要看看付出的成本是大于这个成本还是小于这个成本。如果小于这个成本，说明没有尽注意义务；如果大于这个成本，说明已经尽到了注意义务，再发生损失也没有办法了。[①] 再进一步想，在侵权案件中，如果受害人避免损失的成本小于加害人时，责任如何判定呢？如果把“汉德公式”与我们办理或见到的案件结合起来，头脑会变得更加理性，而且会乐在其中。

不论是“波斯纳定理”，还是“汉德公式”，如果死记硬背，一定是记不住的，这是没有意义的用功。来自于实践的规律，一定要回到实践中去。过往的理论，只有回到当前的实践中，才会获得新的生命力。我们学习法学理论，特别是国外法学理论，一定保持清醒头脑，意识到真理是相对的，这是生长于他们国家、解决当时问题的理论。我们还要问自己，当前面临的问题是什么？比较彼时彼地与此时此地的时空条件，我们能否求同存异洞察到穿越时空的本质规律？以“汉德公式”为例，它的本质是什么？我们应该透过具体的案例与情境，从中洞悉它深刻揭示了判断注意义务的规律。我们是否还可以解放思想、打开脑洞，从侵权法领域向其他领域大胆延伸呢？在合同法领域能不能大胆尝试使用？在一些房屋买卖案件中，也经常谈到善意的、恶意之类的问题。与善意相关的概念，如善意取得，表见代理也需要判断善意；与恶意相关的概念如恶意串通。究竟善意和恶意如何判断？如果我们仅仅以道德领域的意义来判断，我们面对的案件将无法审理。每个人想法

① 参见［美］波斯纳：《法律的经济分析（上）》，蒋兆康译，中国大百科全书出版社1997年版，第212页。

都不一样，也许某个当事人认为他很无辜就是善意，也许对方当事人会说他活该不注意。处于中立地位的法官如何找到相对统一又有相对共识的裁判尺度？可以试试借鉴汉德公式，用是否尽到注意义务的概念把善意和恶意的概念具体化，用必要的谨慎程度来具体考量。我们先看变更L（发生损失的数额），房屋的价值很大，需要的注意义务和程度与买一个笔记本电脑不一样，和买本书也不一样。尤其在北上广深等一线城市，买一套商品房的谨慎程度与买一套三四线城市的房屋不一样，与买一个农村的房屋也不一样。它们之间价值差别非常大，价值越大，需要付出的注意义务越高。再看另一个变量P（发生损失的概率），在买房时，是买普通的商品房，房屋是单独所有还是共有，注意义务不一样。如果是共有房屋，共有人的态度得了解清楚。如果是回迁安置房，也得了解一下有哪些被安置人口，他们是什么态度。还有经济适用房、按经济适用房管理的房屋、两限房、共有产权房、央产房、军产房、直管公房等五花八门特殊名目的房屋，注意义务都不同。这是为什么？用“汉德公式”理解就非常简单，房屋性质越特殊，说明发生纠纷、产生损失的概率就越高，需要的谨慎程度和注意义务就越高。

我给大家举这个例子，就是让我们首先一起体会一下诸如“汉德公式”等法学理论如何从法律实践中生长出来，又如何照亮未来的法律道路；进而体会一下如何从法律实践中发现、提炼规律性的理论，什么是真正的有价值的理论创新，又如何运用现有理论来创造性地分析问题。还有一个启发，我们为什么要多读书？为什么“读书破万卷”才能“下笔如有神”？是否会有人质疑，如果不知道“汉德公式”，也不影响我们公正审理案件呢？很多资深法官，也会在庭审中注意到前面用“汉德公式”分析出来的细节问题。那为什么还要学习理论做研究？有没有发现，很多经验性的门道，就是茶壶煮饺子的感觉。遇到类似的案件，可以做到审得漂亮，也可以体现出所谓裁判的艺术。其中门道是什么？只可意会，不可言传。法律实践中有很多“只可意会，不可言传”的门道，也许意在凭借经验的积累也可以摸得到。但是，靠几十年的摸爬滚打摸索出来的门道，未免太辛苦；而且经验性的门道又是感性的、不可靠的。也许听大师一席话、读先贤一本书就快速获得了这些门道，而且又是理性的、可靠的。读书学习，可以理性地发现这些潜在的经验，把经验中隐性的规律显性化，上升到理论的高度。所以我们写论文、做研究，需要理性地思考。主动运用一些理论工具思考问题，比仅凭经验拍脑门去思考要科学得多。

要读书，还不能读死书、死读书。书读活了，思想力才能转化为行动力，进而在新的具体的知行合一中生长出新的思想力。死的文字就在你的头脑中唤醒成活的思想，同时在你的行动中留下法律的印迹。如前面所述，如果死记硬背“汉德公式”，那么“汉德公式”只属于汉德法官，不属于你。如何让学到的知识属于你，就要联系法律实践活学活用，透过字面意思体会深层规律，并将规律性的理解运用于新的实践。与其用大师的只言片语来点缀文章，不如体系化地学习并体悟其中法律实践的规律，主动运用规律分析问题。

丹宁勋爵有一系列经典著作，名曰“法律的某某”，其中最有名的当属《法律的正当程序》。这本书是李克强总理读大学时翻译的，非常值得参阅。我在讲座中提出问题，翻译本这书与成为总理是否存在因果关系？有人不假思索地说有或者说没有；也有人会说不好回答。不好回答，也许是想到需要论证才可以得出结论。如何言之有据，做有说服力的论证？会在后文中详解。

抛开这个问题，顺便谈谈翻译中的知行合一。翻译确实是很好的深度学习方法，而且相比自我提升，一部良心译作还具有更大的意义。我在翻译《法律的道路》过程中深有体会。一个好的翻译者会扮演时空穿越的使者，先以彼时彼地知行合一视角来理解原作者，再假设将作者带回此时此地，用此时此地读者听得懂的语言讲出彼时彼地的想法。

我们中国也有很多知行合一的榜样。上学时，法科学生必读书单中一定有王泽鉴的“天龙八部”，都是在经典案例基础上揭示深刻法学原理。邹碧华法官，是我们学习的榜样，他甘当“燃灯者”，照亮我们的是他的崇高精神，更是他的伟大智慧。对我们启发最大的就是《要件审判九步法》这本书，融审判实践与理论思考为一体；既来源于审判实践又旨在指导审判实践，将抽象法律思维规律可视化，让审判活动成为一门裁判艺术。我们身边还有很多榜样，全国审判业务专家、各地方的审判业务专家，他们能办漂亮的案子，也能写精彩的著述。

回顾一下，上述列举了很多法律圈的泰斗和榜样，他们的共同特点是什么？有人说他们是法官，也有人说他们是法学家。进一步问，为什么他们能够成为伟大的法学家？因为他们是伟大的法官。那么，为什么他们能够成为伟大的法官？因为他们是伟大的法学家。这不就形成了循环论证？在逻辑上说不通的循环论证，在哲学意义上就是互为因果。伟大先贤之所以为贤，秘密就在这里。如果我们时时刻刻做到具体时空条件下的知行合一，一步一步走下去，我们将走出一条知行合一的法律的道路。知行合一，是个人成长的必由之路，更是国家富强、民族复兴的必由之路。我们当实践、实践、再实践；学习、学习、再学习。即使工作繁忙到天天加班，也不能忽略学习。在上下班公交、地铁上，有很多人拿着手机看学习强国。每天打开学习强国电脑版页面，首页右上方 14 个大字“梦想从学习开始，事业从实践起步”，下面是习近平总书记的签名。这 14 个字深刻揭示了学习与强国之间知行合一的辩证道理，是否可以作为我们知行合一以致良知的座右铭呢？

2 选题心动术：独到眼光发现独创命题

你想让谁心动？你又如何心动？寻找心动难题

选题的要领是什么？如果让我概括，我就告诉你两个字——心动。这还真不是什么噱头，是我实实在在的感受。那么，如何心动，想让谁心动呢？投稿求发表的，想让编辑和专家心动；已经发表的，想让读者心动，提高一些引用率；参加论文竞赛的，热切地想让评委心动……概括起来，他们都是读者，让读者心动的秘诀是什么？是让作者自己心动，因为只有作者自己心动了，才会有创作的激情。如果作者进行了认真的思考，形成了真知灼见，就会有不吐不快的欲望。真知灼见，闪现思想的火花，也一定会在作者与读者之间激起心电感应，启发思想的共鸣。作者心动是决定选题成败的内因，只有心动了才能行动。“许多研究就是这样开始的：并非开始于这个领域里众所皆知的‘大’问题，而是起于研究者心里渴望而想要追究的小问题。”[①]

---

① ［美］韦恩·C. 布斯、格雷戈里·G. 卡洛姆、约瑟夫·M. 威廉姆斯：《研究是一门艺术》，陈美霞、徐毕卿、许甘霖译，新华出版社 2009 年版，第 35 页。

如何遇见有真知灼见的心动选题？一定不能靠发表的压力、靠获奖的鼓励来驱动创新欲望，而是来自内心，发乎本愿。以功利之压力或逐名之向往，一定是遇不到好选题的。这样的驱动是为了自己，自利的本心一定会限制住自己的眼界和站位，无法看到有价值的问题，最终陷入求之而不得的苦恼。有价值的选题一定是对国家、对社会、对人民有利的，是对推动法治进步和司法事业发展有用的，就一定是利他取向的。关注什么，吸引什么，只有放下个人之得失、心系人民忧喜、心怀法治事业的人，才会发现有价值的选题，并以孜孜不倦的动力追求真理。若以周恩来同志少年时为中华之崛起而读书之志，愿为中国法治进步贡献力量，就能获得最大的创作能量，也就是最强大、最恒久的心动能量。马克思经典著作的选题从哪里来？从他解放人类的宏愿中来。毛泽东同志伟大篇章的选题从哪里来？一定是从为中国人民谋解放、为中华民族谋复兴的情怀中来。

老子曰，“上善若水，水善利万物而不争。处众人所恶，故几於道”。[①] 成功选题的秘诀在于上善，如水利万物。为完成任务、为获取功名而做文章，就会患得患失，束缚心性，禁锢思想。法学论文中有价值的选题，来源于对法治进步、司法事业及某个专业领域长期实践与思考。文不为己，无谓得失，思想就是自由的了，一个个有价值的灵感火花就会不断迸发出来。“文章本天成，妙手偶得之。”[②] 爱国、为民、敬业的利他取向，就是精妙文章的天道。经典著作之所以经典，在于作者并非为自己功名而作，而是为国家、为民族、为人类的大爱而写。经典的历史背景，告诉我们成就经典篇章的秘密在哪里。毛泽东的每一篇文章，都是从革命的迷茫中选题，从敌人的围剿中选题，从

① （春秋）老子：《老子》，第八章。
② （南宋）陆游：《剑南诗稿·文章》。

与党内错误路线和错误思想的斗争中选题……每个选题都背负着对人民的责任、国家的前途和民族的命运。

好的选题藏于“处众人所恶”，思想的火花迸发于最艰苦的实践中，产生于矛盾最复杂、最尖锐的领域里。“你的目标已不只是要回答一个问题，更要提出并解决其他人也认为值得解答的难题。”“难题（problem）这个字眼本身就是个难题：难题通常意味着麻烦，但在研究者眼中则有一种很特别的意义。”[①] 我们就是要冲着麻烦去，在众人所恶的麻烦中选题。好大喜功、歌功颂德的文章，于党于国于民，都是没有用处的，甚至是有害的。一路向好中，也许隐藏着危机四伏；一团和气中，也许掩盖了矛盾重重。研究真问题者，必身在盛世，仍保持忧国忧民的意识；在司法体制改革不断取得新成果之时，仍保持清醒的问题意识。

法学研究应当从事实问题出发，“不过科学研究的前提，并不是单纯的事实本身，而是事实所蕴含的无法得到解释的问题。对于这种问题，胡适称为‘困难的发生’，张五常则视为‘不明白’。按照前者的解释，‘人必遇到有歧路的环境或疑难问题的时候，才有思想发生’，而‘有些困难是容易得到解决的，那就没有讨论和指定困难所在的必要’。而真正能够引发科学研究活动的往往是那些既无法得到解释也没有解决之道的困难和问题”。[②] 有困难才会引发思辨，才需要进行研究。“有了困难需要解决，才产生了话题。Questions come from problems。不管怎么样，总之是有什么‘不对劲’的地方，需要去研究解决；如果没有什么‘不对劲’，就不需要你费心费力去研究。如果解决这‘不对劲’的地方，就是你面对的问题，也就是论文的主题之所在。”[③]

如何寻找到一个带有麻烦的难题，从而避免对问题的空谈？《研究是一门艺术》一书提供了一个可以借鉴的公式，建议按以下三个步骤填空，从而确认研究命题的重要意义。

1. 题目：我正在研究____________________。

① ［美］韦恩·C. 布斯、格雷戈里·G. 卡洛姆、约瑟夫·M. 威廉姆斯：《研究是一门艺术》，陈美霞、徐毕卿、许甘霖译，新华出版社 2009 年版，第 36 页。

② 陈瑞华：《论法学研究方法》，法律出版社 2017 年版，第 178~179 页。

③ 何海波：《法学论文写作》，北京大学出版社 2014 年版，第 21 页。

2. 问题：因为我想要找出什么（what）/ 为什么（why）/ 如何（how）________。

3. 重要意义：为了帮助读者了解__________。[①]

在第一步，作者仅仅知道自己要研究哪个问题，还仅仅停留在对某个问题漫无目的的兴趣。随着第二和第三个步骤的回答，通过“5W2H”[②]的提问，全方位剖析问题，开始向难题聚焦，逐渐明确选题的重要意义。这个意义不仅是对作者而言的，而且是对读者而言的。读者，不仅仅是编辑、评委，更是你心中要唤醒共鸣的人、要造福贡献的人。

文体即文章的性格，性格不合，南辕北辙

心动，就有了行动的欲望。行动，不可盲目。写论文是有规矩的，首要的规矩是文体要对。文体，就是文章的性格，学术论文、调研报告、内参信息、外宣报道……各有各的性格，不同的性格就有不同的要求。把握文体，就是把握文章的性格，这与人际相处非常类似。无论是交朋友还是谈恋爱，不懂对方的性格就相处不来。无论是人与人的关系，还是人与文章的关系，都是同样的道理，即性格不合，南辕北辙。

法律人写的论文的性格是什么样呢？首先谈谈论文的基本性格。这个基本性格就是议论文。回忆一下上小学的时候，语文老师教我们写作文，首先接触的是记叙文，后来又要学写说明文，最后是学习议论文写作。小学语文老师会一板一眼地教我们学习和写作议论文，通过对文体为议论文的课文阅读理解来学习议论文的基本规矩，再引导我们尝试写作。当我们经历中学、大学，有些同志又读了硕士、博士，随着学历进步，却对小学老师教的基本规矩渐渐淡忘。反思自己在读硕士、博士期间写的文章，有些没有观点，有些缺少论证。最近几年，我越来越意识到议论文基本功的重要性。基础不牢，

---

① ［美］韦恩·C. 布斯、格雷戈里·G. 卡洛姆、约瑟夫·M. 威廉姆斯：《研究是一门艺术》，陈美霞、徐毕卿、许甘霖译，新华出版社 2009 年版，第 50 页。

② “5W2H”分析法，又称七问分析法，是“二战”中美国陆军兵器修理部首创，包括：为什么（Why）；做什么（What）；何人做（Who）；何时（When）；何地（Where）；如何（How）；多少（How much）。

地动山摇，一切高大上的研究都会成为空中楼阁。

我在一些讲座中问大家一个问题，议论文的三要素是什么？有不少人答不上来。我又继续问，议论文有哪些论证方法？几乎没有人能说准说全。为什么很多人总是摸不到论文的门道？问题的根源就在于根源本身，即文体问题。我刚刚到法院工作时正值全国法院系统第20届学术讨论会，从第21届开始每年都会提交论文却年年颗粒无收，直到第26届才首次获得一等奖。那么多年没有摸到门道，蓦然回首，灯火阑珊处，就是最基本的文体问题。我重新补习了这门课程后，才真正走上正道。在此，非常有必要把这个最简单又最根本的问题复习一下。首先谈议论文是什么？翻译过《共产党宣言》的语言学大师陈望道对论辩文即议论文的定义是，“这是一种条陈是非曲直，树立自己主张的文章”。[①] 要有鲜明的主张，要明辨是非，这是议论文本质性格。

议论文的三要素包括论点、论据和论证方法。第一个要素是论点，论点是对作者观点、看法的完整表述，一篇论文应该能提炼出一个完整、简洁、明确的句子。这个句子一定能够统摄全文，又要表明一种鲜明的态度，往往表现为或肯定或否定的判断句。陈望道先生称，“所以每一篇论辩文，对于所论，当时（1）必有（实际的或假定的）种种异议，（2）作者必有一个确定的意思，（3）作者必有使别人信从自己判断的意志。概括说，就是：使人信从自己判断的一句话。一切论辩文，旨趣必在这一句话”。[②] 我在评审论文时，会要求作者说两句话，一句话概括这篇文章核心命题，一句话概括创新亮点。有些同志冥思苦想也想不出一句可以准确概括论点的句子，为什么呢？因为没有核心命题，没有论点。很多文章罗列了若干情况，提出若干问题，没有一个可以统摄所有问题的灵魂，缺少主心骨。这样的文章没有态度，没有精神，就像一个问题的大拼盘，正如毛泽东同志在《反对党八股》中提到的“甲乙丙丁，开中药铺”。在一个核心论点之下，还可以有几个分论点，分论点如何展开，也是有规矩的，这个规矩就是“金字塔思维”，后面还会继续探讨。

---

① 陈望道：《作文法讲义》，民智书局1925年版，第7页。
② 陈望道：《作文法讲义》，民智书局1925年版，第88页。

第二个要素是论据，包括事实论据与道理论据两大类。事实论据，在实体法与程序法的论文中，主要是案例；在司法体制改革的论文中，主要是调研得来的情况、数据。道理论据，主要是各类法学理论及交叉学科的理论，还有一些是社会公认的道理、公理、经验法则等。对于论据，有两种错误的认识：一种是忽视论据对论点的支持作用，不证而论；另一种是钻到证据里出不来，忘记了证据的使命是证明论点，还有可能把证据本身当成论文主体而不知论点如何。

第三个要素是论证方法，是连接论点与论据之间的桥梁，解决如何用证据来证明论点的途径、方法。小学论文通常运用的论证方法有四类：一是举例论证，即例证法，运用事实论据来支持论点。单纯罗列数据和情况，不是举例论证，还需要有一个论证的过程；一些论文对案例长篇详述，也不是举例论证，案例只是论据，关键是如何运用案例来支持观点。支持核心观点这个论证的目标明确了，就会意识到数据需要选择和编排，案例也需要裁剪，让它们发挥好证明的最好效果。二是道理论证，即引证法和说理。运用理论工具进行论证也是有方法的，后面还会详细探讨。如果不讲方法，就会出现生搬硬套、牵强附会或者不知所云。三是对比论证，其本身也可以是举例论证和道理论证。四是比喻论证，在议论文中运用得到，可以把抽象的问题形象化，或者把隐性的道理显性化。毛泽东同志的论文为什么非常深刻却非常好懂？一个秘诀就是比喻论证。前文谈到的《反对党八股》就是很好的典范，“懒婆娘的裹脚，又长又臭”“看菜吃饭，量体裁衣”“老鸦声调”“射箭要看靶子，弹琴要看听众”“开中药铺”等比喻太精妙了。毛泽东同志还写道，“说理的首先一个方法，就是重重地给患病者一个刺激，向他们大喝一声，说：‘你有病呀！’使患者为之一惊，出一身汗，然后好好地叫他们治疗”。这种表达多么形象。要想好好学习论证方法，毛泽东同志的文章是很好的典范。有人专门研究了毛泽东的比喻论证方法，写成《毛泽东的比喻艺术》①。此外，我再推荐一本书，是韦斯顿的《论证是一门学问》。②

① 梁颂成：《毛泽东的比喻艺术》，天津人民出版社 1998 年版。

② ［美］安东尼·韦斯顿：《论证是一门学问》，卿松竹译，新华出版社 2011 年版。

议论文的分类、结构、层次等基础知识也要掌握。议论文的结构一般形式包括三部分：一是引论，即提出问题；二是本论，即分析问题；三是结论，即解决问题。结构的逻辑层次包括并列式、递进式、对照式、总分式、分总式、总分总式等。在结构思考术部分再进一步详述。议论文的类型包括立论文与驳论文。驳论文要明确，所批驳的错误观点或者要批判修正的观点是什么？要运用哪些道理和论据如何进行批驳和批判？通过批驳和批判，要树立什么正确观点？我在最后还要提出一个问题，请大家大胆联想一下，议论文的写作过程是不是与打官司和写判决非常相似？我们是否可以从诉讼证明的方法中汲取论文写作的方法呢？在后文中，我们再继续探讨。

什么是论文？调研报告≠学术论文

在对论文的文体有清晰的把握之后，还有必要对负面清单梳理一下。不仅要知道什么是论文，还要知道什么不是论文。这个清单算不上全面，是从我的论文评审经验中归纳而来。清单上的错误文体就像一个个小丑，可能很有意思，却要误导读者，也会愚弄作者。

清单第一条当属调研报告，这是最普遍、最常见的错误文体。调研报告更强调对某个问题或者情况的调查分析，更注重对数据的统计、对情况的全面把握。从实践与论文的哲学关系来看，优秀的调研报告应当兼具实践价值与理论价值，但与学术论文相比，调研报告可能有两个要素是不具备的或者不强调的：一是总论点，调研报告会有一个主题，但是未必有一个核心命题或者核心观点；二是理论性，调研报告可能对情况调研分析得非常全面、非常深入，但未必有很强的理论性，学术味儿未必很浓。从前述问题意识的三层次来看，调研报告大多处于问题意识的第二层次，未达到问题意识的第三层次，其理论认识的程度不如学术论文。这并不是说学术论文就是优于调研报告的文体。学术论文的特点在于论，一切要服务于核心命题，其基本任务是完成核心论点主张决定的证明责任。因此，与证明责任范围无关或者关联不大的情况和数据就可能被舍弃了。在同一主题之下，论文对情况和数据的呈现，就不如调研报告更全面、更细致。在我评审过的论文中，有很高的比例就是把调研报告当成学术论文了。这些文章没有论点，而且也提炼不出论点来。原因在哪儿？为什么提炼不出来论点呢？这些论文的作者似乎对所有的问题都谈到了，但是对问题既没有谈透，也没有条理。这就像一些当事人打官司，把他知道的所有事实经过都在法庭上详细地陈述，把他能找到的所有证据都提交给法官。至于哪些事实主张与诉讼请求有关系，即属于请求权基础的法律规范中的要件事实，他可能没有清晰的条理；哪些证据对于证明事实主张是有用的，他可能也没有梳理过；更没有思考过如何用证据来证明事实主张，如何论证才能让法官采信，让对方当事人信服。如何区分学术论文和调研报告？如何发现论文中的缺陷？联系庭审的过程和裁判的过程好好体会一下，就会茅塞顿开了。

我举一个调研报告的例子说明一下。有作者写了一篇关于互联网时代下民事诉讼审前程序的论文，文章结构如下：

一、检视——当前审前程序中当事人与法院诉讼关系的困局

（一）诉讼关系视角下审前程序的规范分析

（二）审前程序中当事人与法院关系的实证运行考察

（三）问题小结

二、剖析——审前程序中当事人与法院不一致不协调关系的成因

（一）“答疑”的维度：公示与引导的力度并不充分

（二）“答复”的维度：信息沟通的渠道并不畅通

（三）“督促”的维度：程序指挥的缺位与失灵

（四）“准备”的维度：庭前程序的拖延与异化

（五）小结

三、进路——“智慧法院”框架下的审前程序再造

（一）“智慧法院”框架下审前程序再造的维度

（二）“协同式”诉讼关系再造的具体路径

四、结语

该文章选择审前程序作为主题，但在主题之下没有核心命题，缺少一个靶子，也就是研究的目的。在基本情况考察之后，第二部分从四个方面进行原因分析，较为全面。但是从议论文的文体来审视，这四个方面的原因分析存在两个问题：一是看不清主线和核心是什么，四方面如东西南北四个方向，缺少一个中央统领；二是原因分析更像对问题表现的进一步展开，未触及问题根源。这两方面问题也是相关联的，由于缺少统帅，分兵四路各自为战，没有共同目的和协同作战，战斗力就会大大减弱，擒贼难擒王。表现在文字上，就是文字表达的效率低，同样的字数表达出来的意思又少又浅，见文字不见思想。没有深入的理论探讨，从表面原因出发来设计进路，治标不治本。

再看一下我评审过的另一篇文章，作者以最高人民法院公报中的刑事案例为样本研究法律解释方法。先说标题本身，主标题名曰“法律解释方法实证研究”，就是一个典型的调研报告的题目。把这篇文章的结构呈现如下：

一、解释方法应用的多维观察

（一）时间之维：向多元化迈进

（二）逻辑之维：与严谨论证相适

（三）主体之维：向各级法院敞开

（四）空间之维：向多种场域延展

（五）小结：解释方法应用呈保守性

二、法律解释方法应用的理想与现实

（一）方法应用的一般过程

（二）方法应用的现实示范

1.示范之一：解释方法跳跃

2.示范之二：文义解释失限

3.示范之三：解释依据缺失

4.示范之四：解释思维僵化

5.示范之五：解释争议“突袭”

6. 示范之六：解释论证不严谨

三、实践路径：法律解释方法的良好运作

（一）最高人民法院角色——变抽象指引为规范指导

（二）裁判文书改革：变“充分说理”为“规范说理”

（三）法官约束与激励：变责任追究为机制保障

这篇文章的第一、二部分做了很全面的实证分析，下了很大功夫。但是，出现的问题就是掉到实证分析中出不来，没有对理论分析形成有力支撑，也没有对核心理论命题做出贡献。在学术论文写作过程中，我们要坚决避免为了调研而调研，避免把实证分析当摆设。翻开人民法院出版社每年出版的全国法院系统学术讨论会论文集，我们会从获奖论文中看到大量的实证分析，还有精美的图表。看到这些只是看到表面，真正的门道在于数据、图表背后提示的核心命题，在于议论的论点与证明的基本规律。如果只学习表面经验，就只能做表面文章。被人诟病的“学术讨论会体”，就是那些东施效颦式的表面文章，专注于形式包装而缺乏真知灼见，讲究结构精美而不讲文脉流畅，强调实证调研而忽视思想提炼……以“学术讨论会体”来诟病学术讨论会的价值，实际上是以偏概全、本末倒置，是以东施效颦之丑来否定被模仿的西施沉鱼之美。每年涌现出来的有智慧、有见识的文章，是法律思想领域的西施。从法律实践中生长出来的法学理论，才是对社会进展有价值、有生命力的法律人智慧。我们需要学习的不是一颦一笑之容，而是沉鱼落雁之功。

在能够把学术论文和调研报告准确地区分开之后，又不能把二者彻底分开，还要看到二者之间的关联性。一篇好的调研报告，不是学术论文，但可以成为学术论文的基础。这就如同打官司，在庭审前要做足功课，要对案情进行细致的调研，对证据进行全面的搜集；虽不可将调研、搜集的成果直接呈现于法庭，但这是一个必要的基础，在此基础上进行梳理和取舍。有价值、有分量的学术论文必须以扎实的调研为基础，离开了调研，直接在问题意识的第三层次做文章，纯属幻想。清楚了调研报告与学术论文的不同之处，也就清楚了从调研报告到学术论文需要做些什么。这是一个从问题意识第二层次向第三层次跃迁的过程，有两条基本思路。第一条路可称为“舍得”，先舍后得。调研报告可能谈到很多问题，我们只能选择其中一个问题作为核心命题，对其他问题暂时割舍。如果舍不得放下，面面俱到，结果就会迷失，什么都得不到，这就是舍与得的道理。割舍是暂时的，当其他问题对于支持和证明核心观点有用时，就可以再捡回来当作分论点或者当作论据。例如，全国法院第30届学术讨论二等奖论文《诉调对接中无争议事实效力审查规则构建》，在诉调对接的主题下选取了无争议事实效力审查这个部分，缩小了研究范围，集中火力点。

第二条路就是“抽象”，看穿本质。从看似拼盘的若干问题中抽象出一个核心命题，找到其中共有的灵魂，需要所谓的“高空视角”，要跳出问题看问题。这条路的难度要比前一条路难度更大。有时候，这个核心命题存在潜意识当中，只可意会，不可言传。你之所以会调研这些问题，是因为有潜意识的指引。作者的痛苦就在于感觉到了，就是说不出来。怎么办呢？需要静心冥想，与自己的潜意识对话，可以找一些有关冥想的书学习一下。还有一个办法，就是通过学习和检索来唤醒潜意识，这与打官司、审案子的过程中寻找请求权基础的感觉很类似。请求权基础的检索方法，就是按照一定顺序，把案情与每个请求权基础中的要件事实进行比对。同样，我们需要把调研到的问题与相关的法学理论以及交叉学科的理论一一检索和比对。如果在我们的知识储备中检索不到，就要复习或者学习新知识。你有没有过这样的经历？如果我们执着地寻找问题的答案，也许每一本书或者文章中的某一段话引发了共鸣，唤醒了潜意识中似乎悟到的道理。这样的共鸣除了在书中找到，有时也会在与老师、同事或朋友的交流中获得。书本和老师不一定给你直接的答案，有时是一条有价值的线索，引导你去顺藤摸瓜；有时是一个你没有想到的看似无关、却又相关的理论，你需要把这个理论改造一下或者与其他理论融合一下，才能清晰地解释你调研到的问题。

以我在全国法院系统第28届学术讨论会撰写的《画骨：探知证明思维过程的深层逻辑——“事实判断为骨+经验法则为筋”重构民事证明的脊梁》一文，说明一下上面这个过程。我发现专业法官会议上讨论疑难问题以事实问题居多，事实问题的核心又是证明。证明责任难以分配、证明标准难以选择、证明程度难以确定、优势证据难以比较、关联性难以判断五个常见的证明难题，找不到有效破解办法就拿出自由裁量当尚方宝剑。把这五个证明难题深入调研一下，可以写一个很好的调研报告。如何避免五个拼盘的零散样子？一条路是以其中一个问题为主线，其他问题或舍弃，或置于主线之下。我还是要挑战另一条路，想深入到法官的思维过程中，寻找其中的深层逻辑。这个问题困扰了我很多年，我无意间回想起大学本科时中国历史老师讲授过的“治史如老吏断狱”，这就给我提供了一条换框思考的新线索，是不是可以反过来从历史考据的方法中寻找诉讼证明的规律？我阅读了一些有关历史考据方法的书，发现历史考据学在证据搜集、史料鉴别、印证分析中运用的类比、归纳、演绎等逻辑推理方法，揭示了人类以客观真实为依归、认知相对真实的普遍规律，也揭示了人在证明活动中的思维过程。我沿这条线索进一步阅读逻辑学相关理论著作。当我阅读到维特根斯坦的《逻辑哲学论》，有一种醍醐灌顶、茅塞顿开的感觉。在逻辑哲学的层面，可以发现一个超越了传统的证明责任论和逻辑学的“高空视角”。“会当凌绝顶，一览众山小”，俯视各种争议，发现各种争议观点似乎是盲人摸象。如果把一个问题当作一个系统进行研究，就要分清系统的事件、行为及结构。[①] 一个个具体案件中的证据处于最表层的事件层面，上述证明责任、证明标准、证明程度、优势证据、关联性五个证明难题深入到行为层面。系统的结构是行为的根源，处于系统的最深层，很难被发现。从维特根斯坦的观点中可以发现事实之间多重、连环的因果结构，[②] 这正是证明逻辑思维系统的深层结构。

---

① 参见［美］德内拉·梅多斯：《系统之美：决策者的系统思考》，邱昭良译，浙江人民出版社2012年版，第124页。

② 逻辑哲学层面的因果是高度抽象的概念，与日常生活中的前因后果存在本质不同。维特根斯坦认为，我们在原子事实的前后关系中来思考对象，而不可能在此之外。在维特根斯坦的概念里，客体在原子事实中，以一定的方式结合起来，像链条的环节互相连接；这种形式是事实结构的可能性；原子事实存在或不存在就是现实。参见［奥］维特根斯坦：《逻辑哲学论》，郭英译，商务印书馆1985年版，第22页、第25页。

什么不是论文？抓住其他几个小丑

前面对调研报告谈得很多，因为它是最容易迷惑人的，就待在制约论文写作和学术研究水平提升的瓶颈之处对着你笑。我们要看清这个小丑，又要利用好它，让它成为提升理论和明晰论点的基础。有时候，绊脚石可以成为垫脚石。清单第二条是讲话文稿，一般出现在论文的对策部分。讲话的目的是部署工作，虽然属于对策层面，但与学术论文的对策相比，有两个不一样的特点：一是多措并举可能针对多个方面的问题，目的是把各方面工作做好，不需要像学术论文那样把问题统摄于一个核心命题之下；二是对策的内容可能较为原则，具体的落实需要听讲话、接受指示的人来落实。对于这种文体，我们平时给领导写讲话稿时可以这样写，因为是布置工作，由领导提一些原则性的要求，各个部门根据领导的要求再具体落实。我们写论文必须要将对策写得扎实、落地，不是给读者交办任务，不是对读者进行说教和指示。如果我们像写讲话稿一样设计论文的对策问题，就可能泛泛而谈，飘浮在空中，失之于零散化和原则化了。

清单第三条就是案例分析。在我们进行思考的时候，往往从案例出发，从一个案例引发了什么样的思考。有些同志就把这个过程直接搬到论文中，开篇就叙述案例，再说从案例中得到什么启示，写成案例分析的模样。应当注意的是，思考不等同于表达，思维的过程与思维呈现的过程不是一回事。在写论文时，我们可以把思维的过程转换过来，即论点结论先行。为什么要论点先行？我们回过头来看看议论文是什么。在议论文中，案例只是论据或称证据，是用来证明论点的，用的是举例论证的论证方法。因此，使用的案例必须要裁剪，与待证论点无关的案件信息都可以舍弃。这与审案子、写判决的道理是一样的。不同之处是，审案子、写判决是根据诉讼请求和请求权基础进行裁剪，写论文是根据论点进行裁剪。有些论文引用案例占用了大量篇幅，这种做法是不可取的，文字使用效率低。文字表达要讲究惜墨如金、一字千金，无效的文字反而会挤占思想表达的空间。我见过一些优秀的论文，都是先对问题进行一下类型化的梳理，把问题分解成几个类型或几个方面，每个类型或方面里面用简洁的文字举出一两个典型案例，用来支撑这个类型里面提出的论点。

清单第四条是纯理论文章。这种写法缺乏实践性，没有从实践中发现问题，因而原创性不强、没有生命力。我在本书开篇谈到的实践与认识的哲学关系是做研究、写论文的根本之道。法院的学术讨论会实践性导向非常明确，对理论性的要求又非常高，被称为全国法院系统的奥林匹克，其魅力就在于此。好的选题一定要来源于实践，要来源于作者对实践的认识，不能来源于书本和文章中现成的理论，也不能来源于别人的认识。我看到一些同志写论文是这样选题的：首先看今年的学术讨论会都有哪些选题，从中找一个比较感兴趣的选题，然后在网络上搜索相关的论文；把这些论文浏览之后，从每个论文各找一段然后拼接在一起，再用自己话顺一遍，最后润色修改一下，这样论文就出炉了。这样的做法又被称为“洗论文”，把别人的论文洗白了，与洗钱者把黑钱洗成白钱是一个模式。机器语言只能识别文字的抄袭，无法识别思想的抄袭，所以把别人的表达洗成了自己的表达，就能够顺利通过论文重复率检查。学校里的学生写论文经常是这样操作的，这种脱离实践的论文就难以做到创新。创新的基础在哪里？创新是原始的创新，即原创，原创从实践中来。如果论文中说的话都是别人说过的话，如果论文中内容都是可以在别人的论文中找到的，那么这样的论文就毫无价值，毫无意义了。在每年的学术讨论会上，给我们评审论文的评委都是各个领域的专家。如果论文中的观点和资料在别的论文中可以找到，评委们肯定觉得没有意思，都是他们见过的。

清单第五条是法学教材。与上述纯理论文章同样的道理，法学教材式的论文也缺乏原创性。很多学生写论文，通过教材学习知识理论，也会自然而然地模仿教材的写法写文章，一上来就分析概念，从概念出发展开论文写作。学生们习惯于堆砌文字，先说说概念，再说说原则、原理；在论述观点时，要先提一下甲说、乙说、丙说，再说说我们应该采取什么折中说。刚刚毕业不久的同志写的论文中，这样“学生腔”的教材式论文是很常见的。例如近一两年来，互联网法院这个选题比较热，很多同志选择这个题目写论文。我看过一些论文，一开篇先说说互联网因素都有什么，互联网法院应该是什么样的。我在评审论文的过程中经常发现，在同一主题之下，很多文章思路大同小异。为什么会这样呢？就是因为写成“学生腔”的文章了，文章中谈到的观点都是大家能想到的，都是从别的文章中能找到的。如果没有经历艰苦的独立思考，以独到的眼光从实践中发现独到的问题，那么就只能流于平庸之见。所见略同者，往往不是英雄之见，而是平庸之见。正因英雄所见略同甚难，故得之者为知己。

为避免走错路，有必要关注一下教科书体例式的论文的基本特征：一是以知识为主线，强调概念准确性与体系完备性；二是强调对既有知识概括，不关注前沿问题；三是只做简单的演绎推理，不可能对既有理论提出批判和创新。教科书体例式的研究的缺憾包括：一是不可能有问题意识，不关注理论问题；二是不可能有理论红线即命题，议论文三要素中缺少论题，问题平铺无逻辑主线；三是难以分清既有研究成果与作者的贡献。[①]

清单第六条是报刊评论，问题还是缺乏理论核心。报纸上有一些评论文章，写了几点，是发散性、漫谈式的。评论不需要像论文那样有一个明确核心论点和严谨的论证，有的评论还有点像随笔，更加随意、随性。写论文不可以想到哪儿、写到哪儿，个性和洒脱存在于头脑中，落于文字上却要收敛。

清单第七条是介绍说明，在文体上类似说明文。这个问题最容易出现在两个地方：第一是比较法分析，第二是经验的借鉴。在我评审过的涉及比较法分析的论文中，很少能看到非常地道的比较法分析。大部分的比较法论文既没有比较，也没有分析，只是对某个国家或者地区的某个制度进行单纯的介绍说明。且不论介绍的内容是否具有真实性和及时性，这些内容往往是从别的论文或书中能找到的。我也和一些作者交流过，他们坦诚地承认确实是从别人的文章中抄来的。这种写法有什么问题呢？比较法分析的关键是要进行分析，而不仅仅是介绍。很多论文中所谓比较法分析，只是把某个国家或者地区情况摆在那里，简单说说它们如何好，咱们可以跟着学。这样的写法

① 参见陈瑞华：《论法学研究方法》，法律出版社 2017 年版，第 73~74 页。

反映出作者的内心不是懒惰就是盲从，更高一个层次说就是缺乏理论自信、制度自信。首先要明白，我们为什么要做比较法分析？因为我们自信我们走这条路是正确的，究竟如何走呢？我们看一下其他国家有无可借鉴的经验。如何借鉴？不是一个单纯的介绍就是比较法分析了。要考虑这个制度生长的历史背景，还要考虑当下的各种社会条件，要对两个国度的历史背景和社会条件进行比较。在比较的过程中，要探究制度运行的因果律，具体分析哪些因素是主要的制约因素，哪些因素是次要的。某个具体的因素，也许在他国是次要的，在我国就是主要的，反之亦然。主次因素还会随着制度演变的历史进程发生地位的变化，也会发生新旧因素的消长和更替。遵循因果律的分析，还要关注到某个制度的功能发挥情况，哪些是主要功能？哪些是副产品？哪些功能是我们追求的？哪些功能是我们要避免和控制的？要将对制度历史背景和社会条件诸因素的分析与对制度功能的分析联系起来，做严谨的因果律归纳推理。在具体方法层面，可以运用“密尔求因果五法”[①]。这个方法在后面再详细讨论。

清单最后一条是政治性写作，只作政治性表态，缺少理论性、思辨性。例如司法体制改革相关主题的论文，一些同志写成政治性写作了，观点的正确性无须质疑，但没有理论分析。前面给大家列出了负面清单，基本囊括了大部分容易混淆的文体，请大家对照检查。如果发现自己的论文写成了其中的某种样子，一定要好好斟酌一下。只有把文体把握对了，才可能进行正确的选题。选题和文体是息息相关的，文体错误是方向性错误，文体不对，离题万里。

---

① 密尔求因果五法，是一种求因果关系的归纳推理，最早在《逻辑体系》(A System of Logic，1843）一书中提出，是判明因果联系的方法，是传统逻辑归纳部分的核心内容。密尔五法包括求同法（契合法）、求异法（差异法）、求同求异并用法（契合差异并用法）、共变法和剩余法。其中，求同法和求异法是基本的。参见《中国大百科全书》(第 2 版），中国大百科全书出版社 2009 年版，第 16 册，第 29 页。另参见［英］约翰·穆勒：《穆勒名学》，严复译，商务印书馆 1981 年版，第 332~341 页，部丙·篇八·论内籀四术，包括：言统同术，论别异术，论统同、别异二术之相关，论同异合术，论归余术；除此五术之五节，还有论消息术、论消息术之限域两节。内籀，是归纳推理的旧译法，故求因果五法实际上是归纳法。

什么是核心命题？命题是文章的“骨髓”

文体制约选题的方向，把文体的问题搞清楚，下面就要进行选题了。什么叫选题？每届全国法院系统学术讨论会都要公布一个选题清单，这就是选题吗？还不是，只能说是话题，是选题的范围，还不是选题本身。有一些同志把选题清单上的选题直接当作选题，如此不能明确研究的方向和目的，无法做到有的放矢。从我阅评论文的经验来看，不好的选题主要有两类典型情形。

第一类情形是“无的放矢”。“好多学生写论文，找到了一个大概的话题，却没有发现真正的问题……他选这个问题，仅仅是因为他‘感觉这个问题很重要’……好比他划出了一块地，却不知道要在上面种什么。”[①] 接下来，在耕地（调查）和种植（研究）两个环节都要出问题。在耕地（调查）时，如果在这块地上乱刨一气，东一榔头、西一棒槌，看似折腾了很大的面积，貌似很全面，却无法深入下去。如果地下埋藏思想的宝藏，这种做法是绝对挖不到宝的。这类论文的作者会花很大气力做实证调查或者数据统计，但是由于核心命题不明确，会漫无目的地盲目调研，迷失于具体的问题和数据中。虽然一些作者会对调查来的情况、案例、数据等进行甲乙丙丁式的分类、分组、分层，但仍然是无目的、无核心的，不清楚这样梳理之后接下来要做什么；这与一些当事人或者律师整理证据是一样的，如果对证据与诉讼请求及请求权基础的关联关系搞不清楚，即使证据分组、编号做得很精致，也只是迷失于表面形式。在种植（研究）时，他们又逮到什么种什么，想往哪种就往哪种，不看条件，不管收成，结果颗粒无收。有些论文作者只能做到泛泛空谈，问题就出在这里。他们在调研问题时没有目的，按照他随意梳理出的甲乙丙丁继续找原因、想对策，最终还是从头到尾的一团乱麻、一盘散沙；如果有老师说到缺乏理论性、理论深度不够，就再从书中断章取义地找几条理论金句，贴贴标签、加加注释就算进行理论分析了。如果把文章写成这样，要好好反思一下病根在哪里，归根结底就是缺少核心命题。

---

① 何海波：《法学论文写作》，北京大学出版社2014年版，第21页。

第二类情形是“无病呻吟”。选题，一定要选择一个没有解决又需要解决的难题作为核心命题。如果某个命题已经有了现成的答案，那就不需要花力气研究了，就是没有研究价值的选题。有种错误的传统说法，认为天下文章一大抄，就是典型的“无病呻吟”。有些作者发现一个感兴趣的题目，马上就在中国知网等处搜文章，下载下来看看别人都怎么写的，然后就把几篇文章的内容捏合在一起；为了应付重复率检查，再换换表达把文章“洗”一遍就算创作完成。这样的文章中的观点是来源于别人的认识，而不是来源于实践，本质上违背马克思主义认识论基本原理。关于选题的价值，一方面要看现实需求。一个包含实践困难和理论困惑的命题才是有价值的，找不到痛点，就找不到亮点。另一方面，选题的价值与选题的难度有很大关系。选题越难，越有挑战性，价值就越大。这与跳水、体操等体育项目一样，想得高分就要选几个难度系数高的动作；那些业余选手都能做出来的动作，就没有价值；如果敢于做一些别人没有做过的动作，就是创新了，甚至可以用创新者的名字命名。

什么才是选题之题？这个题应该是一个核心命题。应用法学研究的选题对实践应用与理论创新的要求都非常高，我们选定的核心命题既是核心理论命题，也是核心实践命题。刘南平博士曾在美国耶鲁法学院攻读博士学位，他撰写的博士论文被主导教授认真地批评，“不行。这篇论文没有命题（thesis）”。刘南平博士为了弄清楚“命题”是什么，冥思苦想，茶饭不香；后来写成《法学博士论文的“骨髓”和“皮囊”——兼论我国法学研究之流弊》，在《中外法学》2000年第1期发表了。这篇文章被很多学术论文辅导老师推崇，建议大家认真拜读一下，必有收获。我推荐这篇文章时，有人质疑我，不写博士论文，还要读吗？要读。举重以明轻。一篇十几万字、几十万字的博士论文都要有一个核心命题，何况万字左右的论文呢。我反复强调了核心命题的重要意义，读过这篇文章之后会有更加深刻的认识。而且，这篇文章本身就是一个典范。“骨髓”和“皮囊”，精妙的表达，提炼出了文章的核心命题。

什么是命题？命题是文章的“骨髓”。刘南平博士说：“简单地讲，它应该是贯穿整个博士论文的中心论点，是你试图在论文中探讨或论证的一个基本问题（general issue）或基本观点（general position）。”[①] 法学论文与法学教材的根本区别就在于有没有命题。“一篇法学博士论文的全部内容必须是围绕着一个基本观点而展开的，否则它就不是一篇地道的博士论文，而更像一本冠以博士论文之名的教科书而已。我们知道，教科书是不需要有中心论点的，它通常只是一门学科里相关内容的堆砌，如同一座门窗屋檐具备、千篇一律的楼房。”[②] 有些论文，洋洋洒洒，“‘说’太多，以至于弄不清楚他（她）到底想‘说’什么。用学术一点的话讲，读者不知道这类论文在论证什么命题，或者说不知道在探索一个什么基本问题”。[③]

为什么要有一个核心命题或者中心论点？既是“出于安排素材、组织结构的需要”，更重要的原因是“在最大程度上反映了该论文对学术的贡献，即原创性”。论文的绪论、前言的主要作用是开门见山地点题。“在西方，指导教授和学界人士一看论文的导言部分就可以判断论文是否有学术价值。”[④] 刘南平还指出，一些论文的分论点“不可谓不全面”，“无所不包，就是看不到申请人到底要论证一个什么学术观点，或探讨一个什么学术问题……这个问题的产生是出于一个极大的误会中，即把命题的原创性与题材的新颖性混为一谈”。[⑤] 法院系统学术讨论会要求作者不仅要有内容提要，还要提炼出创新观点。提炼创新观点的过程就是提炼核心命题的过程，有价值的选题一定会有一个核心的原创性观点。在我阅评的论文中，让我感觉眼前一亮的创新观点并不多；好多作者在创新观点部分罗列了一大串，写满一整页，仔细一看，既没有观点，也没有创新。

---

① 刘南平：《法学博士论文的“骨髓”和“皮囊”——兼论我国法学研究之流弊》，载《中外法学》2000年第1期。

② 刘南平：《法学博士论文的“骨髓”和“皮囊”——兼论我国法学研究之流弊》，载《中外法学》2000年第1期。

③ 刘南平：《法学博士论文的“骨髓”和“皮囊”——兼论我国法学研究之流弊》，载《中外法学》2000年第1期。

④ 刘南平：《法学博士论文的“骨髓”和“皮囊”——兼论我国法学研究之流弊》，载《中外法学》2000年第1期。

⑤ 刘南平：《法学博士论文的“骨髓”和“皮囊”——兼论我国法学研究之流弊》，载《中外法学》2000年第1期。

选题的大与小：如何小题，如何大做？

一篇文章，不论大小，只有一个核心。这个核心命题的大小要与文章的体量相匹配，就如CPU要与电脑整体配置相协调一样。选题过大或者过小都不合适。那些选题过小的文章，会把作者困住，没有腾挪的空间。命题的容量太小，问题就仅仅是一个点，而难以形成一个体系；由于抽象程度不够，就很难向上接上理论。有位同志和我探讨选题问题，他发现了建设工程管辖中的几个具体问题，感觉在实践中有争议，有兴趣研究一下。我的直觉告诉我这样的题目我驾驭不了，后来想想什么原因呢？因为这些问题太细碎了，目前关于诉讼管辖的理论又不丰富，进行理论分析的难度太大了，有一种困于泥巴无法向上展翅飞翔的感觉。选题过大的文章是非常常见的，对“命题”没有认真研究的同志很容易把选题搞大。我到某直辖市的法官学院辅导论文写作，给我一个大家的选题清单。我发现一半以上的题目都是过大的，一篇万字论文的题目有的像硕士论文，有的像博士论文，还有的须以一个系列丛书的规模才可以研究透彻。大部分大选题的文章还有一个突出特点，就是没有核心命题。选题过大，没有实践基础支撑，直接脱离问题谈主义，就只能泛泛而谈做表面文章。总之，选题过小，难以上接理论；选题过大，难以下接地气。

王世德先生对选题的大小有一段非常精彩的论述，把选题大小问题讲得入木三分，我们一起读读。“不要怕题目小了，论文的分量太单薄。分量的轻重和题目的大小，不一定成为正比。有人追求大题目，全面论述一个大问题，由于学力不足，无法深入，很容易写成蜻蜓点水，浮光掠影，面面俱到，一个问题也没有论述深透，也没有能够解决，论文还是没有分量，只是像个浮肿的胖子，虚有其表，华而不实。相反，如果抓住一个重要的小题，学科中关键问题，能够深入其本质，抓住要害，从各个方面把它说深说透，有独到的新见解，把这个问题的难点和症结找准了，科学地给予解决了，那论文就很有分量。‘伤其十指，不如断其一指’，‘集中优势兵力，打歼灭战’，把一个小问题解决了，比隔靴抓痒地碰到十个大问题，一个也不解决，要好得多。”①

选题的大与小不是绝对的，应该辩证看待。对于某个小的选题，大部分人打不开思路，但也许有高人有见微知著的眼光，一眼看穿这个细碎问题的本质，从冰山一角看透到整个冰川。例如，前面举的关于建设工程管辖的具体问题，如果有人通过研究发现了管辖的规律性命题，那就是绝处逢生的奇景。对于某个大的选题，可以转化为小的选题，前面谈到两条思路：一是“舍得”，先舍后得；二是“抽象”，看穿本质。“抽象”的方法更高一筹。最近，我发现很多同志对法院购买社会服务这个问题非常感兴趣。我在不同省份的论文中发现了各地英雄所见略同的“雷文”现象，多篇文章高度雷同，都谈到如何区分核心工作与事务性工作、如何买、怎么管等问题。这是因为作者们心灵相通吗？我思考过这种“雷文”现象的共同特点，就是大选题下的常规思维，其本质是人类“心智共同结构”。② 创新就是要打破大家共同认知的常规思路，看到别人看不到的问题，提出别人想不到的见地。前面提及，有两位姑娘合作研究法院购买社会服务的选题，她们选取一个风险管理理论视角提出全新的命题，让我在看过多篇“雷文”后眼前一亮。她们最后获得了全国法院系统第 30 届学术讨论会一等奖。一个科学、新颖的视角，就如同从庞然大物中取出一片薄薄的切片，又置于显微镜下细细研究其理脉。选择切片的视角是有讲究的，要力争把反映问题本质的剖面切出来。这就像初中生物课本里的动植物器官解剖图，选取一个恰当的二维剖面展示出三维事物的本质特征。风险管理这个角度就切得非常漂亮，切中法院购买社会服务的问题要害了。那些“雷文”的创作方法就是看一眼庞然大物，不去解剖、不去研究就开始品头论足。

关于选题大与小的辩证矛盾，很多老师告诉我们要“小题大做”。小题大做，听上去非常有道理，但是如何操作呢？究竟如何才能做到小题大做呢？我几年前也没有想通这个问题，没办法对小题大做作出准确的解释。但是，

---

① 王世德：《怎样写毕业论文和学年论文》，载王力、朱光潜等：《怎样写学术论文》，北京大学出版社 1981 年版，第 21 页。

② 参见［英］哈耶克：《社会科学的事实》，载《个人主义与经济秩序》，邓正来译，生活·读书·新知三联书店 2003 年版，第 96~100 页。

每年有一些法院的同志希望我给他们进行论文写作辅导，这就促使我必须把这个问题想清楚，尤其还要面对初学论文写作的同志们把这个问题讲清楚，用最通俗的语言让大家听了就能懂、就能做得到。经过冥思苦想和论文指导效果的反复验证，我才找到一个比较好的办法可以把问题说清楚。重要的口诀说三遍：抽象！抽象！抽象！命题一定是抽象的，也就意味着不能被直接观察到，深藏于现象背后。从前述系统论角度看，我们可以看到系统的事件和行为，结构是看不见的，需要通过观察事件和行为进行抽象。抽象，是问题意识从表面到本质、从实践到理论、从感性认识到理性认识的思维过程。要从第一个层次开始，从这些最零碎、最具体的问题开始，只有这些问题是最接地气的。不断穿越问题意识第二层次、第三层次，走向抽象的理论。上面要接理论，下面要接地气，不能两头都不沾或者只沾一头。那么我们怎么做呢？

发现实践问题了，如何提出理论命题？
抽象！抽象思考！
先向上再向下，先向左右再向上

有一个下接地气、上接理论的典范，他是牛顿。我们回忆一下小学课本中牛顿和小苹果的故事。牛顿坐在苹果树下，看见了一颗苹果从树上掉下来了。如果果农看到了，他会想果子成熟了，可以收获了；再看看今年结了多少苹果，能卖多少钱。如果一个吃货看到了，一定会想到这颗苹果好不好吃。他们对苹果的认识都是表面的、具体的感性认识，而理论研究必须是本质的、抽象的理性认识。一颗苹果可以如何抽象呢？可以抽象成圆的、红的。形状和颜色的抽象属于概念的抽象，是必要的。在概念的基础上，还需要有判断和推理。命题就是一个判断，论证命题需要推理。圆的、红的，还可以继续抽象吗？太难了。看看牛顿如何抽象的吧。他把苹果抽象成一个小球，把脚下的地球也抽象成一个大球，这两个球怎么会碰到一起呢？运用因果推理，可以得出物体之间一定有一种吸引的力量的论点。如果没有引力，苹果就会悬浮在空中，或者向上飞去。万有引力这个伟大理论，就这样在抽象中被发现了。物体之间会吸引，就是一个命题，起初只是猜想和假设，要经过进一步研究、论证才能提出完备的万有引力定律。

还可以继续抽象下去吗？物体还可以进一步抽象为物质，与意识相对，这就从物理学领域进入哲学领域。物质再抽象是什么呢？存在。存在这个概念，不是每个人都可以完全理解的。思维越抽象，就越烧脑，就越是曲高和寡。普通人理解不了康德、黑格尔、牛顿，因为绞尽脑汁达不到那种思维的抽象程度。牛顿这样的天才毕竟凤毛麟角。我们大部分人做不了牛顿，尤其是论文的初学者，不知道如何抽象。如何抽象？我总结了相对比较好操作的两个办法，也通过一些同志试用验证为可行。这两个办法可以概括为两句口诀："先向上看，再向下看"或者"先向左右，再向上看"。这两个办法都是把问题体系化的思路，体系化是抽象的基础。我接下来分别举例说明一下。先谈谈"先向上看，再向下看"。有一位同志找我探讨选题问题，提出这样一种现象。在执行程序中，发现好多银行不太愿意把抵押财产变现，因为想赚利息。她问我这个问题是否可以作为论文选题。我开始认为这个选题不太好写，因为这个问题太具体了，无法抽象。虽然这个问题在实践中很有价值，但是不抽象就接不上理论，只能停留在研究工作的层面。这位同志还是坚持要写，让我想想办法。我想，还会有很多同志遇到过这样的问题，那如何解决呢？我没有执行业务的思考，没法提出具体建议，只能在方法上提出建议。我告诉这位同志"先向上看"，盯住一点向上看。在这个问题的法律关系中，银行的上位概念是什么？是债权人。向上看看到了债权人，思考一下这个问题本质上是什么问题？是一个债权人怠于行使债权的问题。这样就抽象出一个命题来。但是这个命题太单薄，下一步就是发掘和构建问题的体系，也就是把问题意识在第二层面构建起来。那我们接下来就"再向下看"，看看审判庭里面是否有这样的案子，看看除了银行外还有别的领域和类型的债权人也怠于行使债权，看看还有没有别的债权人怠于行使债权的方式。以这样的方式向下看，债权人怠于行使债权这个命题就有丰富的情况和案例作为支撑，一个点状的具体问题就变成一个有核心命题的问题体系了。记住“先向上看，再向下看”这个口诀，操作起来非常简单，很多同志屡试不爽。

还有一个办法，是“先向左右，再向上看”。这个过程是这样的，先是记录、收集了一些零零碎碎的问题，等零散的问题聚集到一定体量，进行梳理和观察，从中抽出一条主线来。这是一个归纳推理的思维过程。例如，苹果落地了，桔子也落地了……可以抽象出水果都要落地。石头落地了，你跳起来也要落地……可以进一步抽象出所有的物体都要落地。下面以我在全国法院系统第26届学术讨论会上首次获得一等奖的论文为例说明一下如何“先向左右，再向上看”。这篇论文是关于二审裁判方式无法可依的问题。最初如何发现这个问题呢？我在此前多年办理民事案件，中级法院以二审为主。我偶然意识到一种怪现象，一些一审案件认定事实、适用法律有错误或有瑕疵，但是处理结果没有问题，例如一、二审的最终认定结果都是驳回原告的诉讼请求。虽然一、二审的事实认定与裁判理由不同，但判决主文还是要写上“驳回上诉，维持原判”。如果严格依照法条规定，只有认定事实清楚、适用法律正确的才能维持原审判决，而认定事实或适用法律有错误、有瑕疵的应当改判或者发回重审。如此看来，维持了有错误、有瑕疵的一审判决，是不是枉法裁判了？法官陷入无法可依的无奈。当我意识到这个问题以后，每次遇到这样的案件，就用一个文件夹收集起来。后来又发现，有些一审案件是认定事实和适用法律都是正确的；到了二审，因为当事人提交了一些新证据，或者当事人变更了陈述，或者是这个案件事实本身就发生了变化（例如一审判决后腾退房屋了），那么裁判所依据的事实基础就发生了变化，裁判结果也要发生变化，必须得改判或者发回重审。但是一审法官又很冤枉，他处理的案件是没有问题的，应该是维持的，但是又不能维持。我开始发现的是一堆零零散散的案子，积累到一定数量后就分情况梳理一下。跳出来重新审视一下，不同类型有哪些相同的因素呢？后来提炼出二审裁判方式无法可依的立法缺陷这个命题。这个过程就是“先向左右”，把左邻右舍相关的情况都摸清楚；“再向上看”，提高一个站位，提炼出共性的、规律性的东西。如何提炼呢？我们在小学数学课上学习过因式分解与提取公因数的方法。这个方法可以用在问题研究的过程中，我们最终提炼出来的核心命题，就是一个公因数；而且我们应该提炼出最大公约数，从零碎的现象中抽象出最多的共性来。我们提炼出来的公约数中的因子越多，命题的内涵就越丰富。

选题价值四度评估：实践性—理论性，创新度—深层度

选题没有绝对的好坏之分，所谓好坏，是相对研究者而言的。研究者应当从主客观两方面评估一个具体的选题是否适合自己。从主观上讲，好的选题能否漂亮地完成，既取决于主观能力，也取决于作者的理论功底、实践经验、研究专长、外语能力、占有资料等，故应当扬长避短。“好题目也不是人人都能写的。别人的好题目，你却不一定做得了或者适合去做。所以，有了选题的意向，还要考虑自己的知识结构是否足以驾驭，能不能获得相关资料，是否有足够时间，以及它是不是符合自己的学术规划或者职业规划。”[①] 好的选题，要人题相符。我所在单位的前研究室主任发现了一个好选题，即法律职业共同体构建。他向一位年轻同志提出选题建议，结果这位同志驾驭不了。这样的情况很多，所以我们不要向别人要选题，从自己做过的、看到的问题中选题，才会有真切的感受。在主观条件基础上，主观上的缘分和感觉也非常重要，有兴趣的选题才会激发创作欲望；没有兴趣的选题会让作者陷入痛苦。这种感觉和谈恋爱一样，对喜欢的人付出多少都不觉得累；反之，如果没有感觉，即使对方是白富美、高富帅，就不想相处，付出一点点都觉得委屈。因此，要选自己有感觉又擅长的命题来研究。

从客观上讲，好的选题应当兼具实践性与理论性，这是由前面讨论的实践与认识的哲学关系决定的，也可以说是由问题意识的三层次决定的。就实践性而言，选题应当具有针对性，旨在发现实际需要、解决实际问题，既源于实践又可指导实践，法院系统学术讨论会的实践性尤其重要。如果仅仅是从学理到学理，纸上谈兵，书生气太重，百无一用。就理论性而言，应当有

---

① 何海波：《法学论文写作》，北京大学出版社 2014 年版，第 37 页。

一定理论深度，否则就不是论文了；同时应当具备创新性，可以是新问题，也可以是旧问题新进路。实践性与理论性，是核心命题的双重属性，是思想得以翱翔的双翼。

实践性和理论性都有两个伸展维度，即向下的深层度和向上的创新度，如同一株植物的根系与枝叶。实践的创新和理论的创新都不是简单的标新立异，更不能是哗众取宠的作秀，需要以实践和理论两方面探索的深度为基础。实践中的情况及原因挖得越深，就越能发掘到独到的"真问题"，才可能进行独创性的研究。真实的情况和问题的根源往往藏得很深，需要耗费心力去钻研。如果浅尝辄止，你看到的问题别人也能看到，那就没有创新性了。我们可以把实践性与理论性作为一维，建立横轴向左右两个方向伸展；把深层度和创新度作为另一维，建立纵轴向上下两个方面伸展。这样就形成了一个"四度空间"，作为选题价值的评估体系。

选题在这四个方向上的延伸性越好，作者可以施展才华的空间就越大，整体价值也越大。我们先来看看三个比较不错的选题。我们看看历届全国法院系统学术讨论会一等奖的获奖名单，好好体会一下这些作者的选题，是不是在这四个维度上都具有很好的延伸性。以第 30 届一等奖为例，列在榜首的是《以危险方法危害公共安全犯罪认定的规范与完善》，作者选取的这个罪名既是近些年来的社会热点问题，又具有很高的学术价值，可以深挖的问题有很多，只要把别人没有注意的问题发掘出来并分析到位，就可以实现创新性。《风险管理视角下审判辅助事务外包的困境和出路》这篇文章中的法院购买社会服务问题是当前司法体制改革中的热点问题，实践应用价值极高。选择这个主题的论文有很多，但为什么这篇文章能够脱颖而出？其他同主题论文大多钻到实践问题中出不来，找不到一个恰当的切口来深入剖析，都是浮于问题表面。这样的论文在选题立意之初就在理论性上非常匮乏，也无法实现深、新两度的超越。而这篇获奖论文选取的风险管理视角，具有一套丰富管理学理论作为支撑，大大拓展了理论性的空间；作者又由此找到了切开问题表层进行深度解剖的好角度，以锋利的理论工具直接切到实践问题的底层，展示出一个反映问题本质的剖面。

这个选题给我们很好的启示。事务外包与风险管理在表现上属于两个不相关的领域，在常规思维下，谁也不会注意到二者之间的联系。这就考验研究的观察能力，能够透过表面看到甲事物的本质与乙事物相关联。在物理世界里，不存在绝对的纯净物。在法律世界里，是否能找到一个问题，只是法律问题而不是其他问题吗？当然不可能。我们遇到的每一个问题都是多元的，法律问题不只是法律的，还可能是社会的、经济的、政治的、管理的、心理的……横看成岭侧成峰，远近高低各不同。法律问题的本质也许不在于法律本身，也许是社会的、经济的、政治的、管理的、心理的……单纯用法律知识、法律思维去考虑和解决问题，就一定会出乱子。办案子也是如此，很多法律纠纷背后隐藏着深刻的社会矛盾，隐藏着尖锐的意识形态斗争，危中又隐藏着新时代新业态之机……百人中，可能 99 人横看成岭看不到本质，1 人侧看成峰看清本质。如何才能成为看清本质的那个人？不识庐山真面目，只缘身在此山中。不要拘泥于表层现象跳不出来。在盲人摸象的故事中，那个抱到象腿的同志如果抱着不放，不再摸摸其他地方，就永远陷在对柱子的感知中出不来。尝试一下以更高视角跳出问题看问题，才能发现破解问题的最佳切口。切开问题的理论工具也是多元的，法律问题也许用法律的武器解决不了，需要借助社会学、经济学、政治学、管理学、心理学、传播学等领域的理论工具，有时还需要多种理论工具融合使用。也许有同志还会问，我怎么发现解剖问题的最佳切口，又如何选择最佳的理论工具呢？首先要博学广识多积累，像机器猫一样存有各式各样的新鲜工具。我们无法做到对每个理论工具样样精通，也没这个必要，但要有基本的了解，至少要听说过；否则，它看到你了，你却看不见它。最根本的，也是终极的理论工具，就是哲学。有人问我如何写好论文，我告诉他看党章。乍一听觉很突兀，但这不是戏言。马克思列宁主义、毛泽东思想、邓小平理论、“三个代表”、科学发展观、习近平新时代中国特色社会主义思想，这些指导思想不是空喊的口号，而是我们得以“致良知”的世界观和方法论。

选题价值四度评估的空间是辩证的，还与研究者驾驭选题的难度有关。有两种典型的现象，需要进行辩证评估。一类是“断崖苍柏，绝处逢生”。上述谈到的法院审判辅助事务外包的选题，看上去没有太多的理论性，纯属工作研究层面的问题。但是，一旦发现一个意想不到又对症下药的理论工具，就如断崖上生出一棵苍柏，是平地翠柏不可比拟的奇景。另一类是“所谓伊人，在水一方”。看上去很美，但是“溯洄从之，道阻且长。溯游从之，宛在水中央”。[①] 有同志研究“民事裁判文书争点归纳标准构建”这个问题，看上去，四个维度都有很大空间，是个好选题。但是虽然空间大，延伸的难度也很大，尤其是理论伸展的难度系数非常高，对作者的理论功底要求极高，具有巨大的挑战性。我在第30届学术讨论会撰写的两篇文章，分别以社会效果和经验法则为题。这两个选题具有同样的特点，评估下来四个方向都有很大的延展性，但是极具挑战性。挑战需要勇气，需要魄力，更需要长期艰苦的心血付出。起初我感觉到，关于一个案件的社会效果怎么看，仁者见仁，智者见智，似乎没有规矩可言；关于经验法则，很难说清楚是个什么东西，更搞不清如何严谨地运用。我在工作之初，就意识到这两个选题的巨大挑战以及与之相伴的巨大价值。十年来，我一直在办案中不断思考、不断积累，并在法学领域之外的逻辑学、社会学、人类学、传播学、统计学等领域学习基础知识，寻找新的出路。这十年来，我不知用过多少个视角，反复端详、反

① 《诗经·秦风·蒹葭》。

复琢磨这两个问题及相关案例。直到我把这些视角融会贯通了，找到了一点通透的感觉，才下笔成文。两篇文章分别获得一等奖和二等奖，让我体会到十年磨一剑的滋味。

选题难写怎么办？用选题价值四度评估法来破解

有些选题，感觉很难写，不知道如何突破。用选题价值四度评估的办法分析一下，就会找到痛点所在。如果无法突破痛点，选题的价值也就受限了。接下来，我将几种常见的选题有缺陷的类型化问题，用选题价值四度评估方法进行可视化呈现。

第一类是理论性不足，常见的是调研报告式的选题。理论性这个向度无法延伸开，选题价值的整体覆盖面就被大大压缩。

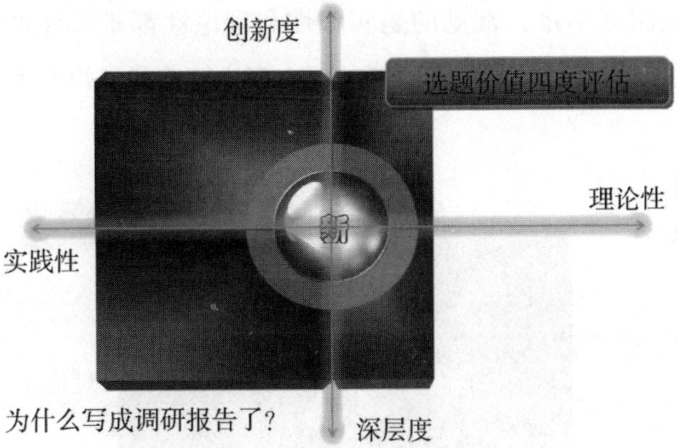

对于这类选题，要么就放下，要么就出奇制胜。出奇制胜最好的例子就是《风险管理视角下审判辅助事务外包的困境和出路》这篇文章。

第二类是实践性不足，且称为学院派的教材型论文选题。这种选题更偏向理论性命题，实践性是其短板。

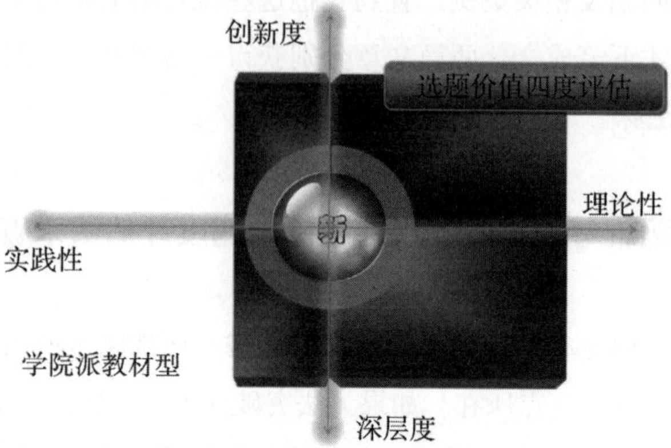

例如，全国法院第30届学术讨论会一等奖论文中，存疑无罪、量刑规范化、“一带一路”倡议下外国法查明等选题，都有这个特点。若非高手驾驭，很容易写成空谈理论的文章或法学教材的样子。这些文章之所以获得大奖，有赖于作者以扎实的实践问题和案例调研把命题支撑起来。

第三类是深度不足，常见的是实践性和理论性都难以深度挖掘的选题。有的实践命题很热或者存在现实困惑，但内容比较单薄，没有太丰富的情况。

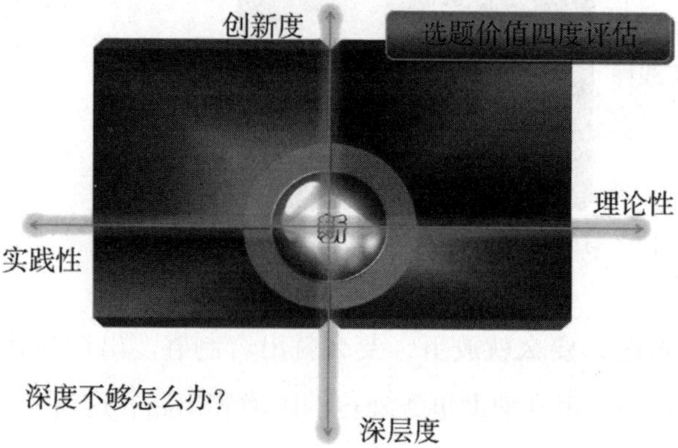

例如，我在第26届学术讨论会上关于二审裁判方式的选题，只有简单的几类情形，没法更深入也没有必要再细究下去了。还有的实践命题属于改革后的新生事物，还处在设想或者试探阶段，更细致、更深层的问题尚未暴露

出来，例如我之前提到的法院购买社会服务、审判事务外包的问题。向下的深层度存在天然缺陷，就要在向上的创新度上大力拉伸加以弥补。把创新度提到更高的水平，就要对观察问题、解决问题视角的独到性提出更高的要求；这个视角就必须颠覆平庸，更加意想不到又恰如其分，并且更加切中要害又揭示本质。

对于深度不够的选题，还有一个办法，就是实践性的深度和理论性的深度互相弥补。

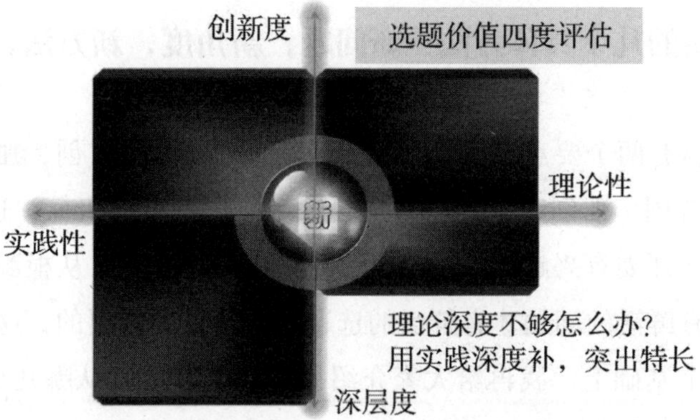

例如，第30届全国学术讨论会二等奖论文《司法领域央地事权划分路向指引下财政支出责任体系改革研究》，选题相关的理论非常少，理论深度难以突破；本文作者就在实践深度上寻求突破口，把实践问题挖得非常专业、非常精细。绝对完美的选题和论文是可遇不可求的，能够做到特长突出就可以弥补短板。

第四类是创新不足。耳目一新，标新立异的创新观点，不是每个选题都能提出来的，也不是好文章的唯一评判标准。文章的问题和观点要有独创性，主要强调是作者的原创，没有必要对创新的程度苛求，没必要要求自己提出的观点一定是惊世骇俗，前无古人、后无来者。对于创新度比较薄弱的选题怎么办？那么我们就可以把实践问题挖得再深一点，挖出别人看不到的问题，或者挖出虽可见到却熟视无睹的问题。还可以把理论分析做得更精致一些，更周全一些；进行充分的批判性思考，正反观点、易混观点辨析到位，让观点更有力。

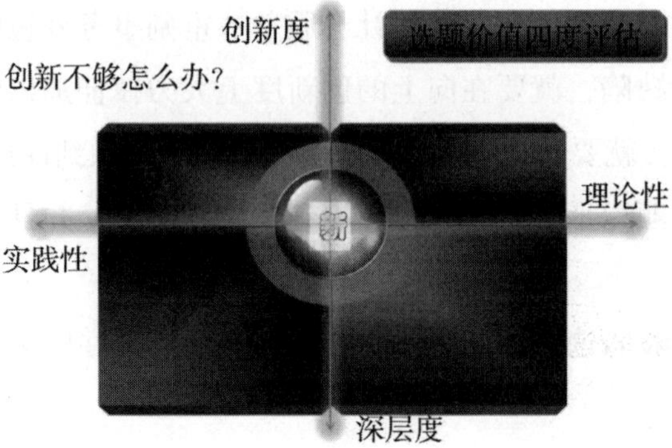

选题创新的几个具体方法：新问题，新角度，新方法，新进路

所谓创新有两个要点，一是创，二是新。创，就是首创、独创，是创新之基。新是首创、独创产生的新颖性。好奇心是人类的天性，选题有新意，才能让读者和评委有兴趣。那么这个“新”从哪里来呢？从根源上讲，要从实践中来，有鲜活的问题才有鲜活的选题。这是至关重要的，这是最根本的要领。在这个基础上，我再给大家介绍一下我们都可以从哪几个角度求新。新颖性可以体现在新问题、新角度、新方法、新进路等方面。

新问题，是审判实践没有出现或者没有遇到过又对审判实践具有重要意义的问题。新问题主要包括：一是新的法律、司法解释颁布后新的法律问题。在刑事司法领域，刑事诉讼法修改，最高人民法院公布办理刑事案件“三项规程”及关于非法集资案件等若干司法解释；行政司法领域，行政诉讼法修订；民商事司法领域，民法总则实施，还有如《最高人民法院关于审理建设工程施工合同纠纷案件适用法律问题的解释（二）》等重要的司法解释；综合司法领域，也有加强和规范裁判文书释法说理的指导意见等重要文件；法院管理领域，《中华人民共和国人民法院组织法》重大修订，涉及很多新问题。新的规范性文件实施后一定会带来新的问题，这些问题也是文件出台、修订前后的热点问题。二是社会经济发展中出现的新情况或者新的案件类型。例如，共有产权房屋政策实施后带来新的法律问题，区块链技术应用中的相关法律问题及区块链技术在法律领域的应用，“一带一路”倡议下有一系列新的司法问题，保护民营企业、保护知识产权等经济政策及相关的司法政策研究问题。三是司法改革、司法政策研究与实施中的新制度和新问题。例如，三四年前开始推行法官员额制改革、人员分类管理、人财物统管、法官职业保障等一系列改革措施；当前比较热的有互联网法院与互联网审判、跨区法院与集中管辖等；2018 年，最高人民法院还颁布了《关于进一步全面落实司法责任制的实施意见》《关于加强和规范裁判文书释法说理的指导意见》《关于进一步深化司法公开的意见》《关于健全完善人民法院主审法官会议工作机制的指导意见（试行）》等重要司法改革文件。四是审判权运行与人员管理中遇到的新问题。各项司法体制改革措施运行后，审判权运行与人员管理的微观层面会有很多问题需要研究，包括审判团队建设、法官助理职责与养成、司法辅助人员来源与作用发挥、各类组织和人员的绩效管理、审判质效指标管理、审判事务集约管理、信息化与智慧法院建设等。这些问题制约改革的深入推进和司法公正目标的最终实现。

如何发现这些新问题？吸引力法则。要有广泛的视野来关注手头工作以外的问题，《人民法院报》是很好的信息来源渠道，还可以关注最高人民法院、长安剑、法影斑斓等政法微信公众号。要提示大家，新与旧具有相对性。去年新的选题可能放在今年就不新了。看看《裁判文书上网制度下隐私权的界定与保护——以 450 份离婚案件裁判文书及 200 份调查问卷为样本》这篇文章，现在来说这个问题已经不是很新的问题了，但是在 2014 年写论文时，裁判文书上网制度刚刚推行，隐私保护这个问题还没有完全暴露出来，还没有太多人关注和重视这个问题。而且给大家一个启示，其实这个选题的难度系数并不大，论文作者的眼光非常敏锐，发现了大家都没有关注的问题。其实我们周围不缺少问题，缺少发现问题的眼睛。有创新性、价值巨大的问题层出不穷，有时问题都看见我们了，但是我们却没有看见问题。平时一定要做个有心人，保持儿童时好奇的眼睛，需要批判性思维才能练就敏锐洞察的眼光。

还有一个额外的启示，上述论文名列当年一等奖的三甲，作者在一个县里的基层法院工作，写论文时刚刚本科毕业，也不是名校。我们会惊叹于这样一个最不像学霸的学霸。很多同志不在北上广大都市，没有好的资源，学历不高，学校没名气，但丝毫不影响在法律的道路上进取和成长。我们追求高理想、高站位，但不必追求高起点、高难度，有些跳水、体操运动员不追求难度系数，低难度系数的动作做好了也能获得金牌。当阅历尚浅、学问尚浅时，可以选择一次难度系数低的选题来研究，只要这个选题是你发现的，就是独到的，有价值的。先易后难，慢慢积淀。

新旧与大小这两对矛盾还是相关联的，例如《员额制改革下中国地方法院院长职权的逻辑与变革》《从体制内到体制外——将法律学徒式法官助理作为司法公务员式法官助理的补充》两篇文章关于院长职权、法官助理的选题，在当年司法体制改革刚刚开始时是一个新的问题，但是随着改革的深入推进，现在我们再写这样的题目就显得选题变大了。在改革之初或改革之前，谈一些大问题是有价值的，具有前瞻性。现在研究司法体制改革问题，就不能研究基本概念、基本原则、基本制度这样的大问题，要研究制度、政策在落实、运行过程中的问题。研究的问题可能要更具体了，而不能再搞宏观的制度设计了。新问题可以是几个“新”复合在一起，新上加新，这个选题方法值得借鉴，例如《京津冀地区跨区划法院集中管辖制度的探索与思考》这篇文章，理论性并不是十分强，但是以新取胜，把几个新的点“京津冀协同＋跨区法院＋集中管辖”复合在一起。如果我们发现了几个新问题，都很大，怎么办？就可以按照这个方法，把几个点复合在一起，几个大的选题给交叉一下，交叉部分可能就很小了，这就是可借鉴的经验。

再看新角度的问题，什么是新角度？同样的庐山，大家横看你竖看，过去成岭现在成峰。不一定追求问题之新与命理之新，可以新的视角观察审视旧问题，以新的维度分析论证旧命题。发现什么样的新视角，需要研究者本人的努力，体现研究者的智慧。世间学海无涯，问有哪些视角，无法枚举更无法穷尽。然而，新视角的生成和运用方式是可以借鉴的，接下来举几例说明。

第一个是“交叉视角”，井水可以犯河水。全国法院第26届学术讨论会一等奖第一名的题目是《人民法院民刑交叉案件处理机制之探索——以统一法秩序的司法立场为视角》。这篇论文后来受到广泛关注，有很多同志都开始写两个视角交叉的论文。要思考两个问题，一是能不能交叉？切忌牵强附会。可以把横看庐山与侧看庐山交叉起来看，但不能把风马牛交叉到一起，除非你发现了深藏其中的玄机。二是交叉以后能够得到什么？一定要关注这个问题。不是说两个领域一交叉就灵，就有新问题诞生。这篇论文的作者经常参加审委会做记录工作，能看到大量民刑交叉案件，发现民事法官和刑事法官视角不同，观点不同。她就探讨这背后最根本的差异是什么，发现了法品格的命题。一定要清楚，交叉之后得到什么核心命题，提出什么论点。

第二个是“相反视角”，正当与不当，一般与例外。同样是第26届学术讨论会一等奖的《论民事诉讼中日常生活经验法则不当运用问题》一文是一个相反视角的好典型。相反视角的延伸就是“例外视角”，例如第19届学术讨论会《调解热的“冷”思考——对“调解率与和谐正相关”命题的分析》一文。相反视角与例外视角都是典型的批判性思维，学术研究必须具备批判性思维，这也是此类选题的成功之道。批判不是批评，更不是批斗，是发现命题不完备之处加以修正，提出相反或易混命题加以辩明。司法体制改革深入推进的过程，一定伴随着批判性思维，否则就是盲目的教条主义。以大唱赞歌、大放卫星的方式改革，是改革的最大反对者。有责任、有担当的法律人，应当时刻保持清醒的头脑，冷静观察改革中是否存在没有经验却乱编材料乱吹牛的虚假宣传现象，是否滋生了背离实事求是的思想。例如多元化解这个改革制度，个别法院为了宣传和考核盲目追求化解率的数字之美，做了很多小运作，把诉讼中法官调解的案子再导回来。与之类似追求数字漂亮宣传效果的“大跃进”思想，在其他方面是否存在？如何找到破解问题的要害？怎样才能从根本上真正避免“大跃进”思想，保障改革能沿着正确、健康的方向推进？这样的准思考是非常有意义的。

第三个是“深化视角”，在既有的研究成果上继续深化。我非常推崇不断深化的选题方法。在知行合一的理念指引下，写论文和干事业是一回事，都需要发扬钉钉子精神。“干事业好比钉钉子。钉钉子往往不是一锤子就能钉好的，而是要一锤一锤接着敲，直到把钉子钉实钉牢，钉牢一颗再钉下一颗，不断钉下去，必然大有成效。如果东一榔头西一棒子，结果很可能是一颗钉子都钉不上、钉不牢。”“发扬钉钉子精神，就要一张蓝图绘到底。”[①]

深化有多个路径：一是对既有成果中的某个部分、某个方面、某个具体问题进行深化。我参加全国法院学术讨论会的论文都是在服务审判实践的法学方法论这一主题下不断深化。我在第28届学术讨论会创作的论文是《思维导图：法官何以发掘事实——从经验的逻辑向逻辑的经验转型》，研究事实认知的方法论。事实认识的核心问题是诉讼证明，我就对这个问题继续深化研究，在第29届学术讨论会写了《画骨：探知证明思维过程的深层逻辑——“事实判断为骨＋经验法则为筋”重构民事证明的脊梁》一文，从逻辑哲学的视角研究证明活动的深层思维过程。我在第30届学术讨论会写的两篇文章，其中《画心：探明经验法则认知事实的心智地图——实现“经验的法则”到“法则的经验”结构可视力》一文对事实认识和诉讼证明过程中涉及的经验法则继续深化研究。在事实认知的“思维导图”基础上，构建证明逻辑之“画骨”与经验法则“画心”的初步理论体系。这个体系局限在法律的逻辑理性范围内，而在具体的案件中还要考虑社会效果。社会效果是什么？与法律效果如何统一？需要深化研究，这样就写了第30届学术讨论会另一篇文章《十字阵：司法裁判效果理性思辨可视力研究——“逻辑理性—实践理性—价值理性”之融贯》。我建议大家这样做，每个研究过程都是有基础的，要比每年东一榔头、西一棒槌写一篇文章要好得多；而且不断深研究，积累几年以后，多篇独创性的文章就自然形成了一个独创的理论体系。

深化研究的视角选择可以是对自己既有研究成果的深化，也可以是对他人研究成果的深化。如果你看到某一篇获奖论文，产生思想共鸣，你就可以在此基础上深化研究。我的上述研究体系的首篇文章《思维导图：法官何以发掘事实——从经验的逻辑向逻辑的经验转型》就从对“要件审判九步法”的批判性思考基础上形成的。九步法虽好，但最大的问题是记不住。我思考为什么记不住，因为九步的结构与我们实践中诉讼结构和判决书的结构不同，

---

① 中共中央宣传部：《习近平新时代中国特色社会主义思想学习纲要》，学习出版社、人民出版社2019年版，第251页。

可接受性差。诉讼与裁判的结构是几步呢？都是三步，可以概括为“找法—证明—结论”。前两步包含在法庭调查程序中，先展示诉辩意见，再查明事实。第三步在法庭辩论中。每一步需要做什么呢？寻找“要件审判九步法”的理论源头，发现了法律逻辑学、证明责任论、请求权方法三个理论源头。其中法律逻辑中的三段论也恰好与上述三步相吻合；请求权方法与证明责任论分别是前两步的核心方法。如此，在批判性思考的基础上，运用与九步法相同的理论工具进行同素异构，形成全新的观点和方法。这也是另一种深化路径，即对整体观点或方法进行批判性思考。总结一下，深化视角，有对局部问题的深化，也有对整体观点的深化；有对自己成果的深化，也有对他人成果的深化。

深化研究还有一种异化的视角，我称为“腾笼换鸟”。我把下面两篇文章的小标题对比展示一下，左边是我第 28 届学术讨论会的论文，右边是一篇第 29 届学术讨论会的获奖论文。比对一个主标题的结构、各级标题的设置，你会发现是否存在高度雷同。

《思维导图：法官何以发掘事实——从经验的逻辑向逻辑的经验转型》	《逻辑之旅：司法证明的理性建构——刑事诉讼中事实认定的思维路径》
一、现实观察：事实发现与认知的思维迷失 （一）事实认知成为司法实践的“斯芬克斯之谜” （二）聚焦事实认知偏差的类型化体系 二、寻根问底：事实认知的理性求索 （一）事实认知偏差的实践论、矛盾论解构 （二）事实认知理论的逻辑重构 三、逻辑路径：事实认知的思维流程 （一）请求权方法 （二）历史方法 四、操作指南：画一张思维导图 （一）流程图谱 （二）思维导图	一、实践之镜：事实认知错误的现实考察 （一）刑事疑错案件的“阿喀琉斯之踵” （二）认知错误的类型化分析 二、困境之因：认知偏差的原因探寻 （一）逻辑层面：心证规则的方法缺失 （二）客观层面：证明标准的刻度模糊 （三）主观层面：逻辑思维的技术短板 三、心证之维：司法证明的路径探寻 （一）基本方法 （二）证明步骤 四、图示法：一个案例的演示

我们可以显而易见地发现两篇文章在结构上高度雷同，仍然可以通过文字重复率检查。从文字重复上讲不算抄袭，因为只是高仿了结构，没有抄文

字。算抄袭观点吗？也不好说。前文章以民事审判为视角，后文章把前文章的思想和方法移植到刑事审判领域。二者有共同点，也有不同之处。后文章借鉴了前文章的研究路径和文章结构，所以我称其为“腾笼换鸟”。这个方法好不好？需要辩证地看。这个办法是不是与学书法临摹字帖很像？当你没有找到写论文的门道时，可以找一篇一等奖论文当字帖临摹，临摹出一篇论文来。可以临摹研究的路径、方法，临摹文章的结构、形式，但命题和观点必须是自己的，否则就是“洗”文章了，属于抄袭。这个办法是初学者一开始不会写论文时的捷径，但是从另一方面讲，最好不要只临摹一篇论文。是不是有点儿像薅羊毛？不要只在一只羊身上薅，很容易被发现，如上面两篇文章的对比。可以多薅几只羊，从每只羊身上选最漂亮的羊毛来薅，把最漂亮的羊毛结合在一起，就是属于你的创新成果。这个薅羊毛的方法我是用过的。最开始写论文时，我也不知道怎么写才能获奖，也曾经有一个薅羊毛的学习过程。我研读了多篇一等奖论文，力争把他们在研究思路、结构安排、语言表达、论证方法等方面的亮点和精神都融合在我的文章里。如果做到了，就超越了所有论文作者，这就站在巨人的肩膀上摘桃子，我在最后一部分“创造卓越术”中再详细讨论。

下面谈谈新方法，这是第三个“新”。有一些论文运用了一些新的方法，我列举了几篇运用新方法获得大奖的论文：

1.《民事二审裁判方式的缺陷与重构——从不完全归纳向类型化演绎转型》；

2.《合议庭组成模式的嬗变与重塑——以 SWOT 态势分析法为视角》；

3.《刑事陪审制度事实认定中“证据列表”制度的构建——基于“故事模型理论”心理学视角的分析》；

4.《知识产权机会主义诉讼的识别与规制——从制度经济学“成本—效益”模型出发的分析》；

5.《风险管理视角下审判辅助事务外包的困境和出路》；

6.《从“增编加人”到“内部挖潜”：以相对效能为切入点探索建立法院编制动态调控机制——基于数据包络分析方法（DEA）》；

7.《共识的艺术：现代公共关系视角下法官正名制度构建》；

8.《法官惩戒标准的审思与定位——以默顿功能分析范式为视角》；

9.《掣制与突围：论环境民事公益诉讼激励机制的构建——以公共选择理论以及激励理论为视角》；

10.《法官助理绩效管理机制完善之探究——以KPI绩效管理机制为镜鉴》。

上述论文遍及人文社会科学领域几乎所有学科的理论及个别理工科理论，包括：逻辑学中的归纳、演绎推理，微观经济学中的“成本—效益”理论，政治经济学中的公共选择理论，管理学中的SWOT态势分析法、KPI绩效管理机制，社会学中的默顿功能理论，心理学中的“故事模型理论”；还有运筹学、管理科学、数学和信息技术科学交叉研究领域中的数据包络分析方法（DEA）。从每年全国法院学术讨论会一、二等奖获奖论文中还可以找到其他用新方法获得成功的研究成果。把这些成果放在一起，我们可以从法学问题出发，编辑出一本人文社会科学的百科全书。法学研究不是封闭的，如何开放的程度是我们难以想象的。一个从法学领域发现的命题不仅是法律的，还可以是其他任何学科的。

在提倡解放思想、开阔视野的同时，我还是要严肃地提醒一下，运用新方法绝对不可以东施效颦、牵强附会。我见过一些文章，从心理角度肤浅地说几句，看不到具体用了什么心理学理论或方法，就号称用了心理学分析方法。我在论文答辩中遇到过，个别作者断章取义地搬出某个理论如经济学理论来装饰观点，我就请作者把这个理论讲一下，结果是讲不清楚的。这些现象都是毛泽东在《反对党八股》中批评的党八股的第2条罪状“装腔作势，借以吓人”。我们反对这样假借新方法吓唬人、蒙骗人的文风。用好新方法，有两个要领：主观上要对新的方法吃透，还要清楚这个新方法在它所属的学科理论体系中的位置。如果一知半解、断章取义，勉强用上了也说不明白、点不透，会让行家笑话。客观上要能切中命题的要害，揭开问题的本质。以逻辑哲学的视角理解，如果运用了某个学科中的理论和方法之后研究取得了成功，说明研究命题本身包含了这个学科中理论方法的因子，否则就是牵强附会。

新方法提供新进路，这是第四个“新”。虽然说问题是旧的，但是我们可以寻找新出路。“山重水复疑无路，柳暗花明又一村。”例如，合议庭问题是一个老问题，全国法院第27届学术讨论会一等奖《我国合议庭议事规则完善之探究——以“罗伯特议事规则”为镜鉴》一文，将罗伯特议事规则引入合议庭讨论案件的情境，如同给老房子开了一扇新窗户，看到新的风景。第27届学术讨论会一等奖中还有一篇文章，题为《指导性案例适用方法探析——以指导性案例适用现状为出发点》。案例指导与参照也不是一个很新的问题，作者借鉴了英美法中“遵循先例”的技术，与中国司法实践相结合，探索出了一条本土化的案例适用方法“五步法”。这条新路不是简单地引入“遵循先例”技术，而是立足本土实践的制度改造。建议好好看一下这篇文章，在研究方法上尤其是比较法分析与制度移植方面，会有很大启发。

选题≠标题：选题是神，标题是形，形神相符又兼备

前面一直在讨论选题问题。选题落在哪里呢？选题的载体是标题。接下来我们一起讨论一下标题的门道。标题与选题是什么关系？我们有时可能对这个问题有误解，就把文章的标题当作选题本身，一定要区分开。简单地概括，二者是形与神的关系。选题是神，标题是形，二者既要形神兼备，又要形神相符。根据我多年辅导论文中观察到不完美的标题的情况，用形与神辩证关系来概括一下，主要有如下类型：

第一类是重形轻神，过度包装太花哨，不知所云。例如，我在辅导第30届学术讨论会时发现的一篇文章题目《“不能评价就不能管理”——审判团队绩效评价机制研究》，如果去掉副标题，能看出来写的是什么文章吗？这就如男孩子一味追求帅酷，而不论才俊之风度；女孩子浓妆艳抹，而不论贤淑之风雅。

第二类是重神轻形，繁琐冗长太混乱，不明核心。我见过很多长标题，

也和作者们聊过他们为什么要把标题弄得这么长，发现作者们共同的内心想法是想把能够描述命题的关键词都写到标题里，生怕标题中遗漏了关键点。这样做的结果是求多而得少，把最核心的关键词掩盖了。如何解决这个问题？初级的办法是“瘦身”，从诸多关键词中选择最关键的关键词。对于其他的关键词，属于限定性、说明性的，可以放在副标题中；其他的意思可以在文章导言、前言、绪言中表述出来，而不要都塞到标题中。形对神的承载能力是有限的，怕丢了神的后果是形骸不可承受之重，反而丢了神。高级的办法是“神化”，把平淡干瘪的词凝练为饱满神韵的词。这不等于让词藻华丽一点，有神韵的词可能就是很朴实的词。我在第 28 届学术讨论会的文章题目为《画骨：探知证明思维过程的深层逻辑——“事实判断为骨 + 经验法则为筋”重构民事证明的脊梁》，点评老师说“画骨”一词是神来之笔，非常有神韵，有画龙点睛的效果。我写的时候都没有意识到随意想到的点缀会有这样的效果。所谓言简意赅，言简容易理解，而意赅是我们要追求的境界。唐代诗人贾岛“鸟宿池边树，僧敲月下门”的诗句留下“推敲”的典故。无论是“推”还是“敲”，两个普通的词放在特定的意境中，都有丰富的神韵。哪个更有神，一千个人眼中，有一千个哈姆雷特，李敖就认为改为“僧推月下门”意境更好。无论如何，建议大家一定要对主标题反复地“炼”，炼字炼句，把核心命题的精华“炼”出来。

第三类就是无形无神，平淡无奇太平庸，不具精神。为什么有些论文的选题平淡如白开水，让人看一眼题目就不想再多翻一页？从形神关系来理解，你会发现平淡的选题承载的一定是平淡的思想，或者就根本没有思想，如没有灵魂的行尸走肉。之前讨论过选题的大与小，那些大的选题，一定属于此类情形。大的选题都是缺少命题的，没有精神和灵魂。虽然我强调了推敲标题词句的重要性，但不得不承认的一点是，一个有价值的命题，即便不加包装粉饰，朴实的词句也会发出思想的光芒。形与神之间，神是根本。大道至简，最伟大的思想，往往都是用最朴实的词句表达出来的。看看毛主席的文章，《星星之火，可以燎原》，质朴却意蕴无穷，传递革命信心。《中国的红色政权为什么能够存在？》，没有一点包装的大白话，命题鲜明。虽然是问句，却斩钉截铁地告诉核心论点——能够存在!《论持久战》,“持久”两个字高度凝练了复杂的矛盾分析，对亡国论者和速胜论者形成一箭双雕的驳斥。不要小看最简单、最平淡的这“持久”两个字，假设你穿越回那个年代，如何看清国内外复杂、混乱的局势？只有最伟大的思想者，才能洞悉到朴实中的伟大智慧。

解决好形与神的辩证关系，是标题成功的精髓。形与神的关系，在哲学上就是认识论中现象与本质的关系，当然还可以在语言学、心理学等方面理解二者之间的辩证关系。无论总结出多少具体的技巧，都不如好好如此体会一下。遇到问题，要找规律、悟理念，但为了实务操作上手快，我还是提三条拟标题的技巧以作参考：一是合身，形神相符，形刚刚好装得下神。二是明了，看形知神，避免不知所云。三是新奇，命题之新是根本之道，也就是神要新；当然，形之新也很重要，同样的意思，要用有精神的词；如果是有精神的词，被人用滥了就没精神了，例如“反思与重构”用得太滥了，我看到有人换成“掣制与突围”就不错；“困局”“破茧”“检视”这些词也被用滥了，应该想想新词；但是用新词切忌用怪词，像2019年流行的《生僻字》这种歌里的词就要慎用，评委如果不认识，会是什么感觉呢？四是给力，什么是力？就是能量，用物理的思维理解就是信息的密度。给力就是一字千金的感觉，力求每个字都传递丰富的意思和大量的信息。五是简洁，这是给力这个要求的延伸，千万不要把标题写得太长，在不影响意思表达的前提下越短越好，越干净越好。六是流畅，读起来顺溜，不用再费劲去断句、仔细分析一下主谓宾、定状补才能看明白。

八股式标题要不要？辩证看待大数据里标题结构的秘密

前面讨论了有关文章标题的规律，好的标题究竟长什么样？全国法院系统学术讨论会一等奖的论文就是很好的范本，我们可以借助大数据的手段俯视一下获奖论文的选题，分类聚合中发现其中秘密。北京市朝阳区人民法院的程立武同志做了一篇调研报告《大数据告诉你法院系统的学术论文怎么写》，对2006年至2015年全国一等奖论文共91篇进行大数据分析。其中，在标题部分的分析结果如下：

【单一结构】(17篇)

例如:《经验法则不当运用及程序性规制》

【主副结构】(37篇)

例如:《民刑交叉案件处理机制之探索——以统一法秩序的司法立场为视角》

【主从结构】(4篇)

例如:《法官如何找法：法律发现的失范与规制》

【综合结构】(18篇)

例如:《超越个案：诉讼批复答复的价值解析与功能优化——以我国三十年来行政诉讼批复答复的实证考察为视角》

在此，需要先对四种结构进行一下辨析。单一结构，就是一句话或者一个长短语，其他三种都是复合结构。复合结构有两种基本形式，即主副结构和主从结构；二者组合在一起就是综合结构，也可以理解为主从副结构。主副结构和主从结构很容易混淆，我每年阅评论文都会发现不止一篇文章用错的情况。二者都有一个"主"字，但所指不同。主从结构之主与从加在一起，是主副结构中的"主"。在复合结构中，主副结构是第一层，在主副结构的主标题内又有主从之分。从形式上看，主副结构是用破折号来分隔的，主从结构是用冒号来分隔的。两个标点符号的用法也就揭示了二者之间的区别，主从结构之冒号通常表示提示语后的停顿或表示提示下文或总括上文，主副结构之破折号首先用来引出解释说明的语句，其次用来表示语意的突然转折和声音延长等。可见，主对从，在于提示；副对主，在于解释说明。

如果把结构比作人，就可以形象化地理解了。单一结构，就是一个人的单打独斗。主从结构，就像一个主子和一个仆从，主子是发号施令的，仆从才是具体干活的。主从结构中的主标题没有实际意义，从标题才有实际意义；主标题是用来作点睛之笔的，点到为止；从标题来作为仆从，把主子的意思说出来、办明白。主副标题，可以理解为正职和副职的关系，其实正副标题更容易理解，又容易与主从结构的概念区分开。正副与主从表面很像，实际上根本不同。正职绝对不能像主子一样点到为止，什么都不干，没有担当的正职就是官僚主义了。正标题如正职一样，要有担当，要把核心命题充分表达出来，可以不依赖副标题独立存在。副标题就是副职，按正职的指示具体分解落实，即解释；对正职没提到的问题做个补充，即说明；画个圈告诉正职你要具体干哪些、怎么干，即限定；表明用什么办法、通过什么途径完成正职交办的任务，即交代研究方法或研究路径。前文谈及一个文章题目《"不能评价就不能管理"——审判团队绩效评价机制研究》，存在什么问题？单看前面的主标题，不知道文章写的是什么；看了副标题才知道文章的核心命题是什么。这就像一个没有担当的正职，只会摆花架子，什么都不做，谈及工作不知所云，把实际工作都推给副职去干了。从另一个角度看，二者之间更像是主从标题的关系，这个正职俨然一个官老爷的官僚形象，作者可能对主从标题与主副标题的区分存在认识模糊。如何修改呢？我们就要把这个有担当的副标题变成主标题，"不能评价就不能管理"可以浓缩为一个点睛之笔的词作为主从标题之主标题，如果"炼"不出一个恰当的词，那就放在文章开头作个题记或者在前言里作个开头。

把各种标题结构的意义搞清楚了，我们看看哪种标题更好。那个出现次数最多的主副标题就是最好的吗？成功者可以是大众的，也可以是小众的，不要被数据误导。四种标题各有千秋，单一结构最简洁有力。如果一句话说不清，需要解释、说明、限定一下，就加个副标题；如果能说清楚，不要以副标题"狗尾续貂"。如果你的灵感火花中闪现了神来之笔，那就在冒号前点个睛；如果提炼不出来，就不要牵强附会"戴高帽"。选择什么样的标题结构最恰当，核心命题决定其最佳表现形式是什么。价值巨大的命题，自带气场而无须讲排场，不用涂脂抹粉，朴素低调是最好；这样的命题毕竟极少，对于一般情况，是前加冒号还是后加破折号，都以最佳效果展示核心命题为遵循。一言以蔽之，其规律还是标题与选题之间形与神的辩证关系。

不要忽视小标题，它们是文章的主动脉

关于标题的概念，除了文章主标题，还要关注各级小标题。各级小标题层面也存在形与神的辩证关系。主标题承载的是整篇文章的核心命题、核心论点；各级小标题承载的是分论点。因此，从形与神的辩证关系来认识，各级小标题要非常讲究，要精益求精。小标题的重要程度不亚于文章的主标题。主标题承载的核心命题要通过小标题层层落实。文章如人，其中有气血的运行。文脉通不通畅，关键看小标题。可以说，小标题就是文章的主动脉。好的文章，我们快速浏览一下主标题和各级小标题，就可以迅速摸清作者的思想脉络，获取了文章一半以上的信息。如果作者是个文章高手，每个小标题都高度凝练了其管辖内容的精华，那么通过浏览各级标题获取文章 80% 以上的信息也并非不可能。

要在以下三个层面追求精益求精：一是向内看，小标题是其所管辖部分的核心命题，要高度凝练的提炼出思想、观点中的精华，是对管辖内容的浓缩萃取。诸如“关于……”“……方面”这样的标题非常常见，它们仅仅起到提示作用，而没有提炼出主旨。二是向上看，是否按照同一标准分类从上级标题中衍生出来？组合在一起是否完全支持上级标题而无遗漏？一些论文小标题设计很不讲究，想到一点写一点；这些点之间不是按一个标准、一套逻辑想出来的，就可能内容上互相交叉，或者各自为战，风马牛不相及，最终无法严谨、有力地支撑上级标题中的命题和观点。三是向左右看，同一上级标题管辖之下的若干同级小标题之间要有一个清晰的逻辑关系，各分命题之间丰满程度是否均衡？同级小标题之间内容是否有交叉甚至互相包含？它们之间的排列遵循什么样的逻辑顺序？要对照这些问题好好检查一下，做到精益求精。很多文章高手，在修改过程中最重要的工作之一就是把各级小标题逐个推敲。仅此一项工作，就可能在论文参赛中提高获奖等级。这是投机取巧吗？要分情况看，如果各个部分本来就是胡乱展开的，任何高手都不可能仅在小标题上做文章就可以化腐朽为神奇。精益求精的前提，是先有精，再求更精；锦上添花，先有锦，才可添花。如果内容展开、结构安排本来

就很不错，那么推敲小标题才会起到精益求精、锦上添花的功效。

小标题也有结构的问题，同样有单一结构和复合结构，复合结构中也包括主从、主副、主从副三种方式。上述论文结构选择的规律，对小标题同样适用，不再赘述了。我从近年来阅评的论文中发现一个不好的倾向，就是小标题越来越复杂。有些文章把各级小标题都搞得前面加个冒号戴个帽子，后面加个破折号续上尾巴。把这些复杂的小标题叠放在一起，直观上会有什么感觉呢？是不是眼花缭乱？而且，上下两级小标题使用相同的复合结构的情形也很常见，例如冒号从上到下一路到底，一大片"检视：""困惑：""破茧：""出路："，等等。这样是什么效果？可能看着看着就晕了，把层次看串了。为大家所诟病的"学术讨论会体"，也有这种特点。如何从这样的病态文章中跳出来？文风看作风。追求花里胡哨，是不好的文风，也不是好的做人做事的作风。老实做人，踏实做事。与其绞尽脑汁"前加帽子，后加尾巴"，还不如学学贾岛骑驴推敲。"帽子""尾巴"要不要？这个不重要。重要的是苦炼内功，"炼"出一字千金的功夫，追求几个字就意韵深远的境界。我们要把功夫下在把小标题管辖内容的主旨、命题"炼"出来，萃取的纯度越高越好；还要把功夫下在把小标题连接成一个动脉体系，让文脉气血通畅运行。气血通畅，则文章精神。

如果你来当评委，会青睐哪几篇文章呢？

我随机选取了一些法院人撰写的应用法学文章，把主标题列出来。如果你认同我之前提出的见解，那么就请你假设自己是论文评委，评论一下这几篇论文的题目如何，题目承载的选题、命题又如何。

1.《"以审判为中心"司法改革小析》；

2.《论公检法三机关"互相制约"问题研究》；

3.《治理错误判决的水源——浅析刑事错案的定义与标准》；

4.《非法证据排除制度实施问题的研究》；

5.《反思与重构："买拐同罪"与否的博弈——兼议完善"买拐同罪"的

途径》；

6.《拒不执行判决裁定罪法律适用疑难问题研究》；

7.《何为错案——以错案追究制中错案的定义限制为视角》；

8.《由“零和博弈”到“协作共赢”——略论全面推进依法治国过程中法官和律师关系的冲突与融合》；

9.《不仅仅是“配角”：深化司法改革视野下法官助理制度的出路与构建》；

10.《庭审中心主义下：举证制度中法官职能定位及思考——以民事诉讼举证制度为研究线索》。

……（思考，尝试评价一下）

我先抛砖引玉，谈谈我的看法，大家也可以从自己的角度评判。第1篇以审判为中心和第2篇公检法三机关互相制约的选题，都是有价值的热点问题。但是，突出的问题就是太大了，不是一篇论文能够承载得了的，适合写一部专著；甚至一部专著都写不明白，需要成立编委会写一个系列丛书。这是选题中最常见的问题，这个问题的根源是什么？选题不是从实践问题出发，缺少从实践中生长出来的问题意识。这样选题的作者都是从选题范围中直接选题。看一眼选题清单，发现里面有这么一个选题挺有意思的，很感兴趣，就把这个选题直接当成文章的选题。“选题”这个词是很含糊的，外延不明确，因此就给大家在理解什么是选题这个问题上造成困惑。选题，在不同的语境中，要清醒地认识到选的是什么题。在每年全国法院学术讨论会或者其他征文、课题申报的选题清单中，选题就是选话题。话题只是研究的参考范围，给研究问题的领域画了一个圈，还没有具体到要研究的问题。我们要在这个话题的范围里面选一小块作为研究命题，小题大做，精耕细作。简言之，从征文组织者角度来看，选题选的是“话题”；从论文作者角度来看，选题选的是“命题”。

看看第3篇《治理错误判决的水源——浅析刑事错案的定义与标准》。这篇文章的副标题暴露了这篇文章在文体上有问题，即从定义和标准出发，也就是从概念出发，没有从实践中的问题出发。这样的选题立意，很容易写成教材或讲义的风格。第4篇《非法证据排除制度实施问题的研究》，也是一个非常大的选题，更适合作专著的题目全面而系统地研究一下。在一个万字论文中，这个大选题完全无法伸展开，只能泛泛而谈，说得不痛不痒。相对于万字文章而言，这个选题只是一个话题，还没有具体为一个命题。文字是表达思想的武器和工具，小文章选大选题，就像以小股兵力以卵击石对付庞大军团，或以小工具耕耘一大片地而无法深耕细作。

第5篇《反思与重构："买拐同罪"与否的博弈——兼议完善"买拐同罪"的途径》，这个题目有什么问题呢？首先看核心命题是什么，应该是"买拐同罪"。这个概念在主标题中已经有了，副标题又要说一次，显得多余。这样的重复完全没有必要，就像一个副职只会向正职学舌，而不研究如何落实。副标题除了对"买拐同罪"重复，剩下的信息就是完善途径了。完善途径就是解决问题，几乎每一篇应用法学论文都要解决问题，这个完善途径就成了没用的、无效的文字了。我们要有惜墨如金的意识和一字千金的追求。文字是成本，思想是产出，要算笔账，多大的文字量会产出多少思想来。这个标题如何完善？副标题是为了限定选题范围、交代研究方法等，而这个副标题没有任何作用，就不要了。再看主标题，是主从结构，"反思与重构"这帽子太流行，大家都在戴。我们不要千篇一律的表达，要换一换。而且再想想，是不是几乎每一篇文章都要对命题进行"反思与重构"？这又是无效的表达，起不到画龙点睛的作用。

第6篇《拒不执行判决裁定罪法律适用疑难问题研究》。这样的论文选题不太像应用法学的论文，更像关于一个个罪法律问题的理解与适用，看不出核心命题是什么，看不出要解决的难题是什么。给人的感觉就是，有一个很大的靶子却没有靶心，无法做到有的放矢。从标题可以猜测，作者没有分清话题与命题的区别，把一个大的话题当成命题了。按这样的选题写下去，就能把话题范围内的各种情况列举一下。这只是进行学术研究的第一步，即搜集和整理资料，不可以把这个过程直接搬到论文中。如此写论文，有情况而无问题，摆事实却未讲论点，见"皮囊"而不见"骨髓"。

第7篇《何为错案——以错案追究制中错案的定义限制为视角》，最大的硬伤就是破折号和冒号弄混了，没有把主从结构与主副结构区分开。"何为错案”并没有实际意义，破折号后面的才是真正的题目。这里的破折号应该是冒号，是主从标题而不是主副标题。我们再看看这篇文章选题好不好。又是一篇研究定义的文章。不是说不能研究概念和定义，单纯泛泛地写概念的定义的价值不大，一定要有实践中的难题。实践中对概念、定义的理解是不是有含混、有分歧？这些含混和分歧对司法实践造成了什么样的影响？认识错误、模糊、分歧的根源是什么？如何以问题导向来重新定义概念？是通过立法、司法解释还是司法方法的途径让这种解决方案最终落地？如果这样去研究一个概念和定义，才是有价值的。

第8篇的题目《由“零和博弈”到“协作共赢”——略论全面推进依法治国过程中法官和律师关系的冲突与融合》，只看主标题，你能看出来作者写的是什么问题吗？看不出来，看副标题才能看出来。这就是典型的主副颠倒，可以形象地理解为部门或者单位的正职、副职关系中，正职把事情都推给副职。正如主官、正职要有担当一样，命题的表达重心要在主标题里而不是副标题里。作者其实想写法官与律师的关系问题，那就把这个意识放到主标题里，改成法官和律师关系由“零和博弈”到“协作共赢”是不是就清楚了。副标题里还有一个依法治国这个背景限定，但是这个限定是不是太大了？当前所有的法律问题都必然要在依法治国的背景下来讨论，这个限定就相当于没有限定了。这样看来，整个副标题可以不要。

第9篇的题目《不仅仅是“配角”：深化司法改革视野下法官助理制度的出路与构建》，在上述标题中，这个题目是相对不错的。在司法体制改革启动之初，这样的选题大小适中。随着司法改革深入推进的现阶段，改革要碰硬骨头，要解决系统性问题，原来适中的选题现在就变大了。当前研究法官助理问题，就要精细化，要找实现中最难解决的问题。这个标题还有一个问题，“深化司法改革视野下”这个状语的限定没有太大意义。法官助理制度是司法体制改革的产物，研究法官助理制度，必然是在司法体制改革视野下，所以可以把这个状语去掉。

第10篇题目《庭审中心主义下：举证制度中法官职能定位及思考——以民事诉讼举证制度为研究线索》，这是一个综合结构标题，先看主从结构之主标题，没有什么用，没有什么实际意义。“庭审中心主义下”是一个状语，用于限定，不是用于引导，它的后面不能放一个冒号，直接接下面的话就可以了。主副结构之副标题也存在问题，破折号前的主标题已经提到举证制度，后面的副标题就没必要重复了。实际上，副标题只有民事这个因素是有效的了，还不如把民事这个因素放到主标题中。

上述10篇文章的标题及其选题中的问题都具有典型性，都是在论文评审中最常见的问题。大家换个视角当评委，会发现很多问题，这叫“旁观者清”。我们对待自己的文章也应该这样，以旁观者的心态重新审一审。不建议写完题目马上就检查，由于专注力的控制很难马上从题目中跳出来，可以先放一放再看。如果想提炼出精妙的表达，有时绞尽脑汁也想不出来。我们可以将斟酌题目这件事记在心里，利用你在等电梯、等地铁、等开会等碎片时间想一想，也许哪个瞬间一个灵感火花计上心头。

3 见解创新术：从经验到理论提炼真知灼见

问题与主义：中国法律实践生长出中国法学理论

欲形成有价值的创新见解和有意义的研究成果，我们选择什么样的研究范式呢？从马克思主义认识论来讲，我们必须选择知行合一的范式；反对理论与实践两张皮，或重理论轻实践，或重实践轻理论，或者将理论与实践生搬硬套地结合。很多学者注意到了理论与实践相融合的重要性，有学者提出“法学研究的第三条道路”这个概念，对应用法学研究方法有一定启发意义，但我们也要对之批判性理解，不可盲目接受。将学术研究方法问题称之为道路，未必恰当，或称范式更为合适。借用此概念，只是以学术界的探讨作为靶子，由此启发我们进一步批判性思考。第一种研究范式是“以西方理论和制度为中心的法学研究”，将西方主流法学理论作为法学研究的大前提，将中国问题作为小前提，从而将其引入中国制度设计中，如罪刑法定、无罪推定、程序正义等原则。这种研究范式是思想中的“软骨病”，容易把西方理论奉为金科玉律，却缺少对中国特色问题的独立思考，鼓吹将中国的法律制度归入西方理论制度的“普遍真理”中。中国问题有中国特色的历史源流与现实环境，或以在异域土地上生长出来的概念尺度来衡量中国问题，必然是削足适履、刻舟求剑。第二种研究范式是“以中国本土实践为中心的法学研究”，从第一种研究范式的主义导向转向问题导向。这种研究范式注重现实经验与问题，也强调研究中国特色，但是忽视了对理论的归纳、抽象、概括。以对策研究为中心，却又陷入就事论事的狭窄格局。[①]

以马克思主义认识论来看待学者所称这两种研究范式，第一种属于教条主义的研究范式，第二种属于经验主义的研究范式，属于两种典型的主观主义，共同特点是无法实现知行合一。在问题与主义之争中，第一种范式从主义出发，偏重理论而轻实践；第二种范式从问题出发，偏重实践而轻理论。二者各有所长，又因片面注重一端而又各有其短。在前述问题意识三层次跃迁过程中，第二种范式存在于底层就事论事，第一种范式存在于顶层不接地气，将二者结合起来才是一个从经验到理论、从具体到抽象、从现象到本质的完整认识过程。

学者所称的“法学研究的第三条道路：从经验到理论的法学研究”，是对前两种研究范式的批判，提出“从经验到理论的法学研究”范式，借鉴了第一种范式的学理研究，强调理论的创新与经验的抽象；但避免了将西方理论奉为放之四海而皆准的金科玉律，而建立起来实事求是的批判性思维。“从经验到理论的法学研究”，也借鉴了第二种范式从经验事实出发，关注立法、司法和司法改革等法律实践，充分运用实证研究方法；但是又避免了第二种范式就事论事的弱点，强调从经验事实中抽象、提炼出法学理论。“从经验到理论的法学研究”实现了问题导向与主义导向两种研究范式的互补，修正了二者存在的教条主义和经验主义两种主观主义。

学术界关于研究范式的探讨，给我们一种有帮助的批判性启示。应用法学的研究范式，是问题意识三层次跃迁，从中国本土法律实践生长出的中国特色法学理论。问题意识第一层次的中国经验、中国问题是提出研究命题的来源，这个命题要有一个向上生长的思想动力，跃迁到问题意识第三层次理论创新。要从中国的法律实践中发现独到的中国问题。如何发现呢？就是要

---

① 参见陈瑞华：《论法学研究方法》，法律出版社2017年版，第240~256页。

多读书，多掌握些理论工具和视角，才能发现别人看不到的独到问题。当我们融合了各种理论视角解释了问题的本质并彻底解决了问题，就在问题解决的同时形成了新理论观点，还可能形成新的理论体系，实现从经验到理论的升华。这样的理论不是从西方搬来的，也不是从天下掉下来的，而是从中国的大地上生长出来的中国智慧。我们讲“四个自信”，要真正树立起理论自信，是不是就要采取这样一种从中国法律实践生长出中国法学理论的学术研究范式呢？

如何从中国法律实践生长出中国法学理论呢？这是一个将问题体系化、概念化、抽象化的过程。前面介绍了两种抽象的具体操作方法，“先向上看，再向下看”和“先向左右看，再向上看”，都是一个从经验到理论、从问题到主义的过程。“五四运动”期间，曾发生过问题与主义之争。我们研究问题，要问题，也要主义。有问题、无主义，只是调研报告；无问题、有主义，是空谈或教材。1919 年 7 月 20 日，胡适在《每周评论》第 31 号上发表《多研究些问题，少谈些“主义”》一文，指出，“现在舆论界的大危险，就是偏向纸上的学说，不去实地考察中国今日的社会需要的究竟是什么东西”。[①] 且不论对胡适思想的整体评价，这句关于纸上谈兵、空谈理论的提醒是值得我们注意的。胡适强调，凡“主义”都是应时势而起的，他批判了空谈主义的三种现象和危险：一是空谈好听的“主义”，二是空谈外来进口的“主义”，三是偏向纸上的“主义”。这三种空谈主义的现象对我们有一些警示和启发意义，但我们也不能绝对化地理解，并不是说大家不要谈主义了，而是不能空谈主义。没有问题作为基础，直接谈主义，就缺乏基础。一开始不要谈主义，要从接地气的问题开始去研究，这样才能发现真问题而不是假问题。但是，又不能陷在问题的泥淖中跳不出来，就事论事，直接从问题到对策，就可能是头痛医头、脚痛医脚，治标不治本。我们谈问题，最终是为了谈主义，能通过谈问题研究出来一个真的主义来解释和解决问题。真理来源于实践问题，不直接来源于各种教条的主义；真理用于指导实践，不是用于空

---

① 胡适：《多研究些问题，少谈些“主义”》，载《胡适文存·卷二》，上海书店出版社 1989 年版，第 147 页。

谈的。

应用法学研究，是从问题到主义、从中国法律实践生长出中国法学理论的研究范式。这种研究范式符合认识论揭示中从现象到本质、从具体到抽象、从感性认识到理性认识的认识过程规律。应用法学研究范式就是学术界所言法学研究“第三条道路”吗？首先要明确的是，这不是一个走什么道路的宏大问题，是一个范式选择问题。我们借用“第三条道路”的概念，用以批判经验主义与教条主义的研究范式。应用法学研究范式，讲的是知行合一，是理论与实践融为一体，你中有我、我中有你；不是理论与实践的简单结合，只讲结合不讲融合就避免不了理论与实践两张皮。过程意义上讲，我们区分为实践与理论的二元模型，理解二者互动互促关系；结果意义上讲，我们得到的是知行合一的状态，即实践与理论合一的一元结果。知行合一的应用法学研究范式，把讲政治、做研究、审案子、干工作融合成一回事，而不仅仅是结合起来，是我们追求的境界。获得30年司法理论研究突出贡献金奖的华中师范大学杨凯教授在第30届全国法院学术讨论会暨30年纪念活动的专题讲座中提出了“法学研究的第四条道路”，提出了理论与实践一元论。道路的概念需要修正，第几条也无关紧要，杨凯教授提出的一元论对我们深刻理解知行合一的理念有很好启发。中国应用法学研究范式，就是以知行合一为核心要义，立足中国本土法律实践，提出有价值的法学命题，生长出中国特色法学理论。

没有调查，就没有发言权

如何做实证基础上的理论分析？如何提出论点？如何以批判性思维对论点进行辨析？如何进行对比论证等？该书会启发你的思考。

正如《反对党八股》中批评的党八股第6条罪状，“不负责任，到处害人”，是我们要坚决反对的党风和文风。漠视问题，空谈真理，不关心是非，　是真理最大的敌人。避免一本正经地空谈，就要“知之为知之，不知为不知”，也就是没有调查就没有发言权。我们一定要记住毛泽东同志在《反对本本主义》的开篇忠告：没有调查，没有发言权！看看如下这段文字，仿佛听到老人家发自肺腑的苦口良言："你对于某个问题没有调查，就停止你对于某个问题的发言权。这不太野蛮了吗？一点也不野蛮。你对那个问题的现实情况和历史情况既然没有调查，不知底里，对于那个问题的发言便一定是瞎说一顿。瞎说一顿之不能解决问题是大家明了的，那么，停止你的发言权有什么不公道呢？许多的同志都成天地闭着眼睛在那里瞎说，这是共产党员的耻辱，岂有共产党员而可以闭着眼睛瞎说一顿的吗？要不得！要不得！注重调查！反对瞎说！"[①] 没有经过调查不要随意地发表言论，更不能随便拍拍脑袋想对策、提建议。"调查研究是我们党的传家宝，是做好各项工作的基本功。习近平总书记指出：'调查研究是谋事之基、成事之道，没有调查就没有发言权，没有调查就没有决策权。'调查问题、制定政策、推进工作，刻舟求剑不行，闭门造车不行，异想天开不行，必须进行全面深入的调查研究。"[②]

在我们写的论文中，没有调查随意发言的论文有不少。一些作者不去费心费力地调研问题，开口空谈主义，把精力都用在东施效颦式的理论包装、结构包装和辞藻包装上。有人把这样的研究范式称为"学术讨论会体"，其实是一种误解，也是一种误导。遇到过几位朋友向我提出同样一个疑问：他发现了问题，找到了原因，也想出了对策，就是不知道如何进行理论包装，如何找到一个合适的理论搭个桥。我没法回答这样的问题，如果把理论当成用来包装的工具，那就糟蹋了美好的人类思想。如果问题是表面的、原因是表层的、对策是粗浅和随意的，那么拆开华丽的理论包装，我们得到了什么呢？文风是作风，与其说理论包装，不如说是为了获奖而功利性投机。

"调查研究，是对客观实际情况的调查了解和分析研究，目的是把事情的真相和全貌调查清楚，把问题的本质和规律把握准确，把解决问题的思路和

① 毛泽东：《反对本本主义》，载《毛泽东农村调查文集》，人民出版社 1982 年版，第 1 页。

② 中共中央宣传部：《习近平新时代中国特色社会主义思想学习纲要》，学习出版社、人民出版社 2019 年版，第 249 页。

对策研究透彻。”[①] 毛泽东同志也批评，“不愿作系统的周密的调查和研究，仅仅根据一知半解，根据‘想当然’，就在那里发号施令。这种主观主义的作风，不是还在许多同志中间存在着吗？”[②] 在我们的学术论文中，是不是有些文章只是把大家都能看到的表面现象梳理出来，把大家都能想到的表层原因罗列一下，再找一些大道理泛泛空谈，最后想当然地提几条原则性的对策“发号施令”？如果不加斟酌，这些不下功夫、不费力气得来的东西听起来貌似都是对的；如果下功夫调查研究，就可能颠覆掉原先想当然的想法，发现原先看上去正确的表象是假的、原因是假的、对策是假的。毛泽东指出主观主义作风的表现，“或作讲演，则甲乙丙丁，一二三四的一大串；或作文章，则夸夸其谈的一大篇。无实事求是之意，有哗众取宠之心。华而不实，脆而不坚”。[③]《改造我们的学习》值得我们用心研读，会让人从内心深处认识到，理论的包装、结构的包装，都是背离实事求是，必然“华而不实，脆而不坚”。这是我们坚持反对的坏文风、坏作风。

想获得真知灼见，非下苦功夫不可，非忍受煎熬不可。如果想少费力、走捷径，那么得到的就是假问题、假原因和假对策。我见过一位同志写了一篇研究刑事裁判文书说理的文章。看看他是如何分析刑事裁判文书说理不充分的原因呢？他分析出来的第一条原因是刑事法官压力大。这个原因对吗？在一个法院里，民事案件要远比刑事案件多很多，一名民事法官的结案数量可能达到刑事法官的十倍。民事法官在那么大的案件压力下都能好好说理，刑事法官们就不能吗？这位作者提出的第二条原因是刑事法官为了逃避责任，不愿说理。我们的刑事法官们就这么没有担当吗？我后来问这位作者这些原因都是怎么分析出来的，他承认就是凭空想出来的。我建议他认真做做调查，一是找一些刑事裁判文书好好看一看，二是找几位刑事法官好好聊一聊。不做调查，想当然地推测、揣测，想当然地指手画脚，着实可恶。不做调查，不证而论，是很不好的思维习惯。这篇关于刑事裁判文书说理的文章，是想

① 中共中央宣传部：《习近平新时代中国特色社会主义思想学习纲要》，学习出版社、人民出版社 2019 年版，第 249 页。

② 毛泽东：《改造我们的学习》，解放社 1950 年版，第 3 页。

③ 毛泽东：《改造我们的学习》，解放社 1950 年版，第 3~4 页。

当然的拍拍脑袋瞎说原因。

建立在这些原因基础上的对策，肯定还是想当然的瞎指挥。有一些论文是不是这样写出来的？把心思都用在包装上，全篇一二三四，有情况、有原因、有理论、有对策，看上去结构清楚、条理清楚、标题考究；再看看内容，现象调查有甲乙丙丁，原因分析也有与之相对应的甲乙丙丁，理论分析还要照顾到甲乙丙丁，最后提出甲乙丙丁几点对策。为什么从头到尾都是甲乙丙丁这几点？为什么这几点说清楚了整个论点就说清楚了？这几点是从哪里来的呢？有人会说，写了这么多点了，已经很全面了。也许甲乙丙丁，只是表面情况。还有的，加上戊己庚辛，也只是钻在一点里面去打转，其实是钻牛角尖儿了。不一定想的点越多想的就越全面，我后面会讨论结构思考，如何展开才能保证全面、科学、有依据，是有规矩的，也是有规律的。

情况怎样？原因为何？对策咋办？是环环相扣的。情况摸不准，就找不到问题点；症结找不到，就没法一针见血地点中原因；如果原因浮在表面，找不到根源，对策必然治标不治本；方法不对头就蛮干，还可能让情况更坏。全部的工作都必须从调查研究开始，不下功夫就拿不出真招实招。“一切结论产生于调查情况的末尾，而不是在它的先头。只有蠢人，才是他一个人，或者邀集一堆人，不作调查，而只是冥思苦索地‘想办法’，‘打主意’。”[①] 解决问题的关键不在于如何绞尽脑汁想对策，如果找不到问题根源，包装漂亮的对策也是假的。“把你所谓困难问题的‘来源’找到手，‘现状’弄明白，你的这个困难问题也就容易解决了。”[②] 问题的来源，不是表面的原因，必须是原因里面的根源。来源与现状，不是表面的联系，而是内在的规律性的联系，即符合因果律。想求得隐藏在问题深处的因果律，是很不容易，也是很痛苦的。毛泽东同志形象地讲，“调查就像‘十月怀胎’，解决问题就像‘一朝分娩’。调查就是解决问题。”[③] 陈云同志也对发议论、作结论的现象提出批评：“有些

① 毛泽东：《反对本本主义》，载《毛泽东农村调查文集》，人民出版社 1982 年版，第 2 页。
② 毛泽东：《反对本本主义》，载《毛泽东农村调查文集》，人民出版社 1982 年版，第 3 页。
③ 毛泽东：《反对本本主义》，载《毛泽东农村调查文集》，人民出版社 1982 年版，第 3 页。

同志不花时间去弄清楚全面情况，弄清楚事物的本质，而是看到一些现象，就想当然发议论，作结论，这是十分有害的。所以，重要的是把实际看完全，把情况弄清楚，其实才是决定政策，解决问题。难者在弄清情况，不在决定政策。我们应该用百分之九十以上的时间去弄清楚，用不到百分之十的时间来决定政策。这样决定的政策，才有基础。”① 我听到过两位同志之间的一段对话：

乙：“我觉得你写文章可容易了，写得快又能获奖。我写东西特别费劲，又赶不上你写得好。写文章还真需要天赋。”

甲：“如果单纯说写，我确实写得快。可是你知道我在下笔之前下了多少功夫吗？你前几天休假旅游，我在看书查资料。我几年没有休过假，好久没看过电视了，周末都没好好休息过。你知道吗？“

乙：“不知道。”

甲：“所有的问题，我不是一上来就有成熟想法的。我一开始也搞不懂，关注了好多年，研究了好多年。当有一天研究透了，单纯是写就轻松了。”

乙：“我还是觉得你就是有天赋，能想到很多好的点子。你写的问题，我要是能想到，我也能写出来。”

甲：“有的道理，一语道破，听起来简单。可是，你知道研究出来的过程有多苦吗？我一开始只是觉得有问题，但是不知道问题在哪儿。这几年我看了很多书，有的书又感觉不管用。不停地读书学习新知识，反复研究大量的类似案子，最后才能搞清楚。你感觉很简单的东西，绝对不可能天上掉下来现成的。”

一篇惊艳四座的文章，就是作者的孩子。当你羡慕别人家漂亮的宝宝时，一定要问问他的母亲，“十月怀胎”有多苦？

---

① 陈云：《应该用百分之九十以上的时间去弄清情况，用不到百分之十的时间来决定政策》，载中共中央文献研究室编：《毛泽东、周恩来、刘少奇、朱德、邓小平、陈云论调查研究》，中央文献出版社 2006 年版，第 103 页。

不做正确的调查同样没有发言权，跟毛主席学调查方法

做了调查，却没有做正确的调查，也是要不得的。毛泽东同志在《总政治部关于调查人口和土地状况的通知》(1931 年 4 月 2 日）的最后响亮地讲，“我们的口号是：一，不做调查没有发言权。二，不做正确的调查同样没有发言权”。[①]正确的调查是这份通知中重点强调的，第三条详细说明了在调查中应当注意的问题，指出“以上各项，如果调查时不弄清楚，则自己茫无把握，必致把阶级成分弄错了，失了统计的正确价值”。[②]没有调研根据的瞎分析是我们一定要避免的，没有正确方法的瞎调研也是一定要避免的。瞎调研还不如不调研，不调研还不敢说，瞎调研就要乱说话。事实情况不靠谱，对策建议也一定不靠谱。

在一些论文中，可以看到作者做了一些调查，一定要辨别是真调研还是假调研。在文章的前面有很多数据、图表，做得非常翔实，貌似做了很深刻的实证分析。到文章的后面再看这些数据、图表用上了吗？其实后面的理论分析和前面的实证分析没有关系，还是在没调查或者假调查的基础上想当然地发言。实证调研只是成了文章的摆设，没有成为理论分析和决策建议的基础，接下来都是脱离实际的揣测和猜测，都是拍脑袋的想法。做学问与做人一样，一定要扎扎实实，不能故弄玄虚。如果前面的这些数据图表、统计分析是有用的，那就用上；如果没有用，就可以舍弃。如果要做扎扎实实的实证分析，数据统计的多少、繁简，关键要看数据背后是什么问题，要看是否通过数据统计把问题发掘出来了。也就是说，我们究竟需要解决什么问题，能否通过这些数据看出来。在此，还是要重新强调核心命题的重要意义，核心命题是问题研究之始终，既是起点，也是目的。调查要服务于核心命题，围绕核心命题展开和深入。否则，没有命题这个“骨髓”贯穿始终，会导致我们写出来的文章出现实践调研和理论分析脱节的“两张皮”现象，还可能

---

① 毛泽东：《总政治部关于调查人口和土地状况的通知》，载《毛泽东农村调查文集》，人民出版社 1982 年版，第 13 页。

② 毛泽东：《总政治部关于调查人口和土地状况的通知》，载《毛泽东农村调查文集》，人民出版社 1982 年版，第 13 页。

出现“调研—理论—对策”即是什么、为什么、怎么办“三张皮”现象。

是什么、为什么、怎么办，是从调查到研究的连贯过程。“要重点处理好调查和研究两个环节的关系。从客观实际出发，对调查了解到的真实情况和各种问题，坚持有一是一，有二是二，既报喜又报忧，不唯书、不唯上、只唯实。在调查研究的基础上进行深入细致的思考，进行一番交换、比较、反复的工作，把零散的认识系统化，把粗浅的认识深刻化，直至找到事物的本质和规律，找到解决问题的正确办法。”① 把握问题的本质规律是调研和研究的核心要义，抓到本质规律，才能抓住主要矛盾，才能拿出真招实招。“坚持调查研究，要找准问题、有的放矢。开展调查研究目的是把事情的真相和全貌调查清楚，把问题的本质和规律把握准确，把解决问题的思路和对策研究透彻。”②

如何做正确的调查？首先，调查研究要有科学理论指导。从哲学意义上讲，调查研究是认识世界，决定政策是改造世界。调查研究，以有其基础上的决定政策，需要科学的认识世界的世界观和改造世界的方法论作为指导思想。习近平总书记指出，“辩证唯物主义是中国共产党人的世界观和方法论”，强调，“必须不断接受马克思主义哲学智慧的滋养，更加自觉地坚持和运用辩证唯物主义世界观和方法论，更好地在实际工作中把握现象和本质、形式和内容、原因和结果、偶然和必然、可能和现实、内因和外因、共性和个性的关系，增强辩证思维、战略思维能力，把各项工作做得更好”。③ 学习和掌握科学理论与调研研究的关系，就是磨刀与砍柴的关系。没有好刀，就会白费力气。毛泽东同志讲过“多想多读，多谋善断”④ 的道理。周恩来同志提醒我们：“没有理论指导，就会妨碍我们去进行调查研究。做一件实际工作，做

---

① 中共中央宣传部：《习近平新时代中国特色社会主义思想学习纲要》，学习出版社、人民出版社 2019 年版，第 249~250 页。

② 中共中央宣传部：《习近平新时代中国特色社会主义思想三十讲》，学习出版社 2018 年版，第 336 页。

③ 习近平：《辩证唯物主义是中国共产党人的世界观和方法论》，载《求是》2019 年第 1 期。

④ 毛泽东：《对赵尔陆关于重工业生产建设方面几个问题的意见的批语》，载中共中央文献研究室编：《毛泽东、周恩来、刘少奇、朱德、邓小平、陈云论调查研究》，中央文献出版社 2006 年版，第 22 页。

了一年、半年，可能还看不出问题来；调查研究了几百条，也可能找不到关键。”[①] 马克思主义是最根本的指导思想，在这个原则的指引下，我们还需要学习具体的科学理论。行家看门道，没有专业的理论视角，就没有毒辣眼光，就没法一眼看穿根源，就没法一把抓住症结。

其次，调查研究要坚持群众路线。对于现实情况，谁最清楚？是群众。对于问题根源，谁最有感触？是群众。思路对策行不行得通、管不管用，谁说了算？还是群众。周恩来同志讲，“进行调查研究要走群众路线，采用民主集中制，要从群众中来到群众中去，把群众的智慧集中起来，坚持真理，不断地修正错误，继续前进”。[②] 群众不是抽象的概念，研究法院中的各类问题，不问问一线办案同志，如何了解真实情况？刘少奇同志批评了脱离群众做决策的危害：“在决定问题的时候，不调查，不研究，以感想代替政策；在进行工作的时候，乱提高指标，说空话，瞎指挥，不同群众商量。这些同志都凭‘想当然’办事，脱离实际，脱离群众，结果必然把事情弄糟。”[③] 不从群众中来，就只能从自己的猜想中来，一定会犯主观主义错误。做研究，可以先有个猜想，但一定要到群众中去求证。论文中的对策，不是摆设，最终也要回到群众中去。

再次，调查研究要讲究科学的方式方法。习近平总书记提出调查研究“五字诀”，“开展调查研究，务求‘深、实、细、准、效’。‘深’，就是要深入群众，深入基层，善于与工人、农民、知识分子和社会各界人士交朋友，到田间、厂矿、群众和社会各层面中去解决问题。‘实’，就是作风要实、轻车从简，真正做到听实话、办实事。‘细’，就是要认真听取各方面的意见，深入分析问题，掌握全面情况。‘准’，就是不仅要全面深入细致地了解实际情况，更要善于分析矛盾、发现问题，透过现象看本质，把握规律性的东西。

① 周恩来：《调查研究要有理论指导》，载中共中央文献研究室编：《毛泽东、周恩来、刘少奇、朱德、邓小平、陈云论调查研究》，中央文献出版社 2006 年版，第 143 页。

② 周恩来：《调查研究要有理论指导》，载中共中央文献研究室编：《毛泽东、周恩来、刘少奇、朱德、邓小平、陈云论调查研究》，中央文献出版社 2006 年版，第 143 页。

③ 刘少奇：《要踏踏实实地、不抱成见地去做调查研究》，载中共中央文献研究室编：《毛泽东、周恩来、刘少奇、朱德、邓小平、陈云论调查研究》，中央文献出版社 2006 年版，第 145 页。

‘效’，就是提出解决问题的办法要切实可行，制定的政策措施要有较强操作性，做到出实招、见实效”。[①] 做科学的调查研究，还要掌握社会学方法基础知识。在社会学研究方法中，调查研究是专门的学问，包括观察法、访谈法等定性研究方法，还包括问卷法、抽样法等定量研究方法，后面会有详细论述。调查会工作中常用的调查研究方法，毛泽东同志在《反对本本主义》的第七部分详细讲述了调查研究的技术问题，我们一起学习一下。

第一，要开调查会作讨论式的调查。毛泽东同志讲，“只有这样才能近于正确，才能抽出结论。那种不开调查会，不作讨论式的调查，只凭一个人讲他的经验的方法，是容易犯错误的。那种只随便问一下子，不提出中心问题在会议席上经过辩论的方法，是不能抽出近于正确的结论的”。[②] 我们可以从中学习到三个需要注意的关键要领：一是调查必须是讨论式的。有一些调查会，汇报人一言堂，其他人点评一下；也有的调查会，各部门、各方面轮流分别说，最后领导总结一下。这些我们常用的开会方式都不属于讨论，没法通过不断询问层层深入了解更多的情况，调研获得的信息只能局限于发言人准备的内容。这样开调查会，还不如把书面稿子发下去各自看看。二是要提出中心问题，会前要明确中心议题，还可以设置若干分议题。这与论文中的核心命题是一脉相承的。有些调查会仅仅有一个主题，还不能说有了中心问题，还需要在主题之下明确核心议题。否则，讨论起来一定会形成你说你的、我说我的，大家对不到一个频道上。这又与论文选题时要在主题之下明确核心命题是同样的道理。三是要有辩论。做研究需要批判性思维，需要在立论同时考虑其他意见。我们平时开的一些调查会，都是大家各说各的，评论也是互相抬举，开得一团和气。这样的调查是无效的，由于缺少意见交互，无法在讨论中形成新的想法，无法通过辩论促进思考、促成共识。

第二，调查会到些什么人？“要是能深切明了社会经济情况的人。以年龄说，老年人最好，因为他们有丰富的经验，不但懂得现状，而且明白因果。

① 中共中央宣传部：《习近平新时代中国特色社会主义思想学习纲要》，学习出版社、人民出版社 2019 年版，第 250 页。

② 毛泽东：《反对本本主义》，载《毛泽东农村调查文集》，人民出版社 1982 年版，第 9 页。

有斗争经验的青年人也要，因为他们有进步的思想，有锐利的观察。以职业说，工人也要，农民也要，商人也要，知识分子也要，有时兵士也要，流氓也要。自然，调查某个问题时，和那个问题无关的人不必在座，如调查商业时，工农学各业不必在座。”[①] 我们选择调查对象，可以从中提炼三条原则：一要选有关的人，是否有关的标准还是要根据研究命题和核心议题来定；二要选有代表性的人，要照顾到各类年龄段、各类身份的人；三要尽量选择经验丰富、清晰现状、明白因果、眼光锐利的人。还有一个在实践中应该注意的问题：不同年龄、身份等群体的人是否适合放在一起开会？如果都是年轻人，可能引导一下就热烈讨论，如果有几个老同志在场，年轻人就不好意思敞开聊了；反之也有可能。

第三，开调查会人多好还是人少好？“看调查人的指挥能力。那种善于指挥的，可以多到十几个人或者二十几个人。人多有人多的好处，就是在做统计时（如征询贫农占农民总数的百分之几），在做结论时（如征询土地分配平均分好还是差别分好），能得到比较正确的回答。自然人多也有人多的坏处，指挥能力欠缺的人会无法使会场得到安静。究竟人多人少，要依调查人的情况决定。但是至少需要三人，不然会囿于见闻，不符合真实情况。”[②] 除了调查人的指挥能力、调查人的情况等基本考虑因素，还要考虑三个问题：一是人数与场次。前面谈到有些情况下不同年龄、身份的群体不适宜集中在一起，就要分场次。二是人数与时间。如果是半天的会，人太多则每人三言两语谈不透。三是问题的敏感程度。敏感度越高的议题，越不适宜在人数多的会上讲。如果想调查一些以负面问题为主的实际情况，还要调查得深入一些，同时在场的人数就不能太多，而且在场人之间要有一定的信任程度，如共属一个审判团队。有时还需要进行一对一的访谈式调查，调查人还要保证隐匿信息源，跟他说不会告诉别人这个问题是谁反映的，报告上只写问题不写人；这样才能让与谈人彻底放下顾虑，从而调查到真实的有价值的情况。

第四，要定调查纲目。纲目要事先准备，调查人按照纲目发问。如果是

① 毛泽东：《反对本本主义》，载《毛泽东农村调查文集》，人民出版社 1982 年版，第 9 页。
② 毛泽东：《反对本本主义》，载《毛泽东农村调查文集》，人民出版社 1982 年版，第 9~10 页。

调查会，纲目不宜太烦琐，最好不超过两级。有些客观性的问题，可以设计成选择题，做成问卷来调查，就没有必要在会上讲了。问卷设计十分讲究，建议阅读一些有关社会调查研究方法的书，例如艾尔·巴比的《社会研究方法》、风笑天的《社会研究方法》、谢宇的《社会学方法与定量研究》。

第五，要亲身调查。“凡担负指导工作的人，从乡政府主席到全国中央政府主席，从大队长到总司令，从支部书记到总书记，一定都要亲身从事社会经济的实际调查，不能单靠书面报告，因为二者是两回事。”① 调查的亲历性非常重要，与审判的亲历性同理。亲历不仅是亲自问问，还可以亲自看看，亲自感受与谈人的语气、表情、情绪等非语言信息。讲调查的亲历性，就要避免两类情形：一是委派他人去调查，你要调查的情况未必问得清楚，二手信息的可靠程度会打折；二是听汇报、看材料，与当事人、亲历人不见面。亲历性是基本原则，也要辩证来看。在精力和时间有限的情况下，有些事项如果委派他人调查或者听汇报、看材料不会太影响调查效果的，也可以节省一下精力。非亲历调查仅仅是例外，不能太为常态，要与亲自调查结合起来。间接得来的信息有疑问、搞不清的，还是需要亲自走走、亲自问问。

第六，要深入。“初次从事调查工作的人，要作一两回深入的调查工作，就是要了解一处地方（例如一个农村、一个城市），或者一个问题（例如粮食问题、货币问题）的底里。深切地了解一处地方或者一个问题了，往后调查别处地方、别个问题，便容易找到门路了。”② 想要将调查引入深入，首先要明确核心命题，这是前提，避免东一榔头、西一棒槌。其次要有批判性思维，要有打破砂锅问到底的执着。最后要讲究方法，可以使用所谓“5why 分析法”，又称“5 问法”，最初是由丰田佐吉提出。对一个问题点，连续问 5 个“为什么”，追究其根本原因。5 个并非绝对，视情况可增可减，直到找到根本原因为止。

丰田汽车公司前副社长大野耐一举过一个例子来找出停机的真正原因。（1）问：为什么机器停了？答：因为机器超载，保险丝烧断了。（2）问：为

---

① 毛泽东：《反对本本主义》，载《毛泽东农村调查文集》，人民出版社 1982 年版，第 10 页。

② 毛泽东：《反对本本主义》，载《毛泽东农村调查文集》，人民出版社 1982 年版，第 10 页。

什么机器会超载？答：因为轴承的润滑不足。（3）问：为什么轴承会润滑不足？答：因为润滑泵失灵了。（4）问：为什么润滑泵会失灵？答：因为它的轮轴耗损了。（5）问：为什么润滑泵的轮轴会耗损？答：因为杂质跑到里面去了。[①] 连续不停地问5个“为什么”，才找到问题的真正原因即根源，才找到真正有效的解决办法，在润滑泵上加装滤网。如果没有以这种追根究底的精神来发掘问题，只是换根保险丝，真正的问题还是没有解决；因为病根未除，用不了多久又要换保险丝。反思一下，我们写论文分析原因时调查到了什么程度呢？是不是换了保险丝就万事大吉了？“5why 分析法”，有可以供参考的操作技巧，即“八步法”。首先是把握现状，有5个步骤，包括：（1）识别问题；（2）澄清问题；（3）分解问题；（4）查找原因要点（PoC）；（5）把握问题的倾向。然后是原因调查，包括3个步骤：（6）识别并确认异常现象的直接原因；（7）使用“5个为什么”调查方法来建立一个通向根本原因的原因/效果关系链；（8）采取明确的措施来处理问题，使用临时措施来去除异常现象直到根本原因能够被处理掉。[②]

第七，要自己做记录。“调查不但要自己当主席，适当地指挥调查会的到会人，而且要自己做记录，把调查的结果记下来。假手于人是不行的。”[③] 记录有两种，一种是全程记录的笔录；另一种是摘要式的记录。调查人要做摘要式的记录，只记录要点，不要因忙于记录影响了提问和讨论。

在信息化时代，开调查会的方式可以多样化。有些议题不一定必须把人召集到一起开会，可以使用微信群聊、法院内网 Cocall 群聊或者千聊等平台。新浪司法的庭内在2018年组织过我的译著——霍姆斯的《法律的道路》线上法官共读活动，每天都有两三个议题集中讨论，效果非常不错。而且网络平台上的讨论也方便记录了，把文字和语音导出留存就可以了。在现场调查会，也可以使用智能的记录方式。在单位部门会议上，我们就经常使用智能

① 参见［日］大野耐一：《丰田生产方式》，李长信、赵世英、吕永和译，北京出版社1979年版，第22页。

② 参见吴江：《5WHY 分析法在工程项目 HSE 管理中的应用》，载《中国工程咨询》2014年第8期。

③ 毛泽东：《反对本本主义》，载《毛泽东农村调查文集》，人民出版社1982年版，第10页。

语音转录文字来记录。对于摘要式的记录，可以使用思维导图进行；还没有熟练掌握思维导图记录方法的同志，我推荐使用一个叫“幕布”的工具，记录要点后一链生成思维导图。这个工具是免费的，可以手机、电脑跨平台使用。关于问卷，可以利用信息化的手段提高调查效率，实现结果自动汇总统计。法院系统使用的Cocall有问卷功能，也可以使用专门的问卷网站或微信小程序。

最后，我想再分享一段毛泽东同志在《反对本本主义》中的一段话：“共产党的正确而不动摇的斗争策略，绝不是少数人坐在房子里能够产生的，它是要在群众的斗争过程中才能产生的，这就是说要在实际经验中才能产生。因此，我们需要时时了解社会情况，时时进行实际调查。”①

证明：议论文写作与打官司、写判决异曲同工吗？

前文在讨论文体时留下一个问题，我们可以大胆联想一下，议论文的写作过程是不是与打官司和写判决非常相似？当事人的诉讼请求、判决的最终结论就是一个总论点。在此之下，每个要件事实的主张都是一个分论点，支持要件事实的间接事实主张就是下一级别的分论点。当事人主张的每个事实、法官认定的每个事实，都要有证据加以证明。无论是当事人还是法官，用证据证明事实主张或者认定事实的结论，都需要有充分的论证，要讲究论证方法。在具体的论证过程中，要运用到证据规则及法律解释、法律推理、法律论证等司法学方法。

为什么司法的过程与写议论文如此异曲同工？一方面，司法过程中的法律文书，包括起诉书、答辩书和判决书等，从文体上讲都是议论文；另一方面，议论文的精髓和本质非常典型地体现在司法过程中。法律人对于诉讼证明是非常熟悉的，如果体会到二者之间异曲同工之妙，就可以把诉讼证明相关的方法移植到论文写作中。我们回溯到民国时期，文章大师们对议论文写

① 毛泽东：《反对本本主义》，载《毛泽东农村调查文集》，人民出版社1982年版，第8页。

作方法的论述与诉讼证明非常类似，而与当今流行的议论文三要素不同。陈望道先生在《作文法讲义》第三十八节名曰“论题和判断”，指出“论题上所含的判断，又必须只是一个”，“在一篇论辩文中间，判断是不妨有两个三个乃至四五个”，“必须有一个最高的概括的判断作中心的论点，笼罩了全篇”，判断“必须从始确定，至终坚持”。[①]第三十九节名曰“引论和解释”，指出“解释要领，应该遵守解释文底规律，将论题所关涉的内容极其平允地写出”，包括：“（一）论题底由来。（二）用语底意义。（三）撇开论外事项。（四）承认共许事项。（五）正反两面意见底分歧点。（六）本文底中心论点”。[②]这非常类似于当事人陈述诉辩意见，列明诉讼请求、抗辩意见及相应的事实主张，并在此基础上明确争点。接下来就是这些事实主张和争点是否能够得以证明。

《作文法讲义》第四十节名曰“证明责任和证据”，指出“但要证明，须先搜集证明责任内应有的证据”。[③]这个表述就与诉讼证明完全相同了。证明责任如何划定？“要看谁主张变更既定的事实。谁主张变更事实就该由谁荷负证明底责任。”[④]这与“谁主张，谁举证”的基本证明规则是一致的。所谓变更既定事实，可以理解为发现大家司空见惯、习以为常、见怪不怪的问题。变更了大家的常规既定认知的地方，就是创新见识诞生的地方。陈望道先生进一步谈道，“诸凡证明责任内可以搜求的证据，共有直接和间接两类”；直接证据包括“自己底经验”“别人底指证”“自己和别人共信的公例、学说、经典之类”；间接证据包括“事实证据”“事后证据”“例证”“类似例”[⑤]。两类证据在第四十一节“证明法式”中又分别对应直接证明和间接证明。如此，这就与诉讼证明中的直接证据之直接证明与间接证据之间接证明同理。陈望道所称“证明法式”还包括演绎法、归纳法和比拟法三个法式；夏丏尊先生在

① 陈望道：《作文法讲义》，民智书局 1925 年版，第 91~92 页。

② 陈望道：《作文法讲义》，民智书局 1925 年版，第 93~94 页。

③ 陈望道：《作文法讲义》，民智书局 1925 年版，第 96 页。

④ 陈望道：《作文法讲义》，民智书局 1925 年版，第 96~97 页。

⑤ 陈望道：《作文法讲义》，民智书局 1925 年版，第 98~103 页。夏丏尊、刘薰宇将证据的性质分类为：因果论，例证论，譬喻论，符号论（从结果推证原因）；四种议论各有缺点，单独使用不可靠，若能二种以上联结起来就成为有力的议论了。参见夏丏尊、刘薰宇：《文章作法》，开明书店 1926 年版，第 94~105 页。

《文章作法》列之为演绎法、归纳法和类推法。[①] 这与法律推理之演绎推理、归纳推理和类比推理又是同理。

证明，不仅要证明自己提出的观点，还不能忘记批判性思维。批判性思维，在学术研究方法语境中，就是证伪；在议论文写作语境中，就是驳论；在诉讼证明中，就是反证。三者同理，均以批判性思维为必要。法学研究的证伪，“是证明自己的命题没有被驳倒”。证伪有两项功能：一是划定边界作限定，“证伪要求我们证明自己的理论哪些场合不适用、不成立，因为任何理论都不是放之四海而皆准的绝对真理，证明自己的理论在哪些场合不适用恰恰是为了证明自己的理论的边界”。二是驳倒敌论作澄清，“证伪要求我们将已经存在的和可能存在的对我们的理论构成威胁的观点一一驳倒”。[②] “经验实证研究，关键不在证实，而在证伪，要看能不能找出相反的经验事实对自己的结论提出挑战。”[③] 议论文写作包括立论与驳论，驳论不可忽视。“正反两面意见底分歧点也该明白表出。因为这样更可以使争论事项明白认识，论证强弱通体呈露。”[④] 夏丏尊、刘薰宇先生认为驳论之必要，包括客观上“人类社会的事情非常复杂”和主观上“人的推理又非绝对可恃”，提出了作驳论的三个要点：“（一）寻求敌论的立脚点：要反驳敌论，自然以从要害驳击为最有效，所以寻求敌论的立脚点是第一步功夫。对于敌论应当找出它的主旨，就是根本的命题。其次要寻出它证明的根据和法式——演绎或归纳或类比。（二）反驳的方法：对于敌论所用的证论的法式既已明了，只须检查它违犯哪一种条件。但只是将证论推翻，不一定就能打倒敌论的根本命题，所以最重要的还是对于这命题的驳击。”[⑤] 诉讼证明中的反证就是敌论。

陈望道先生的《作文法讲义》和夏丏尊、刘薰宇先生的《文章作法》，都是非常值得细细品味的大师经典，我们可以从中体会到论文写作精髓。找到

---

① 参见夏丏尊、刘薰宇：《文章作法》，开明书店 1926 年版，第 82~88 页。

② 陈瑞华：《论法学研究方法》，法律出版社 2017 年版，第 260 页。另参见该书第 13 页、第 99 页、第 170 页。

③ 陈瑞华：《论法学研究方法》，法律出版社 2017 年版，第 99 页。

④ 陈望道：《作文法讲义》，民智书局 1925 年版，第 95 页。

⑤ 夏丏尊、刘薰宇：《文章作法》，开明书店 1926 年版，第 109~110 页。

议论文写作与诉讼证明之间的高度关联，我们就找到了破解论文难题的钥匙。可以说，论文的本质就是证明。论文要有一个核心命题，在核心命题即总论点之下还可以有若干分论点。作者对其主张的论点负有证明责任，须在证明责任的范围内寻找证据即论据，并运用科学的论证方法予以证明。

归纳法：解放思想，大胆假设当从经验中来

有些文章，我看过后叹为观止，深受启发，手动点赞。我们现在流行点赞，这个赞要点在哪儿？要点到作者的独到见解上。我们写论文要有见解，见解是文章的灵魂，要自己来创建。对于参加征文比赛的作者，见解尤其重要。没有见解的平庸之作，即便吸引了评委的眼球，也无法打动评委的心。我在谈选题时谈到了一些文体，如调研报告，就可能没有见解也没有理论；还有一些纯理论文章或者像教材一样的文章，都是缺乏独到见解的。我们千万不能做资料和观点的搬运工，比如从中国知网找来了很多论文拼接润色洗一洗，只是做了资料和观点的搬运工，不可能形成独到的创见。独到的见解从哪来？我之前探讨过的实践和认识的哲学关系，贯穿应用法学研究的始终。神笔马良是童话，独到见解不可能从天上掉下来，一定是从实践中来。有独到的眼光发现独到的问题，才可能有独到的见解。“论点要从具体分析研究实际材料中产生出来，不能先定论点，只找适合自己论点的材料，阉割材料。但材料的取舍又必须在正确理论的指导下进行。”[①] 霍姆斯告诉我们，“法律的生命不是逻辑，而是经验”。[②] 这句话的英文原文是：“The life of the law has not been logic: it has been experience.”[③] 霍姆斯的代表作《普通法》开篇第一页就交代了这句话，大家可以好好品味一下。“experience”的中文译法非常丰富，既可以翻译成经验也可以翻译成实践。法律是逻辑的，但逻辑只是法律

---

① 王世德：《怎样写毕业论文和学年论文》，载王力、朱光潜等：《怎样写学术论文》，北京大学出版社 1981 年版，第 28 页。

② ［美］奥利弗·温德尔·霍姆斯：《普通法》，冉昊、姚中秋译，法律出版社 2003 年版，第 1 页。

③ Oliver Wendell Holmes, Jr., The Common Law, Macmillan & Co., London, 1882, p.1.

的身躯本身。法律的生命是什么？霍姆斯在《法律的道路》一书里讲到这个问题，“就像一只植物的生长一样，我们的法律经历了几千年的发展历程，每一代人都不会停下发展的脚步”。[①] 法律就像生长的植物一样有生长的过程和条件，真正的土壤是社会实践经验，社会实践推进了法律的发展变化。历史是法律生命生长的痕迹和印记，认识法律实践就要有历史的眼光，运用历史的思维。以历史唯物主义的视野，把制度的来龙去脉搞清楚，才能深刻把握制度的本质。如果不把历史梳理清楚，那么就无法把问题研究清楚，谈问题就有可能是片面的、错误的、荒谬的。尤其是研究司法体制改革的相关选题，一定要把这几轮司法改革中关于选题曾经有什么样的官方文件、说法做法梳理清楚；在本轮司法改革中，也要把党的十八届四中全会决定、“四五改革纲要”和“五五改革纲要”、司法责任制、繁简分流、院庭长办案、院庭长管理监督职责、主审法官会议等相关政策文件及其背景梳理清楚。我在一些司法体制改革的论文中，发现一些不靠谱或者略显稚嫩的观点，这些作者一定还没有把上述常识性的改革实践历史脉络及政策文件弄清楚。

见解之创新，一定从实践中来；而实践是历史的，我们就要有历史的思维。如果通过我们的观察，确实发现了独到的问题，那么下一步独到见解如何形成呢？我们如何从问题中抽象出见解来？中国人喜欢讲“悟”这个字。“悟”的状态是心中领会规律，却说不清规律是何物。我经常给小伙伴们讲如何做研究、写论文，就不能对别人讲“悟”，而是要对自己讲“悟”，并想办法把“悟”出来的“道”讲出来。提炼见解这个问题是有规律的，也有能够说得清楚的遵循规律的具体操作方法。这个方法的核心口诀就是，“先归纳，后演绎。先经验，后逻辑”。这也就是胡适说的“大胆假设，小心求证”。

大胆假设，从思维方法上讲，就是归纳推理的过程。独创性的见解，一定是从经验中归纳而来。为什么具有独创性的见解一定要通过归纳推理而来，而不能依靠演绎推理？在逻辑推理中，安定性与创新性是一对矛盾，在一个具体的推理过程中，二者属鱼与熊掌的关系。演绎推理是根据现有的前

① ［美］奥利弗·温德尔·霍姆斯：《法律的道路》，李俊晔译，中国法制出版社 2018 年版，第 1 页。

提推出结论来，体现逻辑思维的安定性，求稳而难以求新。“演绎法用含义比较广阔的命题做基础，来论证含义较狭的命题”，[①]故结论无法跳出前提画定的圈圈，更何以谈得创新？因此，见解无法从现成的理论中演绎而来，只能依靠归纳从实践中来，从经验中来。有学者谈到，“中国的学者常常使用逻辑演绎的方法，即‘从一般到个别’，以西方基本理论为大前提，以中国的理论或实践问题为小前提，其结论便是按照这个理论来解决中国的制度问题。其实，真正的理论研究只能反其道而行之，即‘先归纳，后演绎’，这也是已故北大语言学家王力先生的一句名言。社会科学研究最基本的特征是先归纳，后演绎，如果我们先演绎，将很难做出学术贡献，最多是对西方理论的运用，运用西方的法学理论来解决中国的问题而已，作不出自己的学术贡献”。[②]

归纳推理的思维方式，是创造性的思维方式。被归纳的问题、资料是鲜活的，归纳得来的东西就可能是新奇的。面对同样的问题、资料，选择的视角不同，归纳出来的结论就不同。通过归纳提出假设命题，有方法却无定式。同样的问题和资料，仁者见仁，智者见智。归纳命题的不确定性，从另一方面考虑就会成为思想多样性、见解创新性的基础。不同的观察视角，可能得出不同的见解；如果不同视角均抵达了事物本质的层面，各类“偏见”还可能殊途同归。举个有意思的例子，如华南虎事件，同样的已知事实即照片，不同领域专家运用不同视角观察，看到的问题点是不一样的，他们归纳出不同的见解，却得出同样的结论，老虎是假的。

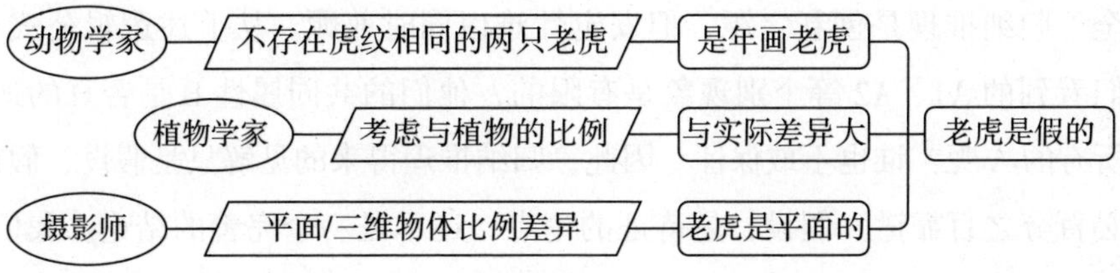

① 夏丏尊、刘薰宇：《文章作法》，开明书店 1926 年版，第 82 页。
② 陈瑞华：《论法学研究方法》，法律出版社 2017 年版，第 248 页。

如何地道地运用归纳推理的方法？“归纳推理是一种从特殊到一般的推理方法，是指通过个别的事物或现象总结推论出该类事物或现象的普遍规律，反映的思维特点是对具体思维进行抽象化。归纳推理通过对于某一类的多个但并非全部事物的分类、比较，推导出该类事物具有的共同的属性，与演绎推理的思维方式相反，它是一种由特殊现象推出一般规律的逻辑推理。用逻辑符号表述为：A1 是 B，A2 是 B，A3 是 B……所以，一切 A 都是 B。”①

在讨论问题意识的专题时，我谈到了问题意识层次跃迁的基本方法是抽象，抽象的过程就是归纳推理；我还谈到了“先向左右后向上”“先向上后向下”的操作方法，都属于归纳推理的具体应用。“先向左右后向上”，以我撰写的关于二审裁判方式的论文为例：一审判决错误却要维持（A1），发现二审裁判方式无法可依的问题（B）；一审判决错误却要改判、发回（A2），发现二审裁判方式无法可依的问题（B）……如此，这些情形都有一个二审裁判方式无法可依的属性，那么就把它抽出来作为研究命题。“先向上后向下”本质也是归纳的过程，先发现了银行在执行程序中不愿变现抵押财产的问题（A1），提取出债权人怠于行使债权的难题（B）；再眼光向下，从其他领域中搜索是否还存在难题（B），其他 A2、A3……如果找到了，就可以把难题（B）作为研究命题。在司法实践中，归纳推理经常被法官用到，最常用的情形有两种：一种是从在先的案例中总结提炼可以适用的裁判规则。法官在撰写案例分析时提炼裁判要旨，主要运用的就是归纳推理。另一种是从社会生活经验中总结出可以用于事实推定的经验法则。

在一个具体的逻辑推理思维方法或过程中，安定性与创新性的矛盾难以两全。归纳推理是创新之源，但安定性难以同时兼顾。从上述逻辑公式看，我们看到的 A1、A2 等个别现象是有限的，他们的共同属性 B 是否真的适用于所有的 A 呢？谁也不敢保证。因此，归纳推理得来的见解只是假设、假说，未必百分之百靠谱。假设，是待证的论点，还不是一个完善的结论。我们是不是可以看到好多论文直接把假设当结论，对归纳得来的见解盲目自信，不

① 周玉华主编：《中国司法学》，法律出版社 2015 年版，第 446 页。

证而论想当然说自己的想法。这种做法没有足够的理性支撑，缺乏严谨的态度。我们要坚决反对如此写文章的文风，也要坚决反对如此干工作的作风。

固然归纳法得出来的结论无法兼顾逻辑推理的安定性，但是可以坚持特定的规则以提高安定性。“归纳法中有两个应当遵守的条件：（一）部分事件的集合须普遍而且没有反例；（二）有明确的因果关系。这两个条件如果能满足一个，大概可以认为没有错误。”①前者例如“有角动物都是反今动物”，②后者例如“有烟的地方必定有火”。③

大胆假设只是研究问题的第一步，经过小心验证为真理，才是真正的见解。假设是不靠谱的，但反过来想，正因为假设不靠谱，我们就可以大胆地假设了。在假设这一步，研究者并没有负担论证责任，就应该解放思想，打破一切陈规范式，充分发挥想象力、创造力，勇于开拓新领域、开创新命题。归结起来，大胆假设要解放思想，小心求证要实事求是。

演绎法：实事求是，小心求证须合逻辑推理

验证假设，当小心谨慎。文如其人，小心求证是治学的态度，也是做人的态度。评价哪个人说话靠谱，就说明他言之有据，从不虚言。命题可以理解为论点的待证状态。如何验证一个命题？论形式，演绎是验证的过程；论实质，实践是验证的标准。为什么要用演绎推理？司法方法领域，演绎推理的严谨推理规则能够保证法律后果的可预见性和法律秩序的稳定性，是实现司法公正的前提。演绎推理是法官最常用的形式推理的基本思维工具，包括大前提、小前提和结论三个部分。庄严、神圣的司法裁判活动如此，法学研究活动亦应如此。我在讨论文体时，将写论文和办案子做了比较分析，二者在关于证明的思维上异曲同工。证明中主要运用演绎推理，办案与写作亦应同理。举例论证、理论论证这些论证方法如何操作？就是要运用演绎推理的

① 夏丏尊、刘薰宇：《文章作法》，开明书店 1926 年版，第 90 页。
② 夏丏尊、刘薰宇：《文章作法》，开明书店 1926 年版，第 90 页。
③ 夏丏尊、刘薰宇：《文章作法》，开明书店 1926 年版，第 91 页。

方法。在演绎推理过程中，理论论证之理论作为大前提来使用；举证论证之例，包括案例、事例等，作为小前提来使用。当然，举证论证还可能用到归纳推理和类比推理的方法。反过来讲，演绎推理是举例论证、理论论证两种论证方法的主要思维过程。要进行演绎推理，理论工具与案例事例就是基本质料，正如在审判中法律规范和证据事实是基本质料。因此，理论与例子都要准备和积累，在动笔研究之前应当“对既有的经验事实和理论文献做到了‘两个穷尽’”。[①]

在演绎推理中，大前提必须明确且正确。演绎法是“从大前提推出结论。结论对不对，关键在于大前提对不对，主要是‘凡’字”。[②] 大前提基本形式有三大类：一是法律规范，二是法学理论或者其他相关学者理论，三是经验法则。完整的法律规范结构表现为“行为模式 + 法律后果”，逻辑上属于条件命题，即“如果 M，那么 P”。理论学说和经验法则同样结构化为“如果 M，那么 P”的条件命题，才能够作为大前提来进行演绎推理。没有被结构化为条件命理的理论学说，就是云山雾罩的空谈，或者用以装点来欺诈人、吓唬人；尚未结构化的经验法则，就是纯属感觉的经验。

三段论是演绎推理的基本形式，常被表示为：

M → P（具备 M 的要件时，即适用 P 的法律效果）

S=M（特定的案例事实该当于 M 的要件）

S → P（关于该特定的案例事实，适用 P 的法律效果）[③]

在大胆假设一个命题之后，如何小心求证？主要依靠的思维工具就是上述三段论推理。实践或者说经验是法律的生命，那么法律的身躯是什么呢？是逻辑。如果没有逻辑、没有论证，思想的火花只是飘在空中，不接地气，昙花一现却不辨真伪。如何把实践经验进行逻辑推理？我们可以使用的最有效的工具就是三段论的演绎推理方法。对上述三段论推理的逻辑公式，大家

---

① 陈瑞华：《论法学研究方法》，法律出版社 2017 年版，第 104 页。

② 王力：《谈谈写论文》，载王力、朱光潜等：《怎样写学术论文》，北京大学出版社 1981 年版，第 3 页。

③ 王泽鉴：《法律思维与民法实例——请求权基础理论体系》，中国政法大学出版社 2001 年版，第 201 页。

都不陌生。纸上得来终觉浅，知道未必会做到。要想把这个思维工具内化到你的思维中去，变成自觉思考的过程，就要领会三段论的精髓。逻辑公式中的字母和展示的推理过程都是非常抽象的，而人类认知更容易接受形象思维，可以尝试用可视化的方式来理解三段论的抽象思维过程。我看过一本书《简单的逻辑学》[①]，书中画了三个圈。我把这个图改造一下画出来。

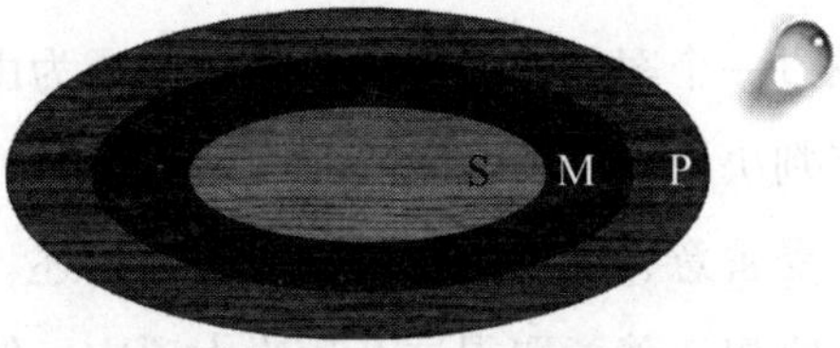

如图，为什么S称为逻辑小项，M称为逻辑中项，P称为逻辑大项？无须解释，如图中层层包含的小圈、中圈、大圈。审案子、拟判决，做研究、写判决，都需要如此推理过程。先从审案子入手举一个大家常见的例子，来说明如何把抽象的演绎推理进行形象化、结构化思考。例如《合同法》规定"损害国家利益的合同无效"，以这个法律规则为例分析："无效合同"（逻辑大项P）是最大的概念，外延最大；进一步看，无效合同有很多种情形，我们从中举出一种，如"损害国家利益的合同"（逻辑中项M）；它就包含在"无效合同"（逻辑大项P）里面，外面还有无效合同的其他情形。那么直观来看，如果某个合同可以归入"损害国家利益的合同"（逻辑中项M）这个中圈里，那么它就一定也在"无效合同"（逻辑大项P）这个大圈里。如果当事人以损害国家利益为由起诉要求法院确认某个合同无效，我们就要审查个案中具体合同（逻辑小项S）是不是在"损害国家利益的合同"（逻辑中项M）中。那么直观来看，如果具体合同（逻辑小项S）这个小圈归入"损害国家利益的合同"（逻辑中项M）这个中圈里面，它就一定在"无效合同"（逻辑大项P）这个大圈里，就可以提出这个具体合同是无效合同的结论。用数学中表示集合的韦恩图将三段论的推理过程展现出来，可以将抽象的思维可视化。用这个

① See D. Q. McInerny, Being Logical - A Guide to Good Thinking, Random House, New York, p.69. 中文译本为［美］麦克伦尼：《简单的逻辑学》，赵明燕译，中国人民大学出版社 2008 年版。

图来检验我们的思维过程并验证预先假设的结论，可以发现其中的问题。例如，我此前审理二审案件，有时会遇见一审判决请求权跑偏的情形。某原告起诉要求确认拆迁安置合同无效，理由是受到拆迁人欺诈；一审判决顺着当事人的思路审理，认为不构成欺诈，所以不能确认合同无效。如果画图思考，就会发现逻辑路径的错位。“欺诈的合同”（逻辑中项M）根本无法放进“无效合同”（逻辑大项P）里，无论案件事件（逻辑小项S）是否可以放入M，都与P无关。我还见过一个案子，当事人以恶意串通为由起诉要求确认房屋买卖合同无效，一审判决说理用了很大篇幅，引用了物权法关于善意取得的法律规范，对是否买受善意、价格是否合理等详细论述。这些分论点也属于逻辑中项M，可归入物权法善意取得这个逻辑大项中，但与无效合同这个逻辑大项没有必然关系。那么，案件事实、证据等论据这些逻辑小项S无论是否能够归入到上述分论点M，都与总论点无效合同这个逻辑大项P无关。

S属于M，则必定属于P，形象描述了“如果M，那么P”的法律规范结构，也形象地解释了个案中的合同约定如何先归入要件事实，再被确认无效的逻辑推理过程。理论分析也存在相类似逻辑结构，理论工具给我们提供了“M→P”这样的大前提，我们就要把我们调研到的问题S归入到M，形成“S→M→P”推理过程。在这个推理过程中，逻辑小项S、逻辑中项M、逻辑大项P哪个最重要？逻辑中项M是逻辑之桥的基石，它把逻辑小项S和逻辑大项P连接起来，也把三段论推理的前两段连接起来。前两步走稳了，最后一步“S→P”就水到渠成了。如果逻辑中项M这块基石不牢固或者根本没有，那么“S→P”的推理就只能凭感觉。做研究，写判决，都要避免凭感觉说理。之前举过的论证合同无效的例子，谈到无效合同这个逻辑大项P，几乎所有人都是知道的，案件事实S也是可以查清的；但是提到合同无效的情形即逻辑中项M，可能就有人说不全面、说不清楚、说不准确了。为什么法官要坚持终身学习，如果不学习我们就会退化，为什么？因为如果不学习，新的法律和司法解释中的M不清楚，以前学过的旧的M又慢慢忘了。我专门分析辖区发回改判案件的原因，发现思路不清和跑偏是突出问题，没有了M，只能依赖对公平正义的朴素感觉和碎片化的法律知识，凭感觉审理，又凭感觉断案。还有的人为了强化裁判文书和学术论文的说理，不在逻辑中项 M 上下功夫，反而在道德绑架说教、情感渲染煽动上大做文章。

做研究、写论文，凭感觉胡乱套用理论的现象是不是同样如此？把理论拆解为“M → P”这样的大前提结构，才能够运用理论工具进行演绎推理。理论分析的前提是提取理论工具大前提，其中提取逻辑中项 M 是最重要的。我刚刚提到的用韦恩图将演绎推理可视化，这个可视化概念是有一套理论的。我们需要深究如何定义可视化效果这个逻辑大项 P；还要弄清楚为实现可视化效果需要哪些逻辑中项 M1、M2、M3……如果欠缺某个 M，会造成诸如近视、远视、弱视等什么后果？还有问题 S 又如何定义？如果对可视化理论感兴趣，我建议大家可以读一读日本学者远藤功的《可视力：实现可视化管理的 5 种方法》[①]一书。如果不知道理论具体内容，进而按照推理的结构拆解清楚，那么就会出现很多可笑的情形。一种情形是一知半解就凭感觉进行所谓的理论分析。有人简单画个图就称可视化，还有经常看到的用心理、经济、社会等角度凭感觉粗浅地做个评论就号称用了心理学、经济学、社会学方法。另一种情形是还没有搞清楚别人提出的或运用的理论结构是什么，就随意批评人、否定人。例如有些人批评可视化，认为可视化就是画画图表，不适合老同志的习惯，认为还是一大串数字和满篇文字好。这样的理解是对可视化理论的庸俗化理解，还没有搞清楚批评对象是什么就随意批评。

理论工具是大前提，架桥的逻辑中项须结构化

在小心求证的演绎推理过程中，法律规范是大前提，理论工具是大前提，常识与经验法则也是大前提。这些大前提都必须结构化以后才能使用，第一步是“M → P”的结构化，此后对逻辑中项 M 的结构化是最关键的。在学术论文中，逻辑大项 P 是推理的结论，也就是核心命题的总论点；将逻辑中项

① ［日］远藤功：《可视力：实现可视化管理的 5 种方法》，中信出版社 2007 年版。

M结构化为M1、M2、M3……之后，每个M都是一个分论点。事例、案例等证据是要与每个M连接，用以支持分论点的。在演绎推理中，证据与总论点P不直接发生关系，不直接证明总论点。直接从证据到总论点的“S→P”是利用归纳法进行假设的过程，而不是演绎法小心求证的过程。

第一步：“M→P”的结构化，可以把复杂的理论转化为清晰、简明可用以使用的工具。理论必须结构化以后才能精准使用，否则只能做云山雾罩式的分析。好的理论分析，能把复杂的理论用人人都能听懂的语言说出来，用人人能看明白的逻辑论证清楚，毛泽东同志的论文就是我们学习的典范。相反，“有的人云山雾罩，看起来很复杂，很有深度，其实这种深度，并不是灵魂的深度，而是城府太深。这种复杂，是邪恶人性的交错，而不是曼妙智慧的叠加”。[①] 大道至简，任何玄妙的理论都可以以“M→P”结构化，否则就是我们要反对的“食槽现象”。

有些问题的推理过程，用不到高深的理论，但是常识性的分析也要有规矩。为什么有的话很严谨，有的话有漏洞？结构化以后，它的真面目就展现在我们面前了。举一个简单的例子，说明一下不注意提炼大前提，不提取逻辑中项会有什么后果。在司法体制改革之初，刚刚开始搞法官员额制，看到有些单位做宣传时有这样一种说法：进行司法改革了，每个员额法官原来能办100个案件，现在能办200个案件，说明法官精英化了，审判质效提升了。乍一听觉得挺好的，仔细推敲又不太对劲。这就是直接从S到P想当然的武断。这个分析中隐藏了一个常识性的大前提，效率提升P取决于办案数量M1和办案时间M2，还涉及辅助人员数量M3。这个说法只提了办案数量一个要素，只说了数量。从100件到200件，用多长时间办完的？如果从1倍的时间变成2倍的时间，说明效率没有变化。改革后增加了法官助理这个角色，还要考虑辅助人员的因素。把这三个因素提取出来，才是完整的大前提中的逻辑中项M。如果不有意识地训练这样的思维方式，很容易做凭感觉“S→P”的武断。

① 《简单最美》，网址：http://www.zuowen.com/e/20180517/5afcf34636870.shtml，最后访问日期：2019年2月17日。

第二步：对逻辑中项 M 的结构化。逻辑中项 M 的要件可能只有一个，也可能存在多个要件 M1、M2、M3……在存在多个要件的情况下，大前提就是复合条件命题，有两种形式：一为选言命题，逻辑中项的要件 M=“M1 或 M2 或 M3……”本质上是多个单一要件，满足其中一个即可，最典型的就是合同法中关于合同无效的情形；二为联言命题，逻辑中项的要件 M=“M1 且 M2 且 M3……”需要多个要件同时满足，缺一不可，每一个要件都必须有相关的论据支持，最典型的就是物权法中关于善意取得的规定。我们必须搞清楚是单一要件还是多个要件。我们遇到需要做研究的难题，大多是非常复杂的问题，用到的理论工具也大多是多要件的。多个要件之间是“和”的关系还是“或”的关系，一定要搞清楚。

“和”与“或”的关系，不只是个逻辑公式，给我们提供了不同的思维方式。在“和”的关系下，我们要注意三个要点：第一，多个要件缺一不可，我们必须加以穷尽，每一个分论点都要有充分的证据支撑。例如，全国法院第 26 届学术讨论会一等奖论文《人民法院民刑交叉案件处理机制之探索——以统一法秩序的司法立场为视角》就是分成四个分论点，每个分论点都有典型案例支撑。第二，多个要件必须遵循一个确定的大前提展开，或依据法律规定展开，或依据某个结构化了的理论工具展开，也可以根据常识或者经验法则展开。前面讨论标题时谈到了小标题与上级标题、同级小标题之间的关系问题。小标题是承载分论点的形式，按规矩、规则展开的要件作为分论点的实质之美，是保证小标题形式之美的根本。我们看到的想到一点写一点的小标题，一定没有逻辑中项要件结构化作为支撑。第三，要研究多要件的作用方式及它们之间相互作用。有的要件指向的事实是正向促进的，有的则是限制性的、起反作用的。要件之间可能相互配合，也可能相互掣肘。研究司法体制综合配套改革的选题，尤其要注意这一点。

再谈谈“或”的关系，多个要件满足一个即可，可以理解为“条条道路通罗马”，我们同样要注意三点：第一，为了实现一个最终目的、求证一个假设，我们有多条路径可以选择，此路不通可以换个思路，不要一条道跑到黑。第二，要做“成本—收益”分析。交易成本在权利界定与转让中都发挥着重要作用，在现实世界中，权利的界定流转会发生一系列的“摩擦力”。经济学家科斯认为，进行交易，就必须寻找交易对象，互相了解交易内容，谈判并达成交易，然后制定契约并督促执行，这些操作都需要耗费成本。[①]这些成本就像经济生活中的“摩擦力”，包括了产权确认的成本、产权保护成本、信息获取的成本、谈判的成本、执行协议的成本。在特定的情况下，还会出现外部化的外在成本，即一种社会成本。研究司法体制改革的命题，不要单方面讲如何好，也要考虑成本问题。制度作为一个系统，内部运行也会产生内耗性的“摩擦力”，而且正负效应还会延伸到系统外部。例如，新型审判团队包括员额法官、法官助理和书记员，协商成本就要大于原先“一审一书”的简单模式；同时还会产生外部性成本，如果法官助理分配不均，员额法官之间就会产生矛盾，产生新的协商成本，这个矛盾还会延伸到外部例如绩效考核这个系统中。第三，有多条路同时可以选择的情况下，我们要进行比较选择最优路径。判断最优路径也是有方法的，可以运用“帕累托最优标准”和“潜在的帕累托改进”[②]。我将在对策选择中就如何使用两个标准继续探讨。

第三步：转化！转化！理论、法条、常识等大前提结构化以后，有时不能直接适用具体的情形。法条的转化有相对成熟的方法论，法律解释学就是为解决这个问题发展出来的，法律规范必须经过解释才能被适用。相比之下，理论与常识的转化就容易被忽视，导致逻辑结构生搬硬套的后果。我阅评论文遇到一篇写法院绩效考核的论文，导入了管理学中绩效管理理论中平衡计分卡这个绩效工具。用专业的管理学理论工具解决法院管理中的专业化问题，是值得提倡的。平衡计分卡本身就提供了四个维度的结构化分析工具，但是这位作者没有做进一步的转化工作，把这四个维度直接套用过来；其中一个维度是客户维度，作者直接将其套用过来把当事人作为法院的客户，还进一步直接套用平衡计分卡中客户满意度调查方法，做了一个让当事人填问卷的制度设计。这样直接套用就是典型的教条主义，肯定不行。我们去银行办业

① 参见［美］科斯：《社会成本问题》，载罗卫东主编：《经济学基础文献选读》，浙江大学出版社2007年版，第195页。

② 两个概念详见［德］舍费尔、奥特：《民法的经济分析》（第4版），法律出版社2009年版，第22页、第39页。

务或者打电话咨询，会被问对本次服务是否满意。我们把这个办法套用到法院调查当事人满意度就会出问题，因为法院面对的当事人司法审判活动与公司面对客户的服务完全不同。当事人的态度有时很简单，胜诉了就满意，败诉了就不满意，很难通过问卷的方式简单地调查满意度。因此，我们就要做转化，可以把平衡计分卡这个维度转化为其他具有相关性的指标，如息诉服判率、信访投诉率等。转化的要领是什么？可以概括为“一个核心，两种转化”。一个核心，就是服务于核心命题。两种转化，就是结构和内容的转化。一是结构的转化，如平衡计分有四个维度，根据命题的特点和需要，是不是也可以改造成三点或五点？二是内容的转化，例如，平衡计分卡中的客户维度就可以根据命题的语境转化为相关的指标。内容的转化，是一个“先抽象、再具体”的思维过程。客户这个维度，就不能局限于客户这个词来理解，可以向上一层抽象出对象这个概念，再向下具体到命题语境中的当事人息诉服判相关指标。

720 度全景：理论工具多，办法就多，做个智多星

全景相机与普通相机有什么区别？简单来说，普通相机照出来的是一个平面，看到的是一个角度；全景相机照出来的是一个球面，前后左右加上下，720 度想看哪儿就看哪儿，可以从里面向外看、外面向里看，还能拉近、拉远看。无论是研究课题写论文，还是研究工作做决策，有人用的是普通相机只看一个角度，有人用的是全景相机 720 度看还能近看远看，论文和决策的质量不可同日而语。马克思如何成为人类的伟大导师？列宁曾说过，“凡是人类社会所创造的一切，他都有批判地重新加以探讨，任何一点也没有忽略过去。凡是人类思想所建树的一切，他都放在工人运动中检验过，重新加以探讨，加以批判，从而得出了那些被资产阶级狭隘性所限制或被资产阶级偏见束缚住的人所不能得出的结论”。[①] 习近平总书记讲，“马克思为创立科学理论体系，

① ［苏］列宁：《青年团的任务》，载《列宁全集》（第 39 卷），人民出版社 1992 年版，第 298~299 页。

付出了常人难以想象的艰辛，最终达到了光辉的顶点。他博览群书、广泛涉猎，不仅深入了解和研究哲学社会科学各个学科知识，而且深入了解和研究各种自然科学知识，努力从人类创造的一切文明成果中汲取养料”。[①] 我们学习马克思，要学习马克思揭示的真理，更要学习他探索真理的道路——博览群书、广泛涉猎。

我们的知识、理论是分学科的，一级学科下面还要分二级学科；然而，客观事物和实践规律不会以人类的意志为转移，不可能按照人类主观世界中的学科分类来分门别类。那么，我们观察世界的认识活动与改造世界的实践活动，都必须打破学科壁垒，按事物的本来面目全面认识它。事物的本来面目如何？习近平总书记讲："世界上的事物总是有着这样那样的联系，不能孤立地静止地看待事物发展，否则往往会出现盲人摸象、以偏概全的问题。"[②] 法律问题不仅仅是法律的，必然与其他学科领域发生关联；也许问题的表面是法律的，本质却是其他的。一个法律人，如果只精通法律而不涉猎其他知识，将无法摆脱盲人摸象的困境。

我们打破学科壁垒的束缚，并不意味着排斥理论学习，反而必须博览群书，广泛涉猎各学科理论；掌握更多的理论视角，才能更全面地观察问题。看这张图，与前文的三段论演绎推理韦恩图相比发生了变化。"S → M → P"变成了"S → M' → P'"，事实证据相同，理论工具不一样了。面对同样的情况，同一单位、同一群体的视角很容易趋同，都能看到"M → P"这个

① 习近平：《在纪念马克思诞辰 200 周年大会上的讲话》，载《人民日报》2018 年 5 月 5 日，第 2 版。

② 习近平：《推动全党学习和掌握历史唯物主义，更好认识规律，更加能动地推进工作》，载《习近平关于"不忘初心、牢记使命"重要论述选编》，党建读物出版社、中央文献出版社 2019 年版，第 98 页。

分析工具。如果思维方式趋同，即使进行充分的头脑风暴，大家也跳不出“M → P”的定式。这时候，如果你掌握了一个新的理论工具“M' → P'”同样可以解释问题S，那么你就可以超越传统视角来创新了。如果说大家都在用“M → P”视角解决不了问题或者只能解决表面问题，而你的“M' → P'”视角看到了问题的本质，找到了问题的根源，你就能把这个问题彻底解决了，那么你就成为脱颖而出的智者，就成了对社会有贡献、有价值的人。在日本侵华之初，当大家用短浅的、片面的视角在亡国论与速胜论之间争辩的时候，毛泽东同志创造性地运用马克思主义哲学矛盾分析方法精辟地梳理了各种复杂的矛盾关系以及各矛盾此消彼长的阶段性特点，得出了持久战这个总论点，提出了在不同阶段的战略和战术。

为什么在大家迷茫于危难之时，毛泽东同志总能有远见卓识，找到管用的“M' → P'”？因为他用全景相机看问题。大家可以看一下《毛泽东读书集成》，[①] 看毛泽东同志读过哪些书。

第一编“马克思主义”：共107种，其中，马克思恩格斯著作4种，马克思著作14种，恩格斯著作9种，列宁斯大林著作2种，列宁著作48种，斯大林著作28种，马恩列斯著作2种。

第二编“哲学”：共121种，其中，中国古代哲学著作31种，中国近现代哲学著作45种，外国哲学著作39种，宗教类著作6种。

第三编“自然科学”：共40种，其中，中国自然科学著作23种，外国自然科学著作17种。

第四编“社会政治”：共102种，其中，中国社会政治著作81种，外国社会政治著作21种。

第五编“经济学”：共12种，其中，中国经济著作4种，外国经济著作8种。

第六编“军事”：共20种，其中，中国军事著作14种，外国军事著作6种。

---

① 参见中共中央文献研究会：《毛泽东读书集成》，中央文献出版社2013年版。

第七编“历史”：共109种，其中，二十四史全部收录，其他古代史籍33种，近现代史学著作25种，地理方志著作16种，外国史学著作11种。

第八编“文学”：共452种，其中，诗词曲赋72种，历代文学家的集子54种，笔记67种，小说46种，戏剧143种，外国文学著作24种，文论46种。

第九编“书法”：收入各种书法论著和名家书帖121种。

第十编“报纸杂志”：共134种，其中，报纸61种，杂志73种。

第十一编“工具书、类书”：收录毛泽东使用或收藏的工具书、类书24种。

这么多书，对于普通人来说，几辈子才能读完呀？“毛泽东一生手不释卷，终身与书为伴。不仅在空闲时间，连外出视察，毛泽东总要带上一批他想读或常读的书籍，并且这些书多得超乎你的想象。他最有名的有关读书的言论就是‘饭可以一日不吃，觉可以一日不睡，书不可以一日不读。’”“即使在毛主席生命的最后几年，虽然视力严重减退、健康状况愈来愈不好，但他老人家仍天天手不释卷。”①

为什么历史选择了毛泽东，人民选择了毛泽东？毛泽东遍历了马克思主义、哲学、自然科学、社会政治、经济学、军事、历史、文学、书法等领域，他本人就是一部百科全书。“毛泽东不是天生的英雄，也不是一蹴而就的马克思主义者，他是从实践中摸爬滚打出来的，是在打击挫折下成长起来的。这个过程中，他不断地读书，武装头脑。”② 革命一次次陷入危机，毛泽东同志的办法总是比别人多，也比别人看得更深更远，总是有办法解决革命遇到的问题。

小时候听过“书山有路勤为径，学海无涯苦作舟”，在看了毛泽东读书的巨幅书单、重温了中国革命史之后，会有发自肺腑的感慨。关于青年学者应该要加强哪些方面的知识和素质的培训呢，有学者强调博览群书的重要性：

---

① 《嗜书如命，缅怀毛泽东读书精神》，载光明网，网址：http://reader.gmw.cn/2018-04/23/content_28456058.htm，最后访问日期：2019年2月17日。

② 王蒙：《书海擎鲸毛泽东》，载《党史文汇》2017年第12期。

“最根本的还是要博览群书，逐步做知识上的积累。各门学科的经典著作都要涉猎，要自觉建立多学科的知识背景，近几年来，我越来越体会到，真正能使你提出理论的，有时候不一定是法学的知识，而是多学科知识积累和交叉的结果。比如我们要研究业绩考评制度，如果没有点经济学的知识做背景，又怎么能够提出新的理论呢？这些年来，我之所以能够对社会科学方法有了一点心得并进行了研究上的转型，主要得益于以下几个方面的作品……”[①] 这些作品包括：林毅夫的《论经济学方法》、张五常的《佃农理论》等经济学著作；黄仁宇的《万历十五年》、唐德刚的《晚清七十年》等历史学著作；费孝通的《乡土中国》、迪尔凯姆的《自杀论》等社会学著作。

“腹有诗书气自华，亲爱的朋友们，在这个碎片化的时代，你有多久没有读完一本书了。今天和大家分享的文章是……”我很喜欢“有书”这个 APP 和微信公众号，每次打开都会听到这段话。在这个碎片化的时代，我们更应提倡继承毛泽东同志的读书精神，多读书，读好书，努力把自己的视野从普通相机升级到全景相机。读书当然是一个苦差事，读碎片化的文章比读书舒适得多。别人在逛淘宝，你在读书；别人在刷微信，你在思考；别人在应酬喝酒，你在写文章……日积月累后，量变必然引发质变。随着持续努力，你的知识圈不断扩张，原先的学习区会变成舒适区，开始不敢挑战的恐慌区变成舒适区。这个积累过程遵循“马太效应”，底子越薄，积累越慢；底子越厚，积累越快。当你遍历领域达到一定广度、思想认识达到一定高度，原先看上去很难的知识现在扫一眼就看懂了，大大节省读书时间，也大大提升了吸引效果。万事开头难，最初的原始积累最痛苦，熬过去，你就赢了。著名的成功三大定律形象地说明了这个道理。“一个池塘里的荷花，每一天都会以前一天的 2 倍数量在开放。如果到第 30 天，荷花就开满了整个池塘。请问：在第几天池塘中的荷花开了一半？第 15 天？错！是第 29 天。”“竹子用了 4 年的时间，仅仅长了 3cm。从第五年开始，以每天 30cm 的速度疯狂地生长，仅仅用了六周的时间，就长到了 15 米。其实，在前面的四年，竹子将根在土壤

① 陈瑞华：《论法学研究方法》，法律出版社 2017 年版，第 101 页。

里延伸了数百平米。”“蝉，要先在地下暗无天日的生活三年，忍受各种寂寞和孤独，依靠树根的汁一点点长大。然后在夏天的一个晚上，悄悄爬到树枝上，一夜之间蜕变成知了。然后期待太阳升起的那一刻，它就可以飞向天空，冲向自由。”①

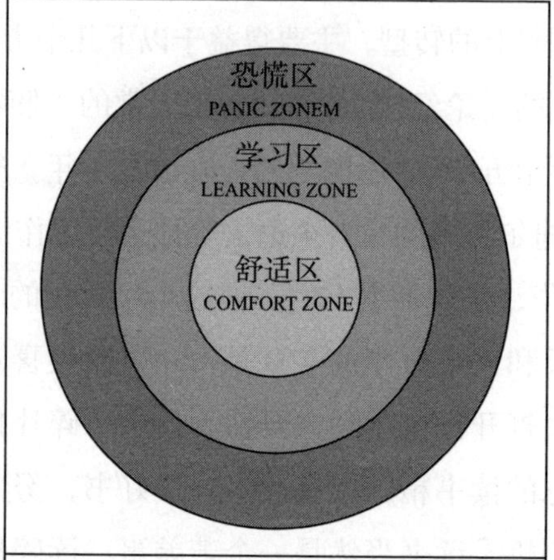

认知世界三个区

向毛主席学读书，善当“联系员”和“评论员”

书中自有济世安邦的千钟粟，书中自有大庇天下的黄金屋，书中自有让你自己腹有诗书气自华的颜如玉。读书是好，读书不易。好多人不能坚持读书，主要是遇到两种困扰：一是死读书，读书太慢，对博览群书没有信心；二是读死书，书读过之后都还给作者了，啥都没记住，更用不上。读书不易，但读书有法。我们不仅要学习毛主席的读书精神，更要学习毛主席的读书方法。我向大家推荐一篇研究毛主席读书方法的好文章，陈晋的《怎样把书读活——谈谈毛泽东的读书方法》。文中谈到，“所谓读‘活’，就是把书本知识转化为认识，把认识转化为智慧，把智慧转化为能力，把能力转化为实践，进而在实

① 《惊人的三大成功定律：荷花定律，竹子定律，金蝉定律》，载有道听书微信公众号，网址：https://mp.weixin.qq.com/s/b7Ycg0435jE9NfhC94et-g，最后访问日期：2019 年 2 月 17 日。

践中有所创造。概括地说，就是读有所得，得而能用，用而生巧。”“王明读的甚至更多，但他是教条主义，毛泽东则强调实事求是。”[①] 周恩来同志讲：“把原则变成教条来背诵不是政治，轻一点说是书呆子，重一点说是教条主义者。”[②] 如何向毛主席学读书，把书读活？诀窍就是当好“联系员”和“评论员”。

如何当好“联系员”？要联系什么？我把它概括为两个方面：一是理论联系理论，二是理论联系实际。所谓“理论联系理论”，就是“把书中写到的观点主张、人物事件，同与这些观点主张、人物事件有关的或对立的另一个侧面，联系起来思考”。[③] 这与批判性思考是一个道理，不赘述。进行批判性地阅读，有一个好方法，就是同主题阅读。把同一主题下的多本书、多篇文章放在一起来读，多种观点相互碰撞、相互修正，多种方法互相补充、互相借鉴。我想延伸一步，介绍一下我发现的一种理论工具联系其他理论工具两种操作方法。第一种方法是“嵌套”。把理论工具结构化为“M → P”得到一个命题，M 有时是多个。究竟 M1 是什么，M2 是什么？在这个理论工具所在的理论系统内可能无法找到解释方法，需要借助系统外的另一个理论才能解释清楚。M1、M2 等要件就是引入的另一个理论工具“M → P”中的 P。这个结构与诉讼证明中的间接证明的逻辑结构是相同的。在间接证明中，法律要件无法用证据和事实直接证明，需要嵌入其他经验法则或常识等其他大前提作为中介，把间接证据和间接事实连接起来。第二种方法是“交叉”。两个理论纵横交错，融合出新的理论工具。我们设定一个理论工具中的 M1、M2、M3……是横向的，另一个理论工具中的 M'1、M'2、M'3……是纵向的，每个交点都形成了一个新的要件。我在第 28 届学术讨论会关于法官如何发掘事实的论文，就是运用了几种理论工具纵横交错的方式。我在文章开头画了个图，展示了理论工具交叉的基本脉络。

① 陈晋：《怎样把书读活——谈谈毛泽东的读书方法》，载《人民日报》2018 年 12 月 27 日，第 24 版。

② 周恩来：《我们的外交方针和任务》，载中共中央文献研究室编：《毛泽东、周恩来、刘少奇、朱德、邓小平、陈云论调查研究》，中央文献出版社 2006 年版，第 7 页。

③ 陈晋：《怎样把书读活——谈谈毛泽东的读书方法》，载《人民日报》2018 年 12 月 27 日，第 24 版。

法律逻辑基础▽核心理论基础▽事实认知工具▽事实认知二维度▽

司法三段论：
- 确定大前提⇨要件事实论⇨请求权方法 ✧相关性维度
- 查明小前提⇨证明责任论⇨ 历史方法 ✧真实性维度
- 推理结论

“联系员”的第二层含义是“理论联系实际”，意思是“善于跳出书本，联系现实来理解和发挥”。[①] 读书不仅要“为往圣继绝学”，更要为“万世开太平”，从书中提取智慧，解决当前问题，驾驭未来趋势。从各种书单中选择哪些书读，应当坚持问题导向。一种导向是“补短板”，补实践中需要的又不具备的理论、知识、技能；另一种导向是“加长板”，让自己擅长的领域更加擅长，力争成为这个领域的专家。我们如果能够时刻保持问题意识，头脑中就永远会装着几个问题。有人说，念念不忘，必有回响。这个回响绝对不会从天上掉下来，要从书中找答案。带着这个念念的实践难题去读书思考，才能得到回响。我们要的回响，就是解决问题的真正办法。理论联系实践，其目的是活学理论后再活用到实践中，解决实践的难题。我参加市委学校的培训，上了井冈山，学习了井冈山的革命斗争史。到了井冈山，我才深有体会，毛泽东同志带领革命队伍上井冈山的历史，与历史教科书中的历史知识真是不一样。学习历史，有时感觉历史像一个剧本。如果你能穿越回去，就会发现根本没有剧本。毛泽东同志当时带了600多人上井冈山，人数这么少而且是打了败仗的。大家都没有斗志了，对革命也没信心了。在革命生死存亡之时，必须要思考一个问题，红色政权究竟还能不能存在？革命还能不能继续下去？迷茫中，绝望中，在井冈山上八角楼里，毛泽东找到问题的回响，这个回响来源于他长期联系实际念念不忘地读书思考。生死存亡的历史难题，大家想不出办法，但是毛泽东同志通过读书掌握了那么多理论工具。他找到了办法，于1928年10月5日发表了论文《中国的红色政权为什么能够存在》，用最朴实的话和最贴近的事例，把复杂的、事关重大的事讲明白了。毛泽东写论文，是为了获大奖吗？是为了哗众取宠、博得声誉、名扬天下吗？

① 陈晋：《怎样把书读活——谈谈毛泽东的读书方法》，载《人民日报》2018年12月27日，第24版。

八角楼里的光辉著作，是真正“为往圣继绝学，万世开太平”。文章的思想是燎原的火种，是革命的利器。

跟毛主席学读书，还要善于当“评论员”。“评论员”把“联系员”的想法写出来，向学以致用、指导实践迈进一步。所谓“评论员”，“就是对书中内容要有自己的看法，要有所评论，不是跟在书本后面亦步亦趋，而是从自己的知识背景和实践需要出发，对书本知识进行创造性的发挥，进而达到学以致用的目的”。“毛泽东的读书笔记和谈话，常常体现政治家的敏锐和见识。”[①] 想进一步了解毛泽东同志如何当“评论员”，推荐大家读一读陈晋主编的《毛泽东读书笔记精讲》四卷本。[②] 我们要向毛主席学习如何把读书与实践联系起来，如何把书读活并在实践中创造性地运用。书本中的思想是作者的，作者的实践与读者的实践不同，作者要解决的问题与读者要解决的问题也不一样。打破本本主义与教条主义的束缚，就要以“联系员”的方法边读书边思考，并记录下来思考的结果。这些记录下来的评论，才是沉淀在读者思想中的收获。书中的教条无法直接解决实践难题，结合实践难题的思考评论才是有用的锦囊。

善当“评论员”者，不必拘泥于书中思想，也不必拘泥于传统观点对该书的成见。“当‘评论员’的读书方法，使毛泽东常常在书中见识到一般读书人所难见到的精妙，发一般读书人所难发的评论。诸如，他认为过去被看作荒淫无度的商纣王，其实是一个很有本事、能文能武的人；宋玉的《登徒子好色赋》有辩证法，歌颂了一个模范丈夫；枚乘的大赋《七发》，是批判保守主义的；贾谊的《治安策》是最好的政论；《水浒传》里的‘三打祝家庄’，反映了搞统一战线的重要性；《红楼梦》写的是封建社会历史等等。”[③] 好的“评论员”，当解放思想，大胆假设。这样的评论是批判性思考，看似对作者的背叛，实则延伸了作者思想的生命力。

---

① 陈晋：《怎样把书读活——谈谈毛泽东的读书方法》，载《人民日报》2018年12月27日，第24版。

② 陈晋主编：《毛泽东读书笔记精讲》，广西人民出版社2017年版。

③ 陈晋：《怎样把书读活——谈谈毛泽东的读书方法》，载《人民日报》2018年12月27日，第24版。

“联系员”与“评论员”，是毛主席读书之“道”。在“术”的层面，我们从毛泽东的读书方法中还可以获得其他启示：把读书学习当作一种调查研究，读书要到“底”；经典的和重要的书反复读；相同主题的书，要把观点不同的著述对照起来读；读书不仅要有传统的“四到”(“眼到”“口到”“手到”“心到”)，还要注重讨论。[①] 此外，关于阅读方法的好书，我们也要读，把方法融会贯通起来。我将会在文末送给大家几枚彩蛋，其中一枚就是“高效阅读术：快速提取书中思想精华为你所用”。

因果律：事物间规律性的联系。眼见一定为实吗？

我们研究的每个命题，都要分析难题的原因，还要针对探索到的原因设计对策来改变原因，进而改变结果。可以说，应用类、实证类学术研究的全部，就是搜索因果律。其中，既有执果索因，根据困难的现状向前的溯因；也有因果预测，通过改变原因来预想得到我们追求的结果。因果论证，是几乎每个研究命题的论证中都要用到的论证方法，很多道理论证和举例论证都是为了说明因果关系的命题。什么是因果呢？如果我们不求甚解，就可能流于庸俗化的日常理解：因果不就是前因后果吗？是按时间先后顺序连续发生的事。“时间顺序上的先后相继，只是确定两种现象有无因果联系的必要条件而不是充分条件。如果不注意这个问题，仅仅根据两种现象在出现时间上的先后相继，就断定两者之间有因果联系，在逻辑上就会犯‘以先后为因果’的错误。”[②] 例如，因为审判效率指标不好，所以我们采取提高结案率（或结收比）指标办法；因为我们提高了效率指标，所以效率指标排名提升了。这两个因果关系看上去没毛病，我们平时就是这样理解因果关系的。我们亲眼所见前因后果的两件事，一定就是眼见为实吗？

---

① 参见陈晋：《怎样把书读活——谈谈毛泽东的读书方法》，载《人民日报》2018 年 12 月 27 日，第 24 版。

② 雍琦：《法律逻辑学》，法律出版社 2004 年版，第 268 页。

眼见的因果关系是表面现象，有可能是假的。我们仔细推敲一下。采取提高结案率（或结收比）指标办法，是应对审判效率指标不好这个问题的措施，不是必然的结果。因果关系的本质属性是什么呢？是关联性，是有事物间规律性的联系。“因果论证始于关联：因果论证的证据通常是两起事件或两类事件之间的一种关联——一种有规律的联系……这种论证的一般形式是：事件或条件 E1 与事件或条件 E2 之间存在有规律的联系。因此，事件或条件 E1 导致事件或条件 E2。也就是说，因为 E1 以这种方式与 E2 产生有规律性的联系，我们得出结论，E1 导致 E2。”① 规律性的联系可以表现为正相关，如采取了提高指标的办法与指标提升的结果之间；规律性的联系可以表现为反相关，如片面抓审判效率提升与审判质量下降这个结果之间。② 寻找因果关系的途径，就是探索事物之间内在的、规律的关联性，而不能被表面的关联性迷惑。“这种相关性可能是微妙的、复杂的，但尽管如此，我们还是常常能够找到它们。”③

如何探知事实间因果律？我们只能从表面的关联性入手，但不能止步于此。内在的、规律的关联性，深藏不透，可能被表面关联性掩盖、扭曲、迷惑。逻辑学和逻辑哲学讲因果律的概念，其妙处在一个“律”字，强调规律性的联系。我们之前讨论过最初是由丰田佐吉提出的“5why 分析法”（又称“5 问法”），连续问 5 个“为什么”，是为了追究其根本原因。“5 问法”未必一定是 5 个问题，可能多一些也可能少一些，目的是打破砂锅问到底。这个过程像是剥洋葱，或者玩套娃，一层一层地把问题解剖开，发掘隐藏在其中的规律。寻根问底，就是“求是”的过程，当然需要耐心。陈云同志讲：“我们应该用百分之九十以上的时间去弄清情况，用不到百分之十的时间来决定政策。”④

---

① ［美］安东尼·韦斯顿：《论证是一门学问》，卿松竹译，新华出版社 2011 年版，第 61 页。

② 参见［美］朱迪丝·博斯：《独立思考：日常生活中的批判性思维》，岳盈盈、翟继强译，商务印书馆 2016 年版，第 187 页。

③ ［美］安东尼·韦斯顿：《论证是一门学问》，卿松竹译，新华出版社 2011 年版，第 63 页。

④ 陈云：《应该用百分之九十以上的时间去弄清情况，用不到百分之十的时间来决定政策》，载中共中央文献研究室编：《毛泽东、周恩来、刘少奇、朱德、邓小平、陈云论调查研究》，中央文献出版社 2006 年版，第 103 页。

会不会花了时间还是弄不清楚呢？这种情况是非常正常的。“5问法”的问题不是随便问的，是不是能够问到要害？俗话说，行家看门道。因果律就是门道，并不是只要花了时间就可以求得的。如果问不到点儿上，100个“为什么”也问不出门道。想问出门道，寻到因果律，就要有行家的视角、专业的提问。我们首先需要把自己变成研究命题的行家，为此，我们不得不读书学习，有时需要学习法学以外的理论知识。行家的视角就是切中问题要害的理论视角，就像特制的有色眼镜，戴上它，你就能看到别人看不到的真相。

探底根本原因，找到真正的因果关系，才会发现规律的关联性。规律的关联性有点像物理学的量子纠缠，因与果两个因子即使相隔遥远空间，也仍然能够相互纠缠，同时以相同方式运动。找到这样的量子纠缠式的关联，变动了因，则果自然就随之变了，这才是真正的治本之道。不能探底因果律，就找不到真正的因，动了假的因，未必会有想要的果，还可能招致不想要的果。用量子纠缠的理论来类比理解因果律，是我的大胆猜想，以我的力量还难以证实。

我的这个猜想是受到维特根斯坦逻辑哲学的启发而来的。维特根斯坦提出原子事实的概念，认为我们在原子事实的前后关系中来思考对象，而不可能在此之外。[①] 这个原子事实之间的关系，不就是物理学中的量子纠缠吗？也许可以从二者之上抽象出更高的学问，这已经超出我的抽象能力了。在维特根斯坦的概念里，客体在原子事实中，以一定的方式结合起来，像链条的环节互相连接；这种形式是事实结构的可能性；原子事实存在或不存在就是现实。[②] 维特根斯坦揭示原子事实之间因果关系的多重、连环结构，这种抽象又复杂的结构给我们认识因果关系造成了很大困扰。

逻辑哲学是有关逻辑的智慧，是比逻辑学更抽象的学问。我们把这种抽象的结构借助具体到逻辑学中的方式理解一下。逻辑学亦认为，因果律中的原因往往是一系列的，如A是B发生的原因，而B的发生又导致了C，形成A→B→C结构。在一个链条中，可能是分叉的，形成多因一果、一因多果、

① 参见［奥］维特根斯坦：《逻辑哲学论》，郭英译，商务印书馆1985年版，第22页。
② 参见［奥］维特根斯坦：《逻辑哲学论》，郭英译，商务印书馆1985年版，第25页。

多因多果；也可能是回环的，形成互为因果，再具体到系统论中就是一个循环的回路。由于认知的局限，我们很难把带着分叉和回环的多重、连环结构看清楚。例如，在多因一果的结构中，如果只看到其中一部分原因，针对这些因来采取措施，我们想要的果就得不到；将我们所见的不齐全的因组合起来，又产生了一个想不到的果。也许这个果是我们不想要的，这是常见的现象，即"有心栽花花不开"；还可能是我们想不到的好结果，如历史上青霉素的发明，这就是歪打正着"无心插柳柳成荫"。

"有心栽花花不开"与"无心插柳柳成荫"都是因为因果律超出认知的局限，看起来是一种偶然性。但是在逻辑哲学中，这两种情况都是必然性的。所谓偶然性，是因为我们看不清原子事实之间的关联，无法穷尽全部的因，导致有一些制约结果发生的因素在我们的预料之外。这些看不到的因，就成了偶然性的导演。既然偶然性是虚幻的，为什么会存在概率？因为我们在一定条件下可认知的时空条件是有限的，这构成了有限的因。还有很多条件，我们看不见。以抛硬币为例，我们以为每次抛出的条件是相同的，其实是不同的。我们抛出的力量、方向每次都是不同的，空中的气流和落地位置也是不同的，还有很多我们想不到的条件，都是决定最终结构的因。因此，人类认知能力的局限性就造就了概率这个概念。

维特根斯坦认为，逻辑中没有偶然，若一物能在原子事实中发生，则在物中就应该已预决了这种原子事实的可能性，这种预决必然存在一定规则。[①] 维特根斯坦说的原子事实的可能性，就是一只"薛定谔的猫"。硬币在落地前是正反面两种结果共存的状态，在空中的某个时点，既有的因子才足以排除这个时点之后其他因子的影响，得以预决落地的结果。因果律属于客观存在，是第一性的；人对因果律的认知属于意识层面，是第二性的。客观存在的因与果在规律的联系上无所谓先后，也许就是同时存在的，我们看到的前因后果属于表象。康德认为，"时间乃存于一切直观根底中之必然的表象"。[②]"时间仅为内感之方式，即直观吾人自身及内的状态之方式。时间不能为外的现象

① 参见［奥］维特根斯坦：《逻辑哲学论》，郭英译，商务印书馆 1985 年版，第 22 页。

② ［德］康德：《纯粹理性批判》，蓝公武译，商务印书馆 1960 年版，第 55 页。

之规定；盖形体、位置等无关，而唯与吾人内的状态中所有'表象间之关系'相关。"[①] 康德哲学中，时间是人的感性形式，是人特有的直观表象的形式，不是客观物质。可以把时间喻为人感知和观察世界的尺子，而世界本身并非就是如此。时间不属于客观存在，是人这种动物意识的结构决定的感知空间运动变化的度量。也许动物的脑子中没有时间概念，却可能存在其他感知尺度？但这只是猜想，我们体会不了它们眼中的世界。我们在时间上感受到的前因与后果与世界本质的因与果之间规律性关联不是一回事。

我们对因果律探讨了这么多，可以发现因果关系不是一个庸俗的概念，应当在逻辑哲学层面上升到因果律来理解。我们讲的实事求是的"是"，是事物内部的规律性，也就是因果律。做学术研究，就是要研究清楚命题中的因果律，再以通俗的语言表达出来。我们的生活、工作都逃脱不了因果律的制约，我想问题、做事情都离不开对因果律的思考。抓一项工作，把握了因果律，就抓到了深层的主要矛盾。想看清时势、把握命运，更有必要对因果律进行哲理探析。研究司法改革问题，探不到深层因果律，就无法洞察未来趋势。

因果律不仅是身外的客观存在，也是制约我们头脑中思维过程的底层逻辑。客观的因果律对象化到人的头脑中，就是逻辑推理的因果条件。无论是议论文的证明，还是诉讼证明，其深层逻辑都在寻找因果链条。在诉讼证明思维过程中，因果链条中从证据到事实之间经历怎样的过程？证据本身只是客观存在，证据承载的信息才具有程序价值。一份证据承载的信息并非唯一，横看成岭侧成峰，因案而异、因人而异。故其本质是主观上的事实判断，而待证事实就是应然状态下的事实判断，指引着我们观察证据的角度。议论文的证明也是如此，同样一事件、情况、数据、案例等证据，如果问每个人从中看到了什么，每个人眼中的事实都是不一样的，因为视角不同决定了从中提取的信息不同，而这个视角是由研究命题和待证论点决定的。

因果律多重结构影响证明的思维过程。有学者指出，"以事实为根据"之

① ［德］康德：《纯粹理性批判》，蓝公武译，商务印书馆 1960 年版，第 57 页。

“事实”有两层意思：一是证据或证据事实（前提），二是由证据事实所支撑的待证事实（结果）；在具体案件中，一个待证事实又可能成为另一待证事实的证据事实，多数具体的案件事实既是证据事实又是待证事实，因相关性形成链条。[①] 这种认识与维氏原子事实链条结构不谋而合。在此逻辑推理链条上，存在两种元素：一是事实判断，二是连接事实判断的逻辑规则。这个逻辑规则就是演绎推理的大前提，包括诉讼中的法律规范、研究中的理论工具，还包括常识和经验法则等。运用规则把多个判断连接成一个完整的链接，有两种推理向度：一是归纳推理（逆向思维），提炼出假设命题向前溯因；二是演绎推理（正向思维）：从证据承载的信息开始，通过逻辑规则向后推理其他判断起到证明了论点。两种思维需要共同发挥作用，在某个节点实现逻辑链条的“合龙”。

敬因果，敬天时，敬民心，对因果律保持敬畏之心

上述的探讨似乎有些烧脑，因果律本身就是一个烧脑的问题。我为了把它弄清楚，遍历逻辑学与逻辑哲学、法学领域的诉讼证明、文学领域的议论文论证、物理学领域中的量子力学等领域寻找启示，以求得全面理解并融会贯通。我以直觉假设，还会用更高层次更抽象的学问把上述各领域中的因果律理论统摄起来，但至少我以目前的抽象能力还无法触及。尽管这样，如此烧脑的因果律足以让我们敬畏。

对因果律保持敬畏之心，首先是敬畏因果律本身。一方面，当以敬畏之心溯因。人类有一个诉诸权威、诉诸专家、诉诸古人的认知谬误。由于对权威的盲目崇拜，谁地位高，谁就掌握真理。司法体制改革中，为什么要以“让审理者裁判，由裁判者负责”来取代汇报签批？因为审理者是亲历者，对因果律的认知有更可靠的保证。随着职级晋升、获奖增多、名望提升，切不可滋生妄自尊大之心。人永远不会因地位、名望提升而成为因果律的主宰。

① 参见张志铭：《裁判中的事实认知》，载王敏远主编：《公法》（第4卷），法律出版社2004年版，第3页。

在法律的道路上，当你成为学术领域或者实践领域的泰斗，当有人诉诸你的权威时，就更应保持心智冷静、战战兢兢，切忌随意发言，以免误导他人思想、误导事业发展。解放思想，打破诉诸权威本本、权威人物的思想束缚，是创新思维的关键。“明者因时而变，知者随事而制。”[①]“提高创新思维能力，要求人们从根本上打破迷信经验、迷信本本、迷信权威的惯性思维，破除因循守旧、思想僵化、形式主义和无所作为，以敢为人先的锐气，勇于开拓新的方向，在把握事物发展客观规律的基础上实现变革和创新。”[②]

另一方面，当以敬畏之心求果。所有的对策都是针对因的，通过改变因来求果。人类习惯于线性思维，即容易把事物想成单线的因果联系，认为找到了不好的因，把它改了，果就好了。实际上，因果律结构的复杂程度远超我们的想象。因果律是非线性的，而且是多重、连环结构，因果之间多因一果、一因多果、多因多果等复杂结构有规律地关联着。我们面对的是一个复杂因果律系统，因此就要对系统的行为保持冷静观察和调研，并探索其深层的因果律结构，绝不能以制造问题的方式来解决问题。为什么不可乱用权，要对手中的权力保持敬畏？一个更具有说服力和普遍性的理解，就是源自对因果律的敬畏。权力无法主宰因果律，乱用权的后果就是种下恶因通过因果律产生恶果，权柄更重则撬动因果律的影响越深远。如果对因果律还没摸清楚，就要摸着石头过河，不可不进也不可急躁冒进。以系统增量改变系统存量，积量变成质变，以小变取代不变与巨变。

对因果律保持敬畏之心，加入时间维度，就要敬畏天时。因果之间的规律性联系不仅复杂，而且多变。旧的因会不断消逝，新的因会不断产生，因果关系始终处于运行变化之中。胜而骄，败而馁，就是形而上学地看待因果律。阳至极之太阳中有新生的少阴之因，阴至极之太阴中有新生的少阳之因。祸福相生相倚，居安者要思危，居危者要察机。我们讲的条件，就是因。在研究司法体制改革相关命题时，就要以变化的眼光，从各种矛盾此消彼长中

---

① （西汉）桓宽：《盐铁论》，卷二之忧边第十二篇。

② 中共中央宣传部：《习近平新时代中国特色社会主义思想学习纲要》，学习出版社、人民出版社 2019 年版，245~246 页。

审视条件的变化。司法体制改革不是法院自己和自己“过家家”，而是中国政治体制改革的一部分，中国政治体制改革又是改革大局的一部分。各层次大小系统相互制约，不着眼大局，就看不清小局。

关于因果律的时机判断，有几种常见的“视力”问题需要矫正。一是远视眼。有些论文中描绘了美丽的乌托邦，精心设计了乌托邦中的各种安排，就是不考虑当前的现实的条件。如果这些条件不能在三五年内成就，这样具体的制度设计只有思想试验的价值。二是老花眼。有些论文把对策理想化，看不清眼下是否具备条件，例如提倡加强庭级审判管理，审管办就不要凡事都管都批了。要考虑当前庭级管理水平是否可以达到审管办一放了之的要求，如果不具备这个条件，就要把庭级审判管理水平提升作为预期的果，为这个目标的实现创造条件。“让审理者裁判，由裁判者负责”的落实也是同理。三是近视眼。一些论文把当前改革中遇到的困难夸大，对改革没有信心或否定改革；向远方看看，这些问题或者随着时间流逝而自然消失，或者随着改革推进会得到解决。搞改革急躁不得，需要积量变成质变，对历史有耐心，对个人有定力。四是闪光眼，其实是另一种近视眼，想对策只顾眼前管用，看不清不是长效之策，而且随时间经过会闪出新的问题来。总而言之，我们不仅要看到制度运行的条件，还要坚持历史唯物主义用发展的眼光来看待条件，改革推进讲节奏就是讲条件，条件不成绝不可搞“大跃进”，条件不足要考虑周全后补齐，有困难不可心急气馁，对策要讲系统性和持续性。

对因果律保持敬畏之心，在社会治理与改革中，当存敬畏民心。社会是一个玄妙的系统，万民顺心是“和”在国泰民安的最大的善因。社会这个大系统最终是由人组成的，而不是由资本、货币、商品组成的。学一点系统论基本原理就会知道，违背民心，必种下恶因，一定会经反馈回路得来恶果。反馈的过程可能会有时间延迟，因此恶果可能一时看不到也想不到。这样，持续地种下恶因，当反馈回路起作用时就会引发巨大的系统波动甚至振荡。稳字当头，稳中求进，不仅要看当下之稳，还要预见未来之稳。历史上多个大帝国、大枭雄显赫一时，也会有一段国泰民安，看似成功，却因恶果反馈而昙花一现。英雄只是实施了系统行为即因，却主宰不了反馈回路的作用方式，决定不了果。从系统论角度来理解社会的因果律，就很容易理解为什么是人民创造了历史。因为人民掌握了社会这个大系统的反馈回路，也决定了什么因得什么果。

人民群众以何种方式主宰着社会大系统的反馈回路呢？以“混沌理论”观察，可以得到一个恰当的解释。例如，在政法舆论工作领域，就必须关注到“人人都有麦克风”的互联网时代传播特点，这个特点归根结底就是社会公众掌控回馈回路、决定舆论走向。立体化、发散性的网状空间使发表意见形成非线性不规则的信息传播路径，构成一个复杂的“混沌系统”，信息传播无法精确预计更无法控制。[①] 在网络舆论中，传统舆论中的中心被边缘化，强者被弱化；似乎每个人都享有话语权，都能够产生蝴蝶振翅的微弱影响，但这种影响却是一种“无力者的力量”[②]。捷克作家哈韦尔（Vaclav Havel）用他所称的“无力者的力量”挑战了以权力制约权力的传统反应。[③] 每个人的力量微不足道，但都是一个决定因果律走向的因子；无数“无力者的力量”交互影响、叠加聚合，形成极为复杂的因果结构系统，最终形成惊人的力量，就是民心的力量。在聚合的“无力者的力量”面前，任何强者都是真正的微不足道，故民心难违。

我们也会发现一个现象，为什么一些为民之举最后没有获得民心，好心办了坏事？因为人民群众依靠“无力者的力量”掌控着系统的反馈回路。在复杂的“混沌系统”中，主观上认为民为之善因，也许实际上是个恶因。机械地理解为民这个概念，就显得狭隘了。实际上是一个谁是中心的问题，应该以人民为中心。当前我们推进司法体制改革，一定不能把法院当成中心，自己过家家；而是要把司法体制这个小系统放到社会大系统中考察和设计，放到社会治理体系和治理能力现代化的格局中寻找出路。习近平同志在 2019

① ［美］约翰·布里格斯、［英］F·戴维·皮特：《混沌七鉴》，陈忠、金纬译，上海科学教育出版社 2001 年版，第 8 页。

② ［美］约翰·布里格斯、［英］F·戴维·皮特：《混沌七鉴》，陈忠、金纬译，上海科学教育出版社 2001 年版，第 34 页。

③ 参见李俊晔：《暴风眼中的法庭——司法公共关系之媒体素养与舆论引导》，人民法院出版社 2018 年版，第 195~196 页。

年中央政法工作会议上讲，“要贯彻好党的群众路线，坚持社会治理为了人民，善于把党的优良传统和新技术新手段结合起来，创新组织群众、发动群众的机制，创新为民谋利、为民解忧的机制，让群众的聪明才智成为社会治理创新的不竭源泉”。[①]从群众中来，到群众中去，是社会治理体系和治理能力现代化的核心要义，也是司法体制改革的根本遵循。

实事求是，求的就是因果律。这个因果规律掌握在群众手中，最终由群众决定。“实事求是作为党的思想路线，与党的群众路线相辅相成，在本质要求上完全统一。一方面，实事求是是在实践基础上认识世界的过程，这一过程要通过‘从群众中来’才能实现，只有及时发现、总结、概括人民创造的新鲜经验，才能获得正确反映客观规律的真实认识，才能制定出符合客观规律的科学决策。另一方面，实事求是又是在实践基础上改造世界的过程，这一过程要通过‘到群众中去’才能实现，来自群众的正确意见和真理性认识只有为群众所掌握，才能转化为改造世界的实际行动。只有坚持群众路线，才能真正做到实事求是。”[②]想以改革之策种下善因，就得想办法真正调查到民意、汇聚到民智，而不能弄形式主义的征求意见。对社会这个大系统进行大手笔的改革，可能会有一个长时间延迟的反馈回路，因果之间可能会相隔十几年、几十年。我们有责任为子孙后代考虑，而为因此得不到短期反馈效果、得不到立竿见影的功名而有所担当。

要始终牢记，系统中集体起来的人是系统中的能动因素，才是系统各种反馈回路的决定者，是因果律的主宰者。我们研究法院里的具体工作，也是如此。在这个小的系统中，审判权运行这个系统，法官和司法辅助人员的集体是系统的决定者和主宰者。决策者可以决定种什么因，但只能预判却无法决定结什么果。当发现审判质效指标出现问题时，审管办会积极调研想办法，院庭长也会严格提要求，但有时如此积极作为了却效果有限，质效指标并没有明显好转。这是为什么呢？从系统论视角考虑，很多问题不是依靠积极作

① 习近平：《全面深入做好新时代政法各项工作 促进社会公平正义保障人民安居乐业》，载《人民日报》2019 年 1 月 17 日，第 1 版。

② 中共中央宣传部：《习近平新时代中国特色社会主义思想学习纲要》，学习出版社、人民出版社 2019 年版，第 243~244 页。

为就能够妥善解决的，因为反馈回路并不掌握在决策者手中，而是掌握在群众手中。我曾经以审判团队运行为主题，对审判权运行情况进行深入调查，覆盖全院上百审判一线人员一对一访谈，摸清审判一线几乎每一个人的工作状况与思想状态。仅因改革后法官助理这个角色出现，法官之间、法官与助理及书记员之间会因为人员搭配和绩效考核产生一系列问题。诸如此类很多负面因素叠加在一起，对审判质效构成了一个调整回路，而不是增强回路。在调节回路的作用下，越是严格标准、提高要求，就越可能加剧矛盾，反而拉低质效。在法院这个精密的大系统中，提升审判质效还需要针对审判团队运转问题调整绩效考评、针对人力资源结构合理同素异构、针对基本能力短板抓培训等。最根本的，还是要做好党建，基层党组织最需要做的就是摸清每个人的思想状况、工作状态，化解个人心结，消弭人际内耗，充分调研每个人的积极性。中国共产党当年创造了支部建在连上这个伟大发明，就是解决统一思想、凝聚人心的难题，这个法宝不能丢。基层党组织的基本任务可以概括为八个字，“凝心聚力”并在此基础上“干事创业”，其他的只是锦上添花。基层党建如毛细血管，如果人的积极性被堵塞了，作为中枢的心脏就要加大压力，压力越大越逆反。如果基层人心不能通畅，“增大压力，层层传导”的举措，就会造成审判权运行系统得了“高血压”的病。我请教过一位庭里质效指标持续向好的庭长，问他传授管理之道。他说的办法就是“不管”。如果规矩明确了、人心的问题解决了，那还天天用喇叭喊、用鞭子督吗？不用扬鞭催马自奋蹄。因此，在法院这个系统里，审判一线每一位干警才是法院的主人；把法院放到社会这个大系统中，人民群众是法院的主人。尊重人的主体地位，就把握了玄妙因果律的精髓。如果做研究、写论文悟到了这个精髓，你的思想会熠熠生辉。

魔逻辑：因果律谬误，讲究清醒思考的艺术

因果律，是内在的、规律的关联性，是客观存在。因果律对象化到人的意识活动中，可表现为思维过程中的可能性与必然性判断、逻辑推理过程中

的必要条件与充分条件推理。如果缺少逻辑思维训练，正常人很难做到每句话和每个想法都是符合逻辑的。生活中不符合因果律的逻辑谬误随处可见，欺骗我们的大脑却很难被察觉。一些典型的谬误，误导我们做出错误的判断和决策，而我们完全意识不到中了思维的魔咒。一个清醒的思考者，应当在思考地图中标出这些谬误陷阱的坐标。我们接下来就开启思维的探险之旅。

德国学者罗尔夫·多贝里的两本书《清醒思考的艺术——你最好让别人去犯的52种思维错误》《明智行动的艺术——你最好让别人去犯的52种行为错误》[①]用丰富有趣的案例，分别从知与行两个层面详细阐释了52个常见的思维错误和行为错误。就像作者所说的，这本书的内容也许不能给你带来好运，但至少能保证你不会面对太大的灾难。我参照“有书”APP的解读，从《清醒思考的艺术——你最好让别人去犯的52种思维错误》中选取3个常见的违反因果律的思维谬误，它们的共同特点是混淆因果，不知看、看不清因果之间规律性的联系，从而做出错误的选择。

一是游泳选手身材错觉。在现实中，人们总爱把选择标准和结果弄混。比如看到职业游泳选手身材匀称、腰细腿长，就认为游泳这个运动项目的塑形结果好过其他的运动项目，这其实是标准和结果混淆的错觉。他们之所以成为出色的游泳选手，是因为他们拥有这样的身材。他们的身材是一种选择标准，而不是他们运动的结果。书中把这个思维错误称为“游泳选手身材错觉”。全国法院第29届学术讨论会，湖南法院史无前例地摘得桂冠。我和湖南法院的组织者聊天，问他有什么高招力压北京夺冠。他说，湖南比不了北京人才济济，只能选取重点作者全程指导、精准指导。这位组织者就非常清醒，北京论文质量高不完全靠组织工作，选择毕业生时就把顶尖的苗子选出来，选择标准起更大的作用。要避免游泳选手身材错觉，但凡看到某地、某人有什么先进经验或者流行某种做法，不要盲目跟风，你都要看仔细，分清

① 参见［德］罗尔夫·多贝里：《清醒思考的艺术——你最好让别人去犯的52种思维错误》，朱刘华译，中信出版社2013年版；［德］罗尔夫·多贝里：《明智行动的艺术——你最好让别人去犯的52种行为错误》，刘菲菲译，中信出版社2013年版。

这究竟是选择标准还是结果。

二是结果偏误——股神猴子错觉。结果偏误是指我们总是习惯倾向于以结果判断决定，而不是当时做决定的过程。书中提到了这样一个例子，假设有 100 万只猴子在股市上投机，它们疯狂地、随机地买卖股票。长此以往，20 年后可能有 1 只猴子每次投资总是正确的，于是它成了亿万富翁。糟糕的是，在接受媒体采访时，这只猴子说了一大堆所谓的“成功之道”。类似的“成功之道”可以当真吗？我们身边是不是也有很多这样的“成功者”？很多事情，只看结果没有任何意义，而只看结果来判断决定无法得到明智的选择。结果差，不一定说明决策不对；结果好，也不一定就说明决策就是对的。从因的方面看，是决策这个因起了主要作用，还是其他的因起了主要作用？如果决策并不是主因，那么决策就与结果没有规律性的联系了。从果的方面看，要看清这个结果是真的还是假的。由于系统反馈回路时间延迟的存在，决策产生的真正结果未必很快出现，而你看到的结果并不是真正的结果。

三是把相互关系错误地当成因果关系。因果关系是指原因和结果规律性、必然性的联系；而相互关系则是指两个事件之间的联系，但不是规律性、必然性的。例如，如果我们看到某位业务精湛的审判业务专家的家里、办公室全都是书，按照他的书单把书买来通读一遍就可以成为专家了吗？读这些书与成为专家只是相互关系，不是因果关系。专家一定是爱提问题又爱思考，当他遇到问题时，就要买书研究。通过研究解决了问题又提升了水平。提升了水平就会发现、挑战更有难度的问题，再接着买书研究。究竟买什么书是研究命题决定的。为什么会要研究某个命题？读书给了他新视角发现新的问题……这是一个相互关系问题，不能把所有联系都想象成因果关系。错误地在两者间建立因果联系，会导致你做出错误的选择。还有些被大家错误当成因果的关系连表面的相互关系都不存在。例如“酒品看人品”，多少人为了证明人品，喝了大酒、伤了身体。细细推敲，酒品与人品之间连偶然性的联系都不存在。如果我说“文风看作风”，有没有道理呢？

关于逻辑谬误，我们可以再看看亚狄瑟法官的《法律的逻辑——法官写给法律人的逻辑指引》第十章关于形式谬误、第十一、十二章关于非形式谬误的论述。[1] 还有一本很萌的漫画书《神逻辑：不讲道理的人怎么总有理》，[2] 按逻辑体系展示了常见的逻辑谬误。我按体系把这些谬误用导图展开，有兴趣的同志可以找来一一研究，还可以把这两本书中关于形式谬误与非形式谬误对照起来进行同主题阅读。

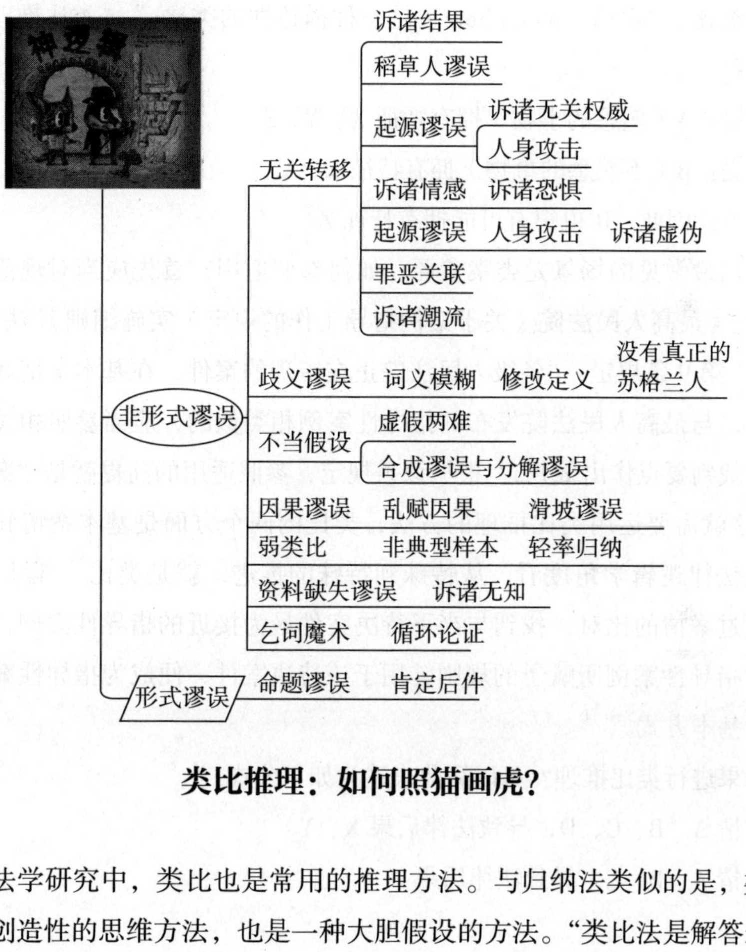

类比推理：如何照猫画虎？

在法学研究中，类比也是常用的推理方法。与归纳法类似的是，类比也是一种创造性的思维方法，也是一种大胆假设的方法。“类比法是解答未知问题的良方”，“从看似不相干的地方得到启示”。[3] 在特殊情形下，类比也可以

① 参见［美］鲁格罗·亚狄瑟：《法律的逻辑——法官写给法律人的逻辑指引》，唐欣伟译，法律出版社 2007 年版，第 169~268 页。

② ［美］阿里·阿莫萨维：《神逻辑：不讲道理的人怎么总有理》，黄宁云译，新星出版社 2016 年版。

③ ［日］外山滋比古：《思考的整理术》，王丹丹译，北京科学技术出版社 2010 年版，第 57~58 页。

用来验证假设，但其安定性、严谨性不如演绎推理。首先我们明确一下类比的定义。“类比（analogy）是以两种或更多事物之间的比较为基础的论证方法。类比中经常包含好像（like）、如同（as）、相似（similarly）、相比（compared to）等词语。”① 议论文论证方法中的比喻论证，在逻辑上也是一种类比。“隐喻（metaphors）是一种描述性的类比。”② 类比推理的基本公式是：

前提：A（熟悉的事物）拥有特征 X、Y、Z

前提：B（不熟悉的事物）拥有特征 X、Y

结论：因此，B 也很有可能拥有特征 Z③

类比最常见的场景是类案参照。如何参照适用？首先应当对规范进行文本解读。《最高人民法院〈关于案例指导工作的规定〉实施细则》(法〔2015〕130 号）第 9 条规定：“各级人民法院正在审理的案件，在基本案情和法律适用方面，与最高人民法院发布的指导性案例相类似的，应当参照相关指导性案例的裁判要点作出裁判。”根据该条规定，参照适用的前提就是“案例相类似”，这就需要运用类比推理的方法，类比的两个方面是基本案情和法律适用。从法律逻辑学角度看，从特殊到特殊的推进，就是类比。“运用类比推理，通过案情的比对，找到与当下待决案件最为接近的指导性案例，并将法律针对指导性案例所赋予的规则转用于该待决案件，便成为指导性案例参照适用的基本方式。”④

如果进行类比推理？可以简化表述为如下公式：

案情 A、B、C、D，导致法律后果 X、Y

案情 A、B、C，导致法律后果 Z

---

① ［美］朱迪丝 · 博斯：《独立思考：日常生活中的批判性思维》，岳盈盈、翟继强译，商务印书馆 2016 年版，第 182 页。

② 参见［美］朱迪丝 · 博斯：《独立思考：日常生活中的批判性思维》，岳盈盈、翟继强译，商务印书馆 2016 年版，第 183 页。

③ ［美］朱迪丝 · 博斯：《独立思考：日常生活中的批判性思维》，岳盈盈、翟继强译，商务印书馆 2016 年版，第 183 页。

④ 于同志：《论指导性案例的“参照适用”》，载《人民司法》2013 年第 7 期。

因此，案情 D 很可能导致法律后果 Z①

细心的同志会提出疑问，这个公式怎么与前面提到基本公式不一样了呢？再仔细观察一下，两个公式仅是描述方式变化而已。类比之类，可以是按因归类，也可以按果归类。由此，公式就有两种展开形式。这个公式是按法律后果归纳出 {X、Y} 和 {Z} 两种情况。我们改成按案情归类，就和基本公式一样了：案情 A，导致法律后果 X、Y、Z；案情 B，导致法律后果 X、Y、Z；案情 C，导致法律后果 X、Y、Z。案情 B，导致法律后果 X、Y。因此，案情 D 很可能导致法律后果 Z。这两种公式都不需要死记硬背，画成表格就可以从两个维度同时展开，很容易理解类比的思维过程了。

	A	B	C	D
X	有	有	有	有
Y	有	有	有	有
Z	有	有	有	可能有

以逻辑上的因果律重新审视，类比推理求因果实际上是求同思维。求同思维，关键是识别本质性因素，排除非本质性因素。例如，参照制度的特征或者指导性案例的案情包括 A、B、C、D，待改造制度的特征或者待决案例的案情 A'、B'、C'、D，虽表面上差异较大，但如果 D 是本质特征或者本质性因素，仍可参照。这说明 D 这个因子与结果之间是规律性的联系。类比推理之求同，关键是发现揭示本质的因子，发现本质性因素与制度运行效果之间的规律性、必然性联系。求同思维的陷阱就是忽视求异思维。求异思维是同中求异的思维。例如，参照制度的特征或者指导性案例的案情包括 A、B、C、D，待改造制度的特征或者待决案例的案例 A、B、C、D'，虽表面上相似度很高，但如果 D 是本质性因素，不可参照。如经济适用住房与按经济适用住房管理的房屋，虽在管理规范上相同点很多，但在买卖合同效力判断上却本质

① ［美］鲁格罗·亚狄瑟：《法律的逻辑——法官写给法律人的逻辑指引》，唐欣伟译，法律出版社 2007 年版，第 114 页。亚狄瑟举例说明：我的旧鞋子和新鞋子是在同一个商店买的；我的旧鞋子很好穿；因此，我的新鞋子很可能也很好穿。

不同。[①]

哪些因素才是本质性因素？在司法方法意义上，“类比推理作为辩证推理的一种，侧重于对法律规定和案件事实的实质性内容进行价值评判。因此，包含价值判断、利益衡量、政策考量等内容的情势权衡原则在认定案件相似性的过程中具有了重要的实际意义”。[②] 法官需要做的是透过现象看本质，“保留具有法律意义的事实，这些事实对案件具有决定性作用并且能够被抽象的法律理论所涵摄”。[③] 这些对案件具有决定性作用的事实不局限于要件事实，“案件的必要事实及其体现的法律关系、案件背后的诉讼目的、判案理由、当时的社会环境、判决的社会效果、案例的基本方向、对事实的评析、最新的学术研究成果、相关法律规定等方面，都可能是法官应予考虑的因素”。[④] 在制度的比较法研究意义上也是同样的道理，相同点数量多少并不重要，与制度效果之间的规律的、必然的联系才是关键。辩证地进行比较分析，就要同时运用求同思维和求异思维。既要异中求同发掘本质因素，还要同中求异警惕被相似的表象忽悠了。

将类比推理的逻辑方法运用到议论文写作中，就是论证方法中的类比论证，或称类推法。夏丏尊和刘薰宇先生在《文章作法》如此论述：“类推法根据已知的事例而推断相类的事例的方法，这是类推法。类推法应用时须遵守下列的两条件：（甲）所举的类似点，须是事物的固有性，而不是偶有性；（乙）被推的事物须不含有与断案矛盾的性质。”[⑤] 从因的角度看，若干相似点必须是反映事物间因果律的本质性因素。“固有性”即规律性、必然性；“偶有性”即表面的联系，还可能是迷惑人的无联系，遵循的是因果谬误的“魔

① 求同法和求异法是密尔方法的重要基础，参见［美］欧文·M. 柯匹、卡尔·科恩：《逻辑学导论》（第 11 版），张建军、潘天群等译，中国人民大学出版社 2007 年版，第 521~529 页。另参见［英］约翰·穆勒：《穆勒名学》，严复译，商务印书馆 1981 年版，第 332~341 页，部丙·篇八·论内籀四术。

② 于同志：《论指导性案例的“参照适用”》，载《人民司法》2013 年第 7 期。

③ ［美］奥利斯·温德尔·霍姆斯：《法律的道路》，李俊晔译，中国法制出版社 2018 年版，第 5 页。

④ 参见张骐：《论寻找指导性案例的方法——以审判经验为基础》，载《中外法学》2009 年第 3 期。

⑤ 夏丏尊、刘薰宇：《文章作法》，开明书店 1926 年版，第 93 页。

逻辑”。

类比推理是可能性、盖然性的推理，与归纳法有些类似。如何评价类比论证的说服力？“有些类比具有更强的说服力。使用类比方法的论证是否具有说服力，取决于对比两个事物之间相似点与相异点的类型与程度。”[①] 评价类比论证的详细步骤包括：（1）识别比较的对象；（2）列出相似点；（3）列出相异点；（4）比较相似点与相异点列表；（5）检查是否存在极具说服力的反面类比；（6）判断类比是否支持结论。第（5）点需要注意，“切记，基于类比的论证并不提供确凿的证据，而仅提供具有不同说服力的论证”。[②]

提出对策的三条规矩：必要，可行，最优

因果律，是对策研究的根本遵循。好的对策，要探索到因果之间规律性联系并遵循之。对策的好坏，是由因果律决定的，人的主观意志无法左右因果律。因果律不会自动从头脑中产生，必须从调查研究中来。毛泽东同志讲，“系统周密的社会调查，是决定政策的基础”。[③] 刘少奇曾批评“用空谈代替调查，用感想定出政策”[④] 的做法，不下功夫做调查研究，是绝对得不到好用管用、人人爱用的好对策的。对策好坏由谁评判？如果按某个人的好恶来评判，就可能滋生形式主义。对策好坏，本质上是一个真理标准的问题，要以实践为标准。真理源于实践，要在实践中检验。那么，谁的实践是认识的来源？谁的实践是认识发展的动力和目的？实践，检验认识正确与否的唯一标准，谁来定？是人民群众！真理源于人民群众的实践。人民群众的实践是认

① ［美］朱迪丝·博斯：《独立思考：日常生活中的批判性思维》，岳盈盈、翟继强译，商务印书馆 2016 年版，第 185 页。

② ［美］朱迪丝·博斯：《独立思考：日常生活中的批判性思维》，岳盈盈、翟继强译，商务印书馆 2016 年版，第 185~186 页。

③ 毛泽东：《中共中央关于调查研究的决定》，载《毛泽东文集》（第 2 卷），人民出版社 1996 年版，第 360 页。

④ 刘少奇：《在中国共产党第八次全国代表大会上的政治报告》，载中共中央文献研究室编：《毛泽东、周恩来、刘少奇、朱德、邓小平、陈云论调查研究》，中央文献出版社 2006 年版，第 8 页。

识发展的动力。实践是人民群众的实践，那么真理标准就要由人民群众来定。在探讨因果律时，我已经深刻地谈了我对敬畏民心的看法。在社会这个精密的大系统中，人民群众才是最本质、最众多、最强大的因子，决定了一切决定的反馈回路。在一座城市、一个社区、一个单位等相对小的系统中，也是同样的道理。2018 年，我所在的国家治理青年人才培训班组织学员到浙江考察学习城市环境治理、社区治理、特色小镇建设、"最多跑一次" 改革等先进经验。时任杭州市委书记王国平将浙江建设的核心经验概括为两条金句："一切依靠群众，成效群众检验。"一切依靠群众，不仅仅是为了群众，要汇聚民智，避免好心办坏事；这也就是毛泽东同志讲的以做学问的方式搞政治、问计于民的方法。成效由群众检验，不是由领导检验、上级检验、专家检验，本质上是由实践来检验，这是更为重要的经验。党的十九届四中全会对国家治理能力与治理体系现代化这一核心命题作出深刻阐释，命题的灵魂依然是以人民为中心，建设成果由实践检验、由群众检验。

研究司法体制改革的命题时，尤其要把思想认识提高到这个水平上来，这样才会获得广阔视野和战略眼光。人民群众不是抽象的，可能是当事人和律师，可能是从当事人和律师那里道听途说各种消息的他们的亲朋，可能是关心法治新闻的观众读者等；我们绝对不能忽视系统内的群众，要关注最终从事司法实践、落实改革政策的法官、检察官及其他干警。循环系统畅通与否，最终还是要看毛细血管。我们不能凉了手脚，手脚才是走路、干事最辛苦的。研究专业性问题是不是就离这个理念太远了呢？绝对不是。实体法和程序法问题都多多少少要涉及价值判断与利益衡量问题，价值取向眼向哪儿看呢？研究法学方法论、司法方法论，就是单纯的思维游戏吗？司法方法是给法官用的，最终体现在当事人能不能从中获得到、感受到公平正义。例如，我这些年参加全国法院学术讨论会的关于方法论的系列文章，选题立意就是要找到一套法官在实践中好用、管用的方法。获奖并不是最终的评判，而要看在实践中是否能够帮助法官提升能力质素，提高审判效率与案件质量。

在"一切依靠群众，成效群众检验"这个基本原则之下，我们要关注到三条递进的具体规矩：必要，可行，最优。

第一条：必要。必要性，在逻辑推理中就是必要条件，小心求证这个对策就要做必要条件的推理。虽然这条对策不一定包括了期待效果的充分条件，但至少是一个必要条件。也就是说，它是完成工作、达到效果必须具备的一个或几个条件，缺它不可。如果有它没它都行，就是无关选项了，一个无关紧要的选项如何成为一个对策呢？必要性规矩的本质还是因果律。我们的对策至少包含了期待效果中的一个或者几个因子，它们之间是规律性、必然性的联系。例如，前述"魔逻辑"中的几种因果律谬误就无法通过必要性检验。风马牛，看似在一幅画中，却在因果律中没有关联性。还要特别提醒的是，不可忽视必要性的时效性。这个必要条件会随时间变化而变化，现在的必要可能未来就没用了，现在看似无用的可能未来就有必要了。

我再介绍几种在必要性论证中常用的逻辑套路。我们会不知不觉地使用这些套路却意识不到，我用逻辑公式把这些隐性的思维规律显性化，让它们从我们的头脑中跳出来现出原形，这样我们就可以主动利用它们。首先定义几个字母和符号的意义：O- 应当，F- 禁止，P- 允许，├ - 推出。O、F、P 就是三个英文单词的首字母，哪三个单词呢？你一定猜得出来。下面我介绍 5 种常见的目的推导或称工具推导。[①]

[应当目的推导]

工具性应当规则：OA，A → B ├ OB

例如，根据最高人民法院于 2018 年 6 月 1 日印发的《关于加强和规范裁判文书释法说理的指导意见》，裁判文书释法说理的目的是通过阐明裁判结论的形成过程和正当性理由，提高裁判的可接受性，实现法律效果和社会效果

---

① 目的推导，亦称工具推导，是指根据行为的目的手段关系、目的理由或目的上的合理性进行的演绎推导。目的推导或工具推导，其前提与结论之间具有目的手段上的必然联系，结论在目的手段关系上为前提所包含或蕴含。运用目的推导或工具推导，从前提出发，推出的是一个具有目的理由或目的上的合理性的结论。在一般意义上，法律不仅包括明文规定的具体行为规则，而且包括法律的目的、精神及原则，还包括可以从这些目的、精神及原则推论出的"隐含的具体行为规则"。不仅由法定国家机关颁布的法律条款所确认的规范是有法律效力的规范，而且根据这些规范以某种方式推论出来的规范也是普遍公认为有法律效力的规范。根据法律规范所涉及的行为之间的目的手段关系、条件关系或因果关系，即法律规范的目的理由或目的上的合理性进行演绎推导，从"明确规则"推导出"隐含规则"，就是法律的目的推导或工具推导。参见王洪：《司法判决与法律推理》，时事出版社 2002 年版，第 97~102 页。

的有机统一。要实现这个目的 A，法官就要具备上述指导意见第 4 条到第 7 条法官必须掌握的法学方法论技能，如逻辑推理 B1、经验法则 B2、推定方法 B3、自由裁量 B4 等；提出了证明责任论中的具体理论工具，如证据规则 B5、间接证明 B6、举证责任分配 B7、证明标准 B8 等。把上述理论方法吃透并妥当运用就是法官的义务 OB。

工具性禁止规则：OA，B → –A ├ FB

例如，实行司法责任制之后出现院庭长不敢监督的现象。法院有保证重大敏感案件妥善处理的责任 OA；如果院庭长对重大敏感案件放任不管 B，就可能导致重大敏感案件不能妥善处理 –A；可以推出禁止院庭长对重大敏感案件放任不管 FB。再如，发言要实事求是 OA；不做调查乱发言 B 会导致不能实事求是 –A；可以推出禁止不做调查乱发言 FB。

［**禁止目的推导**］

工具性禁止规则：FA，B → A ├ FB

例如，禁止员额法官以外的人员承办案件；未入额法官继续“挂名办案”会导致员额法官以外的人员实际上承办案件了；因此就要禁止“挂名办案”现象。

工具性应当规则：FA，–A → B ├ OB

例如，禁止滥用自由裁量权；要保证自由裁量权不被滥用，就要明确其行使条件（等价于：只有明确自由裁量权行使条件，才能保证其不被滥用）；因此就要明确自由裁量权行使条件。《最高人民法院关于在审判执行工作中切实规范自由裁量权行使保障法律统一适用的指导意见》（法发〔2012〕7 号）规定了自由裁量权的 5 个行使条件。

［**允许目的推导**］

PA，A → B ├ PB

例如，允许法官不执行专业法官会议多数意见；法官不执行专业法官会议多数意见，意味着法官可以坚持合议庭意见；故允许法官按照与专业法官会议多数意见不同的合议庭意见作出裁判。

PA，B → -A ├ P-B

例如，允许“让审理者裁判”；院庭长对非重大敏感案件插手、过问，就导致审理者不能依法独立行使审判权；故禁止院庭长对非重大敏感案件插手、过问。

第二条：可行。可行性核心要义就是遵循因果律，考虑决定欲求效果的因子是否具备、条件是否成就，在逻辑上是充分条件的推理。我们要避免几种不考虑可行性的情形。首先，要避免对理论工具生搬硬套不作转化，例如，之前提到过的使用平衡积分卡这个绩效工具，把客户要素直接套用在当事人身上，而没有结合法院的语境对客户这个要素重新定义。理论工具结构化为“M → P”的大前提才可使用，使用前要作两个转化：一是根据情境对要素的结构转化，如四要素可以转化为三、五要素；二是对要素的含义重新定义，转化到使用的语境中。

其次，要避免东施效颦、盲目借鉴境外或兄弟单位经验。一种情况是对经验因果关系看不清楚，包括游泳选手身材错觉、股神猴子错觉等因果律谬误。另一种情况是看到因果却看不清主因，学了皮毛，未学到精髓；如果真正的主因是不可持续，学这样的经验就是错误选择。还有一种情况是条件不具备就盲目借鉴套用，把他人的伊甸园学成了自己的乌托邦；时空条件属于因，必要条件要积极创造，拉后腿的条件要尽力消除，之后再实施才可得到预期成效。

寻找可行性的时空条件，需要细心和耐心，不可一口吃个胖子。我介绍给大家一个好用的工具“实现梦想的远大目标图”，有 5 个步骤来画这个图：[①]（1）写下目标；（2）思考妨碍目标达成的障碍是什么；（3）利用举出的障碍来思考中继目标；（4）思考什么样的行动能达成中继目标；（5）思考中继目标的先后达成顺序。中继目标，就是我们需要创造的时空条件。

① 参见［日］岸良裕司、岸良真由子：《三大思考工具轻松解决各种问题》，李瑗祺译，时代出版传媒股份有限公司、北京时代华文书局 2016 年版，第 103 页。

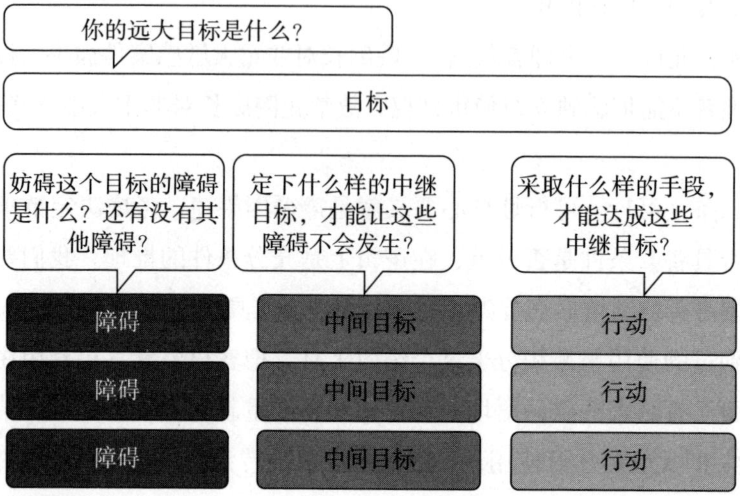

远大目标图表单[①]

例如，政法机关如何利用自媒体实现良好的宣传效果？（1）远大目标是什么？在自媒体时代，我们应该转变宣传理念，单向的灌输效果越来越差，而要强调"用户思维"，将目标定位为：政法机关与广大网民之间建立良好的公共关系。（2）思考妨碍目标达成的障碍是什么？一是工作人员理念可能跟不上，方法和经验不足；二是上传视频可能没人看；三是大家欢乐一场可能没有实现法治教育或宣传效果；四是正面效果没实现却可能搞出负面舆情来……（3）利用举出的障碍来思考中继目标：一是提高人员素质；二是让大家关注、喜欢；三是寓教于乐；四是风险得以防控……（4）思考什么样的行动能达成中继目标：一是学习先进单位经验，业务培训，引进人才等；二是调查研究微信、抖音、知乎等不同自媒体用户的年龄、学历、职业特点，了解他们的兴趣点和对政法领域的关切点，了解他们喜闻乐见的形式；三是明确教育宣传核心命题，找到命题特点与短视频这个自媒体特点的最佳契合点；四是建立审查把关制度，梳理风险点清单……（5）思考中继目标的先

① 参见［日］岸良裕司、岸良真由子：《三大思考工具轻松解决各种问题》，李瑗祺译，时代出版传媒股份有限公司、北京时代华文书局2016年版，第113页。

后达成顺序：先提高素质之一、调研受众之二，再选题策划之三，最后是风险管理之四。

第三条：最优。如果多种必要且可行的选项，就要选择一个最优的选项。受制于人类的有限理性，不可能对既有问题有未然风险背后的因果律有完全的认知。实践中的最优标准是相对的。有时很难找到皆大欢喜的万全之策，甚至经常要在两害相全中找出一个最不差的选项。一项政策实施后，可能会有一些人在短时间内受到伤害，眼前的利益受到损害；如果换一种办法，另一部分人又可能受到伤害。这样的问题，本质上是利益问题。回顾中国共产党革命史，解决好广大群众的利益问题是革命胜利的根本。“三个代表”重要思想就包含了“中国共产党要始终代表中国最广大人民的根本利益”。如何讲利益？在价值取向上，要敬畏民心走群众路线，这是因果律的威力决定的。在坚持群众本位价值观基础上，要对具体的利益精打细算。这需要运用经济思维，像经济学家一样思考法律实践问题。解决这些难题，有两个经济学工具：一个“帕累托标准”之“帕累托改进”；另一个是“卡尔多—希克斯标准”之“潜在的帕累托改进”。

所谓“帕累托标准”，可以通俗地理解为没有人在改革中吃亏，具体可描述为：“如果任何一个社会成员较之社会状况 y 更偏好 x，或者对两个都没有偏好，但至少有一个社会成员更偏好 x，则社会状况 x 较之 y 更受偏好。满足这些条件的社会福利决策称为帕累托最优决策或者帕累托改进。”[①] 简言之，一个路径安排与另一个路径安排相比，至少所有人都没有吃亏，有些人可能更好。符合“帕累托最优”标准的改革措施，就是“帕累托改进”。我们在改革中提倡只作加法，就是“帕累托标准”的通俗说法。

只作简单加法是很难的，一项具体的改革措施很难避免副作用，这就需要打组合拳。如果无法直接找到“帕累托最优”的方案，可以借助“卡尔多—希克斯标准”实现“潜在的帕累托改进”，通俗地理解就是通过利益转移、衡平补偿实现大家都不吃亏。“潜在的帕累托改进允许存在受益者与受损

① ［德］汉斯-贝恩德·舍费尔、克劳斯·奥特：《民法的经济分析》(第 4 版)，法律出版社 2009 年版，第 22 页。

者，但要求受益者的收益要大于受损者的损失。如果这种情况出现，理论上讲，受益者可以弥补受损者的损失同时自己还有剩余。”[①] 有时候，利益转移、衡平补偿还会使整体效用增加。效用，更大程度上取决于个人的主观感受，受到“边际效用”[②] 与“边际效用递减规律”[③] 的制约。这个规律在生活中非常常见，并不陌生。同样是涨1000元工资，刚上班的科级干部工资水平低、财产总量少，就会觉得涨了1000元很解渴；随着级别晋升、工资水平和财产总量增加，每月涨1000元，感受到的效用就比前者降低了。每增加一个单位的财富，带来的效用是递减的。因此，让受益者让渡给受损者，就不仅在客观上实现没有吃亏，还在“边际效用递减规律”的作用下让被转移利益的效用提升了。解决两难选择问题，还有一个将思维可视化的图形思考工具“疑云图”，[④] 我在结构思考术中还会详细提及。

---

① ［美］罗伯特·考特、托马斯·尤伦：《法和经济学》（第5版），格致出版社、上海三联书店、上海人民出版社2010年版，第39页。

② “边际效用是指消费者在一定时间内增加一单位商品的消费所得到的效用量的增量。”载高鸿业主编：《西方经济学（微观部分）》（第4版），中国人民大学出版社2007年版，第72页。

③ “边际效用递减规律的内容是：在一定时间内，在其他商品的消费数量保持不变的条件下，随着消费者对某种商品消费量的增加，消费者从该商品连续增加的每一消费单位中得到的效用增加量即边际效用是递减的。”载高鸿业主编：《西方经济学（微观部分）》（第4版），中国人民大学出版社2007年版，第74页。

④ 参见［日］岸良裕司、岸良真由子：《三大思考工具轻松解决各种问题》，李瑗祺译，时代出版传媒股份有限公司、北京时代华文书局2016年版，第63~102页。

4 资料驾驭术：既要有“搜商”，还要有“知商”

从难题中寻找原始资料，使用原始资料

资料从哪里来？表面来看，资料从书中来，从论文中来，从数据库中来，从实证调查中来……但如果我们有了一个话题之后就毫无规划地进行数据采集、资料检索，就会让自己陷入一堆杂乱无章的资料中迷失方向、手足无措。这样的状态，就是人被资料驾驭了。在“人为物驭”的状态下，人会漫无目的地浏览各种资料，被各种资料牵着鼻子走，一会儿向东，一会儿向西。如果我们没有研究任务，不是为了研究一个课题或者写一篇论文，只是对某一个话题感兴趣，在书文中漫步是可以的。没有压力的漫步，可以享受读书的乐趣，还可以尽情伸展思想的触角，随意向任何地方伸去，去触碰未知的领域，发现奇思妙想的点子。如果不是为了写论文、做课题，我非常提倡这样无拘无束的漫步式阅读。“孟子说：‘尽信书，不如无书’，这也是对的。要尽可能占有资料，了解前人对此问题有过什么论述是必要的，但决不能毫无主见，完全被前人牵着鼻子走。因此搜集材料，决不是一个无思想的事务工作。”①

① 王世德：《怎样写毕业论文和学年论文》，载王力、朱光潜等：《怎样写学术论文》，北京大学出版社 1981 年版，第 24 页。

如果我们有了明确的任务，要完成一篇论文，而且还有一个 deadline，那就不可能在资料中漫步了，而应该有个主见、有个方向，要清楚往哪儿去。以有限的时间和精力在无限的资料中大海捞针，显然会迷路，找不到终点的方向。既然我们是带着目的搜索资料，就得首先把目的明确下来，以终为始，方得始终。明确目的，就是明确核心命题。关于核心命题的问题，这之前讲得太多了，不用多讲，我们一起读读王世德先生一段精彩论述："书到用时方恨少，一钻进去就会发现有关的书太多了。既要尽可能博览广搜，又不要陷于书籍的汪洋大海中，不能自拔。应该始终以自己论题为中心，重点深入研究与自己主题有关的材料，不能被有关材料吸引到很多复杂问题中去，而忘了自己当前的中心目的与主要任务，不能对每一个引申开去的问题都作全面深入研究，加重自己负担，反而丢了自己研究的主体，喧宾夺主。要有外围，问题才能研究得有深广度；但外围又必须为中心服务。既要钻进去，又要出得来。在搜集材料、广泛阅读的过程中注意不离中心是很重要的。一般读书人很容易犯这样的毛病：在搜集这一问题的材料的过程中，顺便看到另一些问题的好文章，也是自己很有兴趣的，为了怕今后不容易找到这些文章，就顺便去看这些文章，流连忘返，结果耽搁了时间，影响了当前主攻任务的进程。"①

主攻点是什么？就是核心命题中包括的难题，包括实践和理论两个方面。头脑中始终带着明确的实践难题和理论难题去阅读，就会快速从资料中把有用的东西提炼出来。阅读之前提好问题，是提升阅读效果的重要秘诀。如果不提问题，就开始一个字一个字地细细阅读，等一本书读完了，可能会很失望地发现什么都没记住。我在研究一个明确的问题时，有可能半小时就把一本书看完了，还能把书中的精华提炼出来。命题越是清晰，解决问题越是迫切，从书中提炼精华的效果就越好。在研究任务的压力下，我有时一天会读完几本书，当然我并不是逐字逐句读的。以核心命题为指引的研究性阅读，不需要对每份资料逐字逐句读，而应当灵活运用扫读、跳读等方法。有一种

---

① 王世德：《怎样写毕业论文和学年论文》，载王力、朱光潜等：《怎样写学术论文》，北京大学出版社 1981 年版，第 26 页。

叫影像阅读的技术，研究者发现，阅读看上去属于抽象思维、逻辑思维，但形象思维在阅读过程中起到重要作用。当你头脑中问题足够明晰，同时也足够迫切地要从书中找到思想精髓，当你快速翻书时，就会神奇地发现有用的关键词、关键句会自动跳到你的眼睛里。这就是影像阅读法揭示的大脑和眼睛的秘密，可以解释为什么要带着问题读书。

在研究任务的压力下检索和阅读资料并不总是一帆风顺的。有时候，当我们费力查找时怎么也找不到非常贴切的有用资料，却不经意间发现一条有价值的信息溜到你的眼睛里。有时候，我们阅读资料以后又产生了新的想法，使原来的命题还要进行修正或者重新设计。在寻找资料前，我们的想法可能是清晰的，随着不断查阅资料，思想越来越凌乱了，这都是常有之事，不要慌张，更不要怀疑自己。查阅资料的过程，并不是简单、机械地遴选资料，而是一个批判性思维的过程。我们不仅仅是在用眼睛看资料，还要边看边动脑想，想着想着还要把资料和想法整理整理，“动眼—动脑—动手”的过程是交互进行的。我在写论文时，会有一个初步的提纲，每查阅一份资料都可能对原有的提纲改动一下，最后的提纲与原始的提纲相比已经面目全非了。

我们寻找资料，提倡使用原始资料，首先必须知道什么是原始资料。布斯、卡洛姆、威廉姆斯三位学者在《研究是一门艺术》中提出了三种原始资料。[①] 初级原始资料，是与命题直接相关的材料。二级原始资料是以原始资料或者初级原始资料为基础的研究报告，包括书籍或论文等。例如，我引用毛泽东同志的《反对本本主义》原文来说明如何进行调查研究，就是使用初级原始资料，我的相关评论如果被别人引用了，就是二级原始资料。这个区分不是绝对的，要看语境，例如，引用一条毛泽东同志的读书笔记，如果为了论证这本书相关命题就是二级原始资料，如果为了研究毛泽东思想或者读书方法就是初级原始资料。三级原始资料是以二级原始资料为主的书籍或文章，综合、解说某个领域的研究。我们提倡使用初级原始资料，而二级和三级原始资料也是有用的，帮助你理解初级原始资料和全面理解一个理论领域。

---

① 参见［美］韦恩·C. 布斯、格雷戈里·G. 卡洛姆、约瑟夫·M. 威廉姆斯：《研究是一门艺术》，陈美霞、徐毕卿、许甘霖译，新华出版社2009年版，第70页。

如何筛选原始资料？根本之道是坚持问题意识，根本工具就是核心命题。我们要找一个筛子，就是核心命题中的难题，包括实践难题和理论难题。解决难题的欲望，让我们聚焦于有助于解决难题的资料。在大的话题范围中，可能有一些资料让你很感兴趣，如果与命题无关、对解决难题没有帮助，就要舍弃。命题中的假设是我们研究努力的方向，所有的资料都要用来证明假设，或者批判性地修正假设，或者用来验证假设。另外提示，我们选取和运用的资料必须靠谱，要保证资料的真实性与权威性。纸质资料及电子化的纸质资料，尽量选择知名出版社的书籍和知名期刊，尽量选择名家作品。互联网资料要选择权威来源，电子化的纸质资料要确保与原始版本一致，互联网资源尽量使用官方来源、公认度高的权威来源。

原始资料如何使用？布斯、卡洛姆、威廉姆斯提出了三条路径：阅读以找出难题，阅读以提出论证，阅读以寻找证据。[①] 这三条路径与议论文的论点、论据（证据）和论证方法（证明方法）三要素是一一对应的。首先，从原始资料中读出论点。案例、情况、数据等实践资料是难题的摇篮，我们通过阅读实践资料提炼出核心命题来。相关的理论资料，与实践资料结合起来，就产生了观察问题的视角，从而大胆提出假设来。一定要对引发研究兴趣、刺激思考批判的东西保持敏感，把思想的火花随手记录下来，随手归纳整理。其次，从原始资料中读出论据或证据。在论文中使用原始资料，一定作为证据来支持一个观点。我们记录资料时，一定要将出处完整地记录下来，以待使用时方便援引。二级原始资料可以作为研究的参考资料，但写到论文中就应该设法顺藤摸瓜找出初级原始资料。最后，从原始资料中读出论证方法或证明方法。使用原始资料，不可以直接大量抄录其具体内容而陷入抄袭，但可以使用论证的逻辑。例如，“要件审判九步法”背后隐藏着理论脉络，把深刻的道理读出来并运用之，就不是简单的抄袭了。如果对一个难题不知如何论证，还可以找一个类似文章学习、借鉴其论证方法。

---

① 参见［美］韦恩·C. 布斯、格雷戈里·G. 卡洛姆、约瑟夫·M. 威廉姆斯：《研究是一门艺术》，陈美霞、徐毕卿、许甘霖译，新华出版社 2009 年版，第 85~88 页。

几对辩证矛盾：多与少，行与知，新与旧，土与洋

第一对矛盾是资料的多与少。资料越多越好吗？有时候资料越多，我们就会越迷茫。当我还是一个论文菜鸟时，设定几个关键词，在中国知网上搜论文，下载了几十篇，再分门别类整理整理，看似资料很充足了，却不知如何下手。你有没有过同样的经历呢？为什么会出现资料多了反而无所适从的窘境？根本原因就是缺乏核心命题。虽然我们有明确的关键词，看似问题很集中，但是关键词可能只是一个话题，或者是命题。没有命题就要无的放矢，乱射一气，射中了一大堆东西，却不知道这些猎物中哪个是真正想要的。明确了命题再找资料，就如在打猎之前先明确想要什么；如果这样做，即便打回的猎物并不多，但都是你想要的。现在再回过头来回答，资料越多越好吗？我们会确定地说，不是。资料充足≠多多益善。充足的标准，一定要放在命题中考虑。能有力支持命题研究的，就是充足。无助于命题探索的，汗牛充栋也是一堆废纸。

在能够支持命题研究的前提下，是不是资料越多越好呢？我们还要算笔“成本—收益”的账。这个成本，包括时间的成本、精力的成本，还有一个认知心理学上的成本——注意力资源。分配性注意，是注意的四个基本功能之一。“注意资源是一个单一的资源池，也可能包括多个特定通道的资源池。”“资源理论似乎可以较好地解释复杂任务中的分配性注意。”[①] 在同主题资料的加工过程中，注意力资源成本仍然受到“边际效用”[②] 与“边际效用递减规律”[③] 的制约。从理想状态来讲，如果能够不讲成本地遍历天下图书馆、数据库穷尽命题相关所有资料，而且这些资料都能有效利用，那么对这个命题就会获得最高质量研究成果。但我们不仅不可能不计成本，而且精力有限。

---

① ［美］Robert J. Sternberg，Karin Sternberg：《认知心理学》（第6版），邵志芳译，中国轻工业出版社2017年版，第141页。

② “边际效用是指消费者在一定时间内增加一单位商品的消费所得到的效用量的增量。”载高鸿业主编：《西方经济学（微观部分）》（第4版），中国人民大学出版社2007年版，第72页。

③ “边际效用递减规律的内容是：在一定时间内，在其他商品的消费数量保持不变的条件下，随着消费者对某种商品消费量的增加，消费者从该商品连续增加的每一消费单位中得到的效用增加量即边际效用是递减的。”载高鸿业主编：《西方经济学（微观部分）》（第4版），中国人民大学出版社2007年版，第74页。

资料多与少的矛盾，在人的注意力资源语境下，又转化为有限精力与无限探索之间的矛盾。我们可以虚拟一个数学模型，当增加一个单位的注意力成本，所获收益正好等于这个单位的成本时，我们就不要继续投入精力了。根据“边际效用递减规律”，之后的精力投入，就会入不敷出。如何提升对待资料的有限注意力资源的利用效率？“其实，归纳方法运用的关键不在于穷尽一切事实和材料，而是对若干材料进行分析和总结之后，应当适时地提出带有通则性的假设来。”[①] 资料不在于多，要善于归纳，善于运用归纳逻辑推理的方法，从中大胆提炼出命题的假设来。

所谓驾驭资料的能力，就是从有限的资料中提炼命题假设的水平。行家看门道，外行看热闹。资料不在于多，只要能管用，能看出门道才是最关键的。例如，《人民法院民刑交叉案件处理机制之探索——以统一法秩序的司法立场为视角》，这篇文章获得了全国法院第26届学术讨论会一等奖头名，运用的资料非常少，主要是四个案例。但不要小看这四个案例，每个案例的内容非常精练，又以可视化的方式展示出来。作者分别提炼了每个案例的精髓，小小案例就成了星星之火。四个案例放在一起看，仿佛分别向东南西北四个方面呈燎原之势，形成了一个精妙的整体，“法品格”这个核心命题从中心升腾而出。该届一等奖论文中还有一篇风格独特的，名曰《司法公信适用于评价司法之反思——兼论建立“司法威信”的途径》，基本上没有运用太多的资料，却让人感受到深邃思想的魅力。表面上看没有什么资料，是因为作者把大家的实践资料抽象了，字里行间足见作者扎实的实践经历，无半句泛泛而谈的虚言。

驾驭资料的效果，就与一个部门的人数一个道理，既不是捉襟见肘，也不是人浮于事。一个部门良性运转，不是人越多越好，领导有点子、指挥有方法，人员个个精干、相互协同，是最佳的状态。文章中，领导就是观点，人员就是资料和论据。有力的资料太少，文章就泛泛而谈，只有干瘪的观点而无论据和论证；冗余的资料太多，文章就会虚胖、臃肿，有些人为了凑字

① 陈瑞华：《论法学研究方法》，法律出版社2017年版，第179~180页。

数就用这个办法，还有些被人嘲笑的脚注变成了“腰注”也属这类情形。资料多与少还与文章规模有关，类比部门人数也是同理，一个院的人数与一部门的人数、大部门与小部门的人数要有差异。归结为一条简单原则，各类资料刚好有力支持论点，少一点无力，多一点冗余，就是最好。

第二对矛盾是实践资料与理论资料。命题是文章的“骨髓”，也同样是资料的“灵魂”。核心命题，包括核心实践命题与核心理论命题两个方面。与之相辅的资料，也应该包括实践资料与理论资料。在“先归纳，后演绎”的研究过程中，实践资料与理论资料分别扮演不同的角色。在归纳与大胆假设的过程中，实践资料是我们归纳、抽象命题的基础，这就是问题意识第一层次向第二层次跃升的过程；理论资料为我们提供观察实践问题的视角，理论工具越独到，看到的问题就越独到。在演绎与小心求证的过程中，实践资料是演绎推理的小前提，理论资料是演绎推理的大前提；实践资料为论证提供事实论据，理论资料为论据提供理论证据。“过去，中国法学界较为注重理论分析，而不擅长、也忽略了经验性实证研究，所进行的‘理论研究’大多是对西方法学理论的简单重复或者综合总结而已，而不可能提出富有创新性的法学理论。”① 在动笔研究之前应当“对既有的经验事实和理论文献做到了‘两个穷尽’”。② 当然，这里的穷尽不是绝对意义上的穷尽，亦应当处理好多与少的矛盾。

第三对矛盾是新资料与旧资料。关于资料的新与旧，有一种想当然的观点认为，一定要使用最新资料，资料越新越好。这种认识既正确，又不正确。正确的一面，在于新情况、新理论。新情况，指的是实践资料要新。我们要解决当下的实践难题，而不是已经过时的实践难题；我们用于佐证命题观点的事例，也要是鲜活的，而不是过期的。我们研究司法体制改革相关问题，就特别要注意实践资料之新。新情况之新，要讲数据时效，使用最新的数据，但又不止于此。新的本质，在于难题之新，要讲问题时效，要针对当前情境下的新的矛盾尤其是新的主要矛盾来研究，还要研究各矛盾之间的力量对比、

① 陈瑞华：《论法学研究方法》，法律出版社 2017 年版，第 179 页。
② 陈瑞华：《论法学研究方法》，法律出版社 2017 年版，第 104 页。

变化趋势。新情况之新，也是相对之新，我们还要注意到各地司法实践水平不平衡、司法改革深度不平衡的问题。此地的新问题，也许在他地早已遇见过、也解决过。有些地方领先全国水平几年、十几年，有些地方则是落后几年、十几年。全国领先地区的新问题才是真正最新的问题。落后地区的新问题，是领先地区的旧问题，那么就可以借鉴他们已经走过的路径，并结合本地实际来研究。各地司法体制改革推进深度也是参差不齐的，显露问题的程度就会不同。总之，在找寻新的实践资料时，要把视野放大，不拘泥于本院和本地，不当井底之蛙。新理论，指的是最新的观点、最新的理论成果。有些书有初版、第二版、第三版等，一定要使用最新版的。越是使用新的理论工具，就越可能发现新的观察视角，找出新的思路。使用陈旧观点，就可能被批为拾人牙慧。如果你引用了老版书中作者陈旧的观点，称某某教授如何认为，而这个观点恰好被作者修正、抛弃了，那么就歪曲了人家的意思，在学术伦理上也是对某某教授不尊重。

认为一定要使用最新资料，也有不正确的一面。如果你要研究旧问题，旧资料有旧的价值。任何制度和理论都有一个历史的生长过程，这个旧的价值体现在历史研究方法中。坚持历史唯物主义观点来研究问题，就要搞清制度和理论的“来龙”和“去脉”。我们要厘清制度演变和理论发展的脉络，就要到故纸堆中去扒旧的实践资料和理论资料。历史研究方法的一个重要功能，就是寻找初心。例如，我之前在讨论议论文文体时，我没有随便找一本写作的书来引用，而大量引用了陈望道先生《作文法讲义》和夏丏尊、刘薰宇先生《文章作法》，还费力找到最早的版本，就是要找到源头、找到鼻祖。为什么要寻根拜祖？一定程度是寻找初心。现在我们讲议论文三要素，但三要素从哪里来的呢？为什么要讲三要素？一定有一个初心在里面。从 20 世纪 20 年代几位老先生的经典著作中，我们发现了议论文证明与诉讼证明的共同规律。

第四对矛盾是本土资料与境外资料。梁慧星先生讲，“没有外文资料，不仅影响论文的质量和水准，而且不符合硕士、博士的标准”。[①] 这句话是有道

① 梁慧星:《法学学位论文写作方法》(第 3 版)，法律出版社 2017 年版，第 61 页。

理的，但也不能绝对化理解。改革开放40年来，我国各部门法和法律制度大量借鉴、移植西方经验，我们向全世界最发达的地区虚心学习。硕士、博士论文具有相当规模，要对命题相关资料做全面梳理。为什么尽量要用外文原版资料？因为每一手转述，都必然根据作者主观意志对上手资料进行裁剪、拼接、加工。有一个传话游戏，第一个人听到的原始信息经“一条龙”多次转述，到最后一个人时可能已经面目全非。因此，一手资料是“金”，二手资料是“银”，三手资料是“铜”，再往后就是“废品”了。如果用了三手资料，制造的就是废品。

使用“洋”资料必须保持清醒的态度：一是要拿来好东西，而不能拿来“洋垃圾”，也同样要有一个去伪存真、去粗取精的过程；二是保持理论自信，移植≠照搬，借鉴≠盲从，必须做专业的比较法分析，解决中国本土问题；三是要实事求是，对“洋”资料作系统分析，从中获取规律性的思想智慧，不断章取义、装点门楣，不做“给长城贴瓷砖”的事。

“洋”资料可有可无，“土”资料必不可少，是这基本原则。“洋”资料，需要则用，不需要则不用，一切以服务于命题论证为核心。一篇万字规模的论文，命题的范围有限，可能就用不上外文资料，用不上比较法分析。本土资料是最重要的，有的放矢的“的”，是中国本土的问题。关于核心实践命题，要求解决中国法律实践中遇到的难题；关于核心理论命题，应当从中国的法律实践中提出中国特色的法学理论、法律思想。

法学论文的资料去哪里检索？

在检索资料之前，要明确研究命题，还要对上述四对基本矛盾做初步的思考。检索的目的越明确，检索的效率越高。文献检索分为传统纸质文献的检索和互联网文献的检索。在我读本科时，互联网资源远不如今天丰富，同学们写论文都要钻图书馆。那时候，检索的基本功就是穿梭于书架中快速找到你想要的书。现在提到文献检索，大家首先想到中国知网，然后是其他互联网资源，渐渐忘了纸质资源。在这个互联网资源极大丰富的时代，我建议仍然要重视纸质资源。为什么这么说？看纸质文献更舒服，这确实是很重要的原因，但不是最关键的原因。互联网资源有诸多方面，但弱项是免费的整本书，这是著作权保护的需要。整本的纸质书是十分重要、不可取代的文献。想真正掌握一个知识点、一个理论工具，必须把它放在整个理论和学科中体系化地理解。互联网资源的二手资源较多，一手资源更多在书中。例如，目前举例谈到的运用注意力资源理论研究裁判文书校核问题，我建议作者一定找几本认知心理学的书认真学习一下这个知识点，再结合上下文理解注意力资源在认知心理学理论体系中的地位。想系统学习一个理论工具，就要找原始资料，互联网资源很难满足。图书馆、书店，还会给你一种求知的氛围，让你的心灵清静下来。

在法院、检察院工作的同志，还有律师和法务人员，工作压力很大，很难找到足够的时间钻图书馆、逛书店。网上买书，也是有成本的。我们可以运用些小技巧，从互联网上获得有价值的资料。全国图书馆参考咨询联盟（www.ucdrs.superlib.net）是一个大而全的资源库，几乎囊括了所有的中文图书和大量外文图书。虽然不能下载全书，但免费注册以后，我们可以试读版权页、目录页和部分正文；“文献传递”功能是一个免费福利，我们可以根据需要选取书中片段发送到指定邮箱，但每本书每天只能传递几十页。我给大家介绍几个可以获取扫描版图书的免费资源。百度网盘中有很多有用资料，需要自己发掘专门的搜索引擎。有的同志在微盘（vdisk.weibo.com）、爱问共享资料（ishare.iask.sina.com.cn）等资源库搜索资料，会遇到两个难题：一是因版权保护不可下载，但我们可以全文浏览；二是有些资源库不提供搜索功能，怎么办？我们可以用 site 来破解。何谓是 site？我在后面还会探讨。还有一个很好的学术平台“爱学术”（www.ixueshu.com），有海量的图书、论文免费资源，可以免费查重，缺点是资源较为老旧。如果我们灵活掌握搜索技巧，还可以淘到更多的有用资料。我们可以学习检索技巧，但是检索技能是在不断使用的实践中慢慢培养出来的。我在此提醒大家一个法律风险，使用电子版的版权书，应当仅限于学术研究目的，切不可传播，更不可取利。

查找论文，中国知网无疑是权威资源。但我们有时苦于没有账号或者在家不方便使用，我推荐给大家一个免费获取学术论文的平台，国家哲学社会科学学术期刊数据库（www.nssd.org）和国家哲学社会科学文献中心（www.ncpssd.org），大部分的学术论文都可以在这个平台上找到。时间稍早的论文，可以在我刚刚介绍的“爱学术”这个平台获取。百度学术也是一个很好的学术资源，部分文献可以通过免费求助获取。还有一些法学学术网站也有免费的论文资源，例如：中国法学网（www.iolaw.org.cn）、中国法学创新网（www.fxcxw.org）、中国民商法律网（www.civillaw.com.cn）、中国私法网（www.privatelaw.com.cn）、罗马法教研室（www.romanlaw.cn），等等。微信公众号中也有很多高质量的文章，从微信中搜出来的文章要比搜索引擎简单搜出来的质量高很多，可是微信电脑版没有提供检索功能，怎么办呢？我推荐使用搜狗搜索中的微信搜索功能。我需要做个小提醒，搜狗微信命中的文章地址是临时的，用微信打开后重新生成的地址才是永久地址。

中国法院系统的资源价值不可忽视，而且应当特别重视。最高人民法院官网（www.court.gov.cn）可以链接到很多法律资源。中国裁判文书（wenshu.court.gov.cn）是中国司法公开的重要平台，汇聚海量裁判文书资源，建议要用好高级检索功能。如果检索高质量的案例，可以使用公报案例的资源（gongbao.court.gov.cn）。中国司法案例网（anli.court.gov.cn）依托最高人民法院司法案例研究院，也有大量的案例资源。中国案例数据库（www.chncase.cn/case）将20多年的老品牌《中国审判案例要览》数字化了。法信（www.faxin.cn），是中国首家深度融合法律知识服务与案例大数据服务的数字化网络平台，对法律实践和法学研究都提供了强大的支持。

《人民法院报》是我重点推荐的资源，尤其是寻找实践资料一定要看《人民法院报》。《人民法院报》的资料都是最鲜活的，汇聚了全国各地法院的新闻资讯、改革经验、创新做法、调研报告、司法案例、专题研究，还有深入的理论研究、法律文化等内容。党和国家重要的大政方针、领导讲话、政治理论，看《人民法院报》也够用了。我建议从现在开始，每天养成读《人民法院报》的习惯，坚持下来，一定会看到自己的成长。如果能每天选一篇报纸上的文章出声朗读，每天只要坚持5分钟，经过一段时间，你写出来的东西自然而然就是地道的风格了。如果从《人民法院报》查找资料，可以使用网站自带的检索功能，但我更推荐"site"一下，如果你想以"审判团队"为关键词进行检索，可以在百度中搜索"审判团队 site:rmfyb.chinacourt.org"。

关于外文法律资源，我推荐如下网站：Westlaw，LexisNexis，NCSC美国全国州法院中心（www.ncsc.org），FJC联邦司法中心（www.fjc.org），Justice美国司法部（www.justice.gov），美国联邦最高法院（www.supremecourt.gov），Justia（www.justia.com），Oyez（www.oyez.org），FindLaw最高法院案例法典网（caselaw.findlaw.com/court/us-supreme-court），美国法典网（www.cit.uscourts.gov），Findlaw联邦案例网（caselaw.findlaw.com），美国国会法律图书馆（www.lawreview.org），美国法律资源在线（www.lawsource.com/also）。如果查找法文法律资源，最权威的网站是Legifrance（www.legifrance.gouv.fr）。

关于统计数据，我推荐如下网站：国家数据（data.stats.gov.cn），中国统计信息网（www.tjcn.org），搜数网（www.soshoo.com），CEIC（www.ceicdata.com/zh-hans）可以查找各国宏观和微观经济数据，万得（www.wind.com.cn）以金融数据见长，百度指数（index.baidu.com），阿里指数（alizs.taobao.com）等。如果查找外文统计数据，可以使用联合国统计数据库UNData（data.un.org）以及Fedstats、BEA、BLS、BTS、Census等美国政府官方数据。

查找外文资料会遇到语言障碍这个现实问题，如审判团队、法官助理、绩效考核等如何用地道的英文表达。推荐给大家一个神器"搜狗英文"，打开搜狗搜索引擎，找到"英文"。试试输入一个中文关键词检索一下，出现什么结果？搜狗帮你通过人工智能翻译成英文后在英文网站中进行检索，你输入的是英文，命中的全都是地道的英文网站。如果英文水平不高，看不懂怎么办？搜索命中结果上面有"原文""译文""双语"三种显示模式。如果选择"译文""双语"，搜狗可以帮你把英文翻译成中文。如果选择"译文"模式，点开一个搜索结果，你会发现是中文，网页也被翻译了。网页上面有一个原文和译文转换的按钮，可以在中英文之间切换。如果使用这个神器，即使不懂英文，也可以检索到英文网站中地道的英文资料了。

人机对话不说人话：用机器懂的关键词与检索语言

是否遇到过，输入简单的关键词后搜出来一大堆文章、资料，很多不是我们想要的东西，要从里面把想要的东西费力地拣出来？又是否遇到过，如果多设几个关键词，想要的东西又无法命中？为什么会出现这样的情况？因为我们可能有一个认识误区，把机器当成人了。机器只是机械地进行关键词比对，根本不理解这个词是什么意思，也理解不了你想干什么。检索，就要使用机器语言。如果我们把大脑中想的问题直接作为关键词，用人的语言进行搜索，很多情况下是搜索不到的，机器给出的也不是我们想要的。一定要清楚，在现有的技术条件下，机器不懂人的语言，而人要懂机器的语言。在用人话与机器对话的误区下，我们会把关键词误解为自然语言下的主题词。如果转换成机器语言，我们就要把关键词理解为“定位词”。我们的目的是让机器把我们想要的资料挑出来，就要想办法让机器能精准定位。

“定位词”怎么找？总的原则是，特征越鲜明，定位越精确。是否还记得我们在英语高考和四六级考试中使用过的英文阅读理解技巧？老师说在一篇文章的5道题中，一般4道是细节题，1道是主旨题。细节题怎么做？关键是定位，要找关键词，这个关键词往往不是主旨词，而是特征最明显的数字、特殊符号、人名地名及其他有个性的词。特征越明显，这个词越是与众不同，就越容易在文章中快速找到。我们可以把做英文阅读理解的技巧移植到检索关键词的设计中来，二者是同样的道理——定位。

如果是类案检索，就要把反映类案“定位特征”的全部信息挖掘出来。这有点像数学中提取最大公约数的思维过程，不仅要提取出公约数，必须是最大公约数。我们首先想到案由，还有通常的表达以及其通常出现的位置。通常表达必须是最大公约数，可以从两个维度来看看是否是“最大”：一是

“且”(and)维度，可以理解为叙事过程中通常提到哪些关键词，这是大家能想到的；二是“或”(or)维度，有些通常表达并非唯一表达，可能存在同义词、近义词，可能因句式不同、是否有“的”等存在不同表达方式，我们就需要穷尽不同的表达方式并把他们之间的关系设置为“or”或者设置为“满足任一条件”；如果不同表达中存在同一元素，我们就把它提取出来作为公约数，就不用分多个不同情况了。

在搜索实战中，我们还有一个误区，认为关键词只能是词。如果我们把思维转换为“定位”，那么思路就打开了，关键词是不是还可以是一串数字、一段文字？例如，我们想找关于同时履行抗辩权的裁判文书，我们如果将“同时履行抗辩权”直接作为关键词进行检索，就会漏掉大部分文书，原因是裁判文书未必直接提到“同时履行抗辩权”这个概念。考虑到裁判文书的主文之前会援引法条，我们可以用“《中华人民共和国合同法》第六十六条”作为关键词；考虑到裁判文书说理一般会引用法条的内容，我们可以用“当事人互负债务，没有先后履行顺序的，应当同时履行。一方在对方履行之前有权拒绝其履行要求”这句话作为关键词。大数据时代，“搜商”最重要。“搜商”越高的人，越会与机器对话，从数据中挖掘出有价值的信息。

如果有多个关键词，中间只能是空格吗？我建议大家一定要使用高级检索功能。我们可以使用一些英文和符号作为逻辑词。要提醒一点，英文逻辑词后面是英文状态下的冒号，不能使用中文冒号；如果逻辑词前面还有其他关键词，就要用空格隔开。也就是说，把英文逻辑词、英文冒号加上关键词这个整体看作一个关键词；如果是符号，就要把符号和关键词整体看作一个关键词。下面我列举几个常用的逻辑词使用方法和命中结果。

Intitle 搜索范围限定在网页标题：“法官助理 intitle: 审判团队”，文章的标题中都包含了“审判团队”，这些文章中又包含了“法官助理”。

Site 搜索范围限定在特定站点中：我们上面的关键词后面加上 site，输入“法官助理 intitle: 审判团队 site:rmfyb.chinacourt.org”百度一下，命中的文章都来自《人民法院报》了。

Inurl 搜索范围限定在 url 链接中：各级人民法院官网的网址中一般会包含“court”。如果我们不想在《人民法院报》中找了，想看看各级人民法院官网发布的信息，就可以输入“法官助理 intitle: 审判团队 inurl:court”百度一

下，我们看到的都是各法院官网上的文章了。

Baidu百度 法官助理 intitle:审判团队 inurl:court 百度一下

网页 资讯 贴吧 知道 视频 音乐 图片 地图 文库 更多»

百度为您找到相关结果约1,400个 搜索工具

审判团队好帮手 精英法官后备军——..._中华人民共和国最高人民法院

2018年3月12日 - 积极开展法官助理、书记员职务序列改革,充实审判辅助力量。法官助理,这一角色的出现与定位,是司法改革人员分类管理中的重要一环,审判团队的重新组合,...

www.court.gov.cn/zixun... - 百度快照

当前审判团队建设的基本问题及完善方向-重庆法院网

2018年11月28日 - 中国法院网负责网站设计制作 网络安全和技术维护 Copyright © 2018 by www.chinacourt.org All Rights Reserved. 浏览本网站推荐您使用 IE 8 以上浏...

cqfy.chinacourt.org/ar... - 百度快照

新型审判团队上党小组建设初探-中国法院网

2018年1月31日 - Copyright © 2018 by www.chinacourt.org All Rights Reserved. 中国互联网举报中心 ...

https://www.chinacourt.org/art... - 百度快照

巡回法庭审判团队建设的六个“一”-中国法院网

2018年5月13日 - Copyright © 2018 by www.chinacourt.org All Rights Reserved. 中国互联网举报中心 ...

https://www.chinacourt.org/art... - 百度快照

双引号（“”）精确匹配：把“法学方法论”加上双引号，“法学方法论”就成了一个整体，不会被机器拆成“法学”“方法论”两个关键词甚至更零碎的词了。

书名号（《》）精确匹配且含有书名号：如果把双引号（“”）换成书名号（《》），就在精确匹配功能基础上让关键词带上了书名号（《》）。我们搜索出来的结果都是将《法学方法论》作为一个整体。

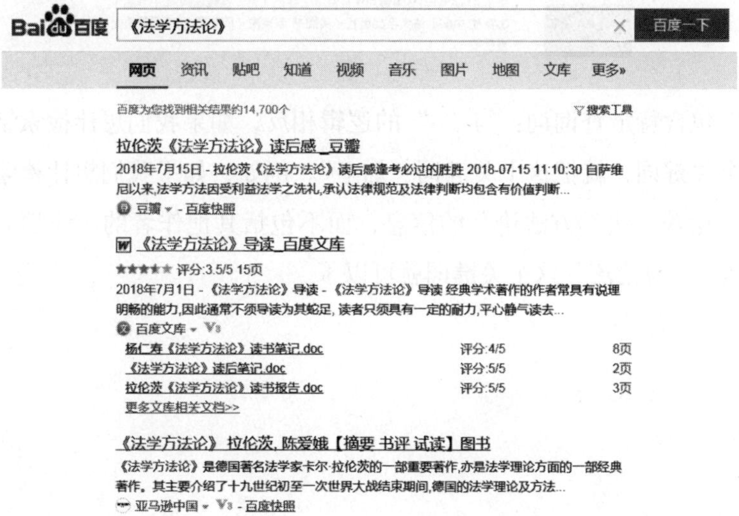

“-”不含特定查询词：如果我们不想让搜索命中的结果中包括某个关键词，那么就加个减号“-”把这个关键词“减去”。例如，一搜《法学方法论》全都是拉伦茨，想看看还有哪些人写过《法学方法论》，那么我们就加上“-拉伦茨”这个关键词，命中的结果就没有拉伦茨了，我们可以看到杨仁寿、舒国滢、齐佩利乌斯等作者。当我们发现检索结果中总是有几个干扰项，我们就可以用这个办法把干扰项消除了。

“+”包含特定查询词：与“-”的逻辑相反，如果我们想让检索结果必须包含某个关键词，就把这个关键词“加上”。例如，如果我们想让检索结果都是关于拉伦茨《法学方法论》的信息，而不包括其他作者的《法学方法论》，那就输入“+拉伦茨”这个关键词就可以了。

Filetype 搜索范围限定在指定文档格式中：如果我们想要寻找特定格式的文件，就可以 Filetype 一下。例如，《中华人民共和国民法总则》颁布后，网上有很多关于民法总则与民法通则条文对比的资料，但是很多资料是微信或网页版的，不方便打印。如果找 Word 版文档，文件格式是 doc 或 docx，我们就输入“民法总则 民法通则 filetype:doc”试试。如果找 PDF 文档，就加上关键词“filetype:pdf”试试。

上述逻辑词是通用的，可以适用于很多其他搜索引擎或者数据库。无论使用哪个搜索引擎或者数据库，我们都要熟悉高级检索方法，提高检索的效率和质量。

检索结果也许令我们不满意，经常遇到的困惑是两种：一是命中结果太多，点开看看，发现掺杂大量不是我们想要的无效信息；二是命中结果太少，感觉漏掉了很多。如果关键词少，命题结果就会多；如果关键词多，命中结果就会少。问题在于关键词的多与少吗？透过现象探究本质，是关联性与特征性这对深层矛盾制约着搜索命中的结果。关联性，意味着搜索到更全面的信息；特征性，意味着搜索到更精准的信息。关键词设计不当，结果可能既不全面又不精准。一般来说，检索经验不多的同志，可能抓不住能够起到“定位”作用的关键信息，选取的关键词太泛，导致命中结果充斥大量无效信息；也可能为了找到想要的结果，设置的关键词容易太多、太长，可以让命中结果更准确，但牺牲了全面性，命中的结果又寥寥无几。这都是很正常的，因为没有认识到检索的本质规律，还没有掌握秘诀。我们就是要想办法设计关键词，将全面性与精准性最大化，并且寻找二者之间的平衡点。设计精妙的关键词，能够把有效信息都挖掘出来，实现最大关联性；同时实现对有效信息的精准定位，排除无效信息。对于复杂的类案案情或者研究命题，通常情况下，我们无法一步到位。当发现搜索出来的结果不满意，从全面性或精准性两方面评估一下检索结果，进而根据关联性和特征性两方面要求完善关键词。如果发现检索结果“不全”，命中结果太少，遗漏了很多，可能是我们的关键词太多或者太长。如果发现检索结果“不准”，无效信息太多，就要进一步寻找可能定位有效信息并排除无效信息的关键词，增加或者修改关键词。

当不知道如何设计关键词时，一开始可以少一些、短一些，要选一些不论怎么说、怎么写都会提到的词。为什么太长了会遗漏有效信息？因为只是一部分样本如此表达，其他包含有效信息的样本采取了其他近似表达方式，但与设置的长关键词不相符，故被遗漏掉了。例如在 Alpha 数据库检索[①]“侵害承租人优先购买权”这个关键词，命中 925 个案例。如果拆成“侵害”“承租人”“优先购买权”3 个关键词，就命中 3822 个案例。此前的长关键词遗漏了近 3000 个案例。我们再想想，是不是个别文书可能将“优先购买权”表达为“优先购买的权利”，那么我们试试将“优先购买权”替换成“优先购买”，再搜索一下，发现命中了 3944 个案例，又捞回来 100 多个案例。

这么多的案例，怎么看得过来？如果关联性、全面性即“全不全”的问题基本解决，我们再看看特征性、精准性即“准不准”是否符合要求。准不准，除了看有没有无效的案例，还要看研究命题是什么，根据研究命题的需要增加更具特征的关键词。我们还可以尝试分类，例如：承租人是自然人或者法人，房屋是平房或者楼房，结果是不支持优先购买权、或者支持优先购买权并履行、或者支持优先购买权但不履行即主张违约赔偿。还可以从中关注一些特殊的情形，例如承租部分房屋对整体房屋主张优先购买权；或者承租部分房屋，但出租人将整体房屋出售，承租人仅就承租部分主张优先购买权。有些搜索引擎或者数据库提供了在结果中搜索的功能，我们可以进一步增加关键词缩小命中范围；如果无此功能，就只能增加关键词重新搜索。

为了增加精准性，除设计关键词本身，我们还可以把眼光放在关键词的位置上。例如，如果类案的裁判结果存在共同特征，就把关键词限定在判决

① 检索时间：2019 年 7 月 21 日 19 时 08 分。

主文；如果类案说理存在共同特征，就把关键词限定在本院认为部分……除了关键词的绝对位置，有些检索引擎、数据库还提供了关键词相对位置限定功能，例如“侵害”“承租人”“优先购买权”3个关键词可以限定于同一句或者同一段中。有些检索引擎、数据库还可以设定关键词之间的间隔等功能。

在整个检索的过程中，我们始终要不停地问“全不全”和“准不准”这两个问题，向着“更全更准”的目标努力。亲爱的朋友，不知道上述分享能否帮助到你？只要多用、多练、多悟，检索的经验和能力一定会逐步提升。在我们身处的信息时代，信息检索已经成为一项基本技能。获取知识能力更强，相比占有知识更多，何者为王？“搜商”更高，相比智商更高，何者为王？

最后，我想分享古典老师在《跃迁：成为高手的技术》中写的一段话：“如果今天还把注意力花在如何读100本书，并且尝试把它们记住上，就好比一个人非要背下整本电话簿才开始拨电话。智慧不等于信息，记忆应交给电脑。未来世界的认知能力，是找到信息的搜索能力、运用信息的思考能力以及从大量信息里抓取趋势的洞察能力。”[①] 同时，也把这本书推荐给大家，祝愿我们在法律的道路上携手跃迁。

如何通过社会调查方法获取原始资料？

法学是社会科学，法律是社会现象。当我们把法律实体和司法程序当作一种社会现象去观察研究，就要通过社会调查方法来获得鲜活的原始资料。社会调查属于社会学研究方法，主要分为定性研究与定量研究两大类。定性研究，主要是采用现场观察、深度访谈、开座谈会等方法获取原始资料。其中，参与观察是定性研究中经常用到的一种方法。

田野调查（field research），也称实地研究、实地调查、现场观察。这个方法是普遍使用的，观察本来就是人们在日常生活中广泛使用的一种活动方式。我们平时说的夜观天象、察言观色，都属于这种方法。从研究单位上讲，

① 古典：《跃迁：成为高手的技术》，中信出版社2017年版，第5页。

田野调查包括个案研究与社区研究。[①] 从观察视角上讲，有身临其境的参与观察法和袖手旁观的局外观察法两种方式。参与观察法，在一些场合，研究者即观察者以“局内人”“自己人”的身份参与到观察对象的活动中去，作为组织的一员与其他成员产生互动。深入到被观察地区、单位去实习或者挂职，是常用的方法。我有一个朋友，在中共中央党校攻读博士学位，他研究基层群众的政治认同问题，要做田野调查。他告诉我，他拿着初中毕业证去建筑工地、物业公司等单位应聘，与工友吃住在一起。为了搞研究，他也是拼了，这种参与深度，值得佩服。有很多优秀的作品，都是以这种方式获取鲜活、宝贵的原始资料，如怀特在意大利的贫民区开展研究，完成名著《街角社会》，[②] 应星以中国社会科学院博士生身份挂职副县长，参与当地大河水库移民的信访处理工作，完成了《大河移民上访的故事》[③] 一书。

参与观察，要考虑四个基本问题：“（1）观察什么？即观察的对象、范畴和内容。（2）何时何地进行观察？（3）观察者与被观察者的关系。（4）如何得到准确的观察资料。在参与观察中，首先要考虑如何进入观察现场的问题。”[④] 想打入陌生组织内部当上“卧底”，得到其他成员的接纳和信任，有一定难度，需要花心思、想办法。我们也可以把自己工作的单位组织或者居住的街乡社区作为观察对象，研究所在单位、部门、团队内的工作实践，研究社区内每个课题之下的社会现象。我们还可以将亲历的每一个案件中的诉讼参与人作为研究对象设计调研，这都属于参与观察的田野调查方法。

田野调查的另一种方法是局外观察，不介入被观察对象当中，以旁观者的视角悄悄观察。局外观察最重要的一点，就是不要被发现。我们观察的是人的行为，人是有思想、有感情的。如果局外观察干扰到被观察对象，就会引起观察者相应的反应，从而使原有的行为发生跑偏，影响研究结果的客观性和准确性。如果被观察者发现有人在观察他、研究他，就可能在“霍桑效应”的作用下故意改变常规行为。

---

① 仇立平：《社会研究方法》（第 2 版），重庆大学出版社 2015 年版，第 262 页。

② 参见［美］威廉·富特·怀特：《街角社会》，黄育馥译，商务印书馆 1994 年版。

③ 参见应星：《大河移民上访的故事》，生活·读书·新知三联书店 2001 年版。

④ 袁方主编：《社会研究方法教程》，北京大学出版社 1997 年版，第 348 页。

访问座谈（interview&colloquia）。访问法，或称访谈法，是以口头谈话的方式、通过直接的语言交流获取原始资料的研究方法。人与人面对面直接交流的方式有几个特有的优势：一是即时性，提问能够马上提到反馈，第一时间的反馈可能比深思熟虑的结果更有价值；二是交互性，可以交流思想，不断追问以了解现象背后的深层原因；三是沟通性，面对面交流还可以从表情和肢体语言中获取情绪、情感、态度、心态等非语言性信息。

访谈不同于日常谈话，访谈有明确的目的性，要从访谈对象那里了解情况、获得信息，而日常交谈不一定有目的；研究者即提问者掌控访谈的主题、内容、方式以及信息的类型和容量，而日常谈话大多是平等的、随意的。因此，做访谈要有一定技巧，主要是心理咨询、沟通方法之类的技术。“访问因研究的目的、性质或对象的不同，而有各种不同的方式。例如，根据访问中访问者与被访问者的交流方式，可分为直接访问和间接访问，前者是访问双方面对面的交谈，后者则是通过电话进行的交谈。根据一次被访问的人数，访问又可分为个别访问与集体访问。目前社会研究中广泛采用的是按照对访问过程的控制程度进行的分类，按照这一分类方式，访问分为结构式访问与无结构式访问。”①

无结构式访问又包括如下几类：一是重点访问或称集中访问，建立在特定假设基础上，将访问对象置于一定的情境并调查其在情境中产生的反馈，这种方法集中于特定问题而不集中于特定的访谈对象；二是深度访问，为深入了解情况、摸清过程、挖掘原因、查明动机等，对特定的人进行深入的沟通；三是客观陈述，又称非引导式访问，研究者更多地扮演倾听者的角色，鼓励调查对象在访问问题框架内客观地陈述客观事实和表达主观态度；四是开座谈会，建议认真学习毛泽东主席《反对本本主义》中的具体方法，之前已经介绍过。

艾尔·巴比对访谈方法提出几点要求：一是问题清楚明确，无需强调解释；二是避免双重问题，避免把不易简单回答的复杂问题当成一个问题；三

① 袁方主编：《社会研究方法教程》，北京大学出版社 1997 年版，第 268 页。

是受访者必须胜任回答；四是受访者必须愿意回答；五是问题必须中肯；六是问题越短越好；七是避免否定性问题，防止受访者因此误解；八是避免带有倾向性的问题和词语。[①] 访谈方法要遵循一定步骤：一是初步确定研究问题，明确访谈目的；二是设计问题，列出达到目标所要经历的过程，设置问题路径，然后选择问题类型，是开放性的还是封闭的，是客观描述的还是主观表态的，是过程性的还是结论性的。访谈，进行实地访谈；记录与整理，可以尝试使用幕布、Xmind 的头脑风暴等工具记录和整理；分析，找出研究命题与收集到的资料之间的关联性；确证，检查资料的信度和效度；报告，形成调研报告，用于分享发表和决策参考。

做访谈，不一定必须采取正式的方式，非正式的方式可能效果更好。在严肃的场合下，受访者的精神状态是拘束的，很难敞开心扉，往往戴着“面具”说话；研究者难以听到真话实话，难以了解到翔实的信息。因此，访谈方式很重要。做访谈最重要的获取真实、有用的情况。“怎样使对方说真话？每个人特点不同，因此，要采取的方法也各不相同。但是，主要的一点是要和群众做朋友，而不是去做侦探，使人家讨厌。群众不讲真话，是因为他们不知道你的来意究竟是否于他们有利。要在谈话过程中和做朋友的过程中，给他们一些时间摸索你的心，逐渐地让他们能够了解你的真意，把你当作好朋友看，然后才能调查出真情况来。群众不讲真话，不怪群众，只怪自己。”[②] 获得被访谈者的信任，真诚沟通，才能听到真话，得到有价值的信息。我们不一定做研究时才进行访谈，可以把访谈融入生活和工作中，在日常聊天中注意了解你关注的信息。我遇过几位很注重调查研究的领导，他们在与下属研究工作后会多问几句，通过这个办法了解各部门工作情况和人员思想动态。

① 参见［美］艾尔·巴比：《社会研究方法》（第 11 版），邱泽奇译，华夏出版社 2009 年版，第 247~252 页。

② 毛泽东：《关于农村调查》（1941 年 9 月 13 日），载《毛泽东文集》（第 2 卷），人民出版社 1996 年版，第 380 页。

问卷调查：标准化的定量研究

定量研究，主要是用现场观察、田野调查、统计分析、科学实验等方法获取数据并使用数据描述现象，具有严密性、客观性、价值中立性特点。进行定量研究，先提出一个假设，再搜集数据资料来评价或者验证这个假设。我们现在选取几种常用的调查研究方法和大家一起讨论。田野调查和深度访谈主要是定性研究方法；问卷调查和样本分析兼有定性与定量研究两种功能，主要用于定量分析。

问卷调查（questionnaire）：问卷可以把问题标准化，从而以标题化的方式获取原始资料，进而对调查结果作定量分析。首先要做的是问卷设计，包括确定要收集的信息、确定访问的方式和问卷的形式、问卷内容的设计和编写、确定问题的先后顺序、问卷的版面设计、试测、确定有无修改并定稿几个要点。问卷的基本结构包括四个部分：一是封面信，介绍说明调查者身份、调查目的等；二是指导语，教被调查者如何正确填写；三是问题与选项，形式上分为封闭性问题与开放性问题，内容上分为有关事实的、有关态度的和有关个人背景资料的问题；四是其他资料，如问卷名称和编号、收发日期、调查人及被调查人身份信息。[①]

问卷设计的核心原则是围绕核心命题展开，整体谋篇布局贯穿鲜明的问题导向。题目设计还应当坚持几条具体原则：一是把为被调查者着想作为问卷设计的出发点，问题不要太多，问卷不要太长，难度不要太大；二是对阻碍问卷调查的因素有明确的认识，包括主观上畏难情绪、顾虑重重、漫不经心、没有兴趣，还包括客观上阅读、理解、表达、记忆、计算等方面能力的限制；三是从多个不同的角度来考虑问卷的设计工作，包括调查目的、调查内容、样本性质、资料处理方法、问卷使用方式、调研经费和时间等因素的影响。[②]对于封闭式的问题，有四种形式可以选择：一是选择题，二是是非题或判断题，三是填空题，四是矩阵式。矩阵实际上是选项相同的多个选择

① 参见袁方主编：《社会研究方法教程》，北京大学出版社 1997 年版，第 232~236 页。
② 参见袁方主编：《社会研究方法教程》，北京大学出版社 1997 年版，第 236~249 页。

题的复合形式，一般是问题纵向排列、选项横向排列。常见的选项有“经常、偶尔、从不”“非常满意、满意、一般、不满意、非常不满意”等频度或程度分级或者数字、百分比区间等形式。

我们想要的是真实的答案，不是正确的答案。为此，问卷设计还有几个问题要注意：一是概念要具体明确，不能太抽象，例如“你幸福吗?”这个问题太抽象了；二是文字表达清晰明白，不能含糊不清或者有歧义，避免使用含糊的形容词、副词；三是内容要浅显易懂，不问回答者不知道的问题，不要太难或者超过被试群体的理解范围，如果对社会大众发放问卷，就应避免使用专业术语；四是避免使用否定形式或者双重否定形式的表达，以免一不留神把意思理解反了；五是不要用一句话表达两个以上命题；六是避免诱导性提问；七是选项设计应当避免重复、避免遗漏；八是不要直白地问难以回答、难以启齿的敏感性问题，但可以想办法找几个不敏感的问题绕圈问；九是问题要尊重道德伦理，尊重风俗习惯；十是避免使用假设或猜测语句。

问题的排列顺序也要非常讲究。同样的问题，先问什么、后问什么，对回答的效果有很大影响，要坚持几条原则：一是先易后难原则，熟悉和简单的问题放前面，困难和复杂的问题放后面；二是兴趣优先原则，调查对象感兴趣的问题放前面，敏感性、顾虑性的问题放后面；三是开放置后原则，封闭性问题放前面，开放性问题放后面；四是先客后主原则，客观性的事实、行为问题放前面，主观性的态度、建议问题放后面；五是逻辑顺序原则，问题要按一定时间、递进等逻辑顺序排列。如果一个问题中选了某个选项后还需要接着追问一个或几个问题，就可以把追问的问题排列在前提性问题的后面，在前提性问题中要注明如果选择了其他选项就跳过下面追问的问题。

为了评估问卷的有效性，我们可以给被调查人设计陷阱，看看他们是不是往里跳。例如，为了测试是否漫不经心，我们可以设置重复的题目，看看回答是否前后一致。当然要悄悄地测试，在语言表达上换种说法，不能让人发现你在考验他或者让人误以为出题人漫不经心写重复了。我们还可以设置一些虚假的选项，看看是否随意填写时把这些假选项选上了。我们还可以把频度、程度性选项的大小强弱高低顺序颠倒一下，防止被调查人因思维惯性以全选 A 选方式选下来；为了测试是否存在这种情况，我们可以选择两个具有逻辑相关性的题目评估一下，看看是否存在逻辑矛盾。

抽样调查：以偏概全式定量研究

抽样调查（sampling），是最常用的社会学实证研究方法和调查研究方法。无论你是否意识到，抽样同样也是我们认识世界的基本思维方法。我们对世界、对社会的看法是把所有的人和事物全都认识清楚之后才得出来的吗？显然不可能。以有限的认知来认识无限的世界，我们依靠什么？只能依靠抽样的方法来观察样本，通过归纳的思维从样本中抽取共性或规律，把共性和规律推及全部自然现象和社会现象。“社会调查这种特定的社会研究方式，一方面决定了它所依赖、所需要、所利用的资料必须直接来自调查对象，特别是来自现实社会中那些接受调查的个体；另一方面也决定了它通常不能从总体中的所有个体那里收集资料，而只能从总体中的一部分个体那里进行收集。”① “抽样调查是一种非全面调查的方法。它是按照科学的原理和方法，从若干单位组成的事物总体中，抽取部分单位进行调查研究，并把调查的结论或数据推及或推算到总体。”② 抽样，就是以偏概全，但我们不得不通过以偏概全来认识研究对象。为避免以偏概全的弊端，我们就要学习以偏概全的科学方法，掌握抽样调查的规范和技巧。总体与样本之间的关系，抽样调查的基本矛盾，在哲学上就是整体与部分的关系。样本如何从总体中抽取出来？“抽样方法按照是否根据等概率的原则抽取样本，可以分为概率抽样和非概率抽样。但是，只有根据概率抽样方法或随机抽样方法抽取的样本调查才能推论样本所在的总体。”③ 概率抽样是我们常用的抽样方法，科学的抽样应当遵循如下步骤：

---

① 风笑天：《现代社会调查方法》（第 5 版），华中科技大学出版社 2015 年版，第 47 页。
② 仇立平：《社会研究方法》（第 2 版），重庆大学出版社 2015 年版，第 132 页。
③ 仇立平：《社会研究方法》（第 2 版），重庆大学出版社 2015 年版，第 132 页。

第一步，界定总体。[①]“界定总体就是根据构成总体的三大因素：地域（地点）、时间、对象，对总体的边界进行具体、详细的规定，从中抽取样本。”[②]很多法律实证分析的论文选取裁判文书研究和调查对象，三大因素中的对象的内涵、外延及数量规模是需要重点界定的。界定的依据是什么？是核心命题及其中包含的难题。“这种界定要与研究目标及要求相符合，并且要具有理论依据。”[③]总体的选择与界定，应当注意理论与实践上的几项标准。理论标准包括：一是典型性，如研究某项改革或管理举措要选择最具代表性的法院来研究；二是与某一理论相一致；三是反驳或修改一种理论；四是选择过去曾作过研究或调查的总体以研究其变化；五是选择过去未研究过的总体以发现新理论。实践标准包括：一是方便性，如选择本地法院、本院法官、本人承办案件；二是易于获取资料，如中国裁判文书网等官方资料或者最高人民法院指导性案例、公报案例、《人民法院案例选》《中国审判案例要览》等权威案例汇编；三是考虑应用性；四是合作需要或同意做研究，如法院与高校合作研究、在挂职单位研究等。[④]

第二步，编制抽样框。[⑤]在界定的总体范围内搜集全部抽样单位[⑥]的名单并按序编号，是对抽象的总体进行具体化的过程，为下一步实施抽样做准备。编制抽样框时，要收集能够反映抽样单位属性的信息，例如：人的年龄、性别、专业等；单位或组织的人数、性质、地域等。如果是研究类案，就要弄

---

① 总体（population），通常与构成它的元素共同定义：总体是构成它的所有元素，而元素（element）则是构成总体的最基本单位。在社会调查中，最常见的总体是由社会中的个体组成的，这些个体便是构成总体的元素。参见风笑天：《现代社会调查方法》（第5版），华中科技大学出版社2015年版，第47页。

② 仇立平：《社会研究方法》（第2版），重庆大学出版社2015年版，第142~149页。

③ 袁方主编：《社会研究方法教程》，北京大学出版社1997年版，第205页。

④ 参见袁方主编：《社会研究方法教程》，北京大学出版社1997年版，第205页。

⑤ 抽样框（sampling frame），又称抽样范围，是指一次直接抽样时总体中所有元素的名单。例如，从全院抽出50名法官作为样本，全院法官名册就是抽样框；如果从全院抽出10个审判团队作为样本，全院审判团队的名单就是抽样框。参见风笑天：《现代社会调查方法》（第5版），华中科技大学出版社2015年版，第48页。

⑥ 抽样单位（sampling unit），是一次直接抽样时所使用的基本单位。抽样单位与构成总体的元素有时是相同的，有时又是不同的。例如，如果我们以法官为抽样单位，法官同时又是构成元素，二者相同；如果我们以审判庭或审判团队为抽样单位，构成元素还是法官，二者又不同了。参见风笑天：《现代社会调查方法》（第5版），华中科技大学出版社2015年版，第48页。

清楚界定类案的几条标准。

第三步，确定抽样方案。“概率抽样的基本方法主要有：简单随机抽样方法、系统抽样方法、分层抽样方法、整群抽样方法和多段抽样方法。研究者可以根据研究目的、调查对象特点以及总体规模采用适当的抽样方法。一般来说，影响抽样方法选择最为直接的因素主要是总体规模的大小、调查对象的特点及总体的差异性。”[①] 小规模的总体可采用随机抽样方法、系统抽样方法、分层抽样方法，大规模总体宜采用多段抽样方法，元素同质性高的总体可采用整群抽样方法。这些方法也可以组合在一起。有一些论文作者不介绍抽样方法，就会让读者或者评委质疑作者所称的随机抽样是否真正做到了随机。例如，以中国裁判文书网按一定条件检索出来的裁判文书作为总体，可采取等距抽样保证随机性，即按命中顺序每几篇文书选取一篇，或者选取每页第几篇文书取样。

第四步，实施抽样。在上述几步的基础上，严格按照选定的抽样方案，从抽样框中把抽样单位抽取出来，构成调查样本。[②] 抽样可以一次完成，也可能分组或者分步完成。分组抽样，以裁判文书为例，可以按年份、地区等条件分组，按相同比例和规则从每组内分别抽取。分步抽样，例如全省范围内抽取 10 家基层法院，每家法院抽取 3 个审判庭，每个审判庭抽取 5 名法官或者其他工作人员。分组和分类也可以组合使用，例如以北京市为例，从城区和郊区法院中各抽取若干家法院，再分别按刑事、民事、行政、执行类别各抽取若干审判团队。

第五步，样本评估。抽样后要对样本质量是否达到要求进行评估，对样本代表性、偏差等进行初步检验和衡量，避免样本偏差过大导致调查失误。样本评估的目的是评价样本是否可以代表总体，即是否可以将样本的分析结论推及总体。“评估样本的基本方法是：对研究者实际抽取样本的具体方法和程序进行分析与检查，看其是否保证了（做到了）总体中的每一个个体都有

---

① 仇立平：《社会研究方法》（第 2 版），重庆大学出版社 2015 年版，第 145 页。

② 样本（sample），是从总体中按一定方式抽取出的一部分元素的集合。参见风笑天：《现代社会调查方法》（第 5 版），华中科技大学出版社 2015 年版，第 47 页。

已知且相等的概率被选入样本。同时，也可以辅之以比较的方法，将可得到的、反映总体中某些重要特征及其分布的资料与样本中的同类指标的资料进行对比。”① 例如，我们抽取法官作为样本，检查一下样本的男女比例、专业分布等关键因素是否与总体大体一致，如果偏差过大就可能要二次抽样。为了避免偏差过大，我们可以按同一比例采用分组、分步等更精确的抽样方案保证比例、分布的一致性。

经验性资料哪里找？走马看花 or 下马看花

在应用法学研究中，经验性资料占有重要地位，实证研究方法也被普遍使用。北京市朝阳区人民法院程立武的《大数据告诉你法院系统的学术论文怎么写》对 2006 年至 2015 年全国法院学术讨论会一等奖论文共 91 篇的大数据分析结果显示：（1）使用图表（101 篇），含表格、柱饼线、自绘图等；（2）使用数据（49 篇），含样本抽样、问卷调查、访谈等；（3）使用案例（38 篇），含指导案例（3 篇）、公报案例（4 篇）、有案号案例（4 篇）、无案号案例（27 篇）。图表、数据、案例是实践性资料的展现形式，需要以科学的实证研究方法为支撑。上述田野调查（field research）、访问座谈（interview & colloquia）、问卷调查（questionnaire）、抽样调查（sampling）等调查研究方法是获取实践资料的具体方法，属于技术层面。我们要做专业的实证研究，必须要学会科学的方法。之前参加一次学术讨论会时，有人提出很多法学论文做的实证研究是伪实证，让内行来看是非常幼稚的。这个尖刻的批评也同时点醒了我，激发了对实证研究方法的兴趣。如果不掌握上述实证调查方法的基础知识的基本技能，就号称使用了实证研究方法，让专家、内行笑话是小事，误入歧途、浪费精力、不达目的却无自知之明更为可怕。掌握了具体的实证研究方法就有足够的本事搞实证研究了吗？具体方法是一个个工具，工具本身解决不了工具怎么用的问题，还需要进一步解决理念问题。

---

① 风笑天：《现代社会调查方法》（第 5 版），华中科技大学出版社 2015 年版，第 56 页。

关于实证研究方法，毛泽东同志提出著名的解剖麻雀方法，还说明了走马看花与下马看花两种方法的辩证关系。他在《我们党的一些历史经验》一文中提出，“像党的总书记这样主要的领导人员，要亲自动手，了解一两个农村，争取一些时间去做，这是划得来的。麻雀虽然很多，不需要分析每个麻雀，解剖一两个就够了”。“调查有两种方法，一种是走马看花，一种是下马看花。走马看花，不深入，因为有那么多的花嘛。你们从拉丁美洲到亚洲来，是走马看花的。你们国家有那么多的花，看一看望一望就走，这是很不够的，还必须用第二种方法，就是下马看花，过细看花，分析一朵‘花’，解剖一个‘麻雀’。”[①] 我在学术研究方法讲座上会问大家一个问题：走马看花与下马看花，两种方法哪种更好呢？大部分的同志认为走马看花不好，下马看花才好。走马看花经常在贬义的语境使用，就给人一种误解。以人类有限认知能力来研究无限的世界，总体面面俱到与个体刨根问底如鱼和熊掌难以兼得。因此，应当辩证地对待两种实证研究方法，可以列表对照走马看花与下马看花的特点。

走马看花	大数据分析	面：总体	面面俱到	关联关系
下马看花	样本分析	点：样本	刨根问底	因果关系

陈云同志讲过搞调查研究的两种方法：一种类似下马看花，“亲自率工作组或派工作组下乡、下厂”；另一种类似走马看花，通过“知心朋友和身边工作人员”听到“基层干部、群众的呼声”，具有“真、广、快”的特点。[②] 走马看花其实就是大数据分析，要遍历总体中的所有元素，但对每个元素个体只是看个大概，无法深入解剖研究。现在很流行大数据分析，但是大数据分析方法难以解决因果关系的问题，仅仅展现事物之间的关联性。究竟数据呈现的关联关系背后的因果律如何？这不是大数据分析可以解决的问题。大数据能够解释的因果关系只是数据统计意义上的因果关系，并不是实实在在的因果关系，本质只是揭示一种关联性。例如，中国古话讲，八月十五云遮月，

① 中共中央文献研究室编：《毛泽东文集》(第7卷)，人民出版社1999年版，第134页。

② 参见陈云：《关于调查研究的方法》，载中共中央文献研究室编：《毛泽东、周恩来、刘少奇、朱德、邓小平、陈云论调查研究》，中央文献出版社2006年版，第61页。

正月十五雪打灯。这是长期积累的大数据分析出来的关联关系。究竟云遮月与雪打灯之间是否存在真实的关联关系，是否存在符合因果律的关联？需要下马看花来验证。想要分析数据关联性中的因果律，就必须从马上下来，“分析一朵‘花’，解剖一个‘麻雀’”。心有猛虎者，也当细嗅蔷薇。没有一个细嗅蔷薇过程，看问题就是粗枝大叶，成了大老粗。我们强调下马看花，解剖麻雀，但是不可剑走偏锋。只强调解剖麻雀就会陷入小题小做，成为井底之蛙。解剖麻雀的目的不在于研究麻雀本身，而是研究鸟类的问题，还可能研究更大的问题。在解剖麻雀之后，我们还要跳出来看一看整体情况。此时，还需要上马进行走马看花，看看样本的经验是否可以推及整体。单纯走马看花，是粗枝大叶的大老粗；单纯下马看花，是小家子气的井底蛙。想做到粗中有细，心中有数，就得把走马看花和下马看花结合起来。走马看花得到的关联关系，可以作为下马看花研究因果关系的大胆假设，也可以作为下马看花得知因果关系之后的普遍性验证方法。如此一来，我们既能看到根源，也能看清全局。

需要特别提示以走马看花的方式搞大数据分析，要避免三个认识误区。第一个误区是认为大数据就是数据的数量大。其实，大数据并不是指数据的多少，而是指全数据。大数据“不是随机样本，而是全体数据。当数据处理技术已经发生了翻天覆地的变化时，在大数据时代进行抽样分析就像在汽车时代骑马一样。一切都改变了，我们需要的是所有的数据，‘样本 = 总体’。让数据‘发声’。小数据时代的随机采样，最少的数据获得最多的信息。全数据模式，样本 = 总体”。[①] 第二个误区是认为数据越多越精确。大数据“不是精确性，而是混杂性。执迷于精确性是信息缺乏时代和模拟时代的产物。只有 5% 的数据是有框架且能适用于传统数据库的。如果不接受混乱，剩下 95% 的非框架数据都无法被利用，只有接受不精确性，我们才能打开一扇从未涉足的世界的窗户。允许不精确。大数据的简单算法比小数据的复杂算法更有效。纷繁的数据越多越好。混杂性，不是竭力避免，而是标准途径。新

① ［英］维克托·迈尔 – 舍恩伯格、肯尼思·库克耶：《大数据时代：生活、工作与思维的大变革》，浙江人民出版社 2013 年版，第 27 页。

的数据库设计的诞生”。[①] 第三个误区以大数据分析来研究因果关系，或者认为大数据分析的结果就是因果关系。大数据“不是因果关系，而是相关关系。知道‘是什么’就够了，没必要知道‘为什么’。在大数据时代，我们不必非得知道现象背后的原因，而是要让数据自己‘发声’。关联物，预测的关键。‘是什么’，而不是‘为什么’。改变，从操作方式开始。大数据，改变人类探索世界的方法”。[②] 因此，我们主动利用大数据，但不要迷信大数据。即使你通过大数据分析发现了两个因素之间规律性的相关性，也不能认为就看清了因果关系。大数据无法解释两个因素如何建立起关联又是以何种方式相互作用，只能显示两个因素表面上的关联性。在系统论中有一个“黑箱理论”，把系统比喻成一个“黑箱”，你可以通过观察进去了什么、出来了什么来寻找系统反馈回路的规律，但看不清楚系统究竟是如何运作的。大数据研究就类似“黑箱理论”，无法解剖“黑箱”晒出因果律。解剖“黑箱”就是科学研究的过程了，表面的规律是科学研究的假设。我们未必有能力、有精力解剖“黑箱”，但是我们可以预测如果把什么东西放入“黑箱”就可以得到什么东西，这个表面的规律性也是有应用价值的。最终，在破解误区后，还有必要深悟数据的本质是什么。车品觉对此讲到，大数据不是独奏，而是不断连接、无处不在的数据；数据相关性比数据本身更重要。[③] 更深刻的本质等待你来发现。

不仅是画大饼，让数据立体化、动起来

实证研究是应用法学研究的基础工作，研究者要亲自观察和搜集实践资料，从中提出理论假设，或者以实证研究来验证理论假设。实证研究具有鲜明的直接经验特征，应用法学研究运用的实践资料主要是数据和案例，既有定量研究也有定性研究。无论是定量研究还是定性研究，都属于经验研究，

---

① ［英］维克托·迈尔－舍恩伯格、肯尼思·库克耶：《大数据时代：生活、工作与思维的大变革》，浙江人民出版社 2013 年版，第 45 页。

② ［英］维克托·迈尔－舍恩伯格、肯尼思·库克耶：《大数据时代：生活、工作与思维的大变革》，浙江人民出版社 2013 年版，第 67 页。

③ 车品觉：《数据的本质》，中信出版社 2018 年版，第 9~30 页。

只是角度不同。二者都要求摒弃主观臆想，强调用事实和数据说话。可以反思一下，我们在日常工作中是否存在凭感觉摸情况、凭臆想搞研究、凭武断做决策的情况？如果发现审判质效指标排名下降，是否就一定能得出审判管理工作没做好的结论呢？我们应该看一下数据的绝对值，是不是本院指标数据本身没有降低而是其他法院指标提升了呢？例如法官员额制改革后，在助理审判员是否办案问题上，各家法院的推进力度、速度不同。先下决心让助理审判员停止承办案件的法院短期内可能会落后于还没有动起来的法院。如果只关注指标数据，能够准确判断真实的态势吗？实证研究强调进行扎扎实实的调查研究，反对只看表面的主观臆断。

判断实证方法设计是否合理的标准主要包括“控制”和“测量”两个方面。所谓控制，是研究者对调查对象和环境做出特定安排，避免或减少外部变量对研究结果的影响，从而让自变量与因变量之间的关联方式与变化情况真实地反映出来，如之前谈到的避免“霍桑效应”就是如此。所谓测量，“就是采用预先准备或设计好的一把‘尺度’去‘量度’人或事物。在调查研究中，测量是在对抽象概念或理论概念概念化和操作化的基础上，通过一套指标体系测量人们的特征、行为和价值观念并使之数量化的过程”。[①] 测量对象、测量法则和测量尺度就是测量的三个要素。社会科学领域的测量不可能达到自然科学那样标准和精确，更容易受到“测不准原理”[②] 的影响。北京市第二中级人民法院曾自主研发司法工作量核心系统，目前北京市法院都在使用这样的方式核定法官工作量。有些人质疑这种做法的科学性，但知道了“测不准原理”就可以正确看待了。我们研究绩效考核主题下的问题，都应当了解“测不准原理”，同时有必要深入学习并能够运用社会学研究方法中关于测量的方法。

使用测量的方法，需要将抽象的命题和理论具体化为可以操作的测量三

① 仇立平：《社会研究方法》（第 2 版），重庆大学出版社 2015 年版，第 174~175 页。

② 测不准原理，是指量子力学中互补的两个物理量无法同时测准，比如，时间和能量，位置和动量，角度和角动量；也就是说被测量客体中两个具体的测量内容是相互影响的，不能同时测准两个测量内容。在社会测量中，被测量客体中不仅存在多种测量内容的相互作用，而且还存在测量主体对测量客体的影响。参见仇立平：《社会研究方法》（第 2 版），重庆大学出版社 2015 年版，第 177 页。

要素，这就是概念操作化的过程。“概念的操作化就是用经验上可以观察的指标对一个理论概念或抽象概念进行界定，或者说概念的操作化就是概念指标化的过程。”[①] 我之前谈到过理论工具的结构和含义要转化，如平衡计分卡用于法院的语境就要转化为与法院工作相关的指标，这就是概念操作化的过程。再如“惩戒实效”操作化，惩戒实效的抽象概念转换成认同性、及时性、均衡性、阻遏性四个具体方面，再进一步转换成暗数调查、查处速度、程度回归、再处罚率四个可观测、可检验的指标。[②] 再如“损失”操作化，损失这个抽象概念转换成规模、确定性、持续性、致命性四个具体方面，再进一步分别转换成金额、概率、时间、比例四个可观测、可检验的指标。[③] 更加抽象的概念也可以进行概念操作化，如司法公正，转换为司法平等，再转换为被害人、被告人、相对人权利平等三个方面，继续转换为报应（伸张正义）、等罚（同案同判）、中立（裁判中立）三个方面，最后转换为一系列系数、率等可测量的指标。[④] 概念操作化的方法，在定性研究与定量研究之间建立起相互转化的桥梁。

我们使用测量方法，要选择测量哪些变量。在资料统计分析过程中，也涉及变量和展示方式的选择问题。实证研究获得的资料非常复杂，我们整理这些资料，就要去粗取精，选择反映本质规律的变更来统计分析。我们进行统计分析主要有单变量统计描述与双变量统计分析两类。单变量统计描述是最常见的，“是对某一变量的数量特征所作的描述，它是最简单也是最基本的统计，是对某一变量大量数据的统计概括”。[⑤] 我们在实证性的学术论文中见得最多的就是饼图，用于展示变量分布；其次就是柱图或者折线图、曲线图，用于展示变更变化趋势。单变量统计描述中的变更分布包括频次分布和频率分布。什么是频次分布？就是变更中每个取值出现的次数，例如在“要件审判九步法”普及学习期间，经对能说九步中的几步进行测试调研，50 个人中

① 仇立平：《社会研究方法》（第 2 版），重庆大学出版社 2015 年版，第 180 页。
② 参见白建军：《法律实证分析研究》（第 2 版），北京大学出版社 2014 年版，第 320~322 页。
③ 参见白建军：《法律实证分析研究》（第 2 版），北京大学出版社 2014 年版，第 305~307 页。
④ 参见白建军：《法律实证分析研究》（第 2 版），北京大学出版社 2014 年版，第 311~320 页。
⑤ 袁方主编：《社会研究方法教程》，北京大学出版社 1997 年版，第 454 页。

能说出九步的有 1 人，能说出八步的有 3 人……九步、八步就是取值。取值不一定是数字，可以理解为画大饼时每一块代表的项目，例如，调研改判发回案件的几个原因频次分布，或者经常、有时、偶尔、没有四种情况的频次分布等。什么是频率分布？就是频次分布的数值除以样本总数后的分布情况，可以理解为每个取值的数量在总数中的占比。换算成频次分布，就可以对不同总量规模的不同样本进行对比了。例如，调研不同审判庭被改判发回案件原因，就可以使用频率分布横向比较。如果我们把频次与频率兼容起来，把不同样本对比一下，就要设计统计图或统计表来展示了。我们不要陷入一个认识误区，即认为画了复杂的统计图或者统计表就不是单变量统计描述了，就是多变量了。不同样本如不同审判庭，不属于不同的变量，它们之间仅仅是比较，不存在互相关系。

从单变量到双变量，统计描述升级为统计分析

单变量只能做统计描述，还算不上分析，这是单变量统计描述的局限性。在实证研究中，往往要涉及两个以上的变量；不仅要对多个变量进行描述，还要分析出来它们之间的关联关系。因此，我们必须学会使用双变量统计分析，同时从两个以上的维度、视角对大样本进行量化分析。我们研究如何设置审判管理指标及如何通过审判管理指标来研究审判质效，可以大胆尝试将思维升级到双变量统计分析的层次来。现行的审判管理指标具有很强的科学性、体系性，但有时也会听到一些对审判管理指标的批评，我们应该尊重这些批评的声音，研究并提升审判管理水平。“绩效指标是对绩效目标的一种量化表达，是对绩效目标的承载。”[①] 单一指标属于单变量统计描述，能否全面、准确表达绩效目标？确实有一定局限性。每个指标的设置都有一个价值取向，并表达一定工作绩效目标，但如果仅仅考虑这一个指标对一个方面的工作进行评价，就无法做到真实、全面、客观。我们需要从批评的声音中寻找单变

① 胡劲松：《绩效管理从入门到精通》，清华大学出版社 2015 年版，第 19 页。

量指标的局限性，将其改造成双变量指标或以其他办法加以校正。具体的方法是，以真实、全面、客观三个维度，对绩效指标与绩效目标之间的关联性进行检验。

第一，对指标进行真实性检验，研究该指标能否反映工作目标完成程度的真实情况。例如庭审直播率或数，用以描述庭审公开的推进程度这个工作目标，旨在实现司法公开、阳光的价值取向。直播数量越多，就说明司法公开效果越好吗？在中国庭审公开网上，我们能发现把一个案子拆成几段以提高直播次数的个别现象。为此，我们是否应当考虑加入直播案件数这个变量，以及其与直播次数之间的计算关系？另外，依照法定程序并考虑人案矛盾，中级法院很多案件并非必须开庭审理。如果对开庭直播数量要求过高，反而会形成反向引导，找简单案子开庭直播充数或询问之后以开庭程序走过场。为此，指标设定需要精确测算；同时，是否要考虑对直播时长这个变量，以及其与直播次数、案件数之间的计算关系？

第二，对指标进行全面性检验，审查该指标能否反映绩效目标所包含的所有考虑因素。例如服判息诉率，用以描述矛盾化解的水平。当事人上诉原因有很多，二审民事法官有时会发现，个别上诉的当事人并非不服一审判决，而是为了拖延时间。如何识别这些偏差并将其剔除出去，难度很大；也许我们不必考虑剔除，可以在设定指标值时兼顾个别情况的概率。另外，未上诉的案件数和比率可以描述矛盾化解情况吗？是否需要兼顾申诉审查、被提起再审、被再审改判发回的数量与比率？还要进一步将这些变量之间的关系梳理清楚，并设计出它们之间的计算关系。

第三，对指标进行客观性检验，评估该指标在多大程度上客观地描述了绩效目标。例如改判发回重审率，能否客观地反映一审裁判的质量？有的改判和发回重审原因为一审认定或适用法律错误，也有一些是因为新证据等非错误原因所致。北京法院目标责任制考核兼顾改判发回重审的错误比率与绝对比率，就是科学的安排。另外，还有一些被改判发回重审的案件经过评查没有认定为错误，属于一、二审认识不同，何为更优认识？又需要仔细研究，构建何为更优认识的沟通、反馈和认定机制；在此基础上，还要进一步考虑如何科学建立指标与被发回改判案件（错误）的比率及被发回改判案件绝对比率之间的计算关系。

综上，不同指标从不同侧面反映工作目标，单一指标很难突破单一变更描述的局限性，但是多个指标放在一起就可能全面反映工作目标。以系统论认识工作目标，指标描述的是系统表层现象的事件、行为；过分关注指标数值就是舍本逐末了，比指标数值更重要的是数据背后揭示出来的系统结构。系统结构深藏在系统内部又决定系统的事件和行为。B系统结构反映系统运行的本质规律，是不同指标如何体系化地结合起来的方法指引。关于系统思考的问题，后面会专门探讨。系统论可以改变我们对指标的看法，不只是赋予权重相加得总分那么简单。不同指标是符合系统结构的数学模型的一个变量，不同变量之间可能存在复杂的计算关系。在北京法院目标责任制考核体系中，有的指标对另一指标有一项否决权；有的指标之上附加了另一个辅助指标作为逆向减分指标；有的指标之间相互具有替代性，反映工作目标的互补性，例如基础办案工作量5分，专项行动工作量1分，两项工作量部分以5分为限，这充分反映了工作量目标中的主次矛盾与互补关系。

将系统论思维引入数据分析，当我们尝试把两个单变量交叉起来，思维就立体起来，可以对两个定性维度之间关系进行综合分析。例如，将上面提到的改判发回重审率和服判息诉率两个指标放在一起，会看到什么结果呢？例如，A法院、B法院、C法院的改判发回重审率分别为8%、10%、20%，乍一看C法院的案件质量实在太差了。如果我们加上服判息诉率这个指标，A法院、B法院、C法院分别为25%、20%、8%，算一下三家法院每审理1000件案件，有多少案件最终被改判或发回重审呢？A法院、B法院、C法院分别20件、20件、16件。C法院92%的案件胜败皆服而没有进入二审程序，虽然被二审法院改判或发回重审的比例比A法院、B法院高很多，但案件质量总体水平却高于A法院、B法院。两个变更还经常以矩阵的方式交叉起来，例如，将暴力犯罪与非暴力犯罪、公权犯罪与私权犯罪两个变量两两配对，形成非暴力公权犯罪、非暴力私权犯罪、暴力公权犯罪、暴力私权犯罪四类犯罪，再调研死刑、终身监禁在四类犯罪中的分布，调研四类犯罪有期徒刑上限、下限的平均时间。

双变量交互分析可以用于创新性研究，发现无法臆想或者颠覆臆想的信息。“交互分析法的神奇之处，不仅是通过比较实现对某个法律现象的解释和预测，还能让某些人们原来意识不到的信息呈现出来，这是单变量的简单描述无法实现的。”[①]

在双变量综合分析基础上，我们还可以进一步引入多种因素进行综合分析。我近期组织做了一个关于审判团队效能的大数据调研课题，使用北京法院司法工作量核心系统，将法官的工作量数据合成为审判团队的工作量，将全院几十个审判团队工作量进行排序，排在前面的审判团队一定是最能干的吗？不同团队法官数量有差异，辅助人员也有差异。我们又增加了一个审判团队人力资源参数的变量，以如下方式对各类人员赋值[②]：员额法官 =1，未入额审判员或助理审判员 =0.8，行政编法官助理 =0.6，事业编书记员 =0.5，聘用制司法辅助人员或书记员 =0.4。如此计算出每个审判团队的人力资源参数，用这个参数去除审判团队工作量，就得到审判团队效率参数。下面就引入多种因素进行分析，进一步研究其他因素对审判团队效能的影响，例如，效率排序靠前的审判团队隶属立案庭，这与繁简分流机制下立案庭分流大部分快审案件有关联。我们还进一步就审判团队内部人员协同配合问题，选择高效率与低效率两类样本团队各 5 个，对团队内各类人员做问卷调查。除了问卷的答案能够说明高、低效率原因外，还发现了一个有趣的现象，在指定时间内，高效率审判团队的问卷回收率高且回收时间短，低效率审判团队则反之。

数据统计分析使用什么工具？上述所举白建军教授数据分析的例子都用到了 SPSS（Statistical Product and Service Solutions，“统计产品与服务解决方案”软件），有兴趣的可以系统学习一下 SPSS 应用方法。其实，EXCEL 的功能非常强大，可以满足大部分数据统计的需求。除了简单的加减乘除运

① 白建军：《法律实证分析研究》（第 2 版），北京大学出版社 2014 年版，第 119 页。

② 赋值方案综合考虑审判团队中各类人员的人力资源成本（工资水平）及贡献度等因素，由调研小组经讨论达成共识。

算，我推荐几个常用的函数：条件判断函数 if，统计函数 count，求和函数 sum，条件求和函数 sumif、sumifs，条件统计函数 countif、countifs，查找函数 lookup、vlookup、hlookup。这些函数怎么用？百度一下就知道了。除了函数，还应该掌握数据透视表、图表制作技巧等。更多的 EXCEL 技能，我推荐大家阅读《和秋叶一起学 Excel》这本书。此外，还可以和秋叶一起学 PPT、Word 以及职场技能。

理论性资料哪里找？溯洄从之，顺藤摸瓜

理论资料从哪里来？从长远来说，博览群书是根本之道。博览群书要讲方法，读进去，出不来，最终都还给作者了。这个方法就是做好“联系员”，一是联系实践问题，二是联系其他理论。对于一个具体的研究命题，仅靠博览群书就是靠缘分，看到了就知道，没看到就不知道。我们还要学会“顺藤摸瓜”的读书方法，以现有的文献资料为线索去寻找其他文献资料，再以此类推寻找下去。我们阅读一本书或者一篇论文，要看篇末的参考文献和文中的脚注，二者又具有不同的功能。参考文献给我们提供了理论资料的汇总目录。脚注给我们提供三种信息：一是看引用了参考文献的哪段哪句，将之作为我们阅读所引文献的导读；二是看如何使用参考文献，从中抽取出理论工具，还原到原文中去重新理解，再重新转化应用于你所研究的课题；三是看参考文献的引证频次，某个参考文献出现的资料越多，就说明它越重要，从头到尾反复出现的文献可能就是这部著作的理论源头了。一部优秀的著作，可能在参考文献和脚注中囊括了这个领域的所有重要理论资料。因此，如果能找到一部这样的引证翔实的著作，就相当于找到了一位经验丰富的导师。即使这位导师是你很难接触到的学术大咖，或者跨越时空的伟大先贤，只要你是个有心人，仍然有幸可以成为他的学生。

无论是你熟悉的领域还是陌生的领域，只要沿着参考文献的指引摸索下去，就可以摸到最源头的理论，从而把一个主题之下的理论脉络源流梳理清楚。在这个过程中，你向一位又一位的导师偷学技艺，最后找到了各个相关

理论之源的宗师。以我的论文《思维导图：法官何以发掘事实——事实认知从“经验的逻辑”向“逻辑的经验”转型》创作过程为例，说明“顺藤摸瓜”的读书方法如何应用于理论资料的搜集和整理过程。我以《要件审判九步法》这本书为起点进行“顺藤摸瓜”，发现这本书引用较多的两本书包括亚狄瑟法官的《法律的逻辑——法官写给法律人的逻辑指引》[①]和许可的《民事审判方法——要件事实引论》[②]。《要件审判九步法》与《民事审判方法——要件事实引论》又共同引用了王泽鉴的《法律思维与民法实例——请求权基础理论体系》[③]、罗森贝克的《证明责任论：以德国民法典和民事诉讼法典为基础撰写》（第4版）[④]。在这些主要文献外，还有很多其他有价值的参考文献，不再一一列举。我把这些书全都找来阅读，最终梳理出关于司法诉讼和司法裁判中事实认知方法论的三个思维源头：法律逻辑学，要件事实论，证明责任论。我此前讨论过融合多个理论工具的两个方法，即“嵌套”与“交叉”。我主要运用“交叉”的方法把三个理论工具融合起来，重新转化出来一套司法方法论。

开一场虚拟专家论证会，边开会边吃葱鲔火锅

关于一个完整的学术研究过程，有学者提出五阶段模型：“第一，研究者要有具体明确的问题意识，要从经验事实出发，发现、提出并解决理论问题；第二，要学会提出假设；第三，要运用科学方法对其加以证明，特别要注意证伪方法的使用；第四，要学会如何从经验事实出发，运用归纳的方法，从个别到一般，提出概念化、模式化的理论，进行因果律的分析；第五，就是要跟最前沿、最经典、最权威的理论进行对话，发现这些理论的例外，反思

---

① 参见［美］鲁格罗·亚狄瑟：《法律的逻辑——法官写给法律人的逻辑指引》，唐欣伟译，法律出版社2007年版，第169~268页。

② 参见许可：《民事审判方法——要件事实引论》，法律出版社2009年版。

③ 参见王泽鉴：《法律思维与民法实例——请求权基础理论体系》，中国政法大学出版社2001年版；另参见王泽鉴：《民法思维：请求权基础理论体系》，北京大学出版社2009年版。

④ 参见［德］莱奥·罗森贝克：《证明责任论：以德国民法典和民事诉讼法典为基础撰写》（第4版），庄敬华译，中国法制出版社2002年版；另参见［德］莱奥·罗森贝克：《证明责任论》（第5版），庄敬华译，中国法制出版社2018年版。

甚至挑战他的权威性，到最后，例外积累起来，也许就是一种理论的创新。”[①] 理论资料如何运用，这段话给我们一个启示，即跟最前沿、最经典、最权威的理论进行“对话”。先讨论一下什么不是“与理论对话”？我每次进行学术研究讲座都会讲到，我以前有一个习惯，从中国知网上搜索来一大堆论文，感觉有用的就下载下来，好几十篇摆在那儿，发现无从下手了；还有一种经历，从某篇论文或某本书中看到一个特别好的观点，但是回过头来再也找不到了，绞尽脑汁也想不起来在哪儿看到的。这是我曾经走过的弯路，不知道大家是否也有过相同的“遭遇”？在与同志们互动交流中发现大家都曾经同是天涯沦落人。如何从这样的“遭遇”中跳出来，找到一条出路？这个出路就是“与理论对话”。对话，强调的是平等的意见交互，不是跟在学术权威后面亦步亦趋，而是邀请学术权威帮你研究解决你提出的命题。你是对话的核心，命题是对话的关键。对命题的调查研究和独立思考，是“与理论对话”、与权威商榷的前提。

如何“与理论对话”？要对话，就不能把资料当成死的文字，而要当成活的文章。读书读文要读活，想象作者在你面前对你讲述他的观点，你在认真地听他讲。搞研究、写论文，是为了解决难题，而阅读就是向作者请教，想象成作者在指点你、帮你解惑。如果我们通过“顺藤摸瓜”的方法找到了很多理论资料，就想象把作者都请过来，开一个虚拟的“专家论证会”，一起来研究你提出的命题。如何开好虚拟的“专家论证会”？这与实现中的专家论证会有相同的道理。你是会议的组织者，请专家们来开会也是为了解决你提的问题，那么你就要做好充分的会议准备。筹备会议最核心、最关键的环节是明确会议议题，还可以分解为几个分议题。如果议题不明确，只是有一个大概的主题，也就是话题，专家论证会可能开成什么样子？一定是各位专家各说各的，无法把话题集中到一个点上；即使有一些观点交锋，只是随机的、零散的。开会之前，一定要把议题明确下来；在虚拟的“专家论证会”中，议题就是核心命题，尤其指核心理论命题的方面。核心理论命题是一个从实

① 陈瑞华：《论法学研究方法》，法律出版社 2017 年版，第 26 页。

践资料中提出的大胆假设，我们必须把前期准备工作做到位再“开会”。我们可以顺着问题意识三层次的路径，先把实践问题调查清楚，把实践资料整理出来，提炼出核心实践命题。如此，把问题意识第一、二层次的任务先完成后，以一个主要的理论视角将核心实践命题转化为核心理论命题，从而架好了通往问题意识第三层次的梯子，也准备好了虚拟“专家论证会”的议题。下面就可以开会了吧？只有议题就能开会了？是不是还要准备会议材料？虚拟“专家论证会”也要会议材料？当然了。会议材料是什么呢？是研究提纲。

有了核心命题，有了研究提纲，就可以开会了。这个虚拟的“专家论证会”如何开呢？我们回忆一下之前讨论的毛泽东同志的读书方法，核心要义就是善做“联系员”和“评论员”。我们顺便复习一下如何当好“联系员”。主要是理论联系实践和理论联系理论两个方面。这里要重点讲讲当好“评论员”，在虚拟的“专家论证会”上，你的角色就是“评论员”。如何在虚拟“专家论证会”上当好“评论员”？两个要点：一是摘抄，二是评论。在阅读过程中，要带着问题读才有效率。如果核心命题非常明确，你会发现与核心命题相关、对于解决难题有帮助的关键词、关键句、关键段会跳到你的眼睛里。阅读的过程就是向专家提问的过程，问题越明确，专家解释就越快越精准。命题清晰，难题明确，你就可以同时高速阅读相同主题之下多本书、多篇文章，这不就开成“专家论证会”了？所谓摘抄，就是把跳到你眼睛里的关键词、关键句、关键段摘抄下来；与此同时，把你对这条资料的理解、感想、引申或批判等评论也写下来。以摘抄和评论的方法做“评论员”，与奥野宣之的《如何有效阅读一本书：超实用笔记读书法》介绍了“葱鲔火锅笔记法”异曲同工。“葱鲔火锅笔记”同样只需要在书中找到两个原材料：“对自己来说重要的内容（摘抄）”就像是鲔鱼，是主要的食材，干货满满；“自己对这段内容的感想（评论）”，就像是葱，负责提鲜，画龙点睛。[①]

---

① 参见［日］奥野宣之：《如何有效阅读一本书：超实用笔记读书法》，江西人民出版社 2016 年版，第 90~95 页；另参见猫先生：《精读 · 笔记 | 葱鲔火锅笔记：简单易做的知识美味》，载微信公众号“精读门”，2017 年 4 月 18 日。

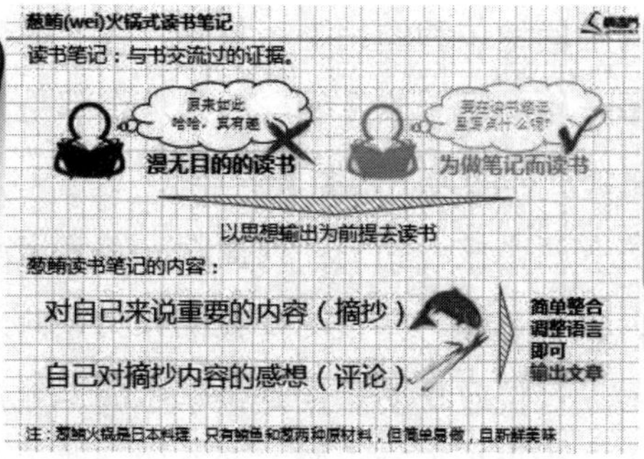

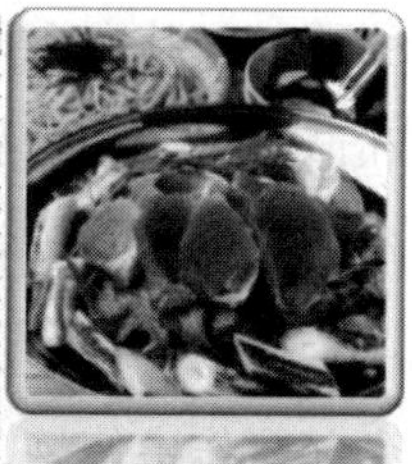

精读·笔记 | 葱鲔火锅笔记：简单易做的知识美味

为什么一定要有提纲？这是虚拟“专家论证会”的必要会议材料。传统的方法是做资料卡，一个资料一张卡。有了提纲，摘抄的鲔鱼，评论的葱段，就有地方放了。我们一定要把摘抄和评论放到提纲对应的小标题下面。这样做有何妙用？当把所有的资料都放入提纲，你会发现这就是论文的雏形了。评论的内容可以变成论文的内容；摘抄的内容，有必要保留的，加上双引号再做个脚注，没必要保留的就删除。我要补充提一个问题，如果摘抄和评论在提纲中找不到对应的地方怎么办？改提纲。我用这种方法写论文，提纲会不断地被修改，例如三大块变四大块，标题层级有的升、有的降、有的分、有的合。修改到最后，与最初的提纲相比，已经面目全非了，应该说是脱胎换骨了。

我建议大家尝试一下这种独特的写作方法，而且是强烈推荐。我最近几年写的论文都是这样创作出来的，几年的写作实践证明这个方法非常省时高效，同时又能大大提升论文质量。首先，把有价值的内容变成鲔鱼和葱段放到提纲里，这篇文章和这本书就不用再看第二眼了。其次，写作变得很轻松，只是资料整理的过程，不用再面对一个空白的 Word 文档发呆，不愿动笔或不知从哪儿下笔。再次，阅读与写作融合为一个过程，避免了两个麻烦：一是资料找文章的麻烦，即读到有价值的东西不知道如何使用；二是文章找资料的麻烦，下笔写作时又要一遍遍地翻找看过的资料，有时看过的好资料还可能找不到了。最后，提纲写作帮助我们建立整体思维，以全局视角对文章进行整体把控。“有一个提纲，可以帮助我们树立全局观，从整体出发，去检验每一个部分所占的地位，所起的作用，相互间是否有逻辑联系，每部分所占的篇幅与其在全局中的地位和作用是否相称，各个部分之间的比例是否恰当和谐，每一字、每一句、每一段、每一部分是否都是为全局所需要，是否都丝丝入扣，相互配合，都能为主题服务。”①

这个写作妙法有两个核心功夫：列提纲，做笔记。这两个基本功要在研究和写作中修炼，也要掌握一些技巧。我推荐大家向宋楚瑜先生（台湾地区亲民党主席）学习。这位政坛明星还是位学术咖，他撰写的《如何写学术论文》是一本畅销书。宋先生在该书第五章介绍“搜集资料，作成笔记”的方法。做笔记前的三条基本认识：一是区别原始资料与第二手资料；二是区别事实与见解；三是区分取材方式，即改写或引录。做笔记的方式包括：一是直接引证；二是直接引证全文，中间略加变动；三是摘要；四是概略；五是大纲；六是改写；七是穿插引句；八是从原文的注释中引述资料来源；九是批评；十是大意或节略。抄录资料应当注意四件事：必须正确；必须实用；注意完整；注意引证。②宋先生在该书第六章介绍“整理笔记，修正大纲”的方法，提出“注意检查是否还有新的主题需要加入”“需要随时检讨并重估原来的主题”。③修正大纲时要注意：一是注意各主题次序和从属、相互关系；二是一个主题必须从各个不同角度分析；三是大纲切忌过详；四是全篇各部门适当均衡；五是大纲少用无意义标题；六是大纲主要目的在于提供写作的方向与指导，不必守成不变，要随时补充修正；七是检讨大纲中的每一个项目是否已有足够的资料可以开始写作。④

一图胜千言，资料可视化、结构化呈现

什么是可视化？如果仅仅望文生义理解为做做表、画画图，就是庸俗的理解。不求甚解的人，还可能会对可视化不屑一顾。我们应当以谦逊的态度，

① 王世德：《怎样写毕业论文和学年论文》，载王力、朱光潜等：《怎样写学术论文》，北京大学出版社 1981 年版，第 31 页。

② 参见宋楚瑜：《如何写学术论文》，北京大学出版社 2014 年版，第 61~79 页。

③ 宋楚瑜：《如何写学术论文》，北京大学出版社 2014 年版，第 80 页。

④ 参见宋楚瑜：《如何写学术论文》，北京大学出版社 2014 年版，第 80~83 页。

将可视化当成是一门学问，是一种科学的思维方式。可视化，当然与视觉有关。视觉表达与文字表达哪个更好？图像与文字相比，人更喜欢看图像；故事与道理相比，人更喜欢听故事。这是人的天性，我们都是如此。

可视化表达与单纯文字和数字表达相比，有三方面优势：一是在效率上节省文字，好的图表可以高度浓缩大量信息，多角度、多方面展示信息。二是在效果上让逻辑更清楚，让重点更突出，让层次更明确，让关系更明晰。文字和数字堆砌出来的信息是零碎的、表面的，需要读者去悟，需要读者将文字和数字放到头脑中勾勒图景；可视化表达能够将更深层次的信息挖掘出来，直接展示到读者面前。三是更美，让读者喜闻乐见，这是枯燥的文字和数字无法做到的。可视化之美，主要由新颖（Novel）、充实（Informative）、高效（Efficient）、美感（Aesthetic）四个要素构成。① 在学术论文中使用可视化手段，可以大大提高信息量，大大提升表达力，大大增强吸引力。

我们有时看到有一些获奖论文用了漂亮的图表，这就是获奖的秘诀吗？漂亮的图表只是表面现象，关键是看图表如何精妙地、立体地呈现出思想来。可视化表达的内核是命题，是为了深刻地揭示出观点和结论来。“可视化的终极目标是洞悉蕴含在数据中的现象和规律，这包含多重含义：发现、决策、解释、分析、探索和学习。可视化的一个简明定义是‘通过可视表达增加人们完成某些任务的效率’。”② 如果仅仅用码字的办法，蕴含在数据中的现象很难有条理、有逻辑、有重点、有层次地梳理清楚。从一行行、一段段的文字中把数据中深藏的规律性“悟”出来，是非常费劲的。转换成可视化的方式，反映规律的信息就可以“跳”到你的眼睛里，钻进你的脑海里。一言以蔽之，一图胜千言。

学习可视化，提升可视力，我推荐罗姆“餐巾纸系列”两本书，首先是《餐巾纸的背面》；如果有兴趣还可以看看《打开餐巾纸》，是《餐巾纸的背

---

① 参见［美］Julie Steele & Noah Iliinsky，Beautiful Visualization，O’Reilly Media，Inc.，2010，pp.1–2.；另参见［美］Julie Steele & Noah Iliinsky：《数据可视化之美》，祝洪凯、李妹芳译，机械工业出版社 2011 年版，第 1~2 页；［美］Nathan Yau：《鲜活的数据：数据可视化指南》，向怡宁译，人民邮电出版社 2012 年版，第 2 页。

② 陈为、张嵩、鲁爱东：《数据可视化的基本原理与方法》，科学出版社 2013 年版，第 1 页。

面》的实用手册。[①] 这两本书可读性很强，没有那么多抽象的理论。罗姆讲，"视觉化思考是运用我们天生的观察能力——包括肉眼与'内心的眼睛'——来发现那些平时意想不到的创意和想法，并且以一种简单易懂的方式将其表达出来。"[②] 视觉化思考有四个步骤：一看，收集和初选；二观察，选择和归类；三想象，看到那些并不在眼前的事物；四展示，让一切清楚明白。[③] 可以采用SQVID这个工具形象化展示自己的构思：S意味着"简单"(Simple)，与"精细"相对；Q意味着"定性"(Quanlity)，与"定量"相对；V意味着"愿景"(Vision)，与"执行"相对；I意味着"个别"(Idividual)，与"比较"相对；D意味着"变化"(Delta)，与"现状"相对。[④]

想学习更多具体的可视化表达技巧，建议看看蒋勇的《可视化诉讼》[⑤] 这本书。诉讼可视化包括明确对象、选择合适的图表类型、确定内容、更好表达四个步骤。第一步，明确对象。想想我们写给谁看，给当事人与给法官看的不一样，用于参赛给专家看和用于发表给大众看也有微妙的差异。要根据读者的特点，对图表的类型、内容精细化选择和调整。第二步，选择合适的图表类型。首先要考虑做表还是画图。我们可以把两种效果放在一起斟酌，比较其效果优劣。关于画图，有两种基本的思维元素，可以对应为王泽鉴先生提出的两种案例分析方法，历史方法和请求权方法。我们在展示法律问题时，就有两个逻辑基本框架，一是时间轴，二是法律关系。时间轴是线性的，但按时间线性画成流水账就无法展示复杂的法律关系。我见过有的同志加入多个法律关系主体，每个主体分别有一个时间轴，各轴使用时间刻度又互有关联。时间轴还可以变形为流程图，时间顺序还可广义理解为逻辑顺序，例如我在全国法院第28届学术讨论会论文"思维导图：法官何以发掘事实"中

---

① 参见［美］丹·罗姆:《餐巾纸的背面》，徐思源、颜筝译，中信出版社2009年版；另参见［美］丹·罗姆:《打开餐巾纸》，颜筝译，中信出版社2010年版。

② ［美］丹·罗姆:《餐巾纸的背面》，徐思源、颜筝译，中信出版社2009年版，第3页。

③ 参见［美］丹·罗姆:《餐巾纸的背面》，徐思源、颜筝译，中信出版社2009年版，第28~30页。

④ 参见［美］丹·罗姆:《餐巾纸的背面》，徐思源、颜筝译，中信出版社2009年版，第84页。

⑤ 参见蒋勇主编:《诉讼可视化》，法律出版社2017年版。

设计的思维流程图。

“三段式”事实认知方法论图谱

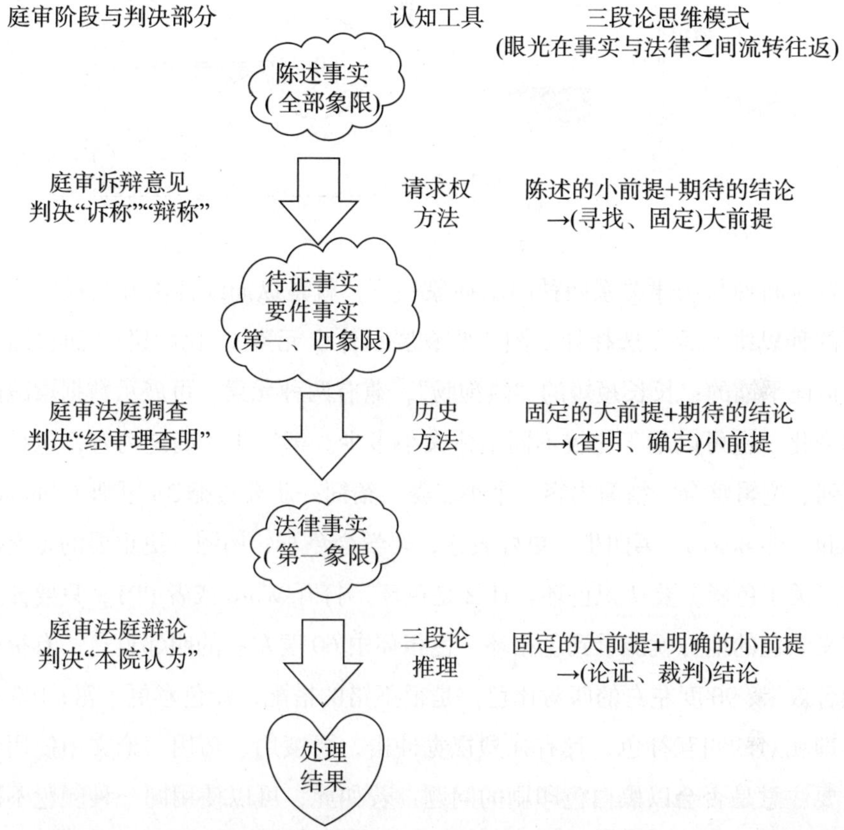

法律关系图，用来描述案例具有奇效，需要注意的要领：一是点线框一致，二是主体不重复，三是线条忌交叉、曲折、长距环绕。全国法院第26届学术讨论会一等奖头名论文“人民法院民刑交叉案件处理机制之探索——以统一法秩序的司法立场为视角”是一个很好的典范，大家看看作者如何用关系图来呈现案例。

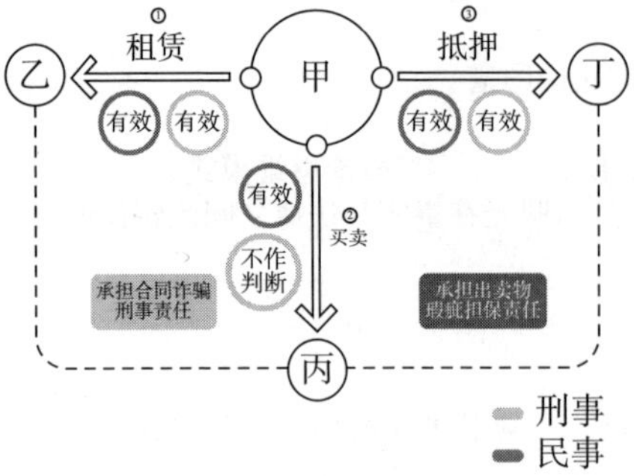

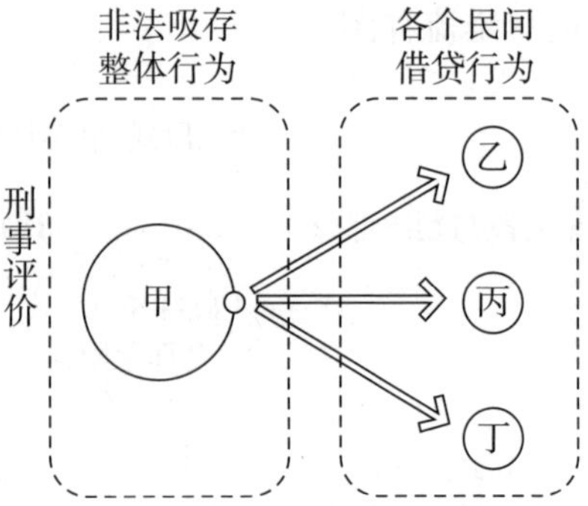

将时间轴与法律关系两种图示抽象一下，就是纵向线性展开与横向平铺展开两种思维元素。选择什么图，要看展示什么元素。“比萨饼”“面包圈”，就是横向平铺的；长长短短的“热狗肠”，兼有两种元素，可展示数据增减的时间变化，也可以用于比较不同主体大小多少。第三步，确定内容，包括全面罗列、逻辑整合、精简内容三个小步骤，精简一步要遵循 3S 原则（Simple，Straight，Strategy）。第四步，更好表达，要学会色彩、构图，更重要的是突出观点。关于色彩，要认识色环。什么是色环，打开 Word 或者 PPT，只要涉及自定义颜色的地方就能看到色相环。色相环中 60 度左右的叫邻近色，有很好的融合效果；90 度左右的叫对比色，是很不错的搭配，让色彩更丰富；180 度左右即相对的叫互补色，具有强烈视觉冲击，要慎用、巧用。论文中使用色彩，要注意是否会以黑白色印刷的问题；若如此，可以使用同一种颜色不同灰度，或者使用不同底纹来填充。在构图过程中，要注意对比、重复、对齐、亲密性四原则。为了突出观点或者其他特殊信息，可以在线条、颜色、框架上做文章，或变色，或加重，或分组，或加辅助框等。

好好学习可视化图表技巧非常重要，画好一张图表的内功在于可视化理念，即可视力。可视力是强大的内心力量，不仅是思维力、表达力、传播力，还可以转化为实实在在的生产力。“可视化的基础是：不论对方有没有自己去看的意识，都要创造出各种实施手段和使问题‘跳进眼睛里’的环境。”[①] 看≠看见。因此，我们需要借助可视化的手段，让读者能看见问题、原因及深层规律。

① ［日］远藤功：《可视力：实现可视化管理的 5 种方法》，中信出版社 2007 年版，第 19 页。

5 结构思考术：养成结构化思考与系统思维

导论·凤头之美：开门见山，SCQA 万能开场白公式

一篇论文，不论大小，大到几十万字的博士论文，小到几千字的论文，都要包括导论、本论、结论三个部分。本论是论文的主体，重要性毋庸置疑。本论、结论，一头一尾，字数不多，但相当重要，尽量不要省略。陶宗仪的《南村辍耕录》："乔吉博学多能，以乐府称，尝云：'作乐府亦有法，曰凤头、猪肚、豹尾六字是也。'大致起要美丽，中要浩荡，结要响亮。尤贵在首尾贯穿，意思清新。苟能若是，斯可以言乐府矣。"[①] 凤头、猪肚、豹尾，就是导论、本论、结论三部分。没头没尾的文章，只剩下猪肚了，即使丰满有料，却没了凤头之俊美精彩，没了豹尾的雄劲潇洒。

导论，就是开场白，要开门见山，直奔主题，先声夺人，亮剑观点。"直截了当地进入实际问题。切忌空话、废话连篇。"[②] 有一些论文，开头好几个自然段，对制度背景、问题困惑、典型案例等长篇大论，看了一两页之后还不知道这篇论文究竟要研究什么，论文的核心命题还没有出现。絮絮叨叨的

---

① （元）陶宗仪：《南村辍耕录》。

② ［英］安东尼·韦斯顿：《论证是一门学问》，卿松竹译，新华出版社 2011 年版，第 115 页。

开场白，我们一定要坚决避免。这不仅不是好的文风，也不是好的作风。那些说话办事绕弯子、兜圈子、客套起来没完没了的人，让人讨厌。文如其人，从读者的角度来看，开门不见山、命题看不见的开场白也会令人生厌。

导论写什么？梁慧星认为，“导论的内容，通常是交代课题：本文究竟要研究一个什么课题、这个课题的产生背景、研究这个课题的原因、它的理论意义和现实意义。如果是博士论文，通常还要交代所采用的研究方法，交代论文的大体结构”。[①] 何海波教授认为，“导论通常界定题目（我将讨论什么问题），并指出选题背景（为什么这个问题重要）；综述已有的文献（人家都研究过什么），并指出它们的不足（我的研究还有什么意义）；交代你的基本立场、观点、角度或者方法（视情况而定），以及文章结构（旅游路线）”。[②] 究竟怎么写导论？我们需要一个套路。布斯、卡洛姆、威廉姆斯三位学者在《研究是一门艺术》中提出了导论的“语境 + 难题 + 回应”结构，包括三要素：构成语境的背景（contextualizing background），有关难题的陈述（statement），对难题的回应（response）。[③] 如果在三要素中再加一个冲突的要素，就是麦肯锡咨询顾问芭芭拉 · 明托在《金字塔原理：思考、写作和解决问题的逻辑》中提出的 SCQA 开场白万能公式。[④]

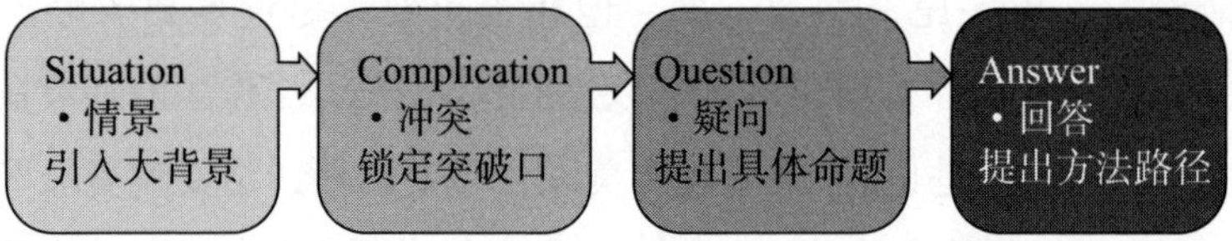

情景—S（Situation）：由大家都熟悉的背景、事实引入。

冲突—C（Complication）：实然情况与应然要求之间有冲突。

疑问—Q（Question）：怎么办？提出命题和难题。

---

① 梁慧星：《法学学位论文写作方法》（第 3 版），法律出版社 2017 年版，第 70 页。

② 何海波：《法学论文写作》，北京大学出版社 2014 年版，第 191 页。

③ 参见［美］韦恩 · C. 布斯、格雷戈里 · G. 卡洛姆、约瑟夫 · M. 威廉姆斯：《研究是一门艺术》，陈美霞、徐毕卿、许甘霖译，新华出版社 2009 年版，第 70 页。

④ 参见［美］巴巴拉 · 明托：《金字塔原理：思考、写作和解决问题的逻辑》，王德忠、张珣译，民主与建设出版社 2002 年版，第 35~44 页。

回答—A（Answer）：我们的解决方案、思路、方法是……

这个万能公式用途非常广泛。为什么有些诗脍炙人口？因为SCQA。例如："清明时节雨纷纷"引入一个情景（S）；"路上行人欲断魂"转入冲突（C），描述了路上羁旅行人落魄断魂之态；"借问酒家何处有？"提了一个具体问题（Q），去哪儿找个酒馆借酒消愁呢？"牧童遥指杏花村"，牧童回答（A），却又不语，用手指向远处的杏花村。看看一则广告：得了灰指甲（S），一个传染俩（C），问我怎么办（Q），马上用亮甲（A）！

你可以找到很多成功范例，用SCQA来拆解其中秘密。这个开场白万能公式将人类思考和表达规律揭示出来并结构化展示。为什么有些文章开头短短几行字，就很好地交代了命题和研究思路，而且吸引读者愿意看下去？为什么有些领导开会时几句开场白能够振奋人心，赢得鼓掌点赞？因为符合规律。可能他们不知道SCQA是啥，但他们却是按这个套路写作和讲话的。如果我们知道了这个秘密，主动运用这个结构化思考和表达工具，就能秒变高手。

SCQA，是凤头之美的秘密。我们可以用四句话来开场白，SCQA各一句，但也不必如此机械。SCQA是一套招式，不能当成教条式花拳绣腿，实战中还要看战场的具体情况。只要达到最佳表达效果，不拘一格，没有定式。导言要吸引人，让读者愿意看下去，更重要的任务是开门见山交代核心命题。核心命题是由S和C引出的，集中体现在Q和A中。典型的写得不好的导言，把S和C写得太长了。大篇幅的铺垫，使得核心命题千呼万唤不出来。常见的情形，或是大篇幅介绍背景政策等常识性信息，或是大段文字叙述案例，或是不厌其烦地分析某个概念。如果发现自己的论文有上述几种大篇幅铺垫，一定要忍痛割爱。一般来说，导言半页之内为宜，最长不要写到第二页去。导言越简短，核心命题就越容易突出。

我从近些年全国法院学术讨论会一等奖论文中挑选一些开头，与大家一起学习体会。情景S，大多数情况是以抽象方式陈述制度和问题的背景信息，也有一些导言以具体的事实和案例开头。例如，第26届全国法院学术讨论会一等奖论文《超越理论纷争：公平责任一般条款的司法适用》导言：从众所周知的“最美司机”吴斌在公路上遭遇飞来横祸，到身边间或发生的意外事故，似乎昭示着一个事实：这是一个飞速发展而又危机四伏的时代（情景S：案例事实）。虽然人类向来追求体面并且安宁的生活（冲突C1：应然，愿景），但“确定性常常是一个幻想，而安宁也并非人类的命运”，各类风险始终与人类相伴（冲突C2：实然，现实）。《民法通则》第132条即对当事人均无过错情形下的损失分担设定规则，并在《侵权责任法》第24条中得以延续和继承，这两条规定被视为公平责任的一般条款（问题Q：提出公平责任一般条件这个命题）。本文试图通过对判决书的抽样考察，总结公平责任一般条款适用的现状与问题，并在理论分析基础上，提出司法适用的规范路径（回答A：交代抽样实证研究和理论分析相结合的研究思路）。

SCQA一定是分别一句话吗？下面这个例子的情景S用两句话表达，问题Q和回答A合并在一句话里。很多论文容易把情景写成多句话甚至一段话，我们一定要避免过多陈述常识性背景信息。第29届全国法院学术讨论会一等奖论文《行政协议之外第三人的原告主体资格再考察》导言：行政协议作为公共管理领域公私协作的必要方式，在现代社会治理中发挥着举足轻重的作用，已成为行政主体不可不运用的一种法律手段（情景S1）。新《行政诉讼法》对现代化政府治理方式作出积极回应，将行政协议案件纳入了行政诉讼的受案范围（情景S2）。然而在司法实践中，除了签订行政协议的相对人，行政协议之外的第三人也往往以协议侵害其合法权益为由提起行政诉讼，但法院往往以其不具备原告主体资格而将其挡在行政诉讼大门之外（冲突C）。因此，作为“扣动司法审查程序或司法反思过程的扳机之一”的原告主体资格问题，在行政协议之外的第三人提起的行政诉讼案件中应当予以重新检视（问题Q），在诉讼类型化的视角下对其原告主体资格予以再考察（回答A）。

再举一个例子，冲突C和问题Q都是拆成两句话，冲突C的第一句合并到情景S中。本文导言的突出特点是，问题Q的两句话，第一句点题点明核心命题，第二句交代核心命题中的具体难题。第26届全国法院学术讨论会一等奖《论民事诉讼中日常生活经验法则不当运用问题》导言：日常生活经验法则在民事诉讼中的运用极为广泛（情景S），而其具体适用却是千差万别的，缺乏一套普遍认同的程序和规则，从而导致其运用过程的个体化、神秘化，实践效果欠佳（冲突 C1）。日常生活经验法则不当运用频发，有些案件还造成了负面的社会效应，引发信访、网络负面舆情等问题（冲突 C2）。对日常生活经验法则不当运用问题的研究具有重大的理论价值和实践意义（问题 Q1：提出命题“日常生活经验法则不当运用”）。然而何谓日常生活经验法则不当运用、如何对其进行有效规制，相应的法律规定模糊、缺漏，相关学术研究比较薄弱（问题 Q2：提出命题中的具体难题）。本文采取“过程—结构”的分析方法，结合实例，解析日常生活经验法则不当运用问题，透视问题成因，并从程序性规制视角找寻运用日常生活经验法则之思维过程“显现化”的制度机制，提出一些具有实践操作性的意见和建议（回答 A：交代研究方法和研究思路）。

这篇文章的问题 Q 是一道选择题。第 28 届全国法院学术讨论会一等奖论文《省级统管背景下的法官任免制度改革探析》导言：十八届三中全会通过的《中共中央关于全面深化改革若干重大问题的决定》提出，要推动省以下法院人财物统一管理，从而保证国家法律统一正确实施（情景 S）。而在推进省级统管改革过程中，同时也是《人民法院组织法》修改过程中，存在一个值得深入研究的争议问题，即地方各级法院的法官任免程序问题（冲突 C1）。现行《人民法院组织法》第 34 条规定了“分级任免”制度，但该制度不符合省级统管改革的基本精神，亟须改革（冲突 C2）。而在省级统管改革研讨过程中，围绕法官任免制度，主要存在两种方案：方案一是“省级任免”，方案二是“省级提名、分级任免”（问题 Q）。本文将重点分析何种方案更佳，并提出相应的配套措施（回答 A）。

SCQA 是否可以颠倒顺序呢？例如这篇文章，研究方法、路径（回答 A）在先，需要解决的问题“法官专业化”在后（问题 Q）。第 26 届全国法院学术讨论会一等奖论文《全国审判业务专家制度的生长与走向》导言：最高人民法院自 2009 年至今已组织三届全国审判业务专家评选活动，共评选出 150 位全国审判业务专家（情景 S1）。除了“高层次审判人才”与“审判领域最高荣誉”两大光环外，全国审判业务专家制度对司法公正、公信的价值是更为宏大的叙事（情景 S2）。我们更应关注全国审判业务专家制度本身及与法官专业化的相互关系等中微观问题，以一项具体制度的发展推动中国司法建设（冲突 C）。本文拟以全国审判业务专家制度为例（回答 A），探索法官专业化的走向与未来（问题 Q）。

一般来说，将回答 A 和问题 Q 放在一句话里，我们更习惯先 A 后 Q，即“用什么办法解决什么问题”，这也是符合正常表达习惯的。这篇论文开场白也是先 A 后 Q 的结构。第 26 届全国法院学术讨论会一等奖论文《裁判文书上网制度下隐私权的界定与保护》导言：将裁判文书在互联网上公开，是数字化时代孕育的司法公开新举措，它让公众的司法知情权进一步实现，方便了社会公众对法院工作的监督（情景 S1），但同时，也对个人隐私权造成了严重威胁（冲突 C1）。虽然最高人民法院对如何在互联网上公布裁判文书作出了相关规定，为法院的这项工作指明了方向，但由于具体案件的复杂性，在实践中依旧存在选择上的冲突（冲突 C2）。以离婚案件为例，在裁判文书上网中（回答 A），法院究竟该如何保护当事人及相关人员的隐私权呢？（问题 Q）

本论·猪肚之丰：一字千金要逻辑，八股也精彩？

本论，是文章的主体和本质，当如猪肚之充实、丰富、饱满。想达到丰满的效果，就要挤去文字的水分，以最简洁的文字表达出最丰富的意思来。文字表达有效率的问题，还有效果的问题，并不是说得越多就是说理越充分。朱光潜先生谈道，“说理要透，透在于话说得中肯，轻重层次摆得妥当，并不在话说得多。有时我把一万字的原稿压缩到五六千字，发现文字虽然压缩了，意思反而较醒豁。从此我看出简洁是文章的一个极可珍视的美德。简洁不仅表现于遣词造句，更重要的是表现于命意，一个意思已经包含在另一个意思了，或是主要的意思已经说出了，被包含的或次要的意思就不必说”。[①] 好的

① 朱光潜：《漫谈说理文》，载王力、朱光潜等：《怎样写学术论文》，北京大学出版社 1981 年版，第 39 页。

说理，一字千金，干货满满无虚言；入木三分，意思深刻有力道。如何做到呢？要对文章结构细细考究。我之前大力倡导的提纲式写作，就能保证动笔之前已经胸有成竹。如果想到哪儿说到哪儿，就制造了一团乱麻交给读者去理，或者搞成了谁也看不懂的云山雾罩。

文章结构要讲逻辑关系。博士论文等大篇幅文章，可以采取总分结构；分的结构之间或并列，或递进。几千字、万余字的论文，最好不采用总分结构，直接以并列结构或递进结构展开。如果把思路比喻成电路，并列结构如并联电路，递进结构如串联电路。在同一结构层次中，当在同一标准展开，尽量避免并列结构与递进结构混用，例如第一、二段并列展开，第三段却是第二段的递进。作者的结构混用，带来的是读者的思维混乱。

并列结构应当遵循三个基本规则：一是“同一位阶”，[①] 应当依照同一个逻辑标准展开。找个形象化的比喻，并列结构同一层次的各个部分应该同属一个辈分，爷爷辈儿和儿子辈儿不能并列在一起，儿子辈儿的内容必须放在爷爷下面，孙子辈儿的内容又要放在儿子下面。二是无遗漏。有些论文，罗列情况或者原因，想到一点写一点，是否覆盖了所有情况呢？并不清楚。如上面比喻，老大、老二、老三，同辈分兄弟姐妹要到齐。之前举例过的文章《人民法院民刑交叉案件处理机制之探索——以统一法秩序的司法立场为视角》的四个案例分别覆盖一个方向，四个方面放在一起又形成一个整体。怎么才能做到无遗漏？要按同一个逻辑标准，以结构化思考的方式展开。

递进结构，要沿着一条逻辑线索递进。线索不同，递进结构呈不同形态。梁慧星将递进关系分为时间上、空间上、纯粹逻辑上的递进关系三种形态。第一，时间上的递进关系遵循历史逻辑，其规则是“时间愈早愈在前，时间愈近愈在后”，[②] 采用的是历史研究方法。全国法院第 27 届学术讨论会有一篇一等奖论文《“司法的行政”而非“行政的司法”：论分署垂直的法院新型司法行政事务管理模式》，按解放战争、新中国成立后、改革开放三个时期展开，每个时期又分前后两段。第二，空间上的递进关系，包括地域上的空

① 梁慧星：《法学学位论文写作方法》（第 3 版），法律出版社 2017 年版，第 91 页。
② 梁慧星：《法学学位论文写作方法》（第 3 版），法律出版社 2017 年版，第 95 页。

间和抽象的空间，二者共同的规则是“先外后内”，[①]先讨论外部问题、外部关系，再讨论内部问题、内部关系；先研究外国制度背景、沿革、功能，再研究我国的情况。例如，做比较法分析的文章，一般都遵循这样的顺序。第三，纯逻辑上的递进关系，“是指在逻辑上由抽象到具体，先从概念、定义说起，解释其含义，探讨其内涵、外延，确定其适用范围，分析适用条件、法律效果。通常采用法律解释学的研究方法，就反映这种递进关系……其规则是越抽象越在前，越具体越在后”。[②]“是什么—为什么—怎么办”“提出问题—分析问题—解决问题”是常见的逻辑递进。以我在全国法院第 30 届学术讨论会获得一等奖的论文《十字阵：司法裁判效果理性思辨可视力研究——“逻辑理性—实践理性—价值理性”之融贯》为例，第三部分的小标题为：“思辨路径：‘逻辑理性—目的理性—逻辑理性’之螺旋”，下面的三个部分按思维过程的逻辑展开：“（一）以逻辑理性为始；（二）持实践理性、价值理性做好‘选择题’或“论证题”；（三）执果索因，回归逻辑理性”。

总分的安排，并列的展开，递进的延伸，是否存在文章结构布局的规律呢？规律是有的，而且也是结构化的。著名的“金字塔”揭示了结构思考的规律。我在后面还会专门讨论“金字塔”这款神技。在此，我们先从表面上直观地感受一下高水平论文的主体结构长什么样，看看大数据分析分析结果吧。北京市朝阳区人民法院的程立武同志做了一篇调研报告《大数据告诉你法院系统的学术论文怎么写》，对 2006 年至 2015 年全国一等奖论文共 91 篇进行大数据分析。其中，文章主体结论分析结果如下：

大数据告诉你法院系统的学术论文怎么写

1. 三部分结构（37 篇）。

1.1 推荐结构模式一（21 篇）：

实践检视 / 样本分析 / 现实困境——成因透视 / 实证解构 / 困境之源——出路选择 / 制度重

① 梁慧星：《法学学位论文写作方法》（第 3 版），法律出版社 2017 年版，第 95 页。
② 梁慧星：《法学学位论文写作方法》（第 3 版），法律出版社 2017 年版，第 96 页。

塑/破解之道。

1.2 推荐结构模式二（7篇）：

不当现象/实践乱象/失范现状——异化分析/误区矫正/理论厘清——消解路径/规制方案/突破进路。

2. 四部分结构（27篇）。

2.1 推荐结构模式一（7篇）：

现状扫描/冲突样本——实践探索/现状分析——理论证成/理论分析——功能重构/实现路径。

2.2 推荐结构模式二（3篇）：

问题/流弊——检讨/审视——域外/镜鉴——重构/建议

3. 五部分结构（8篇）。

推荐结构模式（2篇）：

实践考察——生成机理——问题反思——原因探究——完善建议。

4. 两部分结构（3篇）。

风险较大，不推荐使用。

5. 七部分结构（1篇）。

极罕见，不推荐使用。

大数据分析结果显示出来的是数据分布情况，即哪些情况多，哪些情况少。我们发现，三部分结构（37篇，占比40.7%）与四部分结构（27篇，占比29.7%）是最多的，合计达到七成。三部分结构与四部分结构又分别有两种推荐模式。再加上五部分结构，就会发现实践与问题导向这个共同规律，都是从实践问题开始，而不是从抽象的概念、原则、原理开始。上述模式均经历了问题意识三层次的跃迁过程，从实践难题感性认识开始，通过理性思考、理论研究，最后形成解决之策。“提出问题—分析问题—解决问题”，是贯穿各种模式的内在思维线索。

是不是按三部分、四部分的模式写论文，就能提高获奖概率？这么说，既对又不对。所谓八股，是大数据总结的结果，大数据分析就是具有说服力的验证方法。大数据告诉我们，优秀论文结构的分布规律。为什么三部分、四部分结构的模式占比最高？说明两个问题：一是两结构四模式符合文章布局、结构的规律，用这种结构化的方式呈现思想观点和研究思路，更容易得到好的表达效果；二是两结构四模式适合大部分的文章，应用范围最广泛。对于论文初学者来说，当不知道怎么写好论文时，就可以根据研究命题的特点，从三部分、四部分结构的四个推荐模式里面选一个最适合的。这就找到灵丹妙药了吗？如果仅仅把眼光局限于此，就是舍本逐末。照猫画虎，皮毛等可以借鉴，但虎终究是虎，不是猫。只有深察虎不同于猫的精神气质这个本质，才能把虎画得栩栩如生。我们还是要把主要精力放在扎扎实实调查问题、认认真真阅读思考上。

大数据分析的价值是在统计学意义上讲的。三部分、四部分结构这样的八股式模式，只是在统计中占了优势。这说明“八股”具有广泛的适用范围，但并不及于全部；在这个相对广的范围内符合结构化思考的规律，但并不反映普遍规律。形式是为思想服务的，而不能成为禁锢思想的桎梏。“八股”是大数据规律的总结，可以之为参考性向导，但是不能拘泥于“八股”。如果你的命题独创性非常强，研究思路也与众不同，上述四种结构模式哪一个都不好用，那就必须实事求是地根据思想表达的需要，重新设计一套个性化的结构。命题与思路越独特，表达形式就越独特，就越不可能拘泥于定式。大数据分析的另一面告诉我们，作为小众的五部分结构，还有罕见的两部分、七部分结构，也可以取得成功。

结论·豹尾之力：画龙点睛，力透纸背

所谓豹尾，就是要有一个简短有力的结论。“最终得到一个什么研究，结果应当在结论部分作出概括；如果还有遗留问题没有解决，也应在结论部分指出。”[①] 上小学时，语文老师告诉我们写作文要结尾点题。“点题”是对文章结论部分核心功能的精妙概括。所谓点，就是点穴。文章的穴位在哪里？穴

① 梁慧星：《法学学位论文写作方法》（第3版），法律出版社2017年版，第73页。

位在脉上。啥是脉？脉就是贯穿文章始终的命题。点题，就是在命题这条文脉上找到痛点，找准穴位点下去，脉就通了，文章的精气神就出来了。接下来，我从近年来全国法院学术讨论会一等奖论文中挑选一些文章的结论，与大家一起观摩一下几类典型的收尾方式。

内容提要型。将文章的内容高度浓缩为一段精练的提要，包含了选题意义、研究思路、观点对策等。例如第28届全国法院学术讨论会一等奖论文《省级统管背景下的法官任免制度改革探析》结语："省级任免"改革方案是一种较为理想化的改革方案，对于司法事业的长远发展具有重要意义。而"省级提名，分级任免"在当前时期内相对而言更为实际，更加"接地气"。如果"省级任免"改革方案的推进难度较大，"省级提名，分级任免"方案也不失为一种可以接受的方案。本文对两种方案的优缺点进行了较为深入的分析，并提出配套措施，以供决策者参考。

观点对策型。提炼出最终的研究结论，重述核心观点、基本对策。例如第26届全国法院学术讨论会一等奖论文《在限制与扩张之间——执行权与诉权平衡下的分配方案异议救济之分析》结语：在当前关于执行异议之诉制度还不完善和其他制度不配套的情况下，分配方案异议的诉讼救济应该持谨慎态度，通过对提出此类异议的主体限定、理由限定和程序界分将分配方案的异议程序和救济程序打造成更加效率化程序，真实反映执行法院实践的承受能力和当事人之间的利益平衡。

意义价值型。对论文命题在实践上、理论上的重要价值、重大意义再次强调一下。例如第28届全国法院学术讨论会一等奖论文《刑事案件速裁程序审级制度建构——以"上诉利益"为理论基点》，结语有个小标题"突破樊篱"，就是对命题意义的高度凝练，结语内容是：我国刑事案件速裁程序脱胎于独任简易程序，有"简易之简易"之称，在上诉制度方面完全承袭传统做法，以致当提及一审终审之时，很多人以违背原则而持反对意见。然则较之域外立法对救济路径的多元精细划分，我国不加区分、无须理由的上诉制度，不仅于权利保障无更多益处，反而极易成为被告恶意行权之手段。欲使速裁程序真正体现其价值，就必须突破"简易之简易"樊篱。就其审级制度而言，理应以“上诉利益”为理论指引，勇敢探索一审终审之可能。

立意初衷型。作者再次表达自己选题立意的初衷，向读者传递为什么要研究这个命题的情怀和担当。例如第29届全国法院学术讨论会一等奖论文《村民委员会民事责任承担研究》结语：本文写作的初衷在于厘清基层群众性自治组织法人民事责任承担的内涵和外延，使其更好地参与民事活动。通过对村民委员会“履行职能需要”中职能、主体和财产的界定，应可扫除基层群众性自治组织法人承担民事责任时的障碍。笔者也会在《民法总则》正式实施后，对上述问题进行深度的思考，此刻提出仅供抛砖引玉之用，以期司法解释制定者在制定司法解释时可予以考虑。

局限自谦型。真理有适用的条件和范围，没有哪个研究成果是包治百病的“灵丹妙药”，可以谦虚的态度将研究成果的局限性在结语中澄清。对于改革中的问题，或者新的案例类型，或者别人没注意的独到问题，第一个吃螃蟹的人可能因实践发展阶段或者认知能力的局限而一时看不透彻，也要实事求是地交代研究水平和程度的局限。例如第26届全国法院学术讨论会一等奖论文《审视与构建：建立与行政区域适度分离的司法区域划分制度研究》结语：探索建立与行政区域适度分离的司法区域划分制度是我国司法改革领域的一个重要组成部分，对其构建作理论上的分析和实践上的探讨具有重要的现实意义。但困扰当前我国司法改革的根源还是体制性问题，因此对于建立与行政区域适度分离的司法区域划分制度必须有一个清醒的认识，它不是解决当前所有司法领域问题的“灵丹妙药”，对其积极效应不能过于高估。本文只是对司法区域的划分调整做了初步的探讨与构想，相关问题还有待更为全面精细的研究，但是我们坚信在相关司法改革配套建设稳步推进的基础上，建立起与行政区域适度分离的司法区域划分制度一定能够实现。

期望号召型。期待研究命题能得到更多关注，希望研究成果能够在实践中得以转化，并对这个领域的实践发展充满期许。例如，第28届全国法院学术讨论会一等奖论文《微瑕的程序正义——行政程序轻微违法司法审查标准之构建》结语：正义不仅应得到实现，而且要以人们看得见的方式加以实现。在全面推进依法治国的当下，随着新《行政诉讼法》的施行，行政程序违法性审查也应赋予新内涵。依法行政不断推进的同时，应建立起严格的程序轻微违法的审查体系，以全面保障公民权利。相信，程序正义将作为依法行政重要理念落实于即将出台的行政程序法之中。再如，第29届全国法院学术讨论会一等奖论文《民事诉讼中“争点型”判决书的制作》结语：庭审是没有硝烟的战场，而判决书更要明确并解决争议，这是裁判文书精简、实质化的要求，也是回应当事人、二审再审法官及全社会关注的需要。判决是格式文，亦是记叙文、说明文、议论文。法官制作判决书时，必须集中反映庭审中当事人举证质证、审查认定、陈述意见、法律适用等各种争议情况，对争点积极回应，并通过繁简分流、释解中心争议，以“争点型”判决书提升审判质效。

辩证思考型。提倡有所为，又提醒不可乱为。例如，第26届全国法院学术讨论会一等奖论文《债务性质未定前提下执行夫妻财产的实践乱象与出路》结语：在债务性质未定前提下如何执行夫妻共同财产——实务如此常见，司法实践却是乱象一片。乱象不除，还谈何解决“执行难”，还谈何“深化司法改革”？细究乱象，各种差异实践最终目的均为能更快、更全地执行到位。但是，无论理论界还是实务界均应警醒——绝不能通过“乱执行”应对“执行难”，尤其不能超越现行立法“乱执行”，否则司法公正必将大受其害。基于此，应当兼顾效率与公正价值、合理配置实质与形式审查、准确区分控制与处分行为，在现行立法下把控制共有财产前置与认定债务性质中置相结合作为解决上述实务问题的较优出路。

拓展延伸型。对研究成果、观点对策进一步拓展延伸，指出一条深入理论研究、深化实践探索的方向。例如，第29届全国法院学术讨论会一等奖论文《行政协议之外第三人的原告主体资格再考察》结语：目前，司法实践对原告主体资格的认定标准呈现出单一化倾向。以行政诉讼类型化为研究视角，能够更加精细化地确定享有不同权利基础的协议之外第三人是否具有原告主体资格。因此，在诉讼类型化视野下，亟须司法实践对协议之外第三人的原告资格问题作进一步的个性化探索，以及时回应新型行政案件在原告主体资格认定上的现实需求。

立法建议型。文章最后提出立法建设稿作为结语，立法建议是特别形式的结论。例如，第 26 届全国法院学术讨论会一等奖论文《超越理论纷争：公平责任一般条款的司法适用》结语小标题是“关于现实与梦想”，结语内容为：100 份司法判决与 3 条法律规定相互交织，共同勾勒出公平责任一般条款的轮廓。真正有效规范公平责任的适用，需要在相关司法解释中做出细化规定。笔者尝试拟出相关条款：第 × 条：当事人对损害的发生都没有过错，且不属于法律规定的无过错责任情形的，可以根据双方的经济状况和损害程度等因素，依情形由当事人分担实际损失：（1）损害由行为人引起的，可由受害人和行为人分担损失；（2）损害由物件引起的，可由受害人和物件的保有人分担损失；（3）损害是受害人在为他人的利益或者共同的利益进行活动时发生的，可由受害人和受益人分担损失。

当然，必须看到，公平责任主要是弥补社会保障制度的不足，但侵权法只能有条件地分担损失，且成本高、效率低。理想的损害救济机制应是建立完善的社会福利系统，通过社会保障和保险制度实现以全社会之力补偿弱小个人之损失，达到真正的有损害就有补偿。

引言忠告型。有人喜欢在文章开头引用名言、格言或经典论述作题记，也可以把这个题记放在最后作为结语。例如，第 26 届全国法院学术讨论会一等奖论文《论民事诉讼中日常生活经验法则不当运用问题》结语：“对经验法则的适用，取决于对具体情况的最细心的观察。要件的最小移动既有可能阻碍经验法则的适用，且可能提出一个使法官相信对立面的推论。”对日常生活经验法则的运用要慎之又慎。本文的研究尚属抛砖引玉，谬误、不足在所难免，请大家批评指正。

短小精悍型。一句话结语，一锤定音，余音绕梁。例如我的两篇文章，都是以一句话结尾。第 28 届全国法院学术讨论会一等奖论文《思维导图：法官何以发掘事实》结语：再复杂的案件，一张思维导图就将事实与证据理顺了。第 29 届全国法院学术讨论会一等奖论文《画骨：探知证明思维过程的深层逻辑》结语：再复杂的证明难题，揭开画皮画鱼骨，一张鱼骨图就将证据与事实理顺了。

上述类型是我从大量获奖论文中归纳出来的经验性分类，对结论类型的概括未必周延，为了让大家在借鉴中得到一些启发，我们也可以把两种以上上述类型融合在一起。例如“重申意义＋观点对策”，第28届全国法院学术讨论会一等奖论文《受欺诈行政行为的合法性及判决方式》结语：随着我国福利行政的发展和行政审批的不断简化，在授益行政领域，受欺诈行政行为难以避免。对于行政机关已经尽到法律规定之审查义务的情况下，必须分清责任，对此类行政行为的合法性做出公正评价。这有利于进一步促进行政审批简化手续、提高效率，有利于我国服务行政，依法行政的顺利推进。增设“废除合法但应失效行政行为”的判决方式，既能达到上述目的，同时也能及时纠正错误的行政法律关系，有利于及时有效地化解行政争议。

又如“观点对策＋期望号召”，第28届全国法院学术讨论会一等奖论文《二审民事案件适用独任制审理的理性逻辑与进路探索》结语：独任制扩展至二审是按照司法规律对我国诉讼和司法制度进行完善的应有之义。虽然本文对我国二审适用独任制进行了相对理性的思辨，并在此基础上提出了独任制合理扩展至二审的建议，但本文的探索只是初步的，希望对尊重司法规律和深化司法改革能有所启发。

再如“重申意义＋局限自谦＋拓展延伸”，第29届全国法院学术讨论会一等奖论文《论绩效管理视角下基层法官业绩考评机制的困境与出路》结语：能否建立符合审判权运行规律和司法职业特点的法官业绩考评机制，直接关系到法官员额制和司法责任制改革的成败。尽管文章着眼于基层法官业绩考评机制的研究，但高级法院和中级法院除了因审级差异在具体考评指标设计上应有所区别外，文章运用的研究方法以及机制构建思路同样适用于高级法院和中级法院。文章着眼于借助管理学中的绩效管理体系完善现行考评机制，至于具体考评指标的分值设计等微观设计有待进一步研究。

最后，我简要谈谈论文的内容提要与创新观点。首先提醒大家对这两样东西高度重视，不论参加征文竞赛还是投稿发表，评委最先看的是标题，然后就是这两样东西。不用多说，换位思考一下就明白了。内容提要怎么写？我之后会介绍金字塔思维。如果你把论文内容想象成一座金字塔，那么内容提要就是包含塔尖在内上面的三层。内容提要应当避免细节性的内容，三层以下的内容必须大胆割舍。当然，这也不是绝对的，如果三层之下有金句之类非常精辟的内容，挑出一两句来点缀其中也是可以的。创新观点怎么写？我在阅评论文时发现，有些同志分不清创新观点与内容提要的区别。如果写创新观点时又把内容提要复述一遍，那么就浪费了展示创新观点的机会。评委或读者对创新观点有强烈的期待，如果找不到亮点，就对这篇文章没兴趣了。从字面上看，创新观点 = 创新 + 观点。首先是观点性的，以作者的见解为主，尽量不要罗列大量资料性、方法性的内容。这个见解还必须是独创性的，而创新是非常难的，如果一篇论文有三四个主要创新点就很厉害了，核心的创新点也许只有一个。有些作者把创新点一条一条写满一页纸，世上有如此锦绣文章？即使天才佳作，也不可能如此。不是创新的创新点列的太多了，就把真正的创新点的光芒掩盖了。

思维导图：心智结构伸展的可视化工具

风头之美，猪肚之丰，豹尾之力，是文章的外在结构。下面我们转向内在结构，一起研究人的思维结构，学习结构化思考的方法。首先向大家介绍两个将思维结构可视化呈现的工具——思考导图和鱼骨图。这两样东西不是结构化思考工具本身，是将结构化思考展示出来的工具。

近年来，思维导图非常流行，我们还可以看到心智图、概念图、脑图、树图、思维地图等，它们都是思维导图的其他叫法。思维导图进行发散性图形思维工具，也是展示思维过程、知识体系的图形展示工具。思维导图是舶来品，祖师爷是东尼·博赞（Tony Buzan），他因创建了思维导图而闻名世界。在检索他的名字时，还要知道别的译法：东尼 = 托尼，博赞 = 巴赞。《思维导图完整手册》是很好的入门教材。[①] 如果想系统学习思维导图，我建议将东尼·博赞的思维导图系列作为基本教材，包括《思维导图》《启动大脑》《超级记

① ［英］东尼·博赞：《思维导图完整手册》，郭胜阳译，中信出版社 2018 年版。

忆》《快速阅读》《博赞学习技巧》《思维导图实践版》共6本书。市场上关于思维导图的书汗牛充栋，质量参差不齐，建立大家一定要先看祖师爷的书，再博览其他。如何画一张地道的思维导图？我把画图基本要素提炼出来，帮助大家速成一下，想进阶成为导图高手，需要进一步学习、练习和领悟。我把这些要素列表说明一下。

要素	位置	用途与方法
逻辑布局	全图	金字塔思维；多种样式设计
关键词	框内，线条上	归纳要点（浓缩），提示内容（展开）
线条	放射线，连接线	展示逻辑、层次、关系；粗、细、渐细
色彩	文字、框、线条	辅助逻辑，刺激右脑，增强美感；渐变色
图像	框内插图、表格	图像记忆或联想，刺激右脑，增强美感

逻辑布局是第一要素。画图之前首先要有个规划，先脑补一下大概画成什么样。我最经常使用的软件是Xmind，点开“新建”，你会看到各种逻辑布局样式让你选择，包括：思维导图，平衡图（向下、顺时针、逆时针），组织结构图（向下、向上），树状图（向右、向左），逻辑图（向右、向左），时间轴（水平、垂直），鱼骨图（头向左、头向右），矩阵（行、列）。这些样式就是逻辑布局，先选好逻辑布局才能开始做画。它们还可以混合使用，第一层展开用这个样式，第二层展开换成别的样式。不论外表的形式如何展开，思维延伸的内在脉络是金字塔思维。思维导图与金字塔思维是形与神的关系。

关键词，就是关键词，千万不要搞一句话。如果对应层次的标题是一句话，那就压缩成一个短语。如何压缩提炼关键词？金字塔思维结构中，关键词就是能够辐射下面全部统摄部分的命题词，是核心命题的高度浓缩。我们要运用金字塔思维进行结构思考，提炼出最能表达核心命题的词或短语。关键词有两个用途：一是归纳要点，用于展示表达，运用归纳的思维方法把意思抽象出来，是一个浓缩的过程；二是提示内容，用于头脑风暴，把写作、办事的想法标记下来并层层展开，是一个展开的过程。内收与外放，对应归纳与演绎两种思维，对应阅读、展示与写作、办事两种用途。还有一种特殊的关键词，长在连接线上，标注连接线两端两个关键词之间的关系。

要对思维导图中的关键词进行美化设计，包括字体设计、外框设计。关于字体设计，高级别关键词要用大字号，字号逐级变小，加粗、斜体等视需要使用，总的原则是保持层次清晰。外框设计很重要，主要包括有框与无框两大风格。有框的，又有全框、半框之分。一般来说，高层次关键词要用全框，有方框（直角、圆角）、圆框（正圆、椭圆）、菱形框、异形框（浮云、花边、齿边等）。低层级的关键词可以使用半框，半框主要是一条横线。不论全框、半框，其粗细当与层次和线条相协调。无框的关键词在手绘思维导图中广泛应用，把关键词直接写在放射线上。

线条，包括放射线与连接线。放射线展示逻辑、层次，是不可或缺的基本线条。其形状有曲线和折线两大类，折线包括直角和圆角。连接线用于将两个没有放射线连接的关键词连接起来，表达二者之间特殊的逻辑关系，其形状包括实线与虚线两大类。线条的粗细、颜色也要设计一下，渐细可能更美观。

色彩，用于文字、框（框线、框内填充）、线条上。好的配色，让思维导图更美观，还可以有效辅助强化层次、关系等逻辑效果，这些可视化效果是通过刺激右脑实现的。大部分的色彩都用于线条类配色，只有关键词框内颜色填充是面的配色。框内配色要与其他文字、框线、线条相协调，一般来说渐变色比纯色效果更佳。

图像，框内加插图，大大提升可视化效果，让其辅助的关键词含义丰富鲜活起来，也让整个思维导图活泼生动起来。图像除了辅助表达，还能通过刺激右脑达到强化记忆、引发联想等效果。思维导图的中心框内最好使用插图，分支关键词的框内，看哪个需要突出效果。图片从哪里来？可以从一些PPT素材网站上找些小插图。我们平时看微信时也能遇到一些漂亮的小插图，可以保存下来导出使用。除了图片，是不是还可以插入统计图和表格？当然可以，之前讨论的一图胜千言的效果就可以嫁接到思维导图中。

那么思维导图用啥画？两大派别，一是手绘，二是电脑。电脑画图，我首推Xmind，有付费版和免费版，官方网站下载安装后的免费版已经提供了强大的功能，基本上够用了。收费版主要多了头脑风暴、甘特图和演示的功能，如果仅用于画图，这些功能用不上。Xmind很容易上手，选好逻辑布局样式就可以画图了，记录两个键：按一下 Enter 键，在同级别增加一个关键词；按一下 Tab 键，在下一级别增加一个关键词。还可以使用复制粘贴功能，在 Word 或 TXT 中选择、复制几行关键词，在 Xmind 点击一个关键词后粘贴，这些关键词就列入这个关键词下一级别。框内换行要用 Shift-Enter，框的宽度可以调整，如果调成最窄，就实现文字竖排效果。还有很多小技巧，在使用过程中慢慢尝试。我再推荐几款具有特色的优秀绘图工具：Novamind，与 PPT 融合起来很方便，如果用于 PPT 设计可以选择它；Visio，可以画的图表类型比较丰富，例如流程图、复杂的时间轴等；幕布，主要功能就是 Xmind 付费版中的头脑风暴，可以先不考虑逻辑一行行记笔记，然后很轻松地把一条条笔记整理成思维导图，幕布还可以同账号跨平台使用，在手机、Pad 和 PC 端畅通共享。还有几款不用下载的网页版思维导图工具，包括 ProcessOn、百度脑图、幕布、MindMaser、MindLine、凹脑图等。

结构化思考展示实例：思维导图，鱼骨图

思维导图在近年来全国法院学术讨论会中应用非常广泛，效果也很好。我还尝试把思维导图引入司法审判活动，成为帮助法官整理事实认知的思维过程的思维地图。例如，我在《思维导图：法官何以发掘事实——从经验的逻辑向逻辑的经验转型》一文最后演示了如何使用思维导图工具将事实认知思维过程前两步展开。

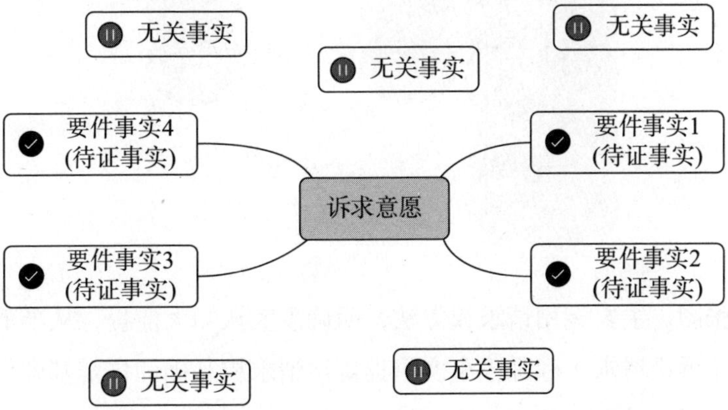

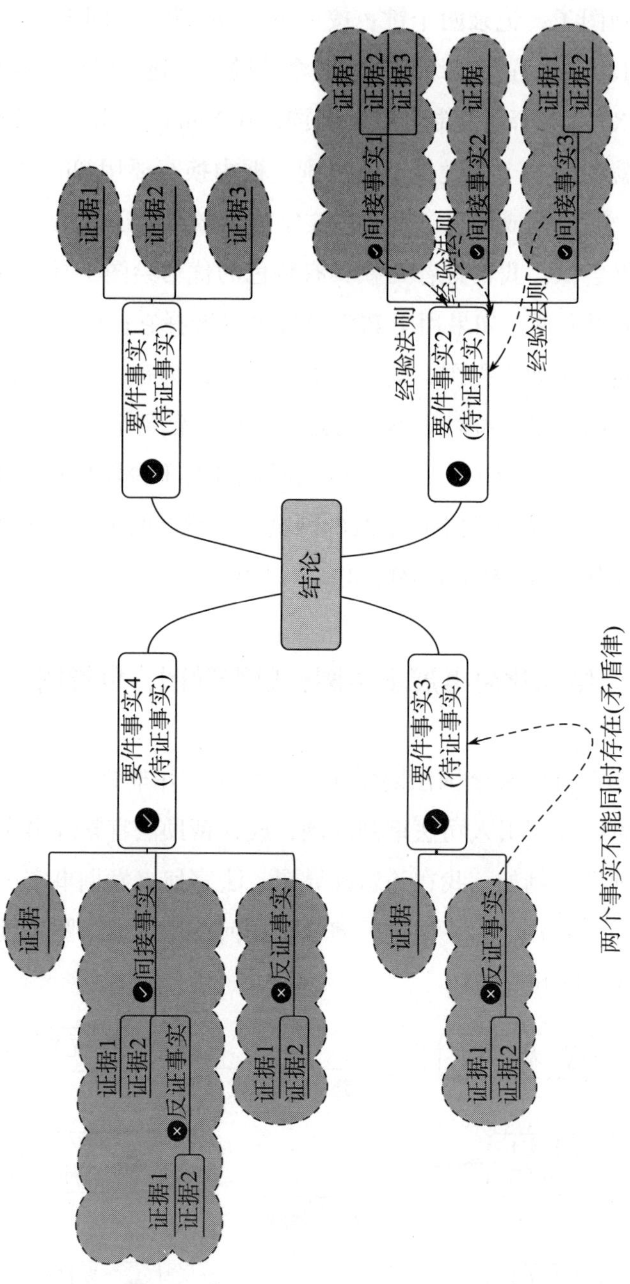

第一张图，主要运用请求权方法，明确事实认知大前提，从当事人诉求意愿（而非诉讼请求）和陈述事实中提炼出请求权基础和抗辩基础。第二张

图，主要运用历史方法，固定事实认知的小前提，由证明责任理论展开，包括直接证明、间接证明（运用经验法则）、反证等情形。我之前还介绍过理论联系理论的两种方法，其中“交叉”的方法就能够在上述图中体现出来。第一圈、第二圈的圈层展开，是法律逻辑司法三段论的演进，前两步分别主要运用请求权方法、历史方法两种案例分析方法；抽出一条线，又看到证明责任理论把证据、间接事实和要件事实（直接事实）串成一条线。

我下面特别推荐思维导图家族的一个重要成员——鱼骨图。鱼骨图有两个模式：第一种模式是溯因型，鱼头向右、鱼尾向左。鱼头是结论，向前层层展开时主要运用逆推和归纳的思维。我在全国法院第 29 届学术讨论会一等奖论文《画骨：探知证明思维过程的深层逻辑——“事实判断为骨 + 经验法则为筋”重构民事证明的脊梁》一文中将溯因型鱼骨图作为诉讼证明逻辑思维过程的整理工具。

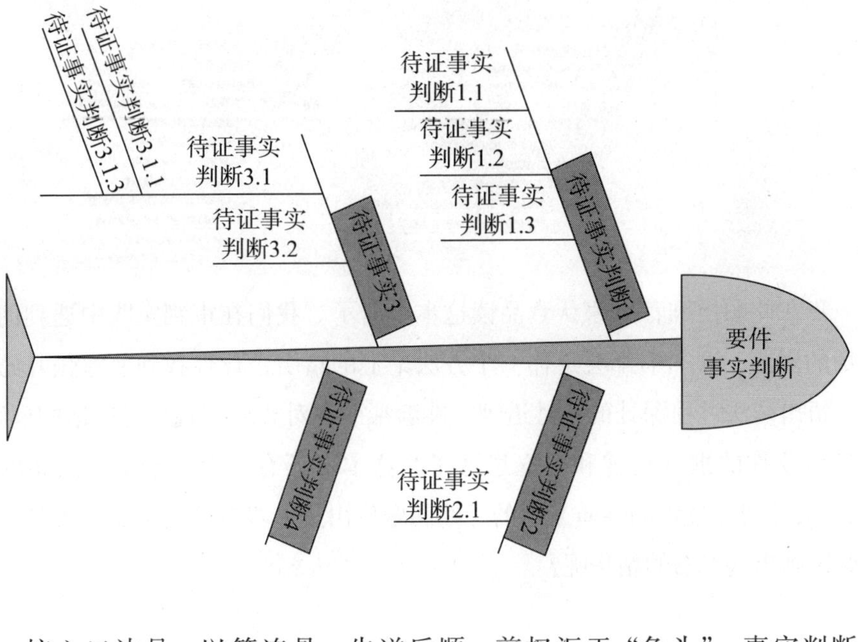

核心口诀是：以筋连骨，先逆后顺，剪杈汇于“鱼头”。事实判断是“骨”，经验法则是“筋”。证据承载着直接事实判断，以之为前提推出下一个事实判断，一直连到最终的要件事实判断。不论经过多少级推理，每一步都必须是（或转化为）确定性推理；从而，信息不断从分支向主干汇集，最终归一至要件事实。

第一种模式是对策型，鱼头向左、鱼尾向右。从一个核心命题、核心要求开始，向后层层展开，走的是顺推和演绎的思维路径。我用对策型鱼骨图将卡多佐《司法过程的性质》全书知识点梳理出来，分享给大家。

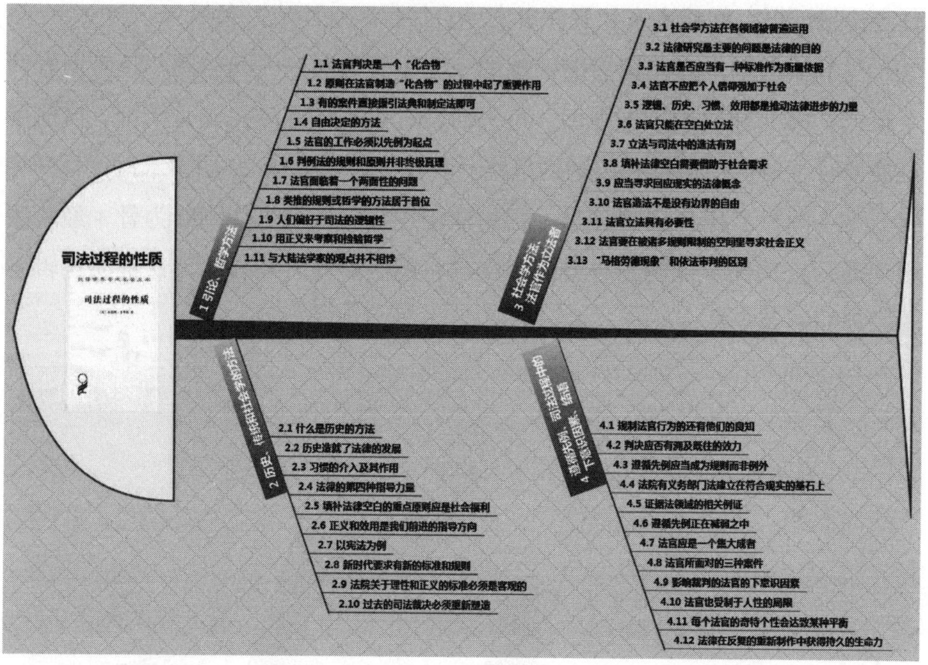

我在此顺便推荐大家认真品读这本小册子。我们在审判实践中遇到的最麻烦的困惑，这本书都会给你一个方法论上的指引，让你找到茅塞顿开的感觉，悟出司法过程深处的玄妙道理。能够帮助你对实践难题获得通透的理解，这就需要你的批判精神和独立思考了。这本书还有一个姊妹篇《法律的成长》，对《司法过程的性质》中的一些问题作出进一步解释。你是否也尝试用一张图画出这本书的精华呢？

平行结构基础：六顶思考帽，水平思维工具更全面更深入

水平思考，也称平行思考。这个概念由享誉世界的著名思维大师、心理

学家爱德华·德·波诺（Edward de Bono）提出，是一种进行创新思维的全新思考方式。水平思考，与垂直思考相对应的思维模式，帮助我们从非此即彼思维、逻辑思维和线性思维等传统思考方法中摆脱出来。可以说，水平思考是教你如何解放思想、实事求是的思考方法。水平思考为什么又叫平行思考？这种思考方法致力于提出不同的看法，这些不同的看法之间不能互相推导出来，是各自独立产生，如同几条平行线。而传统思维中的人，受到逻辑思维和线性思维定式局限，陷入对“为什么”的关注，钻进去出不来，注意不到“还有可能成为什么”。垂直思考，更注重对因果关系的思考，按一定逻辑规则进行一步步的推理，受到既定思维定式的约束。归纳与演绎，就是典型的垂直思考方法。按照传统思维的路径思考，也能想到好几个点，但也许这几点都局限于一个牛角尖当中。这样，传统思维定式就限制了创造力的发挥。

水平思考引导人突破思维定式的枷锁换框思考，大大拓展了思维的创造力，获得全新的创新思维。与传统垂直思考相区别，水平思考并不过多关注事物在逻辑上的确定性、必然性，而是考虑还有哪些可能、还有哪些选择；关注的不是从旧的理论、旧的观点中推导出正确结论，而是如何获得丰富的新知。德·波诺有一个著名的水平思考工具——六顶思考帽。六顶思考帽，就是六条相互平行、互不搭线的思考路径。这样思考有什么好处呢？如果不知道这六顶帽子，我们思考一个问题时就可能只戴着一顶帽子。虽然说有可能思考得非常深入，但是其他几顶帽子下面的问题都看不到，就片面地在一个点上不断深入下去，甚至可能造成越思考越钻牛角尖的后果。

白色思考帽	黑色思考帽
白色是中立而客观的。戴上白色思考帽，人们思考的是关注客观的事实和数据	戴上黑色思考帽，人们可以运用否定、怀疑、质疑的看法，合乎逻辑的进行批判，尽情发表负面的意见，找出逻辑上的错误
绿色思考帽	**红色思考帽**
绿色代表茵茵芳草，象征勃勃生机。绿色思考帽寓意创造力和想象力。它具有创造性思考、头脑风暴、求异思维等功能	红色是情感的色彩。戴上红色思考帽，人们可以表现自己的情绪，人们还可以表达直觉、感受、预感等方面的看法
黄色思考帽	**蓝色思考帽**
黄色代表价值与肯定。戴上黄色思考帽，人们从正面考虑问题，表达乐观的、满怀希望的、建设性的观点	蓝色思考帽负责控制和调节思维过程。它负责控制各种思考帽的使用顺序，它规划和管理整个思考过程，并负责做出结论

每年来法院新入职人员培训课堂上，我都要出一个讨论题：如何当好法官助理？把大家分成6个组，每组分别选一顶帽子，戴上这顶帽子分组讨论，再推举出一个代表来发言。我在中央党校在职研究生的课堂上也以同样的方式，让学生们讨论如何联系自己本职工作在职学好民法。这个讨论方法效果非常好，每个组都讨论得非常深入，6个组合在一起又非常全面。如果不用6顶思考帽，让大家泛泛讨论发言，就可能流于片面或者肤浅。

水平思考，是我们想问题、写论文的好工具。如果自己一个人思考，怎么办呢？就分别带上不同颜色的帽子，在不同的平行路径上分别进行思考。如果没有水平思考的意识，很容易犯钻牛角尖的毛病，例如在一次论文写作讲座中，一位学员说他写过一篇关于法官助理困惑的论文，获得了全国三等奖，问我如何提升研究水平。他的那篇论文主要戴着黑色帽子去思考，如果说把红色、白色、黄色、绿色、蓝色的帽子都带上去思考，也许就朝一等奖迈进了一大步。学习六顶思考帽，可以看德·波诺的《六顶思考帽：如何简单而高效地思考》这本书。[①] 如果想快速了解六顶思考帽的精髓，有没有什么捷径？有的，我最开始了解到六顶思考帽的内容，是在喜马拉雅有声电台上的偶遇。有一个名曰雷子的"80后"年轻人，把很多书的精华拆解出来，画成思维导图来并用10分钟分享一本书的精华。我最早接触六顶思考帽，就是听雷子在喜马拉雅上的分享，后来又听了他拆解分享的其他书，都是关于年轻人学习思考成长的书。我由此而发提出两个建议：一是向雷子学习读书方法，快速拆解一本书，提取书中精华，用思维导图画出来；二是如果没有时间看书，可以利用上下班的时间听书，喜马拉雅就是很好的平台，上面有很多全本书的朗读音频，一天一天听下来，聚沙成土，滴水穿石，最后获得点石成金的本领。

① 参见［英］爱德华·德·波诺：《六顶思考帽：如何简单而高效地思考》，马睿译，中信出版社2016年版。

在学习思维导图过程中，我提到关键词分为有框、无框两种模式。下面这张英文思维导图，就是无框的，关键词直接写在线条上。

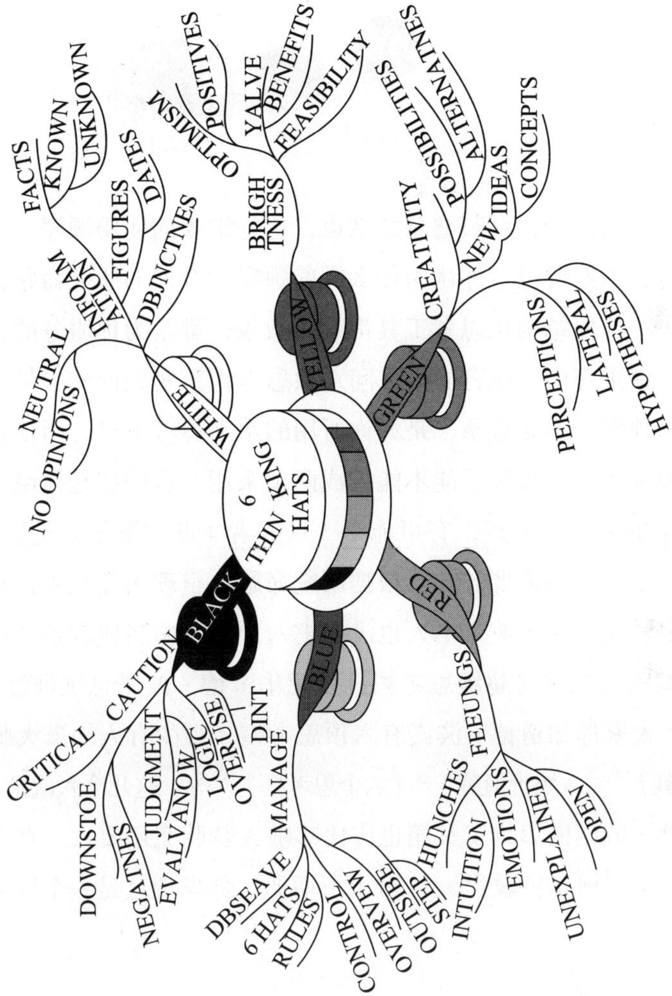

看看上面的图，就可以快速掌握六顶思考帽的核心要义，同时也好好体会思维导图高手如何使用这个工具。一个人使用六顶思考帽，要一顶一顶戴，加上顺序的元素，就变成六顶思考帽的线性展示方式。

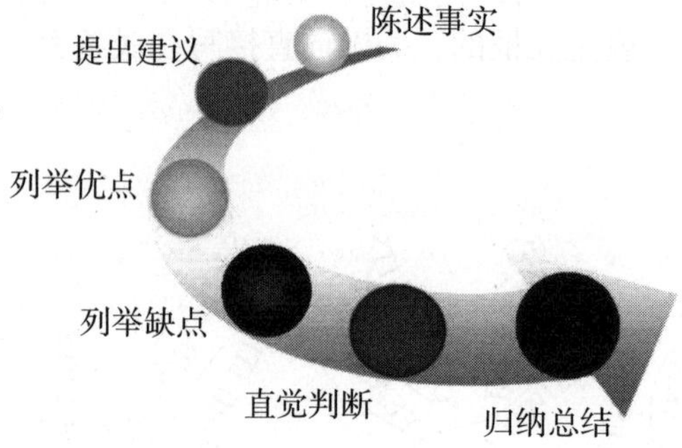

从陈述事实开始，到归纳总结结束，这是常规的使用顺序。不按这个顺序来行不行？当然可以，你认为什么样的顺序适合你的研究命题，就采取什么样的顺序。任何结构化思考工具都不是教条，都是为你服务的，你才是思维的主人。在讲座中，还有的学员问六顶思考帽落实到论文中是否就是六个方面？这六顶帽子不是教条，是为你所用的水平思考工具，两顶帽子能不能结合成一顶来用？一顶帽子能不能拆成两顶来用？这些都是你说了算。在论文展现出来的未必是6点，有可能是5点或者4点。帽子只是思维的向导，真正落实到纸面上还需要转化。根据研究命题，整理出几点要转化，每点的具体含义要转化。德·波诺本人也没有把六顶思考帽当成教条，升级之后的六顶思考帽就变成了《超级思考帽：爱德华·德·波诺思维训练最新教程》这本书。[①] 大家都知道德·波诺有六顶思考帽，很少有人知道大师手里还有《六双行动鞋》[②]《六块价值牌》[③]《六个思考框》[④] 等。这几个六就是大师的全部家当吗？德·波诺的思维工具箱也许比哆啦A梦肚兜还要大。有兴趣的同志可以学习一下《柯尔特教程》，[⑤] 分上下两册，你发现这是一个巨大的思维工具箱。

---

① ［英］爱德华·德·波诺：《超级思考帽：爱德华·德·波诺思维训练最新教程》，陈荣平译，人民邮电出版社2006年版。

② ［英］爱德华·德·波诺：《六双行动鞋》，安延、叶隽译，新华出版社2003年版。

③ ［英］爱德华·德·波诺：《六块价值牌》，欧阳莲译，电子工业出版社2006年版。

④ ［英］爱德华·德·波诺：《六个思考框》，庄榕霞、祖道海译，万卷出版公司2011年版。

⑤ ［英］爱德华·德·波诺、彼德·德·波诺：《柯尔特教程》（上、下），德·波诺思维训练中心编译，新华出版社2002年版。

平行结构拓展：SMART 原则，PESTEL/PEST 分析模型

掌握了水平思考的精髓，你还可以自己创造出新的水平思考工具。我再介绍两个非常流行的水平思考工具，SMART 原则和 PESTEL 分析模型，它们都是想问题、写论文、干工作、做决策经常能用到的好工具。我们先学习一下 SMART 原则：

S 意为具体（Specific），指特定的工作目标或考核指标，不能笼统大概齐。实践中的常见误区是将愿景与目标混淆，例如某法院提出了提高审判质效的目标，从 SMART 原则的 S 来看，这只是个愿景，一定要具体为看得见的目标。邹碧华在《法院的可视化管理》一书中举了日本著名马拉松选手山田本一的例子，他 1984 年第一次参加国际马拉松赛出人意料地获得冠军。他十年后写了一本自传，说到最初练习马拉松时设计的目标是终点，尝试了很多次都坚持不下来；后来养成一个习惯，在所有正式比赛前都要到现场踩点，看完路线后做出很多标志；比如跑完一公里处会有一家银行，再跑完一公里时有一家学校，再跑完一公里会有一家酒店等，然后将这些目标记在心里，正式比赛时就一个目标一个目标地跑，所以跑下来也不会那么累。[①] 马拉松的终点就是愿景，在跑到终点之前是看不见的，没有具体化就难以产生目标的引导力；在愿景之下的银行、学校、酒店等，就是具体化、看得见的目标了，明确目标的可视力会最终转化为行动力。

M 意为可度量（Measurable），指将目标、指标数量化、具体化或者行为化，使目标、指标可以测量，能够获得具体的数据、信息来对其检验。例如审判质效指标，或为绝对数量和数值，或为相对的各种率，都是可测量的。有些目标是抽象的，不易测量，例如“基本解决执行难”怎么评估？法院引入了第三方评估，有一套新的评价标准。再如裁判文书和庭审的质量。这就是可做文章的地方，要是能设计出来一套科学的裁判文书和庭审评价标准，就是不小的贡献。

---

① 参见邹碧华：《法院的可视化管理》，法律出版社 2017 年版，第 45 页。

A意为可实现（Attainable），指目标、指标付出努力可以实现，避免目标过高让人望而却步，也要避免目标过低可以轻松实现，最好的状态是翘翘脚够得着。审判管理办公室制定月度结案指标，就是在这个方面做工作。在具体的工作中，这个问题很复杂。全院设置一个“一刀切”的指标，不同审判庭由于案件类型不同，一定会出现够不着的永远够不着、轻松够着的不费劲就达标。如果为各审判庭量身定做差异化的指标，就要根据该庭近几年各月的收结案情况预测，但是这种预测一定是不准的，为什么？案件样本数量越大、类型越丰富，收结案趋势越稳定，越可预测；反之亦然。一个审判庭的案件数量比全院问题小得多，特定类型案件数量因社会经济形势变化大起大落，对审判庭收结案走势的影响就非常大，放到全院就只是一个小小波澜。

R意为相关性（Relevant），指目的、指标与本职工作相关联性，与其他工作目标、指标的关联性，特别是与更高位阶的愿景和目标关联性。设置一些审判管理指标是为了法院的改革方面的工作目标，指标与目标之前必须具有关联性，而且这种关联性又要尽量做到真实、全面、客观。之前探讨过单变量的弊端问题，以单一的审判指标测量某个工作目标，就会出现单纯庭审直播率或数之有违真实、单纯服判息诉率之有违全面、单纯改判发回重审率之有违客观等现象。

T意为有时限（Time-bound），注重完成绩效指标的特定期限。T可以是一个最后期限（deadline），这是首先会想到的。T还可以是一个周期，例如考核周期。在绩效考核领域，传统的考核思路是以年底算总账。这种做法会产生很多弊端，例如客观考核部分造成年底冲击完成各种指标；主观考核部分造成近因效应凸显，即距离年底越近的工作对主观考核影响越大，年初干的一些漂亮工作可能被考核主体忘了。很多单位都开始重视平时考核，将很多目标、指标分解到半年、季度或月份。除了考核周期，T还是一个生产周期，或者单项工作的完成周期。一个案件从收到结需要一定时间，各类案件快慢又不均衡，这与标准化的工业生产存在本质区别，以系统论反馈回路时间延迟的视角考虑，这个问题会变得更加复杂。结案率一直被作为重要的考核指标，但其科学性也被很多人质疑。当前，有些法院已经尝试用结收比这个指标替代结案率考核。结案率的分母包含了新收案件与旧存案件，结收比把分母中旧存案件去掉了，变成了审结案件数与新收案件数的比值。这个变化可不只是数学公式上的变化，从系统论视角考虑就清楚了。以一个法院为单位，在某个统计时点上，旧存案件是系统存量，新收案件与审结案件是系统流入与流出两个变量。结收比的本质就是用于监控收结平衡情况，以保持存量稳定，避免存量以滚雪球之势增长。如何让这个系统良性运转起来？就要选择一个适当的统计时段，考察在一个月内、一个季度内或每半年内的案件周转收结平衡情况。

上述 SMART 原则，提供了考虑工作愿景、目标、指标水平思考工具，保证思维的全面且深入。五条平行的思维路径，可以理解为五顶思考帽，少了哪顶帽子，都可能考虑不周出问题。类似的水平思考工具还有很多，我再介绍一个适用非常广泛的 PESTEL 分析模型，从政治因素（Political）、经济因素（Economic）、社会因素（Social）、技术因素（Technological）、环境因素（Environmental）和法律因素（Legal）六个维度进行平行思考，解构如下：

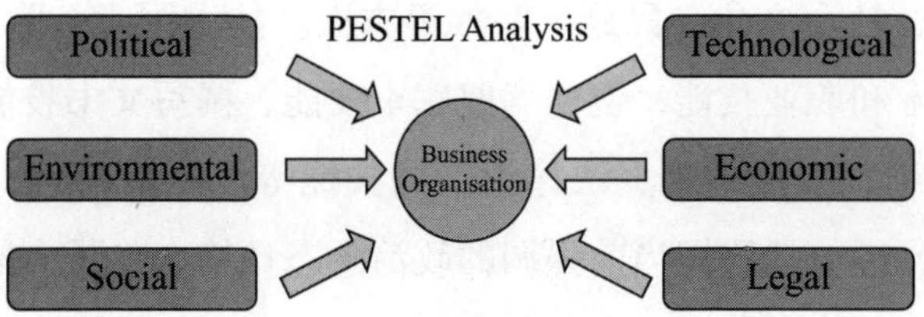

这六个因素要做广义的理解，再结合命题的语境进行结构上和含义上的转化。比如说政治因素，我们研究一项具体的司法改革制度，就要了解党中央历次全会精神，特别是十八届四中全会和十九大在依法治国领域的部署；向下一个层次，要了解中央相关改革精神，了解最高人民法院“四五改革纲要”和“五五改革纲要”及相关规定，保证我们在政治站位、政治方向上与中央保持一致。此外，学习一些政治学理论，从政治学视角分析问题，也属于政治因素。

经济因素也可以从多个角度进行广义理解，直接简单的理解就是经济上的支持、财政上的保障。例如，研究法官助理制度，一个法官带10个法官助理方案绝对是不可能的，为什么？主要是经济因素上考虑不划算。还可以对经济因素做更深层次的理解，以更宏大的视角考虑生产力、生产关系及经济基础的社会背景，例如社会治理体系与治理能力现代化，为什么要搞？怎么搞？深入到更深层面研究互联网技术引领的生产力革命带来的生产关系变革，才能真正把社会治理现代化的问题想明白。经济因素还可以是国家的经济形势、世界的经济格局等，这些因素是否对我们相关的改革有制约呢？经济因素，还可以理解为经济学规律，例如"帕累托最优标准""帕累托改进""潜在的帕累托改进""边际效用递减"等。再如我们经常用到的"成本—收益"分析，能否以最小的成本获得最大的收益，同时避免浪费、注意节约、讲究效率？又如我们研究一项改革举措，除了改革问题本身，是否会造成外部的社会影响，包括正面与负面的影响，这就是经济学理论的"外部性"问题，"成本—收益"分析就延伸到社会总成本与社会总收益的层面了。

至于其他几条平行线，就不详细展开讨论，简单提一下。社会因素，可以考虑社会主要矛盾及其他矛盾、社会结构、社会阶层、社会道德、社会伦理、社会心理、社会文化、民族、宗教等方面。技术因素，除了科学技术，还包括专业技术和职业技能，例如驾驭庭审技能、撰写文书技能，二者又共同需要法律解释、法律推理、法律论证的技能等。环境因素，包括自然环境、社会环境，还包括我们当前强调的政治生态环境；除了大的环境，还有小的环境，例如一个单位、一个审判团队的氛围。法律因素，有社会主义法治理念、全面依法治国基本方略等高站位问题，还有立法、司法、执法、守法几个环节的具体问题，以及法律实践中的具体问题。我曾使用这个工具对案件敏感因素进行解析：（1）政治因素（Political）：民主、法治意识逐渐增强；（2）经济因素（Economic）：不当利益驱动诱发炒作；（3）社会因素（Social）：社会转型时期矛盾凸显；（4）技术因素（Technological）：信息技术发展便利传播；（5）环境因素（Environmental）：社会浮躁心理制造敏感；

（6）法律因素（Legal）：制度政策规则不合时宜。[①]

PESTEL 分析模型还有一个简化模型——PEST 分析模型，把相对不太常用的 E、L 去掉了。最后提醒一下使用平行思考工具的注意事项：一是注意转化，不要把工具当教条，结构上可以拆分或合并，含义上应当广义理解并根据命题语境具体化；二是分而必合，如果把平行思考理解成绝对的几条平行线，就是形而上学的机械思考了，我们借助水平思考工具实现多角度全面、深入思考，最后整理思考成果时还要综合起来，这才是辩证唯物主义。

循环结构：PDCA 单循环、双循环，GROW 模型

水平思考是结构思考的基本功，如果我们找一条思考线，把水平思考的几个点像穿手串一样穿成一个环形，就形成了闭环循环结构的思维工具。PDCA 就是最典型的闭环循环，“PDCA 由英语单词 Plan（计划）、Do（执行）、Check（检查）和 Action（纠正）的第一个字母组合而成，是管理学中的一个通用模型。PDCA 最早由休哈特于 1930 年构想，后来被美国质量管理专家戴明博士在 1950 年再度挖掘出来，并加以广泛宣传和运用于持续改善产品质量的过程，现在被广泛应用在方案或计划的实施、监控和改进工作中”。[②]

P 意为计划（Plan）：可以扩展理解为战略、规划、方针、目标、指标等。

D 意为执行（Do）：包括将计划根据实际情况加以细化，设计具体的实施办法、步骤等，最后落实到将计划（plan）付诸实施。

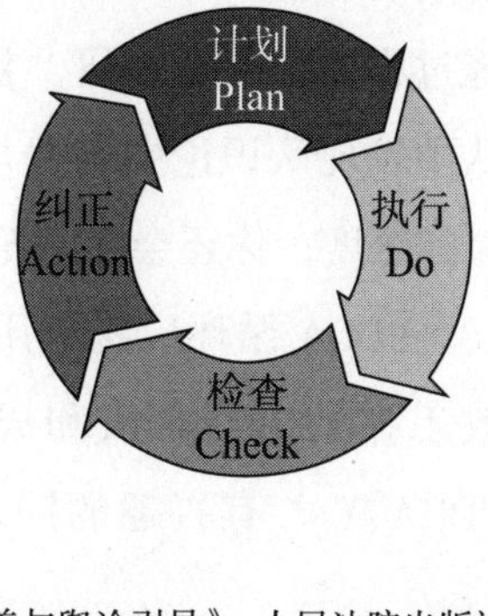

C 意为检查（Check）：监督计划实施情况、检查计划实施结果，评估效果，总结经验，找出问题并找出原因。

A 意为纠正（Action）：根据检查的结果调整策略，对成功经验加以肯定、宣传、推广，对于

① 详见李俊晔：《暴风眼中的法庭——司法公共关系之媒体素养与舆论引导》，人民法院出版社 2018 年版，第 13~15 页。

② 王世民：《思维力：高效的系统思维》，电子工业出版社 2017 年版，第 90 页。

教训、漏洞、风险等加以总结、警示并制定措施加以防范，在此基础上，进入下一轮 PDCA 循环。上述四个环节具有水平思考的特征，具有相对的独立性，同时又在水平思考基础上附加了闭环 A 循环的逻辑结构，思维与行动就在这个闭环中循环往复、周而复始。管理学中有一个重要理念，是持续改进的理念。我们做任何事情很难追求完美，也很难一蹴而就。如果我们按照 PDCA 的做法，完成一轮循环之后，就会有一个台阶的进步。我们再继续下去，新的活动一定站在前面的经验基础上，在前一个台阶基础又完成一个 PDCA 循环，就又上了一个台阶。PDCA 循环为什么体现了管理的持续改进？就是因为通过不断循环，不断上台阶，进而达到管理追求的持续改进的状态。不论做什么事，只要方向选对了，然后按照 PDCA 的方法，不怕进步慢，只要坚持持续改进，最终一定会取得令人瞩目的效果。人生是一场马拉松，各项事业发展也是一场马拉松，不能把眼光放在某个阶段上，而是看能不能长期不懈坚持下来。

这个闭环的应用范围非常广泛，宏观层面的经济发展、体制改革等，微观层面的一个单位、部门、个人年复一年的工作等，只要生命不息、事业不止，就无往不在这个闭环中。例如，法院要年初做规划工作，分解重点工作任务，发布各方面工作要点等；各部门根据院里总体规范细化落实；相关管理部门以季度、半年或全年为周期进行检查，也会进行过程性的监督、督导；年底要有全面总结，一些工作还要按月、按季度或按半年总结。再如司法体制改革是不是也是如此？最高人民法院发布的“四五改革纲要”和“五五改革纲要”就是计划（Plan），开启五年的大循环，其中还有年度的小循环，实施过程中还要有调研、督查等。以马克思主义哲学观点审视这个闭环，你会从中发现认识论中实践与认识的辩证关系、辩证法中否定之否定规律；加入时间维度，你还会在一轮又一轮 PDCA 循环过程中发现螺旋式上升的规律。

PDCA 循环广泛应用于各种场景，推荐给一本将其应用于时间管理、高效工作的书，富田和成的《高效 PDCA 工作术》，其日文原版名曰《鬼速 PDCA》；[1] 有兴趣的同志还可以参阅川原镇也的《PDCA 精进法》。[2] 用好

---

① 参见［日］富田和成：《高效 PDCA 工作术》，王延庆译，湖南文艺出版社 2018 年版。

② 参见［日］川原镇也：《PDCA 精进法》，谌红军译，东方出版社 2017 年版。

PDCA 循环这个工具，当活学活用，注意转化：一是结构的转化，是不是可以拆分合并？二是含义的转化，是不是可以根据命题语境赋予新的解释。我举一个非常棒的典范，全国法院系统第 28 届学术讨论会二等奖论文《改革纵深：法官考评机制向审判权运行规律的回归——兼论绩效管理与司法管理的理性融合》，提到“绩效管理是一个持续性的过程，包含若干环节的完整系统，是一个从计划制定、过程管理、考核实施、反馈改进、结果应用永不停止的循环，既强调绩效结果，更注重达到绩效目标的过程”。作者将 PDCA 四个步骤改造成了计划制定、过程管理、考核实施、反馈改进、结果应用五个步骤，制作了“法官绩效管理与法官绩效考评适用过程分析表”。

<table>
<tr><th>考评模式</th><th>计划制定</th><th>过程管理</th><th>考核实施</th><th>反馈改进</th><th>结果应用</th></tr>
<tr><td>样本 A 法院</td><td rowspan="2">1. 制定年度计划但没有落实到个人
2. 考评委员会没有发挥实际作用，考评方案和目标计划缺少各部门之间的统筹
3. 未形成大数据信息化的业绩档案，考评数据收集工作量大，难以常态化</td><td>缺少过程管理跟踪，仅年终进行考评</td><td>主观性倾向评价，公开性、规范性不足，缺少公信力</td><td rowspan="2">考评结果与工作改进缺少联系机制</td><td rowspan="2">缺少系统化的考评结果应用机制</td></tr>
<tr><td>样本 B 法院</td><td>指标仅发挥最终评价功能，目标完成过程中没有发挥出指导和改进工作的功能</td><td>客观性倾向考评，机械化积分方式，工作成果与考评效果脱节</td></tr>
<tr><td>法官绩效司法管理系统</td><td>1. 考评委员会统筹下，多主体参与（包含法官个人）
2. 将部门评价转变为每一个人的评价
3. 建立人、案、事合一的信息化业绩档案，整合各部门考评数据</td><td>将结果评价转变为过程评价，及时向院、庭长及法官本人反馈可视化和可描述性评价内容，及时纠正工作偏差，实现全过程的绩效管理</td><td>1. 考评内容分为执法办案、审判管理监督工作、司法行政工作
2. 多部门参与考核过程，综合各部门数据
3. 定性评价与定量评价相结合</td><td>1. 通过面谈，发现问题，改进工作
2. 绩效结果公示</td><td>将法官最关心的七项内容与考评结果挂钩，形成制度化的应用体系</td></tr>
</table>

传统的PDCA循环是单循环，打开脑洞，是否能构建更加复杂的PDCA双循环结构？著名管理学大师远藤功将传统的PDCA循环称为达成计划的PDCA，又以可视化为轴心设计了解决问题的PDCA，二者以两条回路连接起来，形成双循环结构。

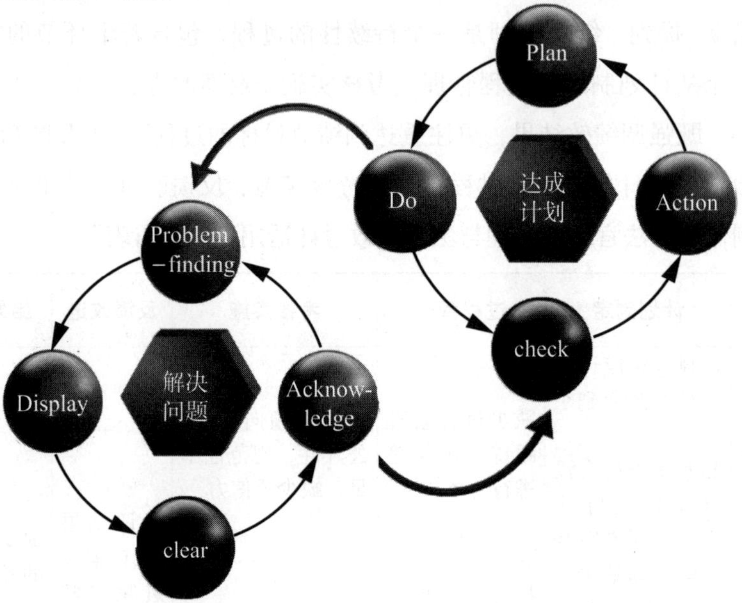

解决问题的PDCA包括四个元素：Problem-finding（发现问题），感知异常情况与问题；Display（将问题可视化），向相关人员公布异常情况与问题以使其了解；Clear（解决问题），大家都了解问题后，一起商讨解决的方法；Acknowledge（确认问题是否已经解决），确认实施对策后，问题是否得到解决。[①] 远藤功将解决问题的PDCA循环与传统的达成计划的PDCA连接在一起，将解决问题的PDCA循环作为达成计划的PDCA循环的Do部分延伸出来的另一个循环。

PDCA不仅是研究问题的思考工具，也是人生规划工具，把PDCA的思想融合到我们自身的学习和工作中，相信在不远的将来，你一定想尝到PDCA给你的回报。

① 参见［日］远藤功：《可视力：实现可视化管理的5种方法》，中信出版社2007年版，第26~27页。

还有很多与PDCA循环类似的循环结构，我再介绍一下GROW模型。如果说PDCA循环更侧重于事业与工作，那么GROW模型适用于人与组织的成长。GROW模型的意思如其英文意义，可以适用很多不同的情境。可以说，只要涉及一家单位、一个组织的发展，或者涉及个人成长、某类群体的培养等，都可以用GROW模型来分析。如何成长呢？其主旨就是要让组织或人员认识并认同现有目标，厘清现状，找到相应的办法，知道自己下一步该怎么做来实现这个目标。如何帮助组织或员工成长？我们来详细了解一下四个字母的含义：G（Goal setting），意为确认组织或员工的工作目标、业绩指标等；R（Reality Check），意为对现状的考察、审视，搞清楚当前的状态、趋势和问题，尤其要搞清楚现状与目标之间的差距；O（Options），意为以现状和问题为导向寻找解决方案；W（Will&Way Forward），一方面具有意愿因素Will，另一方面意愿落实为行动计划，行动计划可以分解为“5W”的要素，即What、When、Why、Who、Where。GROW模型还有一个中文绰号，就是中文音译的“割肉模型”，这也挺形象的，成长进步的过程也是割肉的过程，没有风雨，何见彩虹？

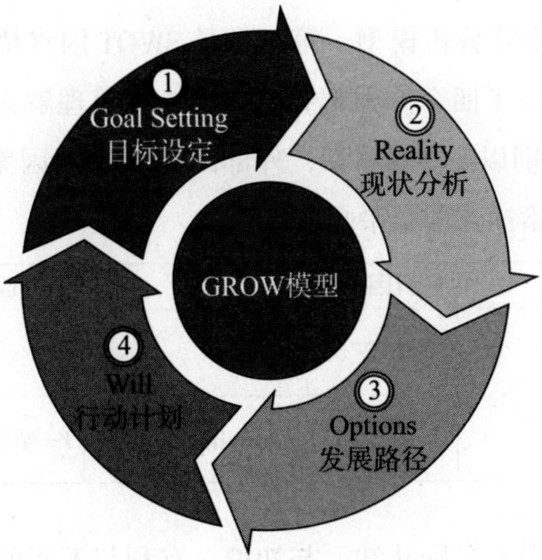

矩阵结构：SWOT 分析模型，知己知彼的科学决策工具

此前讨论过单变量与双变量问题，谈到最简单的双变量分析就是画矩阵。矩阵分析是典型的双变量结构化分析，不仅可以用于数据和情况描述，还可以用为分析工具。只要有两个或两个以上因素，每个因素又分两个或两个以上类型或情形，那么我们就把这些因素的不同情形交叉成矩阵来分析。我特别介绍一个著名的矩阵结构——SWOT 分析模型，这是一个应用性非常广泛的科学决策工具。“SWOT 分析法由肯安得鲁斯最早提出，S 是代表相较竞争对手的优势方面（Strengths）、W 代表相较竞争对手的弱势方面（Weaknesses）、O 代表外部环境中的机会（Opportunities）、T 代表外部环境中的不利因素和挑战（Threats）。”[①] 只要涉及对复杂局限分析后做决策的情境，SWOT 这个工具就能用得上。尤其面对突发事件，如果快速妥当处理，SWOT 可见奇效。古代打仗非常讲究知己知彼的决策智慧，学习了 SWOT 分析模型，这不正是在作知己知彼的分析吗？这个模型包含了知己与知彼两个变量。从“知己”（内部因素）的角度看，有 S 优势、W 劣势两个要素；从“知彼”（外部因素）的角度看，有 O 优势、T 威胁两个要素。

SWOT 有两种矩阵分析模型，第一种是 SWOT 因素描述矩阵模型，用于分别罗列 S、W、O、T 四个方面都有哪些点，可以理解为四顶思考帽的平行思考。有很多人分别以 { 内部因素，外部因素 }{ 有利因素，不利因素 } 作为变量，把 SWOT 因素描述的结果画成矩阵。

	有利因素（Helpful）	不利因素（Harmful）
知己：内部因素（Internal Factors）	S= 优势（Strengths）	W= 劣势（Weeknesses）
知彼：外部因素（External Factors）	O= 机会（Opportunities）	T= 威胁（Threats）

这个矩阵帮助我们分别从知己与知彼、有利与不利的辩证思维将复杂局势中的各类因素全面枚举，分别填写到 S、W、O、T 四个矩阵方格中。如果

① 王世民：《思维力：高效的系统思维》，电子工业出版社 2017 年版，第 90 页。

没有这样的思维训练，面对复杂局面就可能不知所措，慌乱起来。虽然经过众人头脑风暴，一大堆经验的、片面的、机械的意见凑在一起可能也还算齐全，但是这样的做法显然无序，效率也太低，而且非常容易遗漏重要因素。古语讲，三个臭皮匠，顶个诸葛亮。学会了 SWOT，你自己一个人就是赛诸葛了。

举一个有意思的例子，我在党校学习时曾参加了无领导小组讨论。我们小组拿到这样一道题：一家企业严重污染环境，执法部门搜集到了有力的证据，准备去现场执法。到了现场，发现企业已经组织员工拿起了棍棒铁锹准备对抗执法，同时又来了很多老百姓、媒体记者。法院的执行法官们也遇到类似的情境。执法部门此时往往面临着骑虎难下的境遇。如果尝试 SWOT 一下，可能会临危不乱、处乱不惊。一看 S，内部的优势是什么？执法机关掌握了铁证。二看 W，劣势是什么？执法者，作为现实中的强者，就是舆论场的弱者，这是一条舆论传播学的规律。三看 T，外部的威胁是显而易见的，这边有棍棒铁锹，那边有记者的长枪短炮，还有老百姓的无数双眼睛。四看 O，机会是什么？机会有时就隐藏在威胁中，如祸福相生之理。他们为什么会来？因为污染问题关系民生，老百姓和媒体都关注。如果内心慌乱，机会就看不见了。只要把我们的优势注入机会中，结合成 SO 策略，就可以把我们的优势由寂的状态转为显的状态，让机会从可能性转化为现实。如何进行 SO 战略对策分析？掌握了证据，让老百姓和媒体知道企业污染了环境，我们来执法是在做为民利民的事情，只要争取了民心、得到舆论支持，就占得先机。这个威胁里面还隐藏了什么机会？这些企业员工为什么对抗执法？首先想到是老板鼓动的。再深想一步，为什么鼓动能管用？因为如果企业倒闭了，他们就没饭吃了。这就是威胁中的机会，可以借势做好企业职工工作，表达政府关爱弱势群体、关心职工就业的热心决心以及他们将来怎么办的基本承诺，就能瓦解他们的对抗情绪。所谓危机，危中有机，危与机是辩证统一的一体两面。关于 WO 战略，ST 战略还有 WT 战略如何分析，就不再赘述了，大家一起开动脑筋想想。

从上述这个实战案例中，我们发现 SWOT 描述模型是快速、全面、深入梳理复杂局面各种因素的一款神器，但是这个工具只能解决是什么、为什么的问题，不能解决怎么办的问题。解决怎么办的问题，我们还要画第二种SWOT矩阵——SWOT策略分析矩阵模型。怎么画？一个维度以内部因素的{S，W}为变量，另一个维度以外部因素的{O，T}为变量，两两交叉形成SO、ST、WO、WT四种策略，逐一进行分析。第一种矩阵用于描述S、W、O、T四种因素，第二种矩阵就在此基础上进入了策略分析的阶段。“SWOT分析法是有效评估自身内部能力、外部威胁和机遇的主流分析方法之一。通过对内部优势、劣势、外部机会和威胁等因素的系统分析，并根据四象限矩阵排列，系统地对各种因素综合分析，分别制定SO、WO、ST、WT对策，从而得出战略性决策和举措。”[①]

SWOT框架示例[②]

<table>
<tr><td colspan="2" rowspan="2"></td><td colspan="2">内部因素</td></tr>
<tr><td>S（优势）</td><td>W（劣势）</td></tr>
<tr><td rowspan="2">外部因素</td><td>O（机会）</td><td>SO：依靠内部优势
利用外部机会</td><td>WO：克服内部劣势
利用外部机会</td></tr>
<tr><td>T（威胁）</td><td>ST：依靠内部优势
回避外部威胁</td><td>WT：克服内部劣势
回避外部威胁</td></tr>
</table>

两难结构取舍型：富兰克林成交法与诺斯双值分析

两难选择是我们在工作和生活中经常遇到的难题，也是司法体制改革、单位工作决策及疑难案件处理经常要面对的难题。两难选择有很多种：第一种是双优选择，鱼和熊掌不可兼得，例如同时进行两个讲座、两场球赛选择哪个等等；第二种是两害权衡，古语讲，两害相权取其轻，例如待在一个刚装修过还有甲醛残留的屋子，外面是雾霾，开不开窗？第三种是利弊取舍，

① 王世民：《思维力：高效的系统思维》，电子工业出版社2017年版，第91页。
② 王世民：《思维力：高效的系统思维》，电子工业出版社2017年版，第91页。

两种方案，都是有利有弊，有长有短，如何选择？第四种是是非决定，只有一个选项，只能进行是与否的选择。例如，某个东西买不买？关于前两种，两个好比哪个更好，两个差比哪个更差，只是单变量比较，相对容易做出选择。后两种两难选择涉及多因素，情况非常复杂，容易让人犹豫不决。

有没有一个好用的思维工具，帮助决策者从优柔寡断变成机智果敢？美国富兰克林发明了一个好办法，双值分析法。富兰克林做决策时，习惯拿出两张纸，每张纸画一个方案；他在每张纸上画一条竖直线，直线左边写上这个方案的优点，直线右边写上这个方案的缺点。这种方法后来被应用于商业销售领域，被称为“富兰克林成交法”。[①] 双值分析法，使用两个变项分析数据，与双变量数据分析非常相似。具体方法是罗列两种方法优缺点逐项打分：“就 A、B 两种选项分别分析其优点与缺点，然后根据分析的结果，给每个项目打分数（权重），如果该项目出现有几率的因素，那么权重分数还要乘以几率，然后把优点分数加总减去缺点分数加总，得出总分数；两边以同样的方式算出，比较之后便可做出选择。由于给予权重关乎个人主观意识，且会受情境影响，表面看似量化分析，实际上带有质性的成分，因此结果并不完全客观，只能作为决策的参考。”[②]

“富兰克林成交法”描述起来有点抽象，可以使用思维导图实现可视化展示。英国脑力协会与博赞中心共同创办人诺斯发明了“双值分析思维导图”方法：“将某个决策所需考虑的因素，以思维导图展开第一阶项目，接着针对每个项目再描述说明两种不同选择所产生的影响，然后根据每个项目、不同选择时的影响因素，分别从 -100 到 100 之间给予评分，最后再分别把同一种选择的分数相加，得到不同选择的总分，以作为决策的参考依据。”[③] 他举了一个是否搬办公室的例子，搬迁的总分是 +50，不搬迁的总分是 -15，因此决定搬迁。

① 孙易新：《思维导图应用宝典：最适合华人使用的思维导图专著》，时代出版传媒股份有限公司、北京时代华文书局 2015 年版，第 259 页。

② 孙易新：《思维导图应用宝典：最适合华人使用的思维导图专著》，时代出版传媒股份有限公司、北京时代华文书局 2015 年版，第 259 页。

③ 孙易新：《思维导图应用宝典：最适合华人使用的思维导图专著》，时代出版传媒股份有限公司、北京时代华文书局 2015 年版，第 259 页。

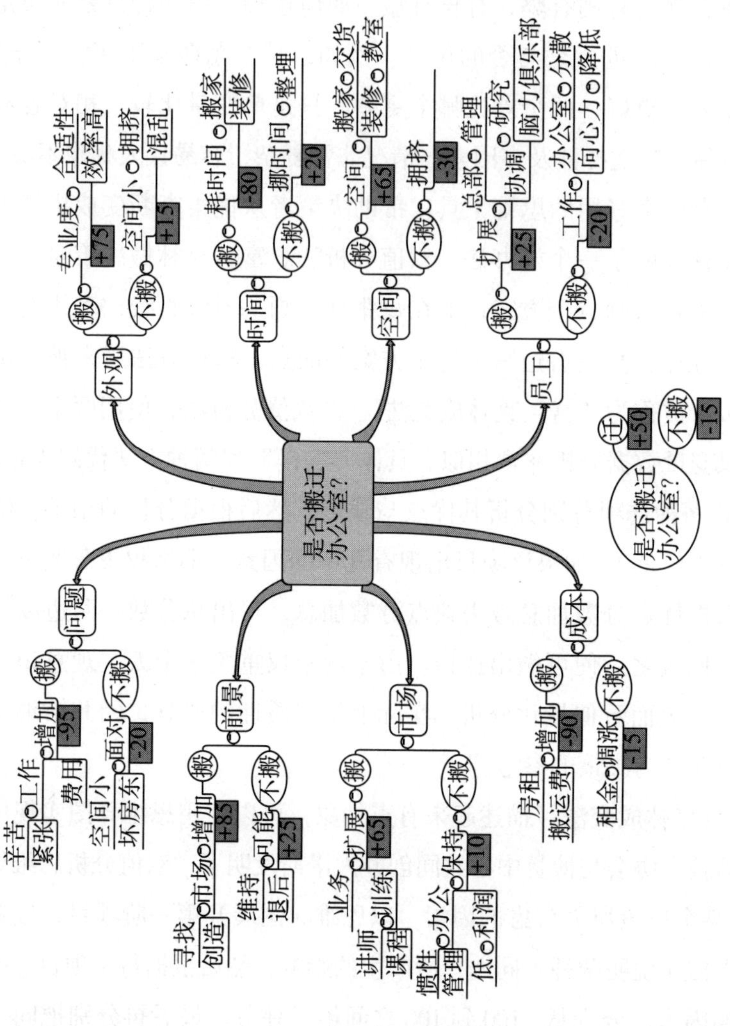

能不能换个画法？仔细看这个导图，把每一圈层（每一阶）的要素抽象出来，由内向外分别是：第一阶，考虑因素；第二阶，策略选项（搬、不搬）；第三阶，优点缺点。我们一定是从考虑因素开始吗？不一定，这三个要素的顺序可以任意安排，不必拘泥于一种定式。我们可以根据问题的特点和研究者的喜好，决定先考虑哪个要素，再考虑哪个要素。富兰克林的两张纸各画一个选择方案，就以是策略选项为第一阶；一条线将每个方案的优缺点分开，形成第二阶，各种考虑因素就成为第三阶了。这条思路可视化为思维导图，就是“诺斯优缺因素双值分析思维导图”，例如下面这张图。[①]

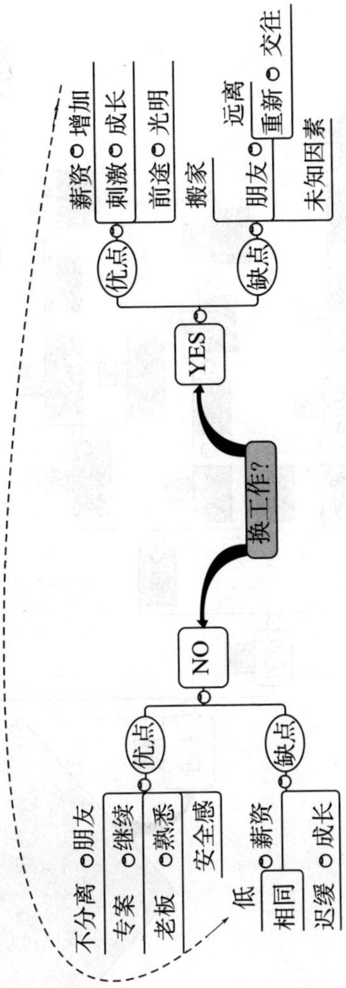

在“诺斯优缺因素双值分析思维导图”中，优点与缺点还可以以树状方式进一步展开。想尽可能穷尽所有的优缺点，可以使用之前讨论过的“5why 分析法”（又称“5 问法”）来层层深入刨根问底，或者使用“5W2H”分析框架来提问，还可以使用其他的结构思考方法。可以借鉴下面这张图让“诺斯优缺因素双值分析思维导图”变得更复杂、更周全，演变成“5W 双值分析思维导图”。

---

① 孙易新：《思维导图应用宝典：最适合华人使用的思维导图专著》，时代出版传媒股份有限公司、北京时代华文书局 2015 年版，第 260 页。

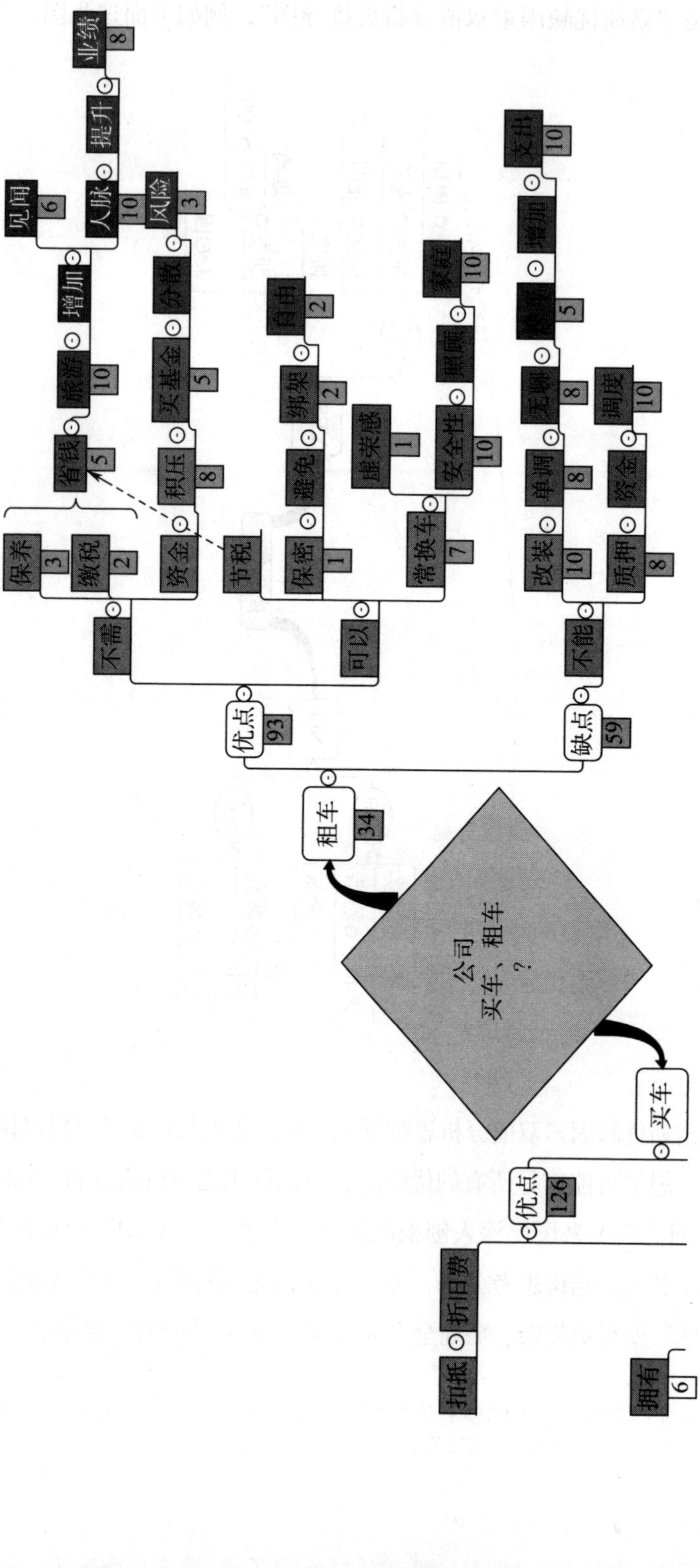
公司
买车、租车
？
租车
34
优点
93
缺点
59
不需
保养
3
缴税
2
资金
省钱
5
旅游
10
增加
见闻
6
人脉
10
提升
业绩
8
积压
8
买基金
5
分散
风险
3
可以
节税
保密
1
避免
绑架
2
自由
2
常换车
7
虚荣感
1
安全性
10
照顾
家庭
10
不能
改装
10
单调
8
无聊
8
增加
支出
10
质押
8
资金
调度
10
买车
优点
126
折旧费
扣抵
拥有
6

两难结构兼顾型：画个疑云图，鱼和熊掌可兼得

两难选择问题，只能权衡利弊得失而做出取舍吗？有没有鱼和熊掌可以兼得的方法？我见过一款两难兼顾的法宝，叫“疑云图”，是一个化解两难问题的结构思考工具。疑云图并不是教你如何取舍，而是帮助你实现二者兼得。疑云图使用起来非常方便，结构也很简单，使用 A、B、C、D、D' 五个方框把两难问题的结构描述出来，进一步思考对策。首先，在右侧的 D、D' 中填写两个相互对立的两难行动方案，接着看二者是否统一于某个共同的价值目标。找到这个共同目标，填入最左侧的 A。采取 D 和 D' 两个行动是为了满足什么需求呢？把 D 和 D' 的目的性需求分别填入中间的 B 和 C 中。

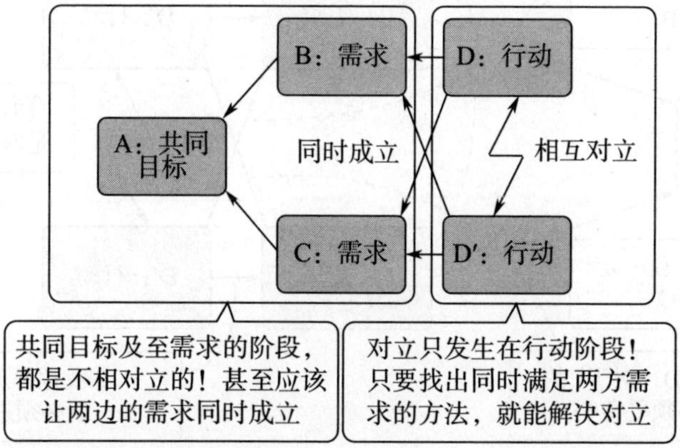

疑云图的结构[①]

仔细分析目标、需求、行动的关系，“两个相互对立的行动之间其实也存在着共同目标。虽然在行动的阶段相互对立，但在需求的阶段却不一定是对立的。让两个需求同时成立，才是实际上最理想的状态。这里的重点，是要分清楚‘需求’与‘行动’是不同的两件事。‘行动’是为了满足‘需求’而

① 参见［日］岸良裕司、岸良真由子：《三大思考工具轻松解决各种问题》，李瑗祺译，时代出版传媒股份有限公司、北京时代华文书局 2016 年版，第 84 页。

实行的手段”。[①] 最佳状态就是让两个对立行动选择的目的需求同时成立，并能够实现共同目标。怎么思考两个需求是否同时成立？我们把行动与需求交叉一下，考察一下如果采取行动D，就必须要求需求C做出妥协吗？另一个交叉关系也是这样考虑。我们发现，两难选择中的其中一个行动方案未必要求另一个行动方案的目的必须妥协，即一个行动未必与另一个行动的目的相冲突。那么，我们就把眼光从两难行动方案本身移到行动的目的和需求上来，只要两种目的需求可以兼顾，就能够从根本上化解两难处境。

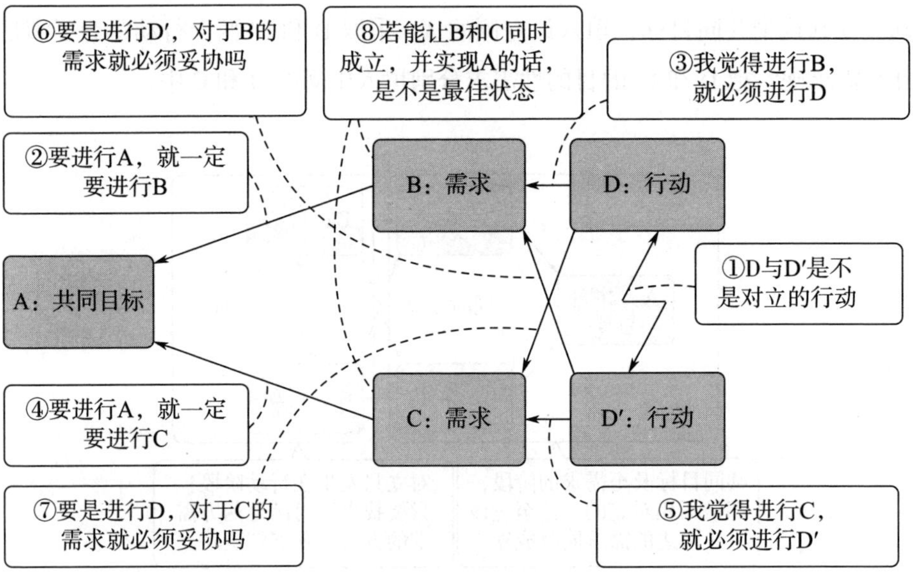

疑云图的结构思考步骤[②]

现实生活中、实际工作中，这种表面上两难而实际上可以化解的例子很多。例如在案多人少矛盾加剧的背景下，审判的质量与效率就是一对矛盾，“D：加快案件周转速度”与“D'：加强案件审理精细度”是一个典型的两难

① 参见［日］岸良裕司、岸良真由子：《三大思考工具轻松解决各种问题》，李瑗祺译，时代出版传媒股份有限公司、北京时代华文书局2016年版，第84页。

② 参见［日］岸良裕司、岸良真由子：《三大思考工具轻松解决各种问题》，李瑗祺译，时代出版传媒股份有限公司、北京时代华文书局2016年版，第71页。

选择。提高结案率、结收比指标，就有人担心案件质量无法保证；相反，慢工出细活，案件周转速度又下去了，造成大量积案。二者有没有共同目标？当然有，“A：公平正义”，那么中间的需求是什么呢？D 与 D' 分别对应“B：公正不能迟到”与“C：公正要实现”，二者是否可以兼顾？效率与质量不仅可以兼顾，而且必须兼顾。怎样兼顾？破解案多人少矛盾的根本办法，是调整审判格局，实行繁简分流。习近平总书记在 2019 年中央政法工作会上讲，要深化诉讼制度改革，推进案件繁简分流、轻重分离、快慢分道。机动车、电动力、自行车、行人如果不进行快慢分道，其混乱局面可想而知。同理，繁案简案混在一起，每名法官面对大量案件，注意力资源和精力都是有限的，就会形成交通拥堵一样的局面。实施繁案简案以后，多数简案分配给少数法官办理，虽然数量大，但可以辅之以快速办理机制，让法官适应新的办案节奏。如果案件流量增大，存量就会降低，从而与单个法官的注意力资源相匹配。最终的效果是，少数法官简案快审，多数法官繁案精审，鱼和熊掌可以兼得。

常用的结构思考工具，我们就介绍这些了。如果能熟练掌握上述几款结构思考工具并在实践中灵活运用，你会发现自己分析问题和做决策的水平脱胎换骨。大家可以自学更多的结构思考工具，还可以从相关理论中自己抽象出结构思考工具来。最后，我将结构思考工具的要领说三遍：转化，转化，转化。结构思考工具必须转化，切忌简单照猫画虎。转化什么？一是结构转化，根据命题语境，有的要素可以分解，有的要素可以合并，之前举过 PDCA 循环四点变五点的例子。二是内容转化，第一步要对每个要素的含义做广义理解，第二步是将要素具体化到命题语境的含义。如果不做转化，直接照搬要素的结构和原意套用到论文命题语境中，就可能会闹出笑话。

结构思考力：金字塔思维的中国化

各种结构思考工具为什么会施展神奇的力量？只要我们主动运用结构化思考工具，就会感受到一种思维的力量、思辨的力量，这种力量就叫作结构思考力。结构思考力，深藏于具体的结构思考工具当中，工具与思考力关系是形与神的关系。结构思考力并不是结构思考工具本身创造出来的，而是来源于金字塔原理，金字塔原理揭示出各种结构思考工具中的神秘力量。

如果没有进行结构化思考，我们看到的点就是图中箭头左侧一堆散乱的点。如果我们学会了结构化思考，把散乱的点归类、分组，就变成箭头右侧的样子。不论哪个结构思考工具，都要做归类和分组工作，将一个个散乱的点归入结构思考工具的要素中。把归类、分组向上、向下延伸，就呈现出金字塔结构来。

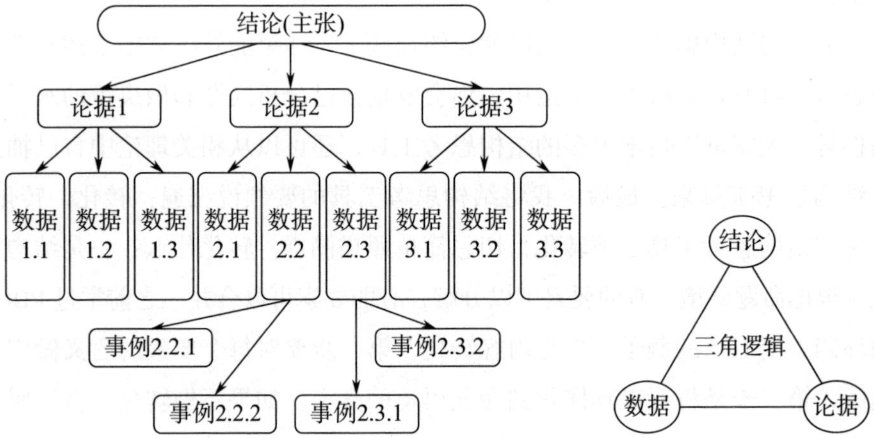

金字塔模式基本图形与三角逻辑①

有些论文举情况、列原因，凭感觉、拍脑袋想到一点写一点，就是上面图中的散点状。这些散点放在金字塔中，也许就是 1、1.3、2.1、2.3.2、3.1 几

① ［日］西村克己：《逻辑思考力》，邢舒睿译，中国人民大学出版社 2013 年版，第 142 页。

点。用金字塔思维来检查，可能出现三个问题：一是不同层级的问题并列在一起了；二是有重复，如 1 与 1.3，将上下层级不同且包含的总分关系误为并列关系或递进关系；三是有遗漏。如果没有经过思维训练，我们很难发现上述三类错误的逻辑关系。“所谓金字塔模式，就是将三角逻辑的结论、论据、数据（事实和信息数据）做更为体系化的整理的方法。作为支撑最上端结论的说服材料，要配置三个左右的论据。并且，再为每个论据配置三个左右的可以支持它们的数据。有必要时可以加入事例，这样就能成为更好的说服资料了。”[①] 一般来说，讲话三点为宜，为什么领导讲话都喜欢讲三点？这是符合规律的。如果有九点，也要每三个一组归类，讲话效果才好。如果写论文，同一层次三到五点为佳，也不宜过多，如果点多了就要梳理、整合。

金字塔原理有三个基本要素：一是归类分组；二是纵向逻辑层次；三是横向逻辑顺序。由此三要素构建起来了金字塔，其内部结构可以分为三个部分：纵向、横向和序言。纵向结构上，金字塔原理奉行结论先行原则，开门见山从结论说起，上一层必须是下一次的思想的总结和概况。这种自上而下的表达方式引导读者或听众从一个中心思想或者一个疑问开始，逐层向下分解上层的命题、回答上层的疑问。横向结构上，同一层次的思想同属一个逻辑范畴，有归纳和演绎两种思想方式。演绎的顺序包括大前提、小前提和结论三个部分，之前已经详细讨论过演绎推理，不再赘述。以归纳法来展开，必须保证该组的思想在逻辑上具有共同点，这样才能向上归纳出共同属性。关于序言，为了从开头就能抓住读者或者听众的注意力，引起他们的兴趣，最好使用故事叙述的结构，即 SCQA 万能开场白公式。

如何构建一个金字塔？有自上而下和自下而上两个思考路向。自上而下法包括如下步骤：步骤一：画出主题方框。在最顶部的方框中写出核心命题，前提是知道要研究什么问题、讨论什么主题，否则请跳到步骤二。步骤二：确定主要问题。确定文章的读者，将针对什么对象？你希望文章能够回答读者头脑中关于该命题的什么问题？如果你确定了核心命题，请写出来，否则

① ［日］西村克己：《逻辑思考力》，邢舒睿译，中国人民大学出版社 2013 年版，第 143 页。

跳到步骤四。步骤三：写出对该问题的回答。如果尚不清楚，请注明你有能力回答该问题。步骤四：说明"情境"。将命题同"情境"结合起来，作出关于命题的第一个不会引起争议的表述。步骤五：指出"冲突"。作者开始与读者进行对话，考虑"情境"中发生了什么能够引起读者疑问的冲突。步骤六：检查主要问题和回答。对"情境"中"冲突"的表述应当能够直接导致主要问题的提出（已在步骤二中列出），否则应改变对"情境"中"冲突"的表述，使之能够直接导致该主要问题的提出。有时可能"情境"中的"冲突"同主要问题不相符，这就需要重新进行构思。① 自上而下法。"很多时候你也会发现你思考得还不够成熟，无法构建出金字塔结构的顶部。譬如，有时你无法准确地确定要讨论的主题，有时对读者头脑中的疑问尚不清楚，有时则无法确定读者了解什么、不了解什么。遇到这些情况时，可向下移动一个层次。从关键句层次上着手。如果你能够确定任何关键句，那很好；但多数情况下你可能还无法确定。不要着急，你可以按照以下'三步走'的过程自下而上地组织你的思想：1. 列出你想表达的所有思想要点；2. 找出各要点之间的逻辑关系；3. 得出结论。" ②

自下而上，最终要提炼出塔尖的中心思想，即核心命题。提炼中心思想的要诀是 TOPS 原则：T 意为有的放矢（Targeted），O 意为贯穿整体（Over-arching），P 意为掷地有声（Powerful），S 意为言之有据（Supportable）。自上而下，每一个层级的各个部分之间都必须遵循 MECE 原则（全称 Mutually Exclusive Collectively Exhaustive），是"没有遗漏和重复的状态"。③MECE 原则是麦肯锡思维过程的一条基本准则，强调两点：一是各部分之间相互独立，具有排他性（Mutually Exclusive）；二是整体而言毫无遗漏，所有部分完全穷尽（Collectively Exhaustive）。"MECE，使遗漏和重复降到最低。把握事物整体

① 参见［美］巴巴拉·明托：《金字塔原理：思考、写作和解决问题的逻辑》，王德忠、张珣译，民主与建设出版社 2002 年版，第 22~24 页。

② ［美］巴巴拉·明托：《金字塔原理：思考、写作和解决问题的逻辑》，王德忠、张珣译，民主与建设出版社 2002 年版，第 27 页。

③ ［日］西村克己：《逻辑思考力》，邢舒睿译，中国人民大学出版社 2013 年版，第 52 页。

的时候，一定要防止出现思考的遗漏点和重复。”[①]MECE 原则通常的做法分两种：一种方法是使用思维导图或鱼骨图等工具，在确立核心问题基础上向下层层分解，直到发掘出所有问题，从中提炼出关键问题和解决问题的初步思路；另一种方法是通过大家头脑风暴法找到主要问题，列举解决问题的所有可能方法；然后根据现有资源和条件，分析比较各种方法，还可以大胆设想结合多种方法以获得新的思路。

MECE 的能量[②]

在研究复杂问题过程中，自上而下与自下而上两个思维向度需要结合起来，单独一个向度都有缺陷。我在做审判团队运行情况调研时使用了自上而下与自下而上相结合的方法。我和部门另一位同志走访了全院各审判庭、执行庭的每一个审判团队，与员额法官、法官助理、聘用制人员等一线办案人员上百人深度沟通，一对一谈访谈问题，发现了一大堆零零散散的问题，边调研边记录，之后整理成调研手账。我们根据金字塔原理将调研来的零碎问题归类、分组，自下而上归纳提炼。在调研的过程中，还同时有一个自上而下的思维过程。在调研之前，主管领导嘱咐我们：看一下最近中央和北京市有什么关于审判团队问题的改革要求，在调研中要把握上级政策方向。我们把相关政策精神贯彻到访谈问题设计中，这又是自上而下的向度。两个向度融合起来了：一方面，用中央和北京市的司法改革政策要求来观察、分析、找到具体问题；同时，这个自上而下的思维还制

① ［日］西村克己：《逻辑思考力》，邢舒睿译，中国人民大学出版社 2013 年版，第 51 页。
② ［日］西村克己：《逻辑思考力》，邢舒睿译，中国人民大学出版社 2013 年版，第 52 页。

约着我们如何去自下而上进行归类和分组；另一方面，从调研来的一件件小事中自下而上汇总、提炼、抽象，找到改革实践与改革要求之间的差距，悟出审判权运行的规律。自上而下与自下而上两个过程是互动的、渗透的。研究司法改革相关的选题的同志们，我建议大家一定要对改革的基本纲领、基本政策、基础知识做到门清。党的十八届四中全会关于依法治国的决定、党的十九大报告，最高人民法院“四五改革纲要”和“五五改革纲要”，2015年和2018年关于司法责任制的两个规定，院庭长办案、院庭长管理监督、繁简分流、专业（主审）法官会议等专门规定，都是应知应会的基础文献。

想系统掌握结构思考方法，我推荐大家读一读李忠秋的《结构思考力》，这本书是金字塔原理的中国化，更符合中国人的思维习惯，可以帮助大家更快更好地吸收结构思考的精髓。我们看一下这本书的目录，能感受到结构思考的力量。可以说，只看目录，就掌握了结构思考力的基本脉络的基本方法。作者提炼这本书的各级标题一字千金又脉络清晰，是我们安排结构和提炼标题范本。

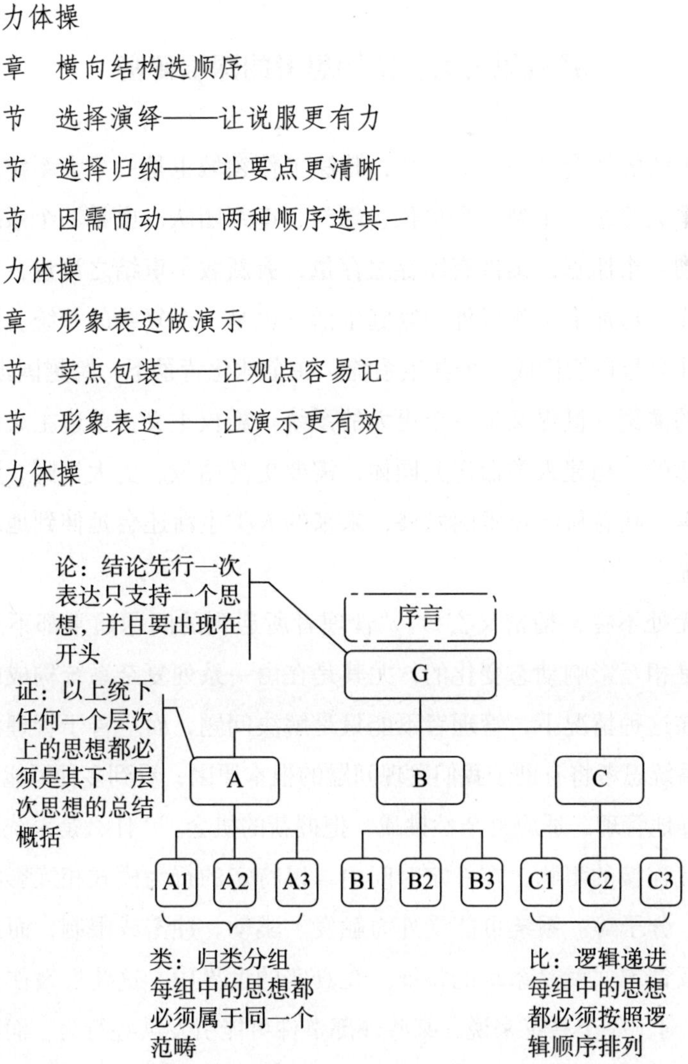
论：结论先行一次表达只支持一个思想，并且要出现在开头
序言
G
证：以上统下任何一个层次上的思想都必须是其下一层次思想的总结概括
A
B
C
A1
A2
A3
B1
B2
B3
C1
C2
C3
类：归类分组每组中的思想都必须属于同一个范畴
比：逻辑递进每组中的思想都必须按照逻辑顺序排列

结构思考力的基本特点

这张图是李忠秋概括的结构思考力的基本特点，高度浓缩了金字塔原理的精华：一曰论，结论先行，一次表达只支持一个思想，并且要出现在开头；二曰证，以上统下，任何一个层次的思想都必须是其下一层次思想的总结概括；三曰类，归类分组，每组中的思想都必须属于同一范畴；四曰比，逻辑递进，每组中的思想都必须按照逻辑顺序排列。

系统思考力：结构思考的深层秘密

我们生活的社会是一个大系统，政法工作领域也是一个大系统，司法机关也是一个大系统。小到一个单位、部门、审判团队，也是一个系统。再把视角缩小到一个法官，案件有旧存之存量，有新收、审结之流量，加上法官的其他工作，再加上工作以外的家庭生活，也是一个复杂的系统。向大的方面扩展，社会与自然构成一个共生系统。在全球化背景下，跨越国家的疆界，超越民族的藩篱，世界又是一个更大的系统。霸权主义、单边主义都是违背系统论规律的。构建人类命运共同体，需要更高站位、更大视野、更远眼光的系统思考。随着科学技术的发展，未来的人类生活还会延伸到地球之外的宇宙大系统。

系统无处不在，精密又玄妙。“管理者所遇到的问题通常都不是彼此孤立的，而是相互影响动态变化的，尤其是在由一系列复杂系统构成的动态情境之中，在这种情况下，管理者不能只是解决问题，而应善于管理混乱的局势。”[①] “系统思考将有助于我们发现问题的根本原因，看到多种可能性，从而让我们更好地管理、适应复杂性挑战，把握新的机会。”“什么是系统呢？系统是一组相互连接的事物，在一定时间内，以特定的行为模式相互影响，例如人、细胞、分子等。系统可能受外力触发、驱动、冲击或限制，而系统对外力影响的反馈方式就是系统的特征。在真实的世界中，这些反馈往往是非常复杂的。”“对于一个系统来说，某些外部事件可能引发某些行为，而同一事件

---

① ［美］德内拉·梅多斯：《系统之美：决策者的系统思考》，邱昭良译，浙江人民出版社 2012 年版，第 4 页。

至于另一系统的结果就可能迥然不同。”[①] 结构思考为什么有那么神奇的力量？从系统论角度看，系统的事件、行为与结构这三个要素相比，结构是本质的，深藏在系统内部又决定系统的事件和行为。[②]

结构思考力的力量，来源于系统结构中的本质规律。想真正领悟到结构思考力的精髓，就必须学习系统论。我推荐两本通俗易懂的入门书。一本是梅多斯的《系统之美：决策者的系统思考》，这本书是一本简明扼要的系统思考入门指南，提供了认识复杂动态系统的有力工具，帮助大家掌握理解和分析身边系统的能力，小到个人问题，大到复杂的社会问题。我们可以在这本书中学习到系统动力学的基本概念，理解常见的系统结构，还有复杂系统的 3 大特征、8 大陷阱与对策、12 大变革方式以及 15 大生存法则。系统思考是结构思考的升级版，有助于我们发现问题的根本原因，看到多种可能性，从而更好地管理个人事务和工作业务，适应复杂性挑战，把握新时代机遇，让美好生活的向往变成现实。我推荐的另一本书是邱昭良撰写的《如何系统思考》[③]。作者以“思考魔方”为框架，生动阐述系统思考的基本原理、原则和精髓；通过“环形思考图”“思考的罗盘”“冰山模型”“行为模式图”等“支架式”辅助工具，帮助你实现思维的三重转变，学会动态思考、深入思考和全面思考；以几十个案例深入浅出讲解系统思考基本方法与工具“因果回路图”和“系统基模”。此外，有兴趣的同志还可以读读邱昭良的《系统思考实践篇》[④]，还有邱昭良翻译的另一本书，舍伍德的《系统思考》[⑤]。此外，还有杰克逊的《系统思考：适于管理者的创造性整体论》[⑥]、王世民的《思维力：高效的系统思维》[⑦] 也不错，可以把这些书放在一起同主题阅读。我接下来根据主要

---

① ［美］德内拉·梅多斯：《系统之美：决策者的系统思考》，邱昭良译，浙江人民出版社 2012 年版，第 7 页。

② 参见［美］德内拉·梅多斯：《系统之美：决策者的系统思考》，邱昭良译，浙江人民出版社 2012 年版，第 124 页。

③ 参见邱昭良：《如何系统思考》，机械工业出版社 2018 年版。

④ 参见邱昭良：《系统思考实践篇》，中国人民大学出版社 2009 年版。

⑤ 参见［美］丹尼斯·舍伍德：《系统思考》，邱昭良、刘昕译，机械工业出版社 2014 年版。

⑥ ［英］迈克尔·C. 杰克逊：《系统思考：适于管理者的创造性整体论》，高飞、李萌译，中国人民大学出版社 2005 年版。

⑦ 王世民：《思维力：高效的系统思维》，电子工业出版社 2017 年版。

推荐的两本书的基本内容介绍一下系统思考的基本原理和方法。

我结合“有书”APP的解读，给大家介绍一下邱昭良《如何系统思考》全书的精华。“有书”对这本书的解读文字部分有一幅导图，这幅导图不同于传统的思维导图，细心的同志同时可以学习如何用一幅图拆解一本书精华的方法。

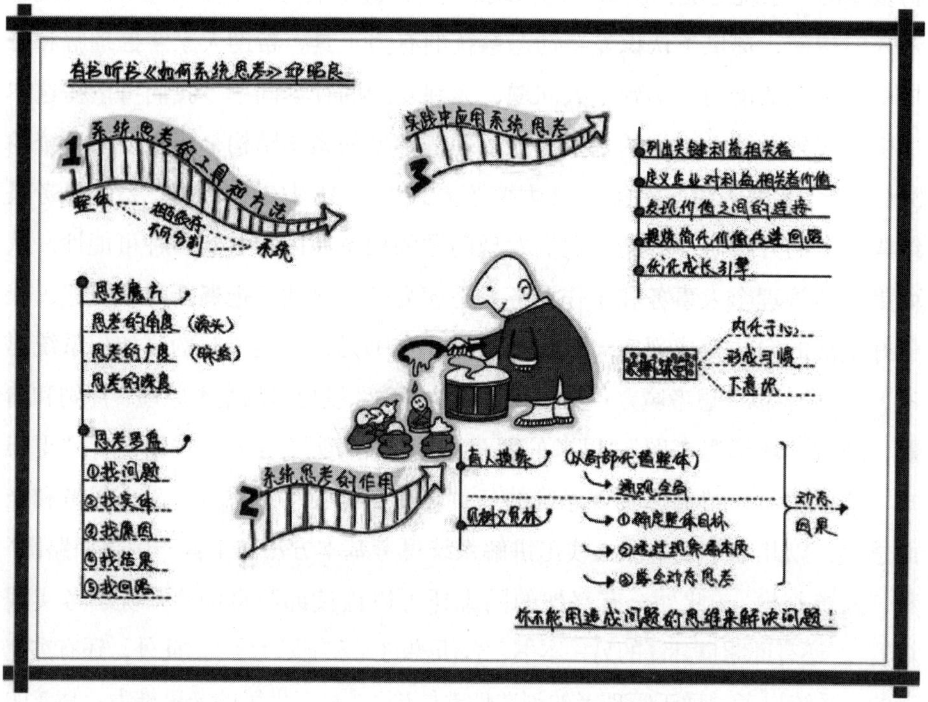

关于什么是系统思考，邱昭良认为系统思考就是从整体上对影响系统行为的各种力量以及相互关系进行思考，以培养人们对动态变化复杂的系统性问题的理解和应对能力。系统思考有两大核心要素：一是整体，二是系统。邱昭良在这本书中提出了系统思考两大工具，即“思考魔方”和“思考罗盘”。

“思考魔方”包括三个维度，即角度、广度和深度。关于角度，面对复杂问题，首先要站在不同角度分别看，找到最合适最正确的那个角度。这是问题解决的源头，只有角度找对了，才有可能把问题的后续工作完成。我之前也谈到博览群书、坚持学习的重要性，掌握理论工具多了，才能获得更多的观察视角。角度是源头，广度是脉络。一个问题出现了，往往是多方面的原因造成的，而思考的广度就是让研究者、决策者站到更高的角度审视问题，看到导致问题的全部原因，避免“盲人摸象”的局限性。思考的深度就是拨开问题的表象，发现问题背后隐藏的本质。原因不重要，根源才重要。针对表层原因的对策，治标不治本，只能暂时缓解问题却无法解决问题。远藤功可视化管理的关键，就是让那些真正要解决的问题根源跳出来，直击要害“打七寸”，从而一劳永逸解决问题。

“思考罗盘”有五个步骤：第一步，找问题。问题要清晰、明确、具体，写到罗盘中央。第二步，找实体。列出该问题的利益相关者，列到罗盘的外圈。第三步，找原因。分别站到每个利益相关者的角度思考，列出导致问题的原因并写在罗盘的内圈，并用箭头将因果关系连接起来。第四步，找结果。分别站到每个利益相关者的角度，分析这个问题会给其带来什么影响，将影响的结果列出来，并用箭头把它们连接起来。第五步，找回路。分别从上面的结果出发，找出它们与其他原因有没有关联。如果有关联，也将它们用箭头连接起来，然后看看这些原因和结果中是否有回路。我们找出这些因果回路后，就找到了问题的关键节点，就可以针对性地解决问题。

现实工作和生活中，我们都会遇到以盲人摸象的方式看到各种问题，又会想到各种显而易见的解决办法。显而易见的方法往往是假的，是以制造问题的方式去解决问题。系统思考是树立全局意识的有力武器，使我们“见树又见林”。系统思考过程有三个要求：一是确定整体目标，摆好自己的位置；二是透过现象看本质，有些问题需要我们全面地分析表象背后的秘密；三是学会动态思考，任何事情都不可能一成不变，一件事情必然会因为某些因素的变化而改变发生轨迹，这就需要我们动态地思考问题和分析问题。我们应当从全面思考、深入思考和动态思考三个维度上重塑思维模式，从而掌握系统思考的精髓，应用到实际工作和学术研究中，科学地、系统地观察解决问题。系统思考很重要，但是想透过趋势看清潜在结构并不容易，既需要对问题全面分析，又需要深入问题内部思考问题，研究各种相关因素之间直接和间接的联系。事物的发生一定有其原因，符合哲学上的因果律。因此，不能只看到静止片段，还要看清动态系统的来龙去脉，体察因果之间的微妙互动。系统思考不只是思维的小技能，更是大智慧。只有认真学习并主动将系统思维运用到实际工作中，才能逐渐领悟其诀窍，内化于心并进入潜意识，这样才能让你内心的小宇宙强大起来，让你的眼光更独到、更深邃。

最后，一起读一下本书中的金句：（1）系统思考的一项基本定理：结构影响行为，你想要让人们产生你所期望的行为，最根本的办法是设计相应的结构。（2）系统思考不只是一种思维技能，也是一种智慧。（3）真正睿智的领导必须具备系统思考的能力，才能洞悉复杂系统的运作，做出经得起时间考验的英明决策。（4）每个系统都存在于更大的系统之中，没有任何一个系统可以独立于其他事物而存在。

系统之美：决策者的系统思考

梅多斯的《系统之美：决策者的系统思考》书后的附录梳理了系统论的基本概念、基本原理和基本方法。我们一起学习一下这些系统论的干货。

这本书附录先列了一张系统术语表，都是系统论应知应会的基本概念：[①]

Archetype/ 系统基模：是一些常见的系统结构，能够产生特定的行为模式。

Balance feedback loop/ 调节回路：是一种逐渐趋于稳定或特定目标（目的）的、调节性的反馈回路，也被称为“负反馈回路”，因为它能消除或平衡施加给系统的变化力量。（例如一个统计时段，旧存案件是初始存量，随着不断新收案件，存量会不断增加，审理与结案工作就形成了消解存量的调节回路。）

Bounded rationality/ 有限理性：从系统的一个部分来看，做出决策或行动

① 参见［美］德内拉·梅多斯：《系统之美：决策者的系统思考》，邱昭良译，浙江人民出版社2012年版，第263~264页。

的逻辑是合乎情理的，但从系统整体或更大的系统层面上看，这些逻辑就是不合情理的。（头痛医头、脚痛医脚，是典型的有限理性。例如直接着眼于审判质量和效率采取对策，看似合理，但未必管用；放到整个法院运行大系统看，还需要在审判团队建设、思想建设和支部组织力建设、人岗匹配、绩效考核等方面研究深层问题。）

Dynamic equilibrium/ 动态平衡：在这种状态下如果不看流入量和流出量，存量的状态是稳定、不变的。只有当所有流入量和流出量完全相等时，才可能出现这种情况。（结收比指标调控的目的就是实现收结案动态平衡，一个时段内的结收比为 100% 时，新收案件流入量与审结案件流出量相等。）

Dynamics/ 动态：一个系统或其中任何一个组成部分随着时间的推移而展现出的行为变化。

Feedback loop/ 反馈回路：是通过影响与同一个存量相关的流入量和流出量，是该存量发生变化的机制（规则、信息流或信号）。这是从存量开始的一个闭合的因果关系链，根据存量的水平，通过一系列相关的决策和行动，影响与存量相关的流量，反过来又通过流量来改变存量。

Flow/ 流量：是一段时间内，进入或离开某一个存量的物质或信息。（一个统计时段内，新收案件是流入的流量，审结案件是流出的流量。）

Hierarchy/ 层次性：根据不同层次组织起来、构成一个更大的系统。系统中包含一些子系统。（例如，体制改革—政治体制改革—司法体制改革—司法责任制改革—员额法官改革，每一层都是上一层的子系统；法院系统—法院—审判庭—审判团队—法官，也是一个多层嵌套的系统结构。）

Limiting factor/ 限制因素：是系统必不可少的一种输入，在某个特定时刻它会限制系统的活动。

Linear relationship/ 线性关系：在系统中，两个要素之间存在因果关系，而且因与果的变化有着固定的比例，可以把它们在图表中用一条直线来表示，其效果是积累的。（例如一定单价水平，数量与总价呈现线性关系。）

Nonlinear relationship/ 非线性关系：系统中，两个要素之间存在因果关系，但因与果的变化并不存在固定的比例。（例如边际效用递减。）

Reinforcing feedback loop/ 增强回路：是一种不断放大和强化的反馈回路，也被称为“正反馈回路”，因为它会强化既有的变化方向。它们既可能是良性循环，也可能是恶性循环。（例如一个统计时段，旧存案件这个初始存量随着新收案件不断增加，如果没有有效的审判管理机制，不断增多的案件会不断加大法官压力并且分散更多的注意力资源，从而降低结案效率；一些法院实行按未结案数量随机分案制度，法官在这种压力下可能出于自我保护故意拖延报结以少收案；再加之社会经济发展使得案件数量逐年增长，最终造成了一个使得积案滚雪球式恶性循环增强回路。要治理积案问题，就得把增加回路研究清楚。）

Resilience/ 适应力：是系统从扰动中恢复到动态稳定状态的能力，在受到外力影响之后，系统产生了暂时的改变，然后还原或修补、恢复正常。（我们对自然生态系统的适应力非常熟悉。改革实施后有个阵痛期，之后又逐渐回归正轨并开始释放改革红利，也指系统的适应力问题。）

Self-organization/ 自组织：是系统构建自身、产生新的结构、学习或多元化的能力。（例如生物进化、机器学习等。司法改革中的新体制、新机制，仅仅是设计出来的吗？是否根源于司法系统自组织的原动力？）

Shifting dominance/ 主导地位转换：随着时间的推移，相互制衡的反馈回路之间相对力量强弱发生了变化。

Stock/ 存量：在系统中，物质或信息随着时间推移而逐渐积累。

Suboptimization/ 次优化：某个子系统的目标取代系统整体的目标居于主导地位，导致的一种不合理行为——系统以全部的成本去实现某个子系统目标。

System/ 系统：是一个系列相互联系和有序组织在一起的要素或部分，他们会产生特定的行为模式，通常被称为其“功能”或“目标”。（例如简单粗暴地以硬指标加大考核力度来期待审判质效提升，看不到人心不顺、能力不足的根本问题，忽视党建思想、教育培训等其他子系统，舍本逐末，事与愿违。）

下面介绍系统基本原理的概要：[1]

1. 系统：（1）总体大于部分之和。（2）系统中的很多相互连接是通过信息流进行运作的。（3）系统中最不明显的部分是它的功能或目标，而这常常是系统行为最为关键的决定因素。（4）系统结构决定系统行为（结构影响行为）。系统行为是系统随着时间流逝展现出来的一系列事件。

2. 存量、流量和动态平衡：（1）存量是对系统中变化量的一种历史记录。（2）只要所有流入量的总和超过了流出量的总和，存量的水平就会上升。（3）只要所有流出量的总和超过了流入量的总和，存量的水平就会下降。（4）如果所有流出量的总和与流入量的总和相等，存量的水平将保持不变，即系统将保持动态平衡。（5）要想使存量增加，既可以通过增加流入速率来实现，也可以通过减小流出速率来实现。（6）存量可以在系统中起到延迟、缓存或减震器的作用。（7）由于存量的存在，流入量和流出量可以被分离开来，相互独立。

3. 反馈回路：（1）一个反馈回路就是一条闭合的因果关系链，从某一个存量出发，并根据存量当时的状况，经过一系列决策、规则、物理法则或者行动，影响到与存量相关的流量，又返回来改变了存量。（2）在系统中，调节回路是保持平衡或达到特定目标的结构，也是稳定性和抵制变革的根源。（3）增强回路是自我强化的，随着时间的变化，增强回路会导致指数级增长或者加速崩溃。（4）由反馈回路所传递的信息，哪怕是非物理性的信息，只能影响未来的行为，它不能足够快地发送一个信号，去修正由当前反馈所驱动的行为。（5）在一个由存量维持的调节回路中，设定目标时，必须适当考虑补偿影响存量的重要的流入和流出过程。否则，反馈过程将超出或低于存量的目标值。（6）具有相似反馈结构的系统，也将产生相似的动态行为。

4. 主导地位转换、延迟和振荡：（1）当不同调节回路的相对优势发生改变时，系统通常会出现一些复杂的行为，由一个回路主导的某种行为模式变为另一种。（2）调节回路上的时间延迟很可能会导致系统的振荡。（3）改变一个延迟的长短，可能会导致系统行为的巨大变化。

---

① 参见［美］德内拉·梅多斯：《系统之美：决策者的系统思考》，邱昭良译，浙江人民出版社 2012 年版，第 265~268 页。

5. 情景和测试模型：（1）系统动力学模型可探究未来的多种可能性，让我们了解“如果这样……会怎样”之类的问题。（2）模型的价值不取决于它的驱动情景是否真实（其实，对此没有任何人能够给出肯定的答案），而取决于它是否能反映真实的行为模式。

6. 系统受到的约束：（1）在呈指数级成长的系统中，必然存在至少一个增强回路，正是它（或它们）驱动着成长；同时，也必然存在至少一个调节回路，限制系统的成长，因为在有限的环境中，没有任何一个物理系统可以永远地增长下去。（2）不可再生资源受限于存量。（3）可再生资源受限于流量。

7. 适应力、自组织和层次性：（1）适应力总是有限度的。（2）不能只是关注系统的生产率或稳定性，也要重视其适应力。（3）系统通常具有自组织的特性，具有塑造自身结构、生成新的结构、学习、多样化和复杂化的能力。（4）层次自下而上地进化；上一层级的目的是服务于较低层级的目的。

8. 系统之奇的根源：（1）系统中的很多关系都是非线性的。（2）世界是普遍联系的，不存在孤立的系统；如何确定系统的边界，取决于你的分析目的。（3）在任何给定的时间，对于系统来说，最重要的一项输入是限制最大的那个因素。（4）任何有着多重输入和输出的物质实体，都受到多重限制因素的制约。（5）任何成长都存在限制。（6）当一个变量以指数级形式逼近一项约束或限制时，其接近限制的时间会出乎意料得短。（7）当在反馈回路中存在较长的时间延迟时，具备一定的预见性是必不可少的。（8）系统中每个角色的有限理性可能无法产生促进系统整体福利的决策。

我们在工作和生活中时会陷入困境，要想做到清晰地思考，就要知道常见的系统陷阱与对策：①

1. 政策阻力（Policy Resistance）。【陷阱】当系统中多个参与者有不同的目标，从而将系统存量往不同方向拉时，结果就是政策阻力。任何新政策，尤其是当它恰好管用时，都会让存量远离其他参与者的目标，因而会产生额

---

① 参见［美］德内拉·梅多斯：《系统之美：决策者的系统思考》，邱昭良译，浙江人民出版社 2012 年版，第 269~272 页。

外的抵抗，其结果是大家都不愿意看到的，但每个人都要付出相当的努力去维持它。【对策】放弃压制或实现单方面的目标。化阻力为动力，将所有参与者召集起来，用先前用于维持政策刚性的精力，去寻找如何实现所有人的目标，实现“皆大欢喜”，或者重新定义一个更大的、更重要的总体目标，大家愿意齐心协力去实现它。

2. 公地悲剧（The Tragedy of the Commons）。【陷阱】当存在一种公共资源时，每个使用者都可以从这种资源的使用中直接获利，用得越多，收益也越大，但是过度使用的成本却需由所有人来分担。因此，资源的整体状况和单个参与者对资源的使用之间的反馈关联非常弱，结果导致资源的过度使用及耗竭，最终每个人都没有资源可用。【对策】对使用者进行教育和劝诫，让他们理解滥用资源的后果。同时，也可以恢复或增强资源的状况及其使用之间的弱反馈连接，有两类做法：一是将资源私有化，让每个使用者都可以直接感受到对自己那一份资源滥用的后果；二是对于那些无法分割和私有化的资源，则要对所有使用者进行监管。

3. 目标侵蚀（Drift to Low Performance）。【陷阱】绩效标准受过去绩效的影响，尤其是当人们对过去的绩效评价偏负面，也就是过于关注坏消息时，将启动一个恶性循环，使得目标和系统的绩效水平不断下滑。【对策】保持一个绝对的绩效标准。更好的状况是，将绩效标准设定为过去的最佳水平，从而不断提高自己的目标，并以此激励自己，追求更高的绩效。系统结构没有变化，但由于运转方向不同，便能成为一个良性循环，做得越来越好。

4. 竞争升级（Escalation）。【陷阱】当系统中一个存量的状态是取决于另一个存量的状态，并试图超过对方时，就构成了一个增强回路，使得系统陷入对抗升级的陷阱，表现为军备竞赛、财富攀比、口水仗、声音或暴力升级等现象。由于对抗升级以指数形式变化，它能以非常令人惊异的速度导致竞争激化。如果什么也不做，这一循环也不可能一直发展下去，最后的结果将是一方被击倒或两败俱伤。【对策】应对这一陷阱的最佳方式是避免陷入这一结构之中。如果已经深陷其中，一方可以选择单方面让步，从而切断增强回路；或者双方进行协商，引入一些调节回路，对竞争进行一些限制。我们如何避免竞争指标排名高低的现象？北京法院试行的目标责任制考核中的很多指标设置了合理的满分值，不以名次论英雄，就是很好的办法。

5. 富者愈富（Success to the Successful）。【陷阱】如果在系统中，竞争中的赢家会持续地强化其进一步获胜的手段，这就形成了一个增强回路。如果这一回路不受限制地运转下去，赢家最终会通吃，输家则被消灭。【对策】多元化，即允许在竞争中落败的一方退出，开启另一场新的博弈；反垄断法，即严格限制赢家所占有的最大份额比例；修正竞赛规则，限制最强的一些参与者的优势，或对处于劣势的参与者给予一些特别关照，增强他们的竞争力（例如施舍馈赠、税赋调节、转移支付等）；对获胜者给予多样化的奖励，避免他们在下一轮竞争中争夺同一有限的资源，或产生偏差。

6. 转嫁负担（Shifting the Burden to the Intervenor）。【陷阱】当面对一个系统性问题时，如果采用的解决方案根本无助于解决潜在的根本问题，只是缓解（或掩饰）了问题的症状时，就会产生转嫁负担、依赖性和上瘾的状况。无论是麻痹个人感官的物质，还是把潜在麻烦隐藏起来的政策，人们选择的干预行动都不能解决真正的问题。如果选择并实施的干预措施，导致系统原本的自我调适能力萎缩或受到侵蚀，就会引发一个破坏性的增强回路。系统自我调适能力越差，就需要越多的干预措施；而这会使得系统的自我调适变得更差，不得不更多地依赖外部干预者。【对策】应对这一陷阱最好的办法是提前预防，防止跌入陷阱。一定要意识到，只缓解症状或掩饰信号的政策或做法，都不能真正地解决问题。因此，要将关注点从短期的救济转移到长期的结构性重建上来。

7. 规避规则（Rule Beating）。【陷阱】“上有政策，下有对策”。任何规则都可能会有“漏洞”或“例外情况”，因而也会存在规避规则的行为。也就是说，虽然一些行为在表面上遵守或未违背规则，但实质上却不符合规则的本意，甚至扭曲了系统。【对策】设计或重新设计规则，从规避规则的行为中获得创造性反馈，使其发挥积极的作用，实现规则的本来目的。

8. 目标错位（Seeking the Wrong Goal）。【陷阱】系统行为对于反馈回路的目标特别敏感。如果目标定义不准确或不完整，即使系统忠实地执行了所有运作规则，其产出的结果却不一定是人们真正想要的。【对策】恰当地设定目标及指标，以反映系统的真正福利。一定要特别小心，不要将努力与结果混淆，否则系统将只产出特定的努力，而不是你期望的结果。

阿基米德有一句非常著名的话：“给我一个支点，我就可以撬动地球。”我们谋划工作中讲抓手，讲着力点，都是在寻找撬动的杠杆支点。梅多斯给我们列举了12个采取干预措施的杠杆点：[①]（1）超越范式（进入一种“空”的状态）；（2）社会范式，决定系统之所以为系统的心智模式（范式是系统之所以成为系统的根源）；（3）目标，系统的目的或功能；（4）自组织，系统结构增加、变化或进化的力量；（5）系统规则，激励、惩罚和限制条件；（6）信息流，谁能获得信息的结构（通常比重建系统的物理基础设施更为容易、成本低廉）；（7）增强回路，驱动收益增长的反馈力量（减少增强回路的产出成果）；（8）调节回路，试图修正外界影响的反馈力量（与其预定要校正的影响大小相对应）（增大调节回路的力量）；（9）时间延迟，系统对变化做出反应的速度（既然无法消除，则使增长保持一致将具有更大的杠杆作用）；（10）存量—流量结构，实体系统及其交叉节点；（11）缓冲器，比流量力量更大、更稳定的存量；（12）数字，包括各种常数和参数。

无结构：修炼实践论与矛盾论的伟大哲学智慧

系统思考力是结构思考力的原动力，系统思考是结构思考的升级版，我们是否还可以将思考继续升级，向更加深邃、悠远的层次跃迁？大道至简，思维升级到了更抽象的哲学层次，结构思考就上升到无结构的境界了。哲学是什么？哲学是智慧，是结构思考中最深刻的宇宙规律。当思维进入了理性智慧的层次，具体的思维结构都烟消云散了，我们将洞悉宇宙因果律的微妙真理，获得真正的思想自由。在法律的道路上，霍姆斯提倡做深度思考的法理学研究，“正是法律中那些更为深远、更为概括的层面，赋予了法律普世关

---

① 参见［美］德内拉·梅多斯：《系统之美：决策者的系统思考》，邱昭良译，浙江人民出版社2012年版，第273页。

怀的价值。穿越法律的这些层面，你不但能够成为法律职业领域的泰山北斗，而且还能将你自己与天地万物联系起来，在天人合一当中倾听浩瀚苍穹的一丝回响，洞悉天道运行的微妙变幻，捕捉普遍规律的蛛丝马迹”。[①]“法理学”这个词译自 jurisprudence，还有人把它译作法哲学，真正的法理学是对法律问题的哲学探索，修炼洞悉法律现象的慧眼。如何在法律的道路上获得生生不息的法律智慧？那就不能执迷于具体的法律问题，还要带着这些问题到象牙塔中体悟哲学的智慧，在夜空中寻找点点星光。最终我们，还要走出象牙塔，让智慧星光照进现实。法律人当顶天立地，一面脚踏实地，一面仰望星空。

如何才能到达通透的法律智慧的境界？霍姆斯在《法律的道路》中告诉我们，必须有打破砂锅问到底的钻研精神，在方法上可以遵循体系研究、历史研究、目的研究的“三步走”方法。[②]这番金玉良言值得细细品味。从马克思主义认识论和实践论角度理解霍姆斯的忠告，我们认识一个法律问题，首先必须透过现象认识到本质，抓住问题的牛鼻子；其次要注意用普遍联系的眼光研究问题的来龙去脉；最后要清楚地意识到，研究问题不是空谈，而是要服务于实践。法律的目的是什么？法律必须回应实践的需求，推进社会的发展。但是，目标如何定位？如何选择？就必须考虑当前的社会经济条件。以我们当前的司法改革为例，从根本上讲，实现公平正义既是逻辑起点，也是逻辑终点。但不是所有改革中的问题都可以一下子解决，也不是所有的问题都可以依靠改革来解决。例如有的地区法院案多人少的问题，没有一下子就可以解决的办法；而且在法官员额制推进以后，这一矛盾还可能在短时间内加剧；但是这样的问题随着改革进一步推进一定会得到解决。法官职业化的问题也是一样，需要时间慢慢推进；而且东西部地区情况不同，在西部偏远山区，职业化还面临乡土化的困扰，正如苏力先生在《送法下乡》中描述的司法和法治知识一样。还有司法权威问题、诉讼程序问题、司法机关在国家治理体系现代化中的地位和治理能力现代化中的作用等问题等，都不可能

---

① ［美］奥利弗·温德尔·霍姆斯：《法律的道路》，李俊晔译，中国法制出版社 2018 年版，第 89 页。

② 参见［美］奥利弗·温德尔·霍姆斯：《法律的道路》，李俊晔译，中国法制出版社 2018 年版，第 79 页。

一蹴而就。

修炼哲学智慧的根本之道，是以马克思辩证唯物主义世界观和方法论武装头脑。为什么中国共产党以马克思主义作为指导思想和行动指南？因为马克思的唯物辩证法揭示了宇宙真理，揭示了人类社会实践的因果律。马克思主义思想的核心在其哲学思想当中，“毛泽东同志曾经说过，马克思主义有几门学问，但基础的东西是马克思主义哲学”。[①] 马克思主义哲学与以往哲学理论相比，具有鲜明的科学性、人民性、实践性、不断发展的开放性。[②] “马克思主义哲学包括辩证唯物主义和历史唯物主义，是马克思主义立场、观点、方法的集中体现，是马克思主义学说的思想基础。”[③] 辩证唯物主义和历史唯物主义被中国的革命、建设、改革实践证明为人类智慧的真理，还将继续指导中国共产党在新时代为中国人民谋幸福、为中华民族谋复兴。习近平总书记强调，“马克思主义哲学深刻揭示了客观世界特别是人类社会发展一般规律，在当今时代依然有着强大生命力，依然是指导我们共产党人前进的强大思想武器。我们党自成立起就高度重视在思想上建党，其中十分重要的一条就是坚持用马克思主义哲学教育和武装全党。学哲学、用哲学，是我们党的一个好传统”。[④] 高举马克思主义大旗的，不是把经典倒背如流的人，而应当是以马克思主义哲学世界观和方法论武装起来的实践者、实干家。

在五四运动 100 周年之际，《求是》2019 年第 1 期刊登习近平总书记重要文章《辩证唯物主义是中国共产党人的世界观和方法论》。我反复研读多遍，感知习总书记的伟大智慧和良苦用心，感受到这篇文章的巨大的历史价值、实践价值与理论价值。1919 年的“五四”运动开启了马克思主义哲学的启蒙时代；100 年间，马克思主义哲学指导中国实现翻天覆地大变革，让中华民族

---

① 习近平：《辩证唯物主义是中国共产党人的世界观和方法论》，载《求是》2019 年第 1 期。

② 参见习近平：《在纪念马克思诞辰 200 周年大会上的讲话》，载《人民日报》2018 年 5 月 5 日，第 2 版。

③ 习近平：《推动全党学习和掌握历史唯物主义，更好认识规律，更加能动地推进工作》，载《习近平关于“不忘初心、牢记使命”重要论述选编》，党建读物出版社、中央文献出版社 2019 年版，第 98 页。

④ 习近平：《推动全党学习和掌握历史唯物主义，更好认识规律，更加能动地推进工作》，载《人民日报》2013 年 12 月 5 日，第 1 版。

站起来、富起来、强起来。马克思主义哲学因其鲜明的实践性而使其与时俱进、不断获得新的生命力，中国实践的历史车轮进入新时代，实现中华民族伟大复兴的中国梦，仍然需要以马克思主义哲学为最高行动指南。我强烈推荐大家研习这篇文章，并且建议大家一定要放下杂念，不急不躁，以平心静气的状态好好品味，必有收获。这篇文章还是我们如何学习马克思主义、如何运用马克思主义的纲要导读，帮助我们更好地学习马克思主义及其中国化重要理论成果。

习近平总书记在《辩证唯物主义是中国共产党人的世界观和方法论》一文开宗明义讲到，辩证唯物主义是中国共产党人的世界观和方法论。文章进一步讲到辩证唯物主义在当前历史时期的实践意义：我们党要团结带领人民实现“两个一百年”奋斗目标、实现中华民族伟大复兴的中国梦，必须不断接受马克思主义哲学智慧的滋养，更加自觉地坚持和运用辩证唯物主义世界观和方法论，增强辩证思维、战略思维能力，努力提高解决我国改革发展基本问题的本领。文章强调学习和运用辩证唯物主义世界观和方法论应当注重解决的几个问题：一要学习掌握世界统一于物质、物质决定意识的原理，坚持从客观实际出发制定政策、推动工作；二要学习掌握事物矛盾运动的基本原理，不断强化问题意识，积极面对和化解前进中遇到的矛盾；三要学习掌握唯物辩证法的根本方法，不断增强辩证思维能力，提高驾驭复杂局面、处理复杂问题的本领；四要学习掌握认识和实践辩证关系的原理，坚持实践第一的观点，不断推进实践基础上的理论创新。[①] 这四个方面是我们学习马克思主义哲学理论的着力点，我们可以把这篇文章作为学哲学、用哲学的导读纲领。

学习唯物辩证法，我们从哪儿学起呢？习近平总书记在《辩证唯物主义是中国共产党人的世界观和方法论》开篇提到毛泽东同志在革命战争年代写下《反对本本主义》《实践论》《矛盾论》等著作，在社会主义建设时期写下《论十大关系》《关于正确处理人民内部矛盾的问题》等著作。这几篇光辉文

---

① 参见习近平：《辩证唯物主义是中国共产党人的世界观和方法论》，载《求是》2019年第1期。

章，就是我们第一辑必读文献。如果再从其中划重点，当属《实践论》《矛盾论》，合称“两论”。习近平总书记在2016年全国哲学社会科学工作座谈会上指出：毛泽东同志就是一位伟大的哲学家、思想家、社会科学家，他撰写的《矛盾论》《实践论》等哲学名篇至今仍具有重要指导意义。“两论”至今具有重要的历史地位和现实价值，是我们学习唯物辩证法的纲领文献。我此前的老领导分析疑难复杂案件时总能看得通透，又能点中要害。我请教他如何提升分析案件的能力，他语重心长地推荐我读“两论”，让我认认真真读完后再找他讨论。我在重读“两论”的过程中，发现很多原理似曾相识，都是在高中学习过的、高考背诵过的，但学生时代没有阅历，只会死记硬背，现在结合办案经历重新品味，才渐渐领悟其中智慧。在后来的办案经历中，我开始注意到每一个司法案件都是一个实实在在的社会问题，而不是司法考试的案例题。法官面对的是真人真事，除了法律问题还有更多的社会的、经济的、心理的、伦理的问题。民商事案件主要关乎经济民生，但个别案件也可能涉及政治问题，最典型的就是狼牙山五壮士案。每个案件都是一个实践难题，是各种矛盾的综合体，要真正解好当事人和社会给法官出的答卷，就必须以做学问的态度和方式办案子，掌握“两论”中的唯物辩证法原理并灵活运用之。

学习“两论”，就要平心静气、苦思冥想地反复研读原文，当然也可以在上下班路上反复听原文朗读。在阅读之前，我建议先了解“两论”的来龙去脉。“一九三七年夏，毛泽东同志在延安应抗日军政大学之邀，亲自讲授马克思主义哲学，并为此撰写了《辩证法唯物论（讲授提纲）》。在撰写这个提纲的过程中，诞生了《矛盾论》《实践论》等体现马克思主义中国化理论成果的重要哲学著作。”[①] 毛泽东同志的这些哲学著作不仅回答时代之问、解决时代之困，而且对马克思主义中国化的理论和实践具有伟大的奠基意义。我们寻找初心和使命，就一定要回溯到马克思主义中国化最早的理论成果和当

---

① 习近平：《推动全党学习和掌握历史唯物主义，更好认识规律，更加能动地推进工作》，载《习近平关于“不忘初心、牢记使命”重要论述选编》，党建读物出版社、中央文献出版社2019年版，第98~99页。

时的时代命题。为什么“两论”诞生于长征结束后的延安？党史告诉我们答案。“1921年至1935年，‘左’右倾的错误路线给蓬勃兴起的中国革命带来了重大挫折和重大损失。要解决中国革命正确的理论路线和战略策略问题，就必须从根本上解决思想路线问题。从理论根基上、从思想路线上，从世界观和方法论层面对主观主义特别是教条主义进行一次彻底的清算，已经十分紧迫地摆在了在陕北站稳脚跟、准备进行全民族抗战的中国共产党人面前。‘两论’既是一定历史条件和实践条件的产物，也是对中国革命经验教训的哲学总结。”①“两论”都讲了哪些重要原理？“主观与客观、理论与实践的具体的历史的统一，是《实践论》的论述主线。在《实践论》中，毛泽东为了讲清楚实践与认识的相互作用，详细分析了认识的辩证发展过程。”“对立统一规律是《矛盾论》所研究的核心主题。在《矛盾论》中，毛泽东从矛盾的性质、特点、作用出发，系统阐述了同一性与斗争性、普遍性与特殊性、主要矛盾与次要矛盾、矛盾的主要方面与次要方面等问题。”②

读毛主席的著作，我建议从“两论”开始，“两论”在毛泽东哲学思想体系中居于纲领性地位。1938年《论持久战》是毛主席灵活、精妙运用“两论”解决实践难题的典范，《论持久战》中的结论居于其次，如何运用马克思主义世界观和方法论分析和解决难题才是其中精髓。1930年《反对本本主义》是调查研究方法的经典之作，我之前详细讲述过，其中已经现“两论”思想端倪。《反对党八股》《改造我们的学习》《整顿党的作风》是毛泽东关于整风运动的基本著作，警钟长鸣，余音犹在。新中国成立后《论十大关系》《关于正确处理人民内部矛盾的问题》等著作可见“两论”在社会主义改造与建设的思想光芒。《关于若干历史问题的决议》《关于建国以来党的若干历史问题的决议》两个历史问题的决议，是历史唯物主义和辩证唯物主义的经典。把这些著作反复读、读通透，一定能够真真切切地找到思想跃升、智慧增长的感觉。

马克思、恩格斯的经典更要读。我推荐几部必读书，首推《共产党宣言》

① 王伟光：《读懂用好〈实践论〉〈矛盾论〉的哲学智慧》，载《光明日报》2017年9月1日，第6版。

② 祝彦：《〈实践论〉〈矛盾论〉的历史地位及其现实价值》，载《人民论坛》2017年第35期。

《资本论》。在世界经济下行的大背景下，这两部著作已经在当今西方世界掀起马克思热，我们当以更大的热情来学习。《德意志意识形态》是马克思、恩格斯创立历史唯物主义理论体系的一部巨著，他们在书中提出了生产力、生产关系、生产方式、经济基础及社会革命、人民群众等唯物史观的基本范畴，并运用这些范畴系统阐释了历史唯物主义基本原理。马克思《政治经济学批判》序言中有一个著名的“两个决不会”重要论断：“无论哪一个社会形态，在它们所能容纳的全部生产力发挥出来以前，是决不会灭亡的；而新的更高的生产关系，在它存在的物质条件在旧社会的胎胞里成熟以前，是决不会出现的。”[①]我有一个猜想，为什么包含了资本主义生产方式的民营企业不仅应当存在而且要健康发展？为什么我们应当坚持社会主义的“四个自信”？我们如何看待共享单车等新生事物，又如何预测未来共享经济的走向？“两个决不会”中蕴藏的矛盾辩证分析方法为你解惑。我不再列举更多的马克思、恩格斯、列宁的经典，当你读到了“两个决不会”这样的经典论断，有如饮甘霖、如沐春风、拨云见日、茅塞顿开之感，你会发现“理论武装”这个词是多么实实在在，还会发现不学经典、空有热情的蛮干是多么危险可怕。能力不足的危险，是我党面临的四大危险之一，也是个人成长的根本危机所在。不学马克思、恩格斯、列宁，我们就丢掉干事创业的法宝。

如果感觉学习马列原著很枯燥，实在读不进去，我建议先看看《马克思是对的》《马克思靠谱》《不朽的马克思》等专题片，慢慢培养兴趣就会逐渐喜欢读了，这几部片子可以在学习强国中的学习电视台中找到。再推荐大家读读韩毓海先生的《一篇读罢头飞雪，重读马克思》[②]《重读毛泽东：从1893到1949》[③]，这两本书带你全面了解两位先贤的生平往事和思想形成、发展的历史印迹，再去马克思、列宁著作中就能找到其历史坐标、把握其来龙去脉。如果你是“90后”“00后”，或者是童心未泯的“60后”“70后”“80后”，我推

---

① ［德］马克思：《〈政治经济学批判〉序言》，载《马克思恩格斯选集》（第2卷），人民出版社1972年版，第83页。

② 参见韩毓海：《一篇读罢头飞雪，重读马克思》，中信出版社2014年版。

③ 参见韩毓海：《重读毛泽东：从1893到1949》，人民出版社2017年版。

荐B站[①]推出的以马克思为主角的国产动画《领风者》，居然可以见到马克思、恩格斯、燕妮的正能量二次元形象，感受多彩的马克思和恩格斯。我特别关注了弹幕文字，很多90后、00后的年轻人已经喜欢上了马克思和燕妮，他们为燕妮放弃贵族生活而陪伴马克思颠沛流离一生而点赞，他们为马克思每一部伟大著作来之不易而感动，他们说哭着看完了最后一集。我想，感动的泪水一定流进了这批90后、00后的年轻人的内心，悄悄种下马克思主义的种子。当内心深处建立起对两位伟大导师的情感认同和情感联系，一定会培养起对马克思主义的理论认同。而且，了解马克思、恩格斯及其著作和思想的时代背景和历史脉络，带上对两位导师的理解和感动，再去读他们的著作，就不是死的文字，而是活的思想了。

学习马列经典，还要当好毛泽东读书方法中的"联系员"，不仅要联系工作实践思考运用，还要联系中国古代哲学智慧，寻找文化基因的契合点，从内心深处建立起"文化自信"，并使之成为"四个自信"的强大精神内核。我有一位好友王伟教授在网上开了一门免费慕课"《易经》的政治智慧"。在与王伟教授的聊天中，我发现他学贯中西，把中国的易经、孔孟之道、阳明心学与马克思主义融会贯通，寻求宇宙至高真理智慧。他经常给党政机关和企事业单位授课，非常受欢迎，因为他又可以把这些智慧很好地结合到授课单位的具体问题中，给大家以思想启发。我举王伟教授的例子，就是告诉大家如何学习马克思、列宁经典。马克思留给人类的思想遗产不是死的教条，而是活的智慧。曾是早期中共领导人之一的王明，就能够把马克思、列宁著作倒背如流，但他以教条主义学习马克思、列宁，由此产生的"左"倾冒险主义错误，给革命带来一次又一次灾难。深刻的历史教训，告诉我们学习马克思、列宁经典当以毛泽东同志为榜样，当好读书的"联系员"与"评论员"，把书读活，把书用活。唯此，马克思主义哲学将成为你披荆斩棘、开拓创新的强大思想武器，成为中华民族伟大复兴、人类幸福解放的智慧灯塔。

---

① B站，哔哩哔哩（bilibili），是一个弹幕视频网站，也是一个年轻人文化社区，被粉丝们称为"B站"。网址：www.bilibili.com。

6 创造卓越术：站在巨人的肩膀上摘桃子

复制卓越的艺术：模仿卓越—复制卓越—创造卓越

在通往卓越的道路上，创新是冲破优秀“瓶颈”的最强动力。学术研究也是如此。毛泽东同志做学问，在解答时代难题中创新伟大思想，让思想的光辉照亮亿万人的前途命运。“创新是学术的生命：学术是一个由不同作者共同续造的绵延不绝的阶梯，一个人的研究必须通过前人并超越前人。每个人只要在前人基础上再迈一步，不管多么微小，都是贡献；如果没能迈出这一步，哪怕文章再华丽，社会反响再好，在学术上是谈不上贡献的。”①

追求卓越，开拓创新，说起来容易，做起来难之又难。从哪开始着手呢？我建议按照“模仿卓越—复制卓越—创造卓越”的公式来三步走。不论学习哪门技艺，都要经历这条三步走的路径。例如练书法，第一步是选择名帖名碑来临摹，这是模仿卓越；反复临摹一段时间，把一个碑帖练熟了，把碑帖放一边，随手一写就是碑帖的模样，达到了复制卓越；把一个碑帖练熟了，再换其他碑帖来练习，等到把几个碑帖都练熟了，将各家精髓熔为一炉

① 何海波：《法学论文写作》，北京大学出版社 2014 年版，第 29 页。

达到炉火纯青的境界，就是创造卓越了。创造卓越，一定从模仿卓越开始，经历艰苦的复制卓越才可炼成，除此别无捷径。千万不要期待啥都不干就顿悟，不要幻想卓越从天上掉下来，神笔马良只存在于童话中。

卓越三步走的理论内核是一门叫 NLP 的学问，是近些年兴起的交叉学科。"NLP，是'Neuro Linguistic Programming'的英文缩写，中文翻译为'神经语言程序学'。简而言之，NLP 是一门关于模仿和复制的学问。"[①] NLP 的应用范围非常广范，我们可以把 NLP 移植到学术研究中来。几年前，雷子的《复制卓越的艺术》曾给我很大启发。我结合法院学术讨论会论文写作，与大家分享一下"模仿卓越—复制卓越—创造卓越"三步走过程。三个步骤中贯穿两条相互纠缠的线索：第一条线是论文写作方法，第二条线是理论学习研究。

第一阶段：模仿卓越。我们首先要做的是选择模仿的目标和对象。在论文写作这条线上，当然要模仿一等奖论文了。我之前探讨过薅羊毛的问题，薅哪只羊？一定要选漂亮的领头羊，就是获得一等奖的作者。还要多选几只，只薅一只羊，就是抄袭，没法往下面两个步骤进行了。理论学习和研究的线头从哪开始？简单说，就是选几位大家做导师，选几条理论来研习。

第二阶段：复制卓越。选择好目标之后，就进入复制卓越的阶段。这个

① 雷子：《复制卓越的艺术》，人民邮电出版社 2014 年版，第 2 页。

阶段最重要，也最复杂，简单来说，有两个基本步骤：第一是拆解，第二是转化。我们还是分两条线索分别说说如何拆解和转化。论文如何拆解？前一步，我们选了几只领头羊，就是最优秀的论文。在这一步里，要把论文拆解开来，从选题立意、结构设计、论证方法、实证分析、语言表达、可视化展示等不同角度，把论文拆解开，把闪光点提炼出来。拆解之后，把优秀论文中的诸多亮点结合你的研究命题，看看怎么转化到你的研究工作和论文写作中。只有转化，拆解出来的亮点才是有价值的。如果不转化到你的研究和写作中，这些亮点永远是那些作者们的，而不属于你。薅羊毛的目的是要用羊毛来织漂亮的衣服，如果没有转化为衣服，再好的羊毛还是属于那些羊。

我们再看另一条线索，经典理论如何拆解、如何转化呢？这就是我之前讨论过的结构化问题。要根据你所要研究的命题，你把有用的理论拆解成可以使用结构思考工具，形成"M → P"的结构。要搞清楚结论 P 是什么，要件 M 是什么。要件是单一要件，还是多个要件；如果是多要件，M1、M2、M3 等都是什么。它们之间是"和"的关系形成联言命题，还是"或"的关系形成选言命题。有些理论给你提供了现成的结构，而这些理论需要我们动脑筋发掘其中的结构。要把理论拆解成之前介绍的典型的结构化思考的理论工具。一定拆解出理论的结构，结构化之后才能使用。结构化的理论才是可用的理论工具，作为结构思考的大前提进行推理和论证。否则，这个理论只能是看上去模模糊糊的，讲起来云山雾罩的。有人说，做学问就是把简单的问题复杂化，那是故弄玄虚的伪学问，是没有真本领的学术骗子。做真学问，做大学问，要把复杂问题简单化。把一个听起来很玄乎的理论结构化，这个理论就原形毕现了。当我们认清它的面目，不就是 M1、M2、M3 几点这么简单，就没那么吓人了。霍姆斯在《法律的道路》中讲过一个引龙出洞的比喻，"只有把巨龙引出洞穴而置于光天化日之下，你才能数清它的爪牙，从而辨明它的力量。但是引龙出洞仅仅是第一步。下一步要么干掉它，要么驯服它，让它成为有用于人类的动物"。[①] 为什么有一些理论听起来非常高大上，有一

---

① ［美］奥利弗·温德尔·霍姆斯：《法律的道路》，李俊晔译，中国法制出版社 2018 年版，第 51 页。

种玄之又玄的感觉？那里因为没有理解它，更无法驾驭它，进而无法运用它来分析问题。若要驯服某个理论为我们所用，首先要做的是将它结构化。

为什么一定要结构化呢？如何将理论结构化？在研究的假设和验证阶段，理论发挥了两种结构化思考的功能。在大胆假设阶段，理论提供给我们观察问题的视角。人类观察问题，经常需要依附某种框架进行结构化思考。理论是体系化的，一个体系有其内在结构。将理论结构化之后，才能用来观察问题，进而把问题和原因结构化、体系化。在小心求证阶段，理论扮演了演绎推理中大前提的角色。那么，我们就必须把理论拆解出前件与后件，形成“M → P”结构；还要进一步弄清楚每个要件具体的含义是什么，要件拆分或合并成几点。既然让结构化的理论要为我们服务，就必须转化到我们研究命题的语境中来。这个转化的过程就是批判性思考的过程，我们不必拘泥于原先理论的形式和内容，根据实践问题转化来的理论将获得新的生命力，实现新的具体时空条件的知行合一。关于理论转化的方法，总结起来，就是先结构化，再对结构的形式和含义进行转化。

转化的标准是什么？解放思想，实事求是。解放思想，就是不要受理论提出者思想禁锢，即使我们对这个学术大神多么膜拜。一旦理论成为教条，这个理论就会僵化地死去，我想这也不是大神本尊愿意看到的结果。实事求是，就是实践标准。从写作的方面看，转化得好不好，要看最终论文的质量，读者能不能看得懂，是否从中受到启发，获几等奖就是一个量化的标准；从研究的方面看，就是看你的研究成果是不是有用、是不是好用、是不是管用，能不能解决实践难题，能不能成为指导实践发展、推进法治事业进步的理论武器。勿以善小而不为，即使是一点点完善，一小步的进步，也是有价值的。

第三阶段：创造卓越。从模仿卓越到复制卓越，思考的步伐跟上卓越而望其项背，但未超越卓越。创新，当超越前辈的卓越，创造新的卓越，就是站在巨人的肩膀上摘桃子。创造卓越就像炼丹，把拆解并转化来的思想原料放在一起熔为一炉。创新是各种旧思想与新情况之间化学反应，理论与实践一旦发生化学反应，原先的理论因实践元素的融入进化为新的形态，理论发展的过程就是解决一代一代实践问题不断发生化学反应的蜕化过程；实践的情况因理论元素的融入，让问题根源、本质规律水落石出，看山不是山，而见山之神，看水不是水，而见水之灵。有些写得不好的论文，情况说情况，理论说理论，实践与理论两张皮，这是作文章，而不是做研究。各种理论也要融合起来，化合成新的理论，而不是几条平行线。有些论文的作者号称综合运用了社会学、经济学、心理学等研究方法，且不说各学科是否分析得地道，多个角度分别分析，没有交融，就不是理论的综合。以不同学科、不同理论的视角认知一头大象，分别感知到柱子、墙、大蒲扇、棍子、管子，如果仅仅把这些东西堆在一起，还得不到一只大象；把这些视角融合在一起，才能得到一只完整的大象，原先的柱子、墙、大蒲扇、棍子、管子在理论融合后都不见了。我之前介绍了两种不同理论相融合的具体方法，一是嵌套，二是交叉。

如何在论文写作和学习研究两条线索上创造卓越，实现实践与理论相融合、理论与理论相融合？论文写作方面，在将优秀论文的亮点拆解和转化之后，把所有的亮点集合起来融合于你的一篇论文中，你就是超越前面所有优秀作者成为优秀的集大成者。我在全国法院第28届学术讨论会拿了一等奖的头名，就是用了这个办法。这就相当于薅了几只领头羊的最漂亮的羊毛，合在一起织出最漂亮的衣服，这件衣服来自他们却属于你。再说说学术研究的方面，当你拆解多篇文章、多本书，将各路高见的思想精华融会贯通，那么，你得到创新的成果就属于你自己了。

“模仿卓越—复制卓越—创造卓越”三步走是长期修炼的过程，一定要不断积累真情况，研究真问题，做真学问，再用真的学问观察真问题，形成“情况—问题—学问”的问题意识三层次跃迁，同时又是一个三要素闭环循环的过程，这样我们就能通过复制卓越、创造卓越，生产出真知灼见。我之前有一个习惯，每办一个案子，就回味一下有什么学术研究价值，或者提炼裁判要旨或司法宣传的价值。这种价值不一定体现在案件核心争点，也许就在一个细枝末节上不起眼儿的地方。我把发现的价值提炼出几个关键词，标在裁判文书的文件名中，分门别类放入不同文件夹。平时工作很忙，没有时间做研究，但是日积月累，一个文件夹里就积攒了大量同类型案例。这时，就把这个文件夹里的案例拿出来做系统思考，按照问题意识三层次，一层一层往上拔。我近几年创作的几篇论文并不是当年凭空想象出来的，而是十年积累的结果，只是现在时机成熟可以出炉了。

在复制卓越、创造卓越的过程中，会用到来自不同学科的理论工具。接下来，我把应用法学研究中最常用的各学科理论工具和思维方法与大家分享。我只能对各学科基本理论做提要性介绍，并提供可以进一步研习的资料索引。在学习和运用相关理论过程中，尤其对于法学以外其他学科的理论，一定要坚持实事求是、知行合一原则。在主观上，一定要把这个理论方法学透，并了解它在整个理论体系中的地位。理论不是用来包装的，那些搬出某位大家只言片语来装腔作势吓唬人的做法，我们不能干。对于新知，一知半解，还不如不用。把理论弄懂了才能进行清晰的结构思考，才能以行家的视角看出门道来。在客观上，要保证我们选取的理论视角确能够揭示问题本质，切中问题要害，抓出问题根源；要保证我们应用的方法确实是能够解决问题，而且是彻底地解决问题，至少不能制造出新的麻烦。绝对单纯求新求怪，为了创新而创新，那样可能形成伪创新。

创新源于实践，但是实践不会自动给我们现成的创新成果。从实践中发掘有价值的命题，需要洞察力。洞察力不是生来就有的天赋，需要学习、再学习。习近平总书记告诫我们："善于学习，就是善于进步。""我们依靠学习创造了历史，更要依靠学习走向未来。"[①] 还告诫青年们，"新时代中国青年要增强学习紧迫感，如饥似渴、孜孜不倦学习，努力学习马克思主义立场观点方法，努力掌握科学文化知识和专业技能，努力提高人文素养，在学习中增长知识、锤炼品格，在工作中增长才干、练就本领，以真才实学服务人民，以创新创造贡献国家！"[②] 按照总书记的嘱托，法律人仅仅掌握法律知识、法学原理还远远不够，我们要学习马克思主义立场观点方法，还要学习各门类的科学文化知识和专业技能。新时代的新问题比以往更加复杂，新形势、新

① 习近平：《习近平为第五批全国干部学习培训教材作序 要求加快推进马克思主义学习型政党学习大国建设》，载《人民日报》2019 年 3 月 1 日，第 1 版。

② 习近平：《在纪念五四运动 100 周年大会上的讲话》，载《人民日报》2019 年 5 月 1 日，第 2 版。

业态下的新类型案件也更加疑难。《尚书》提出“不学墙面”[1]的命题。孔安国注：“怠惰忽略，必乱其政；人而不学，其犹正墙面而立。”[2]人如果不学习，就犹如面对一面墙发呆，一无所知。

法律人为什么还要博览其他学科的知识？我们办案子，会发现没有任何一个案子只涉及法律问题而不涉及其他问题。尤其是一些疑难案件，往往难点并不只是法律问题。我们做研究，也会有同样感触，似乎没有任何一个问题只属于法律问题而不涉及其他学科。不仅如此，我们有时感觉到，一些司法案件、研究命题的“裉节儿”并不在法律问题，而在于其他领域。“裉节儿”抓不住、打不通，是因为我们不懂与其相关领域的知识原理。法律知识难以解释法律背后的深层法理；法理学原理也只是方法，无法对具体情境下深层法理给出现成答案。

法理学先驱孙国华教授提出过著名的“法是理与力的结合”这一命题：“世界上有两件东西，缺一不可，这两件东西一曰‘理’，二曰‘力’。法恰恰是这两件东西的有机结合。来自社会生活的道理，简称为‘理’，是法的内容；来自国家权力或国家权力赋予的法律上的效力，简称为‘力’，是法的形式。”[3]“理”是什么呢？马克思一语中的，“法的关系正像国家的形式一样，既不能从它们本身来理解，也不能从所谓人类精神的一般发展来理解，相反，它根源于物质的生活关系”。[4]法的本质由物质生活条件决定，而丰富多彩的物质生活条件涉及人文社会科学的方方面面，其根本决定力量即生产力因素又延伸到自然科学领域。因此，法律问题的本质往往是其他学科的问题，我们需要在法律问题上嫁接其他理论，“知识嫁接后容易结出甜美的果实”。[5]

如何快速学到人文社会科学的基础知识？我推荐先读一下彭新武主编的

---

① 《尚书·周官》。

② 张鲁原编著：《中华古谚语大辞典》，上海大学出版社2011年版，第216页。

③ 孙国华：《再论法是“理”和“力”的结合》，载《河南省政法管理干部学院学报》2001年第1期。

④ ［德］马克思：《〈政治经济学批判〉序言》，载《马克思恩格斯选集》（第2卷），人民出版社1972年版，第82页。

⑤ ［日］外山滋比古：《思考的整理术》，王丹丹译，北京科学技术出版社2010年版。

《人文社会科学概论》，再读一些入门系列书，例如北京大学出版社“人文社会科学是什么丛书”和“十五讲”系列。如何快速了解人文社会科学的重要著作？可以阅读商务印书馆和美国不列颠百科全书公司联合出版的“西方名著入门”系列、复旦大学出版社出版的周谷城主编“中国学术名著提要”系列、江西人民出版社“西方学术名著提要”系列、新华出版社出版的费孝通任顾问的《影响世界的著名文献》五册。

法学方法论（一）：法律解释与法律漏洞填补

法学方法是我们的看家本领，既是做研究、写论文的基本功，也是办案子、写文书的基本功。我们嫁接其他学科方法的前提，是法学方法这个根本要牢固。在固本强基的基础上，我们才能嫁接其他学科的枝杈。法学方法论是法律职业共同体的基本共识路径，只要大家思维路径上有共识，大部分的法律问题应该很容易形成共识。现实中的法律问题争议太多了，细细考究，是真争议，还是因思维路径五花八门导致的伪争议？缺乏法学方法论素养，遇到的法律难题大多是无知之难，无知之难的争议大多是无知之争。仅以最高人民法院于 2018 年 6 月 1 日印发的《关于加强和规范裁判文书释法说理的指导意见》为例，文中提及大量法学方法论理念和方法，[①] 把它们提炼出来问问周围的法官、检察官、律师、法务人员等法律职业者，有几个人能够全部

① 一是更新理念。根据《最高人民法院关于加强和规范裁判文书释法说理的指导意见》第 1 条，法官需要提高政治站位，不仅注重定分止争，还要注重价值引领，将社会主义核心价值观融入说理。不仅实现公平正义，还要让当事人和更大范围的群众感受到公平正义。为实现法律效果与社会效果的统一，法官需要研究“裁判的可接受性”这一理论与实践命题。

二是提升本领。《最高人民法院关于加强和规范裁判文书释法说理的指导意见》第 2 条对法官提出阐明事理、释明法理、讲明情理、讲究文理“四理”的理论功底要求；在第 3 条提出了合法性原则、正当性原则、层次性原则、针对性原则和繁简适度原则五项说理效果要求；在具体要求中提出审查判断证据说理、认定事实说理、适用法律说理、行使自由裁量权的说理等司法技能要求。

三是掌握方法。《最高人民法院关于加强和规范裁判文书释法说理的指导意见》第 4 条到第 7 条，以事实认知为核心，提出了一系列法官必须掌握的法学方法论，如逻辑推理、经验法则、推定方法、自由裁量等；提出了证明责任论中的具体理论工具，如证据规则、间接证明、举证责任分配、证明标准等。《最高人民法院关于加强和规范裁判文书释法说理的指导意见》要求认定事实和证明采信与否要说明理由。让当事人信服法官的理由，必须把上述理论方法吃透并妥当运用。

说得清楚、用得妥帖。法律的艺术不是没有章法的信马由缰，而是遵循科学方法路径的精密思考进程。

首先谈谈法律解释方法。“法律的解释就是对于法律规范含义的阐明。只有正确地了解法律规范的真实含义，才能正确地加以适用。”[①] 对法律进行解释是必要的，法律必须经过解释才能适用于具体案件。究其原因，哈特指出了四点，即立法的局限性、法律的局限性、立法者与法律适用分离以及法官职责。[②] 此外，还应当考虑到法律的稳定性与社会变迁之间的矛盾、法律的抽象性与社会生活的具体性之间的矛盾；同时，法律实践不是法官的自娱自乐，还要协调好司法者视角与当事人视角及社会公众视角之间的关系。

法律解释不同于一般意义的法学研究，也不同于普通的法律实践活动，具有特殊的本质特征：一是实践性。法律解释的初衷，是为了解决具体案件中的法律适用难题，需要解释的问题是从具体案件中引起的。通过法律解释，在法律规定和具体案件事实之间架起了桥梁。二是注释性。法律解释应当审慎地忠于法律，一般要从法律规定的字面含义开始，也要以字面含义作为落脚点，而不能成为脱缰的野马。三是判断性。司法权是一种判断权，法律解释是司法权行使的具体方式，体现法官的价值取向。法律解释具有实践上的法律拘束力，不论有多少种解释，法官必须作出最终决断。判断的核心是自由裁量和政策选择。“在疑难案件中，某个法官会自认为自己的角色是政策决定者，而不只是传送政治制度中某个地方制定的决策管道。”[③] 四是能动性或创造性。法官进行法律解释，是发挥主观能动性的过程。“任何解释皆具创造性；而司法解释当然在造法。”[④] 伟大判决从哪里来？法官面对疑难案件创造性地解决法律难题，彰显法官智慧，体现审判艺术。

常见的法律解释具体方法，包括文义解释、体系解释和目的解释。文义解释是法律解释的基础，因为法律解释最终就是对法律规范文义的解释。文

---

① 郭卫华：《“找法”与“造法”：法官适用法律的方法》，法律出版社 2005 年版，第 132 页。

② ［英］哈特：《法律的概念》，张文显等译，中国大百科全书出版社 1996 年版，第 14 页。

③ ［美］理查德 · A. 波斯纳：《法理学问题》，中国政法大学出版社 2002 年版，第 167 页。

④ ［意］莫诺 · 卡佩莱蒂：《比较法视野中的司法程序》，徐昕、王奕译，清华大学出版社 2005 年版，第 9 页。

义，包括通常语义和专业术语，解释的关键是语义同一性，“文义解释应遵循用语的通常意义。同一法律中使用同一用语或者不同法律使用同一用语，如果别无特别理由，宜作同一解释”。[①] 法律解释必须以法律规范文义为基础，受文义的约束；还要以文义解释为始终，从文义的含混歧义引发，回到文义。“解释的标的是‘承载’意义的法律文字，解释就是要探究这项意义。假使要与字义相连结，则‘解释’指，将已包含于文字之中，但被遮掩住的意义‘分解’、摊开并且予以说明。”[②] 从矛盾论视角来看，文义解释与其他解释方法之间的关系，反映着法律的稳定性与灵活性之间的矛盾关系，也反映着法律与道德、政策、情感等非法律因素之间的矛盾关系。

若以普遍联系的哲学视角来看待文义解释，把文义放在法律规范体系中理解，就衍生出体系解释方法。梁慧星对其定义为，“根据法律条文在法律体系上的位置，即它所在编、章、节、条、项以及该法律条文前后的关联，以确定它的意义、内容、适用范围、构成要件和法律效果的解释方法”。[③] 体系解释有几项具体要求，一是无矛盾，语句推导无自相矛盾；二是不赘言，无多余语句；三是完整无漏洞；四是尊重体系秩序。[④] 在具体适用过程中，体系解释还需要注意语境方法、先例解释方法、类推方法、逻辑概念方法、一般原则方法和历史方法等。体系解释还需要关注宪法问题，即合宪性解释。例如，刑事、民事法官是否有权调取公民短信记录？仅靠刑事、民事实体法和程序法难以得到妥当解释，需要结合《宪法》第 40 条关于公民通信自由和通信秘密受法律保护的规定进行体系解释。

文义解释与体系解释都是以忠实文本为原则。对于一些疑难案件，需要透过文本探究其原意，寻找法律的精神，这就要运用目的解释方法，或者称法意解释方法。目的解释之目的，有主客观之分。主观目的解释，也就是历史解释。需要根据法律史料和立法资料，寻求立法者的立法目的和法条原意。

---

① 杨仁寿：《法学方法论》，中国政法大学出版社 1999 年版，第 133 页。

② ［德］卡尔·拉伦茨：《法学方法论》，陈爱娥译，商务印书馆 2003 年版，第 194 页。

③ 梁慧星：《裁判的方法》，法律出版社 2003 年版，第 89 页。

④ 参见［德］Ingeborg Puppe：《法学思维小学堂——法学方法论密集班》，蔡圣伟译，台湾地区元照出版公司 2010 年版，第 77~89 页。

但是主观目的解释有其局限性。即新的社会生活现象不断涌现，导致法律规范过时。在此情况下，就需要进行客观目的解释，探索当前时代的实质正当性，最深刻的目的隐藏在社会物质生活条件当中。为探究法律客观目的，需要借助比较法解释方法；同时还需要考虑国家政策、社会福利，对法律精神进行时代重塑。[①]可以说，每一次客观目的解释都是对主观目的解释的一次修正，法律就是在一个个案件中由法官对其不断解释和修正中不断演进。运用目的解释，有时会遇到法律条文范围过宽或过窄的问题，这时还会运用到目的性限缩解释与目的性扩张解释。

法律漏洞填补是法律解释的延伸。司法实践中总会遇到一些新情况，找不到法律依据，无法确定请求权基础，这就是法律漏洞。法律漏洞是不可避免的，是由于立法者的疏漏、或者未能预见、或者时势变化而产生的法无规定、无法可依的情形，是法律调整的不圆满的状态。遇到法律漏洞，是无法用法律解释来解决的，而漏洞填补又是法律解释的延续。“法之发现过程已经脱离了法律解释的范畴，进入另一个新的阶段：法律漏洞填补。”[②]法官不能拒绝裁判，因此，填补法律漏洞，就是法官的职责。法官填补漏洞的过程，也就是法官造法的过程，称为法的续造。“漏洞概念的重要性在于：只有法律有‘漏洞’存在时，才承认法官有法的续造之权限。如是，漏洞概念即具有下述作用：划定法官得为法的续造之界限。”[③]然而，法官虽有填补漏洞的权利，但是应当持谦抑审慎的态度，要准确识别是否属于法律漏洞，还要准确识别法律漏洞能否填补。有一些法律漏洞，是司法不可越俎代庖的，必须通过立法进行修订。

法律漏洞的产生有三种原因，即立法疏忽、未预见和立法背景变迁，由此决定法律漏洞的类型。法律漏洞的分类有不同标准。依属性，区分为制定法漏洞与法漏洞。制定法漏洞是“暂时性法律漏洞”，可以法律规定补充。法漏洞要回溯至“超法律之法思想”来补充。依时间因素，区分为自始漏洞与

---

① 关于主观目的解释和客观目的解释，可参见郭卫华：《“找法”与“造法”：法官适用法律的方法》，法律出版社 2005 年版，第 134~137 页。

② 王泽鉴：《民法思维：请求权基础理论体系》，北京大学出版社 2009 年版，第 197 页。

③ ［德］卡尔·拉伦茨：《法学方法论》，陈爱娥译，台湾地区五南图书出版公司 1996 年版，第 279 页；另参见［德］卡尔·拉伦茨：《法学方法论》，陈爱娥译，商务印书馆 2003 年版，第 247 页。

嗣后漏洞。自始漏洞在法律制定时就存在的，又区分为明知漏洞与不明知漏洞。嗣后漏洞是因社会经济、技术发生变化而产生的新问题，又区分为明显漏洞与隐藏漏洞。[①] “所谓明显漏洞，指某种事件，依法律所使用的意义和依立法者意思或准立法者意思，均不能涵盖。所谓隐含漏洞，指某种事件，依法律所使用词语的意义，已被法律所涵盖，但依立法者及准立法者意思，本不应被法律所涵盖。” [②]

如何填补法律漏洞？主要有三种补充方法：一是依习惯，二是依法理，三是依判例。[③] 能够填补漏洞的习惯、法理就取得了类似法律规范的地位，作为法律推理中的前提使用。其中，以习惯补充，已经被《中华人民共和国民法总则》确认。依法理填补法律漏洞具有很强的技术性，包括依立法者或准立法者的消极意识补充、类推适用、目的性限缩、反对解释、目的性扩张、一般的法原则、依比较法补充等具体方法。最高人民法院和地方高级人民法院编选的各类案例起到了法律漏洞补充参照的作用，其中指导性案例具有补充法律漏洞的地位。

我还要提一个问题，法律解释是法学方法的基本功，但同时应当注意到这种从规范出发的法学研究范式的局限性。“第一，规范法学仅仅关注法律条文的制定改进和实施，忽略了法律作为一种社会现象的复杂性……那种把法律条文本身当作研究对象的学问不是法学，法学真正被称为一门科学，是因为法律条文背后的东西和一个社会的政治、经济、文化、传统乃至生活方式结合在一起。”“第二，规范法学过分强调解决问题，而忽略了对社会科学的核心问题——因果关系的分析……如果对问题没有进行深入的分析，动不动就进行对策研究，就好比一个人患了病，病因还没有找到就开药方一样，不出问题才怪呢！”“第三，规范法学还有一个缺憾，那就是过分强调对西方理论的运用，把中国现实当作西方理论适用的‘例题’……应当有创造自己理论的意识，从中国本土的经验提出中国的法律理论。或许在这一点上，‘越是民

---

① 参见黄建辉：《法律阐释论》，台湾地区新学林出版股份有限公司 2000 年版，第 121~128 页。此外还有碰撞漏洞，基本上相当于法律规范的竞合和冲突。

② 梁慧星：《民法解释学》，中国政法大学出版社 1995 年版，第 257 页。

③ 参见梁慧星：《民法解释学》，中国政法大学出版社 1995 年版，第 269 页。

族的就越是世界的'。" [①]

法学方法论（二）：法律推理、法律论证与司法路径

法律解释是第一个问题，也是法学方法论的基础。接下来谈谈第二个问题，法律推理。推理（inference），是指从一个或者一些已知的命题得出新命题的思维过程，其中已知的命题是前提，得出的新命题是结论。推理通常分为演绎推理和归纳推理。演绎推理是从一般到个别的推理，是必然性推理，其结论已经隐含地包含在前提中。归纳推理是从个别到一般的推理，是或然性推理，结论的内容超出了前提，只对结论提供一定支持关系，这种支持关系表现为概率。[②]

法律推理是推理这种逻辑方法在法律领域中的具体运用，是法律方法具有科学性的基础。在司法活动中，法律推理是法官审理案件和作出裁判的基本思维方法。推理中的已知前提，包括作为大前提的法律规范、法律原则、法律概念、判例等和作为小前提的法律事实。逻辑是法律推理的鲜明特征，但是法律推理与纯粹的逻辑推理有很大差异。逻辑推理只关注推理的形式，即保持前提与结论之间无矛盾，并不关注前提的正确性。而法律推理不是逻辑游戏，不仅要关注推理的形式，更要关注推理的实质，要保证前提和结论的正当性。法律推理的前提并不是现成的，其中需要融入法官的自由裁量与价值判断。因此，法律推理包括两种因素：一是以概念为基础的形式推理，二是以价值为基础的实质推理。

形式推理，又称分析推理，是运用形式逻辑进行司法推理。逻辑学中有关推理的规则能够保证法律后果的可预见性和法律秩序的稳定性，是实现司法公正的前提。形式推理主要包括演绎推理、归纳推理和类比推理。演绎推理是法官最常用的形式推理的基本思维工具，包括大前提、小前提和结论三

---

① 陈瑞华：《论法学研究方法》，法律出版社 2017 年版，第 132~135 页。

② 参见《中国大百科全书》（第 2 版），中国大百科全书出版社 2009 年版，第 22 册，第 442 页。

个部分。

大前提的基本形式是法律规范。完整的法律规范结构为"行为模式 + 法律后果"，逻辑上属于条件命题，即"如果 M，那么 P"。法律三段论常被表示为：

M → P（具备 M 的要件时，即适用 P 的法律效果）

S=M（特定的案例事实该当于 M 的要件）

S → P（关于该特定的案例事实，适用 P 的法律效果）[①]

集合文氏图可以更清晰地解释三段论逻辑。[②] 例如合同法规定"损害国家利益的合同无效"，以此规则为例分析：无效合同法定情形有多种，损害国家利益只是其中一种。如下图，"损害国家利益"（逻辑中项 M）范围小，包含在"无效合同"（逻辑大项 P）之内。此例扩展到其他法律规范亦如此。

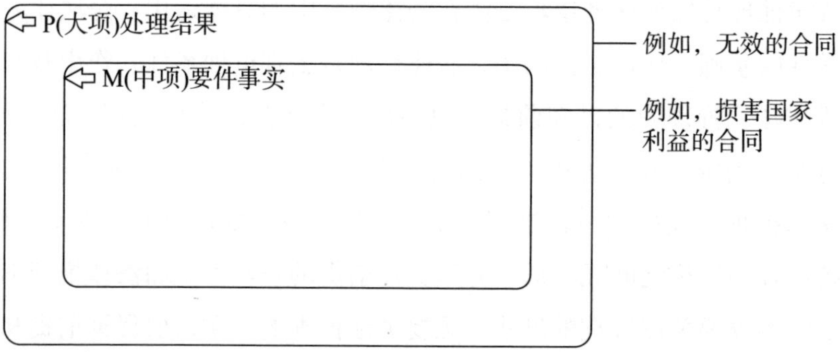

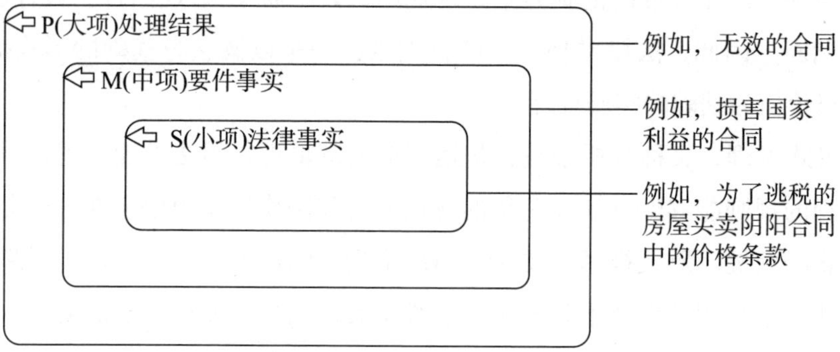

① 王泽鉴：《法律思维与民法实例——请求权基础理论体系》，中国政法大学出版社 2001 年版，第 201 页。

② 以下 2 个图示参见［美］D. Q. Mclnerny, Being Logical – A Guide to Good Thinking, Random House, New York , p.69。

进一步，纳入案件事实分析：具体案件只是损害国家利益具体情形，所以个案情形（逻辑小项S）范围更小。如图，S属于M，则必定属于P，形象描述了“如果M，那么P”的法律规范结构，也形象地解释了个案中的合同约定如何先归入要件事实，再被确认无效的逻辑推理过程。

在多个要件的情况下，法律规范就是复合条件命题，有两种：一为选言命题，其法律要件M=“M1或M2或M3……”本质上是多个单一要件，满足其中一个即可；二为联言命题，其法律要件M=“M1且M2且M3……”需要多个要件同时满足，即事实必须与每个要件均有交集，每个交集都是一项待证事实。

归纳推理与演绎推理相反，是从特殊到一般的推理。在司法实践中，演绎推理是基础，归纳推理是补充。归纳推理最常用的情形有两种：一种是从在先的案例中总结提炼可以适用的裁判规则。法官在撰写案例分析时提炼裁判要旨，主要运用的就是归纳推理。另一种是从社会生活经验中总结出可以用于事实推定的经验法则。类比推理是从特殊到特殊的形式推理，在本书有关指导性案例的内容中详述。

如前所述，形式推理着重前提与结论之间无矛盾，但其缺陷也很明显，无法保证司法裁判前提和结论的正当性。因此，法官还需要另一种推理形式，即实质推理，又称辩证推理、实践推理。实质推理与形式逻辑不同，不是从概念和规则出发进行推理，而是对各种利益、价值、政策、原则进行平衡和选择，会综合考虑党和国家政策、历史传统、社会道德等法律规范以外的因素，对形式推理进行补充和修正。实现法律效果与社会效果的统一，在方法路径上，必须做到形式推理与实质推理的统一。

从实质推理对形式推理的关系视角分析，实质推理运用情形主要包括两大类：一类是对形式推理前提的补充修正，主要有如下情形：一是漏洞补充，法无明文规定，需要通过漏洞补充确立适用的规则；二是法律解释，法律虽有规定但笼统模糊，需要法官进行法律解释或者在多种解释中做出选择；三是法律冲突，存在两种或两种以上相互对立或冲突的法律规范，法官需要从中进行选择。另一类是对形式推理结果的补充修正，虽然法有明文规定且能够推理出确定的结论，但是由于特殊情况没有预见或者新的情况出现，这一推理结果明显不合理，需要法官通过利益衡量、价值评判进行修正。

实质推理是一种价值判断，主要运用的方法是利益衡量，对互相冲突的多个利益进行分析判断，确定不同主体、不同类型利益的重要程度和保护顺序，并加以选择和平衡。在司法推理过程中，利益衡量的主要意义在于构建推理的大前提，一般要参考法律的目的、基本原则、公共政策、社会习惯、伦理道德等因素作为依据综合判断。

实质推理不具有形式推理的稳定性，在运用过程中应当慎重，避免出现如下错误倾向：一是以公共政策代替法律规则，以道德说教代替法律推理，破坏法律秩序；二是理性不足，法官以个人情感、偏见为依据进行实质推理，甚至带入情绪化因素；三是“推理黑箱”，将实质推理的考虑因素和过程隐藏起来，不在裁判文书中展示，导致当事人对裁判结果不理解，甚至引发关于“阴谋论”的负面舆情风险。

第三个问题，司法论证。论证，是证明一个结论的推理，有时表示结论可从前提推演出，错误的论证在逻辑中称为谬误。[①]论证的目的在于让结论使人信服，能够运用一定的说理方法说服他人，让他人心悦诚服地接受论证者的主张。论证不同于推理，推理作为逻辑方法，是论证的手段。论证不仅需要内在的逻辑思维，还需要外在的语言表达。出于论证的不同目的，论证包括两种类型：一是证明或证立，二是反驳或证伪。

法律论证，是指通过一定的理由来证明立法意见、法律陈述、司法裁判等法律主张的正当性。法律论证经常要面对争议性的问题，一方面要证明自己的主张，另一方面还要反驳各种不同的意见。要让自己的主张被人信服，并让反驳意见有力量，就必须有足够充分的理由并恰当地将理由表达出来。“法律人如果要受人尊重，就必须提出理由，而法律论证要被人接受，就必须符合逻辑思考的规范。”[②]法律的信仰和权威，来源于法律论证，法律论证从

---

① 参见《不列颠百科全书（国际中文版）》，中国大百科全书出版社 1999 年版，第 1 册，第 455 页。

② ［美］鲁格罗·亚狄瑟：《法律的逻辑》，唐欣伟译，商周出版社 2005 年版，第 1 版前言。

逻辑思考开始。

司法论证，是法律论证最鲜活的实践形式，是依据已知的法律规范、法律原则、法律价值、司法政策及案件事实等，确定一个新的判断的正当性。在司法论证的过程中，要综合运用法律解释、法律推理及法律方法论的各种思维方法，还要运用一定的语言文字、修辞技术和肢体动作等外在表达方法。

司法论证的特征包括：一是以命题为基础，对法律命题或法律判断的证立过程，是一个说服他人、释法说理的过程。二是法律不是现成的，不存在法官可以直接用于司法裁判的法律，法官必须对法律规范进行法律解释和漏洞填补等论证之后才可以作为裁判依据。三是大小前提同质，法律论证是一个建构法律推理的大前提及其证立大小前提之间逻辑关系的过程。四是相对真实性，司法论证不同于科学研究，并不是追求客观真理，是达到法律真实标准的论证。作为认定基础的法律和事实都可能发生变化，司法论证是可反驳性论证。[①]

司法论证的价值在于四个方面。一是协调社会经济生活的发展与法的安定性之间的矛盾。形式逻辑的法律推理是法的安定性即法律秩序的保障。“逻辑的方法和形式，使人们对于确定性和安全感的心理需求得到满足。然而，确定性常常是镜花水月，安全感亦不能顺遂人愿。在逻辑形式的背后，需要对相互争论的立法依据之间的价值衡量和重要意义作出判断。”[②]二是防止司法专横，增强司法权威。在古代法不可知、威不可测的时代，司法是统治阶段的专断独裁，这背离了法治的方向，司法权威依靠强权暴力维系。司法论证，在承认和维护法律权威的基础上，赋予法官必须释法说理的责任，要求法官充分说明裁判的理由。法官的这一责任，正是法官创造力和司法魅力的来源。三是构建理性的民主商谈机制。司法裁判中，法律问题的背后是各种社会问题。在司法公开全面深入推进的时代背景下，法官对法律问题的专业判断，要经得起社会公众在正义与道德方面的价值评判。这就要求新时代的法官必须具备媒体素养和民主精神，提高裁判的可接受性。[③]

---

① 参见陈金钊：《法律论证及其意义》，载《河南省政法管理干部学院学报》2004年第4期。

② ［美］奥利弗·温德尔·霍姆斯：《法律的道路》，李俊晔译，中国法制出版社2018年版，第37页。

③ 参见《最高人民法院关于加强和规范裁判文书释法说理的指导意见》第1条。

司法论证的规则有如下四个要点。第一，有明确的待证命题。法官必须先明确需要论证的命题。首先，大前提需要论证。法律规范需要进行法律解释，法律规范以外的国家政策、伦理道德、社会习惯、经验法则等都需要论证，还要对上述规则如何与法律规范相融合进行论证。其次，小前提需要论证。应当依据法律规范的要件设定待证事实，对待证事实的真实性进行论证。再次，争点需要论证。前两项论证中有哪些法律争点和事实争点，需要进行论证。每一个争点又是一个相对独立的论证命题。最后，结论需要论证。法律推理的结果是否具有正当性，是否需要进行利益平衡和修正，都需要充分论证。

第二，前提与结论的联系要紧密。演绎推理是法律推理的基本模式，是必然性推理、确定性推理。只有确定性的理由和论据，才能得出确定性的结论。演绎推理只能解决法的安定性问题，不能解决利益衡量、价值判断及法律规范冲突等问题。在这些情况下，演绎推理的前提就可能存在争议，不同的前提会得出不同的结论。即便如此，前提与结论之间论证的脉络必须清晰，环环相扣。《最高人民法院关于加强和规范裁判文书释法说理的指导意见》第1条即强调阐明裁判结论的形成过程。

第三，论证要具有可接受性。《最高人民法院关于加强和规范裁判文书释法说理的指导意见》第1条提出了“裁判的可接受性”的要求，实现“努力让人民群众在每一个司法案件中感受到公平正义”的目标。可接受性的关键在于心理学上的同理心或者共情，其依据可以用哈耶克的“心智共同结构”[①]来解释。一个社会中的人有共同“心智地图”和相似的思想结构，因此可以理解他人行为并与人交往。因此，《最高人民法院关于加强和规范裁判文书释法说理的指导意见》第2条明确要求“要讲明情理，体现法理情相协调，符合社会主流价值观”。

第四，语言表达清晰、明确、易懂。法律论证不同于法律推理的重要因素，就在于需要把内心的思维过程通过语言文字表达出来。论证的目的在于说服，那么这种表达的实质就是人与人之间的沟通。上述《最高人民法院关

① 参见［英］哈耶克：《社会科学的事实》，载《个人主义与经济秩序》，邓正来译，生活·读书·新知三联书店2003年版，第96~100页。

于加强和规范裁判文书释法说理的指导意见》第2条明确要求“要讲究文理，语言规范，表达准确，逻辑清晰，合理运用说理技巧，增强说理效果”。说理技巧的关键，是要明确说理的对象。当事人的基本情况不同，案件类型不同，具体的释法说理的表达方式也不同。目前，除特殊情形，裁判文书全部在互联网上公开。司法论证的过程就不仅是与案件当事人沟通过程，还是与社会公众沟通的过程。这就要求法官既要会说专业性语言，也要会说群众的语言，在语言的专业性与通俗性之间寻求平衡。

法律解释、法律推理、法律论证就概括了司法过程中全部方法论吗？如果用一句话来概括司法案件的审理思路，是几乎不可能的。“在司法过程中可以适用的不止一种方法，可以弹奏的也不止一根琴弦。”[①] 透过现象看本质，还是可以发现司法案件审理思路的规律。卡多佐在《司法过程的性质》一书中将司法案件审理思路归纳为三类：逻辑的或哲学的方法，历史的或进化的方法，社会学方法。[②] 其中，逻辑的或哲学的方法居首要地位，是对秩序和逻辑的继承，但实践中又经常让位于其他方法。方法之间的竞争和选择，其本质是法的安定性和变动性这对矛盾运动的结果。“法官就像其他玩游戏的人一样，有时会为了其他价值目的扭曲规则或打破规则……尽管如此，大多数司法决定都有一种‘受规则的制约’的品质。”[③]

法官可以运用简单的逻辑推理解决大部分的简单案件，但对于疑难复杂案件，历史传统、社会道德、政策导向、价值观等法外因素又会进入到司法过程。面对疑难的个案，法官经验要在各种思路和方法之间抉择。逻辑的或哲学的方法有特定的法律和理论可循，遵循特定的逻辑推理方法，具有相对的确定性。而其他方法追求特定的价值目标或社会效果，具有不确定性。

以逻辑的或哲学的方法为遵循的法律思路与以历史的和社会的方法为遵循

① ［美］本杰明·N.卡多佐：《法律的成长：法律科学的悖论》，董炯、彭冰译，中国法制出版社2002年版，第39页。

② 参见［美］本杰明·N.卡多佐：《司法过程的性质》，苏力译，商务印书馆2005年版，第16~17页。

③ ［美］理查德·A.波斯纳：《法律、实用主义和民主》，凌斌、李国庆译，中国政法大学出版社2005年版，第154页。

的政策思路，贯穿解释和适用法律的司法全过程。不同的方法有不同的具体路径。从现有的法律规则演绎推理出裁判结论，这是法律适用的常态。但是，在特殊的情况下，常态的适用会导致严重的社会问题，或者严重地脱离实际，或者出现极不公平的结果，往往需要打破常态，转而采取特殊的法律路径。两种方法具有不同的向度，相互纠结又相互依存。法律的方法以正向的演绎思维为主，其推理结果又要受到政策思路的检验；反之，政策思路给法官一种感性的、直觉的结果，法官经常会先在头脑中形成这个假定的结果再去寻找法律依据。

最后，推荐几本参考书。谈及法学方法论，拉伦茨的《法学方法论》和杨仁寿的《法学方法论》比较有代表性。以《法学方法论》为书名的作者还有齐佩利乌斯、王利明、舒国滢等。此外，外国学者拉伦茨的《法律行为解释之方法》、克莱默的《法律方法论》、博登海默的《法理学：法律哲学与法律方法》，中国学者王利明的《法律解释学》《法律解释学导论》、梁慧星的《民法解释学》、张志铭的《法律解释学》、陈金钊的《法律方法论》、葛洪义的《法律方法论》、黄茂荣的《法学方法与现代民法》及刘星的《司法的逻辑：实践中的方法与公正》等都是开卷有益的好书。

比较法方法：你面对的是有生命的系统

议论文方法中的对比论证，运用于法学研究领域，主要是比较法方法。比较法方法在全国法院系统学术讨论会优秀论文中应用非常广泛。根据程立武的《大数据告诉你法院系统的学术论文怎么写》的数据分析结果，2006 年至 2015 年全国一等奖论文共 91 篇中，比较分析法 33 篇，包括整部分介绍国外制度 9 篇、整段介绍国外制度 8 篇、若干句涉及国外制度 16 篇。如果对比较法分析做广义理解，将各地法院的思路、做法的比较分析也纳入其中，数量就更多了。比较分析是让我们的认识更正确一些的好方法。陈云同志讲，“研究问题，制定政策，决定计划，要把各种方案拿来比较。在比较的时候，不但要和现行的作比较，和过去的作比较，还要和外国的作比较。这样进行多方面的比较，可以把情况弄得更清楚，判断得更准确。多比较，只有好处，没有坏处”。[①] 比较法分析，要真比较、真分析。以苛刻的眼光来看，使用比较法分析的论文很多，但通过比较法分析得到真知灼见者凤毛麟角。很多论文只是罗列了各国各地区情况，最后生硬地得出我们应该如何如何的结论来，没有比较，更没有分析。这正如毛泽东同志批评的一些留学生，“只知生吞活剥地谈外国。他们起了留声机的作用，忘记了自己认识新鲜事物和创造新鲜事物的责任”。[②] 有学者指出，“有的文章做法律比较，简单地拿两个国家的类似制度进行比较，然后得出几点相同、几点不同、几点启示。这种漫无目的的比较无法给人有说服力的启示。有意义的比较必须来自合理的视角，并且归结为一个核心的命题”。[③]

核心命题，是比较法分析的命脉。在此，再次重申文体的重要性。论文中的比较法分析，当符合议论文的文体要求，要围绕核心命题，为支持论点服务。“很多专著都会不顾论文论述的主旨和目的，进行所谓的比较法考察，在罗列了各国的制度规定之后，又不做任何的总结和概括，这种与论证完全脱节的体例安排模式对青年学生的影响非常之大。”[④] 有些文章单纯地介绍某国某个制度，既无比较，又无分析，属于说明文，不是议论文。有三类不能正确使用比较法方法的典型现象：一是逻辑转换。“只关心西方的理论和制度的现实样态，而对其背后的转换逻辑缺乏必要的了解，而后者才是真正的问题所在。比如有人就根据英国限制沉默权的立法动向，直接得出了中国不能确立沉默权的结论。这种因果关系的判断极为草率和武断，其根源就在于研究者不清楚英国限制沉默权的背景和原因。”二是历史背景。“在介绍西方制度时，往往脱离该制度形成和发展的历史背景。这种研究态度容易使研究者把某一制度当作普适的真理而加以盲目膜拜和移植。比如很多人就认为美国非法证据排除规则是最理想、最完美的排除规则，但却忽略了在一百年前美国是没有这种排除规则的，它只是在 20 世纪 60 年代正当法律程序革命的时候

---

① 陈云：《怎样使我们的认识更正确些》，载《陈云文选》（第 3 卷），人民出版社 1995 年版，第 189 页。

② 毛泽东：《改造我们的学习》，解放社 1950 年版，第 4 页。

③ 何海波：《法学论文写作》，北京大学出版社 2014 年版，第 28~29 页。

④ 陈瑞华：《论法学研究方法》，法律出版社 2017 年版，第 78 页。

才逐渐在美国确立的，而且直到今天还在不断发展之中……”三是特有功能。“在研究和运用西方制度、理论的时候，往往容易忽略该制度和理论所发挥的特有功能。任何理论都是针对本土问题而提出的，任何制度也都是为了解决本土的法制问题而作出的一种规范。对于他能不能直接移植到中国来的问题，需要进行大量的验证和证伪的工作。很多青年学生在进行比较法分析考察时，往往暗示了这样一个假定：凡是西方国家普遍确立的制度和普遍承认的理论都具有普适性，因而也一定能够解决中国的问题。这样的研究就容易犯方法上的幼稚病，把西方国家的共同理论和趋势当作逻辑的大前提，中国问题当作小前提，结论就是中国应该遵循西方的法治发展路径。这样的研究很难取得大的突破，甚至会造成严重的误导。”①“其实研究比较法的学者越是功力深厚，就越会体会到，中国和国外的情况根本不是一回事儿……如果我们以实用的态度对待西方的理论，主张直接将西方的制度移植过来，那么，这些理论和制度真的在中国法律中具有生命力吗？罗马法时代有一句著名的谚语：‘立法的理由不存在，法律也就不存在了。’而我们现在不考虑立法理由，实用化的对待法学，这样就会出现一个问题，那就是生吞活剥地借用外国的制度、规则，把他们当作解决中国问题的灵丹妙药。但这种来自西方的‘舶来品’真的是‘灵丹妙药’吗？”②

将西方理论和趋势当作大前提、中国问题当作小前提的现象是当前的流行病，不仅是方法上的幼稚病，还是信仰上缺“钙”的软骨病，在内心深处缺乏“四个自信”。中国历史上的汉唐盛世与民族自信是相伴的。1840 年以后，百年苦难打破了封建盛世的道路自信。五四运动、中国共产党成立，马克思主义理论帮助中华民族在经历凤凰涅槃后自信重生。改革开放 40 年，经济社会以惊人的速度发展，而我们的自信还没有完全重新建立起来。

想做好比较法分析，首先要解决的不是方法问题，而是心态问题。方法问题好解决，心态问题要靠讲政治来解决。写论文和讲政治有什么关系吗？至少在比较法分析当中，讲政治是搞好比较法分析的思想引领。千万不要把

① 陈瑞华：《论法学研究方法》，法律出版社 2017 年版，第 78~79 页。
② 陈瑞华：《论法学研究方法》，法律出版社 2017 年版，第 127~128 页。

讲政治理解为比谁调门高，而是看谁悟得深，要在内心深处真正讲政治。钻研学问，如果钻成井底之蛙，就误入歧途了。政治是比学术更高级的大智慧，不讲政治的学术是小聪明。做比较法分析，首先要在内心深处真真切切地树立起理论自信，带着理论自信搞理论研究，就会从根本上扭转盲从心态。在研究制度移植、借鉴问题时，还必须带着制度自信冷静思考，把根底扎牢，不能当缺乏独立思考的墙头草。

建立起好心态，还要掌握好方法。结构化思考是人类思考复杂问题的有效方法，在对比论证及比较法分析中仍然适用。做比较，如果不知道比什么，几个制度缠绕在一起就成了一团乱麻。首先要想清楚一个问题，比较是研究手段和论证方法，不是目的本身。那么，我们为什么要比较？比较的目的是什么？我们面对的制度不是死的文本，而是有生命的系统。制度比较的终极的目的，是探索和发现制度生命运动的因果律。何以求因果？可以使用“密尔求因果五法”[①]，其实是五种相对复杂的归纳推理方法。借此方法，比较分析的思维得以结构化了，清晰地展示比较的要素、逻辑和功能。首先谈谈求同法，“约翰·斯图亚特·密尔写道：如果被研究的现象的两个或更多的事例只有一个共同的事态，那么，这个事态——所有事例在该事态上相契合——是给定现象的原因（或结果）……求同法可以示意如下。其中大写字母表示事态，小写字母代表现象：

A、B、C、D 与 w、x、y、z 一起发生

A、E、F、G 与 w、t、u、v 一起发生

因而 A 是 w 的原因（或结果）。”[②]

---

① 密尔求因果五法，是一种求因果关系的归纳推理，最早在《逻辑体系》（A System of Logic，1843）一书中提出，是判明因果联系的方法，是传统逻辑归纳部分的核心内容。密尔五法包括求同法（契合法）、求异法（差异法）、求同求异并用法（契合差异并用法）、共变法和剩余法。其中，求同法和求异法是基本的。参见《中国大百科全书》（第 2 版），中国大百科全书出版社 2009 年版，第 16 册，第 29 页。另参见［英］约翰·穆勒：《穆勒名学》，严复译，商务印书馆 1981 年版，第 332~341 页，部丙·篇八·论内籀四术，包括：言统同术，论别异术，论统同、别异二术之相关，论同异合术，论归余术；除此五术之五节，还有论消息术、论消息术之限域两节。内籀，是归纳推理的旧译法，故求因果五法实际上是归纳法。

② ［美］欧文·M. 柯匹、卡尔·科恩：《逻辑学导论》（第 11 版），张建军、潘天群等译，中国人民大学出版社 2007 年版，第 522 页。

在比较法研究中运用求同法，就是要做逻辑转换。通过制度的历史分析、社会分析，将制约制度运行的几个要素提炼出来，分析不同要素或要素组合的各种结果。在这些结果中，有我们想要的主要目的性结果，还要看到一些或有利、或不利的副作用。求同法思维的关键，在于异中求同，不要被表面的差异性迷惑。表面上看，境外内之间、国内各地法院之间某个制度的环境、条件、功能等存在较大差异，但是否在差异中间存在共同的规律？不同的表象背后是否藏有共同的本质性要素？只看到所在法院、所在地区的特殊性，而不去寻求探索各地、各国共存的司法规律、法律方法等，进而不去借鉴先进经验，一定会落后于时代的浪潮。司法领域与其他领域之间的差异性是否形成坚固的壁垒？例如，AI 技术在商业舆情处置领域已经广泛应用，是否对司法机关舆论引导有所借鉴？[①] 法律制度作为上层建筑之一，与其他社会上层建筑是否异中存同，共同受到经济基础现状与发展趋势的制约？法律作为社会意识之一，与其他社会意识之间是否存在共同规律，是否存在共同的与社会存在之间的相互作用？有了求同存异、异中求同的思维，才有了制度移植、借鉴的逻辑基础。求同法是透过现象看本质的逻辑归纳推理。只有 A 与 w 是本质的联系，其他都是遮蔽真实的浮云。如果能从不同的历史轨迹、社会背景、功能发挥因素中发掘出制度的共同本质规律，那就是有独到、深邃眼光的大智慧了。

再谈谈求异法，“约翰·斯图亚特·密尔写道：如果在一个事例中被研究现象发生，在另外一个事例中该现象不发生，两个事例中的事态除了这一个事态不同外（该事态仅在现象发生的过程中），其他均相同，该事态（它使两个事例产生区别）便是该现象的结果或原因，或者为原因中的一个不可缺少的部分。该方法不关注在产生结果的事例中什么是共同的，而是关注在产生结果的事例和没有产生结果的事例之间存在什么差异。求异法可用下面的形式来刻画，其中大写字母表示事态，小写字母代表现象：

---

① 参见李俊晔：《暴风眼中的法庭——司法公共关系之媒体素养与舆论引导》，人民法院出版社 2018 年版，第 382~385 页。

A、B、C 与 w、x、y、z 一起发生
B、C、D 与 x、y、z 一起发生

因而 A 是 w 的原因或结果，或 w 是原因中的一个不可缺少的部分。”[①]

与求同法相反，求异法是同中求异，从表现上相似的事物中发现本质上的差异。举个简单的例子，秋葵与曼陀罗太像了，秋葵是营养美食，曼陀罗却有剧毒。提高警惕，是比较法中运用求异法的重要价值，千万不要把曼陀罗当成秋葵来移植。两个国家和地区的制度条件都差不多，不加仔细辨别，就看不到还有一个本质性的要素深藏在表面现象深处。求异法，给了我们透过现象看本质的另一个逻辑视角。本质条件不同，即使表面相似度极高，最后发挥的功能也会大相径庭。

求同法与求异法是求因果方法的基础，其余几种求因果方法请大家自学并根据研究命题的具体情境灵活应用。提示一点，在学习中不要忘记“联系员的角色”，联系实践学，联系其他理论学。我给大家推荐一篇比较法分析方法的范文，全国法院第 27 届学术讨论会一等奖论文《“司法的行政”而非“行政的司法”：论分署垂直的法院新型司法行政事务管理模式》。该文章第二部分分别从理论、历史、域外三个维度对法院司法行政事务管理权的归属问题进行研究，解决本项改革“管理权归谁”的基础性问题。在域外维度，作者在分析梳理域外法院司法行政事务管理制度模式之后提炼出规律性趋势，“一些国家的行政机关管理法院司法行政事务，确有其历史原因和现实考虑，但总的发展趋势仍然是法院自行管理行政事务的范围越来越大，至少也会通过混合型的司法委员会进行管理。那么，中国的‘审判权与法院司法行政事务管理权分离’的改革应当建立在科学的理论基础上，考虑中国‘分合’之路，也要考虑世界范围内的大趋势”。这只是万字论文，如果能扩展为两三万字长文或专著，还可以做更加精细的分析。

① ［美］欧文·M. 柯匹、卡尔·科恩：《逻辑学导论》（第 11 版），张建军、潘天群等译，中国人民大学出版社 2007 年版，第 526~528 页。

历史方法：生命的年轮，画出来龙与去脉

历史方法，有多种意义，基本意义可以理解为比较法的延伸，即古今比较。密尔求因果五法在求历史因果律中仍可适用。例如历史求同法之同，是文明、制度来龙去脉之血脉。历经沧海桑田，黑头发、黄皮肤是不变的生物基因，还有一个没有断过流的文化基因。文化基因是多样的，呈现在不同领域，当我们在做出“中国有……传统”的论述时，就要分析这个传统的基因是什么，源于何时，又如何传承至今。

如何解释和认识文化基因？为什么文化基因能够像生物遗传一样，经过一代又一代人传承下来。包括法律文化在内，没有断过流的文化“就像一株植物的生长一样，我们的法律经历了几千年的发展历程，每一代人都不会停下发展的脚步”。[①] 法律文化等社会意识，扎根于行动中的规则、“集体无意识”的社会存在，源于哈耶克“心智共同结构”[②]。有了共同“心智地图”和相似的思想结构，我们才可能运用经验法则理解他人行为并与人交往。作为社会法则的共同心智源于模拟律。塔尔德在《模仿律》[③] 一书中提出，一切社会行为都是模仿，就像心际之间的照相术，即大脑皮层的复写；不论有意或无意、被动或主动，只要两人存在某种社会关系，就存在模仿。[④] 他认为，“社会即是模仿”[⑤]，一切社会的、非生命的、非物质的社会现象及社会相似性都由模仿产生；[⑥] 理性和情感的模仿行为往往是无意识的；[⑦] 每个行为既是底本又是

---

① ［美］奥利弗·温德尔·霍姆斯：《法律的道路》，李俊晔译，中国法制出版社 2018 年版，第 1 页。

② 参见［英］哈耶克：《社会科学的事实》，载《个人主义与经济秩序》，邓正来译，生活·读书·新知三联书店 2003 年版，第 96~100 页。

③ ［法］加布里埃尔·塔尔德：《模仿律》，何道宽译，中国人民大学出版社 2008 年版。

④ Gabriel Tarde，Laws of Imitation，Henry Holt And Company，1903，Preface to the Second Edition.

⑤ Gabriel Tarde，Laws of Imitation，Henry Holt And Company，1903，Preface to the Second Edition，p.74.

⑥ Gabriel Tarde，Laws of Imitation，Henry Holt And Company，1903，Preface to the Second Edition，p.50，98.

⑦ Gabriel Tarde，Laws of Imitation，Henry Holt And Company，1903，Preface to the Second Edition，p.193.

副本。[1] 模拟律作用下，使个体心智有了“共同结构”，并制约个体行动的选择，在类似情势下表现出类似行为、做出类似决策。在塔尔德模仿律作用下，我们一代一代地模仿前人，模仿与创新是社会心智结构发展的基本运行规律。模仿律揭示了制度、文化传承的因果律。因为有模仿律的存在，我们的法律制度都像植物生长一样，有一个历史发展的过程。因此，我们绝对不能拿两段历史的片段进行简单的比较分析，不能断章取义认为历史上如何、我们今天就如何。我们应当理出模仿律的脉络，把某个制度的来龙去脉搞清楚，知道它何以在何种历史条件下产生，又如何不断发展完善的，或者中间又如何发生异化、更新、变革，甚至涅槃重生。在历史分析方法过程中，也要遵循一个大胆假设、小心求证的过程。我们可以通过大胆假设寻找一些相关因素来描绘历史的脉络，再以史实求证其因果。

比历史分析方法更重要的，是历史思维，也就是历史唯物主义观。如果没有历史思维，对现状也是看不清楚的。尤其是研究司法体制改革相关命题，至少要把改革开放 40 年来中国的大背景弄清楚，把司法体制改革放在这个大背景中将其历史脉络梳理清晰。要想深刻认识本轮司法改革的政策，就要从源头上观察党和国家的方针政策是如何发展演变的、最高人民法院相关的纲要制度又是如何发展演变的。如果制度是一株植物，那么一代一代人的努力终会记录在历史的年轮中。如果断章取义地分析，那就只能看到一圈年轮。模仿律是历史的惯性、是人类心智结构的惯性，不知从哪儿来，就不会知道向哪儿去。我推荐一篇历史分析方法的范文，就是在探讨比较法分析方法中推荐过的全国法院第 27 届学术讨论会一等奖论文《“司法的行政”而非“行政的司法”：论分署垂直的法院新型司法行政事务管理模式》。作者通过历史资料考证看，发现从新民主主义革命时期以来，我国法院司法行政事务管理权经历了与法院分分合合的不断反复。作者以一张表格呈现了我国法院司法行政事务管理权发展沿革的完整历史脉络，我们由此就知道了当前法院行政管理现状是如何演变来的。

---

① Gabriel Tarde, Laws of Imitation, Henry Holt And Company, 1903, Preface to the Second Edition, p.17.

<table>
<tr><th colspan="2">时期</th><th>类型</th><th>表现</th></tr>
<tr><td rowspan="4">新民主主义革命时期</td><td>第二次国内革命战争时期（1927~1937 年）</td><td>混合型</td><td>中华苏维埃共和国成立后，被告审判权和司法行政权在中央分立、在地方合一的原则。
1. 在中央实行审判与司法行政“分立制”，由司法人民委员部负责全苏区司法行政事宜，临时最高法庭（最高法院）则专司审判事宜。
2. 在地方采用审判与司法行政“合一制”，即由各级裁判部兼管审判工作和司法行政工作</td></tr>
<tr><td>抗日战争时期（1937~1945 年）</td><td>合一型</td><td>抗日战争时期，各边区根据地司法机关的设置大同小异，审判机关为同级政府的组成部分，在同级政府的统一领导下，既管审判工作，也管司法行政工作</td></tr>
<tr><td>解放战争时期（1945~1949 年）</td><td>前期：合一型</td><td>解放战争初期，各解放地区继续审判与司法行政“合一制”的管理体制，即由司法机关首长或司法机关内部的专设机构掌管司法行政事宜</td></tr>
<tr><td></td><td>后期：混合型</td><td>解放战争后期，各大行政区成立司法部，主管全区司法行政工作；但在省以下，仍实行审判与司法行政“合一制”，由各级人民法院兼管司法</td></tr>
<tr><td rowspan="5">新中国成立后</td><td>1954 年《宪法》颁布前（1949~1954 年）</td><td>混合型</td><td>1. 中央设置最高人民法院、司法部，在各大行政区设最高人民法院分院、司法部，实行审判、司法行政的“分立制”。
2. 各省、市、县只设人民法院，在地区设省人民法院分院，不专设司法行政机关，即实行审判、司法行政的“合一制”</td></tr>
<tr><td rowspan="2">1954 年《宪法》颁布后（1954~1976 年）</td><td>前期；混合制</td><td>1954 年《宪法》及 1954 年《人民法院组织法》颁布后，中央人民政府司法部改称中华人民共和国司法部，各大行政区司法部随着大行政区的撤销而撤销，在各省、自治区、直辖市设司法厅（局），专署设司法处（科），负责地方司法行政事宜。基层人民法院设专人管理司法行政工作</td></tr>
<tr><td>后期：合一制</td><td>1959 年，全国人大二届一次会议通过了国务院的议案，决定：撤销司法部，原司法部主管的工作由最高人民法院管理。随着司法部的撤销，各省、自治区、直辖市司法厅（局）也随之相应予以撤销，在人民法院内设司法行政机构，司法行政工作由人民法院兼管，从中央到地方，实行审判与司法行政的“合一制”</td></tr>
<tr><td rowspan="2">改革开放时期（1976 年至今）</td><td>前期：分立制</td><td>1979 年《人民法院组织法》规定，“各级人民法院的司法行政工作由司法行政机关管理”。同年，恢复设立司法部。到 1980 年底，从中央到地方都恢复了司法行政机关</td></tr>
<tr><td>后期：合一制</td><td>1982 年 8 月，人民法院司法行政工作从司法行政机关移交由最高人民法院、地方各级人民法院和专门人民法院自行管理。1983 年，人民法院组织法做了相应修改</td></tr>
</table>

关于历史研究方法，有两个陷阱：第一个陷阱是钻到历史的故纸堆中出

不来，就历史而研究历史。研究历史的目的是什么？霍姆斯在《法律的道路》谈到研究历史是为了洞悉现在、预测未来，[①] 这是研究历史的真正意义。反之而言，想洞悉现在、预测未来，也必须要研究历史。第二个陷阱是用历史来装点门楣。例如当前多元化纠纷解决这个问题非常热，如果断章取义地说我国某个朝代的民间调解制度是什么样的，就说现在的调解就是继承了曾经的传统，中间的历史脉络能说得清楚吗？历史上的调解实践和理念真的是通过历史模仿率一代一代传承到现在吗？谈到这儿，我推荐毛泽东同志的一篇文章《要做系统的由历史到现状的调查研究》。[②] 仅看题目，就可以领会这篇文章核心命题的要旨，关键在一个“到”字，是历史“到”现状，不是历史“和”现状，大家体会一下，一字之差，意味深长。

历史方法还有另外两种意义。王泽鉴先生在《民法思维》一书提出的两种案例分析方法，历史方法和请求权方法，不再赘述。还有一种意义——历史学方法。历史学的研究方法对法学研究方法有什么用呢？我国古代史学与法学存在共同根源，从巫术文化到史官文化，再到儒家经史之学，又独立出史学与法学。[③] 就诉讼中的事实认知而言，法学与历史学两个学科异曲同工，均将事实区分客观事实与相对事实。所谓历史，有两种意义，即史家记载的历史和作为客观事实的历史。[④] 法学领域则将诉讼中的事实区分法律事实与客观事实。“作史犹治狱也”，[⑤] 古代狱讼证明对治史考据影响卓著，集大成于清代乾嘉学派。胡适认为，狱讼经验是考据学重要来源。[⑥] 二者相通之处，皆为以客观真实为价值追求，证明相对真实。但证据所证明的标准只能是法律

① 参见［美］奥利弗·温德尔·霍姆斯：《法律的道路》，李俊晔译，中国法制出版社 2018 年版，第 71 页。

② 毛泽东：《要做系统的由历史到现状的调查研究》（1961 年 3 月 31 日），载《毛泽东文集》（第 8 卷），人民出版社 1999 年版，第 252 页。

③ 参见王宏治：《试论中国古代史学与法学同源》，载《政法论坛》2003 年 4 月。

④ 参见张世明：《“治史如断狱”——历史考据学与律学渊源的知识史考察》，载《光明日报》2015 年 3 月 25 日，第 14 版。

⑤ （清）潘耒：《国史考异序》。

⑥ 参见张世明：《“治史如断狱”——历史考据学与律学渊源的知识史考察》，载《光明日报》2015 年 3 月 25 日，第 14 版。

真实，而非客观真实。[①] 考据亦如此。历史考证在关注狱讼中成长，诉讼证明是否可以尝试反哺于考证学汲取营养？历史考据，除了关注狱讼中证据与论辩之术，更加关注逻辑推理。有学者提出考证分内外，外考证决定材料之真伪，内考证决定材料之陈述。[②] 内考证更关注史料和证据的逻辑关联和推理。史学大师白寿彝称："要从事历史的考证，仅有文献学的知识是不够的，还需要有逻辑的素养和有关的专业知识。"[③] 有学者提出，"考据法是研究历史、语言等学问的一种实证方法。它主要通过搜集资料和证据，加以鉴定与分析，运用排比、分类、归纳、演绎等逻辑推理方法，判定事件、材料的真伪与是非，推求和印证某一现象与结论。"[④] 类比、归纳、演绎等逻辑推理方法在考据学中发挥重要作用，在史料与待证结论之间纺织了复杂的逻辑网络。考据学逻辑推理方法，揭示了人类以客观真实为依归、认知相对真实的普遍规律，也揭示了人在证明活动中思维过程的本质，即证据与事实之间、事实与事实之间的因果关系。遵循规律的法律逻辑思考，是以事实之间的逻辑关系为依据的思考进程。[⑤]

深刻理解历史方法，必须坚持历史唯物主义观点。"历史唯物主义作为马克思主义的重要组成部分，是关于人类社会发展一般规律的科学。"[⑥]"社会存在决定社会意识。我们党现阶段提出和实施的理论和路线方针政策，之所以正确，就是因为它们都是以我国现时代的社会存在为基础的。"[⑦] 对法律问题进行历史分析的关键，"是从我国现在的社会存在出发的，即从我国现在的社会

---

① 参见张志铭：《裁判中的事实认知》，载王敏远主编：《公法》(第4卷)，法律出版社2004年版，第3页。

② 参见陆懋德：《史学方法大纲》，台湾地区阳明出版社1969年版，第44页。

③ 白寿彝主编：《史学概论》，中国友谊出版公司2012年版。

④ 王宏斌：《历史考据法探源》，载《史学理论研究》2002年第3期。

⑤ 参见王宏斌：《历史考据法探源》，载《史学理论研究》2002年第3期。

⑥ 习近平：《推动全党学习和掌握历史唯物主义，更好认识规律，更加能动地推进工作》，载《习近平关于"不忘初心、牢记使命"重要论述选编》，党建读物出版社、中央文献出版社2019年版，第99页。

⑦ 习近平：《推动全党学习和掌握历史唯物主义，更好认识规律，更加能动地推进工作》，载《习近平关于"不忘初心、牢记使命"重要论述选编》，党建读物出版社、中央文献出版社2019年版，第100页。

物质条件的总和出发的，也就是从我国基本国情和发展要求出发的”[①]，因为这些出发点深入到了法的本质。习近平总书记强调了学习和运用历史唯物主义的几个要点：

第一，“要学习和掌握社会基本矛盾分析法，深入理解全面深化改革的重要性和紧迫性。只有把生产力和生产关系的矛盾运动同经济基础和上层建筑的矛盾运动结合起来观察，把社会基本矛盾作为一个整体来观察，才能全面把握整个社会的基本面貌和发展方向”。[②]我们研究司法体制改革问题，不可闭门造车，应当放在政治体制改革中理解，放在政治上层建筑与经济基础即当代国情中理解。

第二，“要学习和掌握物质生产是社会生活的基础的观点，准确把握全面深化改革的重大关系。生产力是推动社会进步的最活跃、最革命的要素。社会主义的根本任务是解放和发展社会生产力”。[③]司法审判为什么要关注营商环境问题，关注产权保护问题？依此原理，不言自明。我们如何理解信息技术与司法的关系呢？有学者指出：“信息革命深刻而全面地改变着人们的生产生活方式、社会组织方式、国家治理机制、法律规制方式。”“法律作为上层建筑，是由经济基础决定的。信息技术对当今时代的生产生活方式产生重大影响，也孕育法治发展的新环境。”“在信息传播上，社交媒体、自媒体、短视频等互联网媒体和应用的兴起，不仅改变了内容生产和传播方式，还催生出网络信息传播权、人工智能生产物著作权等新问题，丰富了传播法治、知识产权保护等理论和实践。”[④]

第三，“要学习和掌握人民群众是历史创造者的观点，紧紧依靠人民推进

---

① 习近平：《推动全党学习和掌握历史唯物主义，更好认识规律，更加能动地推进工作》，载《习近平关于“不忘初心、牢记使命”重要论述选编》，党建读物出版社、中央文献出版社2019年版，第100页。

② 习近平：《推动全党学习和掌握历史唯物主义 更好认识规律 更加能动地推进工作》，载《人民日报》2013年12月5日，第1版。

③ 习近平：《推动全党学习和掌握历史唯物主义 更好认识规律 更加能动地推进工作》，载《人民日报》2013年12月5日，第1版。

④ 支振锋：《信息化助力法治发展进步》，载《人民日报》2019年7月5日，第9版。

改革”。[①] 为什么要以“努力让人民群众在每一个司法案件中感受到公平正义”作为工作目标？如何构建良好的司法公共关系而不仅是舆情应对？如何看透具体的实体法与程序法问题而不停留于表面的法律适用？如何让司法体制改革的成果深刻影响人民群众的获得感而不是司法机关自己过家家？都需要坚持这个历史唯物主义观点，提高政治站位，拓宽学术视野。

经济学方法：经济理性人与资源稀缺无处不在

埃德蒙·伯克说过：“骑士时代已经过去；随之而来的是智者、经济学家和计算者时代。”[②] 一个法律人为什么要学习经济学呢？首先，经济学可以帮助你理解生活于其间的社会是如何运转的。其次，经济学有助于你做出更优的个人决策和司法裁判。再次，经济学有助于你科学理解政府政策功能、司法裁判效果、司法改革成效。最后，可以升级你的思维方式，用理性的、边际的、实证的思维方式观察和分析人类行为，理解各种社会制度和组织的性质，对我们生活在其中的各种社会现象，从经济学角度作出科学解释，使辩证思维、发散思维、求异思维、创新思维能力得到提升。总体上讲，经济学的价值在于教法律人如何理性做选择、科学做决策。不论你见与不见，理与不理，经济学现象无处不在。萨谬尔森曾言：“在人的一生（从摇篮到坟墓）中，你永远都无法回避无情的经济学真理。”[③] 经济学被称为社会科学的皇后、最古老的艺术、最新颖的科学。在法律的道路上，道路的底层逻辑是什么？法律关系“根源于物质的生活关系”，[④] 由物质生活条件决定。不懂经济，不讲利益，就搞不清法律的本质规律。

① 习近平：《推动全党学习和掌握历史唯物主义 更好认识规律 更加能动地推进工作》，载《人民日报》2013 年 12 月 5 日，第 1 版。

② ［美］保罗·萨缪尔森、威廉·诺德豪斯：《经济学》（第 19 版，教材版），萧琛主译，商务印书馆 2013 年版，第 3 页。

③ ［美］保罗·萨缪尔森、威廉·诺德豪斯：《经济学》（第 19 版，教材版），萧琛主译，商务印书馆 2013 年版，第 3 页。

④ ［德］卡尔·马克思：《“政治经济学批判”序言》，载《马克思恩格斯选集》（第 2 卷），人民出版社 1972 年版，第 32 页。

萨谬尔森的说法是不是有些夸张呢？如果认真了解一些经济学基本常识，就发现不仅不夸张，而且很中肯。经济学有两大基本假设——经济理性人假设和资源稀缺假设。不论是司法审判中的疑难案件，还是司法改革和法院管理中的疑难问题，这两个前提无处不在。可以说，如果所有人都是不计得失的绝对道德高尚者，各种类型有形与无形资源极大丰富，那么诉讼就会消失了，各类改革和管理难题也都不存在了。人有理性的物质和精神需求，而现实条件下满足需求的资源又是有限的，只要这个矛盾存在，无讼与无惑就只是一个乌托邦。经济理性人假设导致的方法论个人主义与资源稀缺假设构成西方经济学理论的两个最为重要的前提。关于经济理性人假设，不论是法学研究，还是司法实践，不动产财产法律问题都不得不实事求是地关注人与人之间基于利益驱使产生的矛盾冲突，不得不着眼于现实中的利益平衡与价值取舍。有时候，至亲之人在法庭上又会成为至仇之敌。在这些问题与矛盾的背后，凸显一个"利"字，这一假设恰恰来自经济学的伦理观察，对现实生活中不动产价值与法律问题的认识与实践具有极为重要的意义。另一个基础性假设就是资源稀缺，这个问题在中国的语境下也容易理解，人常说"物以稀为贵"，就是这个道理。没有稀缺就没有争端，也就不需要法律的秩序。接下来，我介绍一下日常工作和生活中随机可见的经济学基本范畴。这些理论不是用来包装法律问题的，只有认真学透了，才能像经济学家一样思考法律问题。当我们理解了这些经济学常识，会对很多平时所见问题背后的问题恍然大悟。

第一，成本—收益分析。成本和收益的概念无须过多解释。成本—收益分析方法是最基本的经济学分析方法。从观察角度来说，有个人角度与社会角度，包括个人成本—个人收益，社会总成本—社会总收益。由于角度的不同，产生了成本与收益的外部性问题。在成本和收益动态分析过程中，还涉及边际成本与边际收益问题。成本—收益分析，有个人层面的，有整体层面的，这两个层面的成本与收益衡量，是几乎做每件事、每次决策研究都要进行的思考过程。例如案件繁简分流，就是要在人力资源成本不变的前提下追求审判质效的收益大幅提升。还有一些更复杂的成本—收益分析，例如法官员额制改革就涉及比较优势这个经济学概念。对于法院的事务性工作，投入同样的精力，法官可能比法官助理和聘用人员做得更好，即收益更高，这是绝对比较优势。但将个体的成本—收益分析视角转换到整体视角，我们可以无限制地扩编并无限制地培养出符合要求的法官吗？显然不可能，这就要考虑相对比较优势，即在整体层面做成本—收益分析。让法官从审判事务性工作中解放出来，为了让法官提高拍板定案的质量并有精力学习和充电，通过分工协作和事务集约等办法提升整体效益。

第二，边际。微观经济学中的边际是指自变量增加所引起的因变量的变化量。边际成本与边际收益是最为常见的概念。边际成本是每一单位新增的生产或消费所带来的总成本的增量；边际收益是每增加一单位的销售或投入所增加的收益，也就是最后一单位的销售或投入所取得的收益。为什么要搞繁简分流？繁案与简案边际收益有很大差异。繁案精审，就是因为加大精力投入或获得更好的审判效果；简案快审，就是因为适当的精力投入就足以保证案件公正审理，再投入更多精力无法提高质量反而降低了效率。边际思考，边际决策，无处不在。

第三，效用与边际效用。效用（Utility）是对于不同的商品的主观感受，不仅仅存在于不同质的商品之间，也存在于同质的商品不同数量之间。从效用角度来看，一方面具有客体性价值，体现的是不动产权利作为客体本身能够满足权利主体的需要的属性；另一方面又具有主观性，效用是通过权利主体特定情况下的需要与感受实现的。而现实中的效用又是在边际中存在的。边际效用就是每付出一单位成本所带来的效用，这种效用具有很大的主观性。我们讲过犹不及，就是边际效用问题。为什么我们在做调解工作时，当事人愿意接受调解所做的利益安排，双方都觉得调解比预期的判决结果要更好？通过调解，诉争的财产数额增加了吗？这个秘密就在于经济学上的边际效用原理。为什么有些有钱人视金钱如粪土，有些没钱人敝帚自珍？因为经济效用递减。同样形式和数额的财产，不同当事人的主观效用感受是不同的，这就给法官重新调整利益安排的空间。谁得钱，谁出钱？谁得房子、得物品？不同的利益安排，变不出更多的钱物，却变得出当事人更多的主观效用。如果我们掌握了一些经济学思维，调解方法就从经济积累升级为理性思考，你会秒变调解高手。

第四，外部性（externality）。外部性是指当事人的行为产生了额外的成本或收益，由当事人以外的人来承受。外部性分为正外部性（positive externality）和负外部性（negative externality）。什么是外部，首先要定义系统的边界。法院系统进行司法体制改革，虽然措施向内，但眼光绝对不能仅仅向内。司法体制改革的根本目标不在内部得失，而在于改革的外部性，即实现社会公平正义，更进一步是可感受的公平正义。

第五，交易成本。交易成本理论由著名经济学家科斯提出。所谓交易成本，是交易关系主体达成交易所付出的成本，经济学家科斯认为，进行交易，就必须寻找交易对象，互相了解交易内容，谈判并达成交易，然后制订契约并督促执行，这些操作都需要耗费成本。这些成本就像经济生活中的“摩擦力”，包括了产权确认的、产权保护成本、信息获取的成本、谈判的成本、执行协议的成本。在特定的情况下，还会出现外部化的外在成本，即一种社会成本。

第六，信息不对称与信息成本。信息不对称，简单说，就是信息被一部分人享有，而不被另一部分人享有的事实。交易中的不同主体享有的信息在质与量上均有不同，除了与人的认知、地位、能力等有限性有关外，还与信息成本有关。信息成本也就是获取信息的成本，是交易成本的一部分。信息不对称与信息成本在审判实践中的应用无处不在，只是没有被我们察觉到，处于无意识、经验性的状态。例如，信息搜寻成本大于信息披露成本，这就决定了举证责任的分配。为什么只要证明对方当事人持有某个证据就完成了证明责任，而无须举出该证据？知道了经济学信息成本的道理，就理解了规则背后的经济理性。

第七，交易风险。风险即不确定性，是信息不完备和信息不对称的结果。由于权利主体对一定交易对象、环境、相对人缺乏充足的信息，将导致交易不确定性的出现，产生交易风险。对于交易风险一定要做广义理解。防范化解司法领域相关各类重大风险，需要经济学思维。

第八，帕累托标准、帕累托最优、帕累托改进。帕累托标准是一个各方共赢的标准，可描述为：如果任何一个社会成员较之社会状况 y 更偏好 x，或者对两个都没有偏好，但至少有一个社会成员更偏好 x，则社会状况 x 较之 y 更受偏好。满足这些条件的社会福利决策称为帕累托最优决策或者帕累托改进。包括司法改革在内，不论何种改革，我们都是在追求帕累托改进，追求改革的最终实现帕累托最优的效果。

第九，“卡尔多—希克斯标准”与“潜在的帕累托改进”。潜在的帕累托改进允许存在受益者与受损者，但要求受益者的收益要大于受损者的损失。如果这种情况出现，理论上讲，受益者可以弥补受损者的损失同时自己还有剩余。与帕累托标准相比，上述卡尔多—希克斯标准的条件更为宽松。例如，我们改革中讲只做加法、不做减法，如果有人因改革受到利益损失怎么办？这就需要以“卡尔多—希克斯标准”对利益格局再调整，让利益受损者得以补偿。我们在办案中做调解工作，如何才能让双方当事人都满意？秘密出在此。讨价与还价、妥协与补偿后，最终的利益安排要让双方当事人都觉得比诉讼的预期利益要好，才会接受调解结果而不坚持让法院判决。

第十，需求。需求弹性的概念仅仅存在于商业领域吗？在法院管理过程中是否存在需求弹性理念的应用场景？以绩效管理为例，不论是结案率还是结收比，如果给各法院定两个指标，达到基本指标得六成分数，达到鼓励指标得满分。各法院一定会将鼓励指标当作基本指标来要求。如果对指标制定者提出疑问，指标制定者会说，我们测算过的，基本指标是符合实际的，不要想着一定要够到鼓励指标。鼓励指标，是仅仅对指标进行解读就能实现鼓励效果吗？如果对各院的考核分数进行排名，并作为评先评优的依据，那么各院一定会想办法多得分。如此，从基本指标到鼓励指标之间分数的需求，就成为刚性需求，违背了弹性要求这个指标设计初衷。如何破解这个问题呢？经济学思维就很重要了。想增长某个商品的弹性，就要增加其可替代性。想让鼓励指标真正成为弹性的鼓励，就要让这个分数段可替代。如何可替代呢？我们可以把另一个同类鼓励性的指标与之复合起来，例如选择长期未结案清理等另一个效率性指标，将两个鼓励性指标共用一个分数段。设想一下，两个指标分别有各自的基本指标作为刚性要求，超过基本指标可以累加分数，每个指标分别可以累加5分，但给两个指标合计累加分数设置封顶，例如合计不超越5分，也可以再高一点或低一点。这样，如果一项指标铆足劲儿向上拼明显不切实际，就可以将另一项指标作为替代方案，只要两项指标的鼓励部分达到合计封顶分数就达到目的了。

上述经济学基本范畴，都不是僵化的教条。我建议从具体词句出发对其意义进行抽象理解，在内心深处领会并建立起经济学思维方式才是关键。看清法律问题的底层逻辑，“法律眼”是不够的，我们还需要“经济脑”。接下来，我再向大家介绍几个最常用的基本经济学理论。①

第一，边际效用递减规律。其内容是：在一定时间内，在其他商品的消费数量保持不变的条件下，随着消费者对某种商品消费量的增加，消费者从该商品连续增加的每一消费单位中得到的效用增加量即边际效用是递减的。

第二，科斯定理。科斯定理的内容可以概括为，如果交易费用为零，法律结构就无关紧要；因为无论怎样都会导致有效率。

第三，科斯第二定理。“科斯第二定理”作为“科斯定理”的反定理，说的是现实生活中由于“摩擦力”的存在，交易费用是不可能为零的。该定理基本内容为：在交易费用大于零的情况下，产权界定不同，则资源配置的效率不同，由此形成的产权制度也不可能相同，进而交易的成本也可能是不同的。

第四，规范的科斯定理，指的是“建立法律以消除私人协议的障碍”，其内容是指法律通过促进人与人之间的谈判，交易法律权利，从而减轻法律制定者有效配置权利的工作复杂性。

第五，规范的霍布斯定理，指的是“建立法律以使私人协议失败造成的损害达到最小化”，旨在强调减少由于不合作造成的损失的重要性。

第六，波斯纳定理。在存在交易费用的情况下，权利如何配置才有助于提高效率？“波斯纳定理”强调必须重视产权的界定，内容为人们所熟知，即

① 以下内容参见李俊晔：《不动产财产权利价值论》，中国人民大学出版社2016年版，第7~8页。

“如果市场交易成本过高而抑制交易，那么权利应该赋予那些最珍视它们的人”。[1] 波斯纳定理还有一个对偶形式，即法律行为的社会成本最小化为目标，“能以最低成本避免事故而没有这样做的当事人要负法律责任”[2]。

第七，福利经济学理论。福利经济学是西方经济学的一个分支，是从福利观点或最大化原则出发对经济体系的运行进行社会评价的经济学。所谓“福利”，与一般意义上的福利不同，是指个人获得的效用和需求的满足。帕累托标准是福利经济学最重要的标准。

第八，博弈论。博弈论属于应用数学的一个分支，是经济学的标准分析工具之一。博弈的标准式表述包括：（1）博弈的参与者，（2）每一参与者可供选择的战略集，（3）针对所有参与者可能选择的战略组合，每一个参与者获得的收益。诉讼是典型的博弈，学习一些博弈论常识，对提升庭审驾驭水平、提高调解能力大有帮助。[3]

第九，马克思主义政治经济学理论。主要是劳动二重性和商品二因素理论。《资本论》第一章的内容可以概括为：（1）商品是用来交换的劳动产品，具有两种基本属性，即价值与使用价值；（2）使用价值是商品的固有属性，即物的有用性，是指商品能够满足人的某种需要的属性；（3）价值是商品的社会属性，是凝结在商品中的无差别的人类劳动；（4）具体劳动创造使用价值，抽象劳动创造价值；（5）商品的价值量由生产商品的社会必要劳动时间决定；（6）商品交换是根据商品的价值实行等价交换；（7）商品价格是商品价值的货币表现，商品价格以商品价值为中心，受供求关系变化的影响而上下波动——价值规律。

上面的介绍，只是蜻蜓点水。经济学，应该是每个人终身学习规划中的重要内容。在此，我推荐几本书。最经典的著作莫过于《资本论》，马克思对以往的经济学理论进行了彻底的批判性思考，正如国际歌中唱到的最后的斗

---

① ［美］波斯纳：《法律的经济分析（上）》，蒋兆康译，中国大百科全书出版社 1997 年版，中文版译者序言第 20 页。

② ［美］波斯纳：《法律的经济分析（上）》，蒋兆康译，中国大百科全书出版社 1997 年版，中文版译者序言第 26 页。

③ 参见李俊晔：《不动产财产权利价值论》，中国人民大学出版社 2016 年版，第六章。

争。最近几年来，西方世界面对经济周期性危机，将目光投向《资本论》，掀起了《资本论》热。此外，曼昆和萨缪尔森的经济学教材，都是西方经典教材，也值得借鉴学习。亚当·斯密的《国富论》和凯恩斯的《就业、利息和货币通论》也是经典著作。保罗·海恩的《经济学的思维方式》也值得一读。

在法经济学著作中，我推荐大家将冯玉军教授的《新编法经济学》作为入门教材，也可以选择史晋川的《法经济学》、魏建和周林彬的《法经济学》等教材。特别推荐德国汉斯–贝恩德·舍费尔等的《民法的经济分析》这本书，以德国民法为基础进行经济分析，其问题和分析语境与我们比较接近，不需要太多思维转换即可理解。

博弈论是与经济学思维相关的常用理论，学习博弈论可以培养我们的策略思维。关于博弈论，我推荐几本书：张维迎的《博弈论与信息经济学》，朱·弗登博格的《博弈论》，冯·诺伊曼的《博弈论与经济行为》，约翰·纳什的《博弈论经典》，迈克尔·马希勒的《博弈论》，戴维·M. 克雷普斯的《博弈论与经济模型》，罗杰·迈尔森的《博弈论：矛盾冲突分析》等。

心理学方法：探索法律现象的心灵奥秘

法学与心理学的关系有多紧密？邹碧华主编的《法庭上的心理学》导言的标题为“导论：法庭上的心理学——一把看不见的利剑”。如何实现“让当事人在每一个司法案件中感受到公平正义”这一工作目标？公平正义不仅要实现，而且要以可感受的方式实现。何为感受？感受不是法律问题，而是心理问题。既要感受以庭审为核心的司法过程公正，也要感受裁判文书为核心的结果公正。如何做得到呢？这对法官的过程沟通力、结果说服力提出了很高的要求。司法的过程和结果，庭审和裁判文书，心理学规律的影响无处不在。如何与当事人建立良好沟通？如何说理让当事人信服？如何做好涉法信访工作？如何做好群众工作、走好群众路线？

《最高人民法院关于加强和规范裁判文书释法说理的指导意见》第 1 条提出了“裁判的可接受性”的要求，实现“努力让人民群众在每一个司法案件中感受到公平正义”的目标。与之前的目标相比，有没有发现有什么细微的变化？当事人变成了人民群众，文字的小小变化，范围却大大拓展。法官不仅要具有对当事人的沟通力和说服力，还对法官提出了对社会公众的沟通力与说服力的更高要求。我们应该看到，当事人的心理感受会通过他的朋友圈和他们朋友的朋友圈，在一个又一个的社会圈层之间扩展传播。在互联网时代，这种传播力的速度和范围与十几年前不可同日而语。随着司法公开范围大大拓展，庭审与裁判文书均以公开为原则，社会公众对法院过程和结果的公平正义由间接感受转向直接感受。因此，公平正义的感受主体就由当事人扩张到人民群众，是新时代必然趋势。每一起司法案件，都对司法公共关系产生或正面、或负面的影响。进入新时代，可以说，不懂心理学、传播学的法官不是好法官。这就意味着，新时代法官必须具备与人民群众打交道的媒体素养，必须承担维护司法公共关系的媒介担当。①

我们还要注意到，公平正义的过程和结果不仅要“可感受”，还要“可接受”。“可接受性”理论在学术领域讨论多年，这个理念已经被《最高人民法院关于加强和规范裁判文书释法说理的指导意见》确认。司法的过程和结果如何被接受？关键在于心理学上的同理心或者共情。将可接受性从个体扩展到社会，由当事人可接受扩展到人民群众可接受，其依据可以用哈耶克的“心智共同结构”②来解释。一个社会中的人有共同“心智地图”和相似的思想结构，因此可以理解他人行为并与人交往。如何提升说服力，让他人接受你的想法？推荐大家读一下美国著名心理学大师罗伯特·西奥迪尼的几本很有影响力的名作《影响力》《先发影响力》，还有著名社会学家郑也夫教授的《信任论》。有哪些比较好的心理学教材？国外比较经典的心理学教材有《津巴多普通心理学》，还可以参考美国理查德·格里格的《心理学》《心理学与生活》、库恩的《心理学导论》《心理学之旅》、德国格尔德·米策尔的《心理学入门》、法国学者古斯塔夫·勒庞的《心理学统治世界》。可以参考美国华生

① 参见李俊晔：《暴风眼中的法庭——司法公共关系之媒体素养与舆论引导》，人民法院出版社2018年版，第290~293页。

② 参见［英］哈耶克：《社会科学的事实》，载《个人主义与经济秩序》，邓正来译，生活·读书·新知三联书店2003年版，第96~100页。

的《行为心理学》、戈尔茨坦的《认知心理学》、柯特·巴托尔的《犯罪心理学》等心理学分支领域的著作。

人格心理学是与现实生活联系非常紧密的心理学领域。人格就是人的一种状态。环境因素行为学家对人格做了很多研究，比较著名的模型是大五人格模型（又称人格结构五因素模型），对于我们研究法院管理和审判团队具有现实意义。大五人格模型把人的性格物质分为五个维度，每个维度都有两个极端值。第一个维度是开放性（openness），有人非常开放，有人非常封闭。第二个维度是责任感（conscientiousness），有人非常有责任心，对工作很上心、负责任，有人责任意识非常淡薄。第三个维度是外倾性（extraversion），即内向和外向。第四个维度是宜人性（agreeableness），有人随和、直率、利他、谦逊，有人则反之。第五个维度是神经质（neuroticism），有人非常敏感，而另一极端就是非常不敏感，富有钝感力。这五大类型性格物质，分别有两个极端，形成 10 个端点。大部分人都处在两个端点的中间。想进一步学习人格心理学，比较经典的人格心理学著作有马斯洛的《动机与人格》《需要与成长》，还有瑞士著名心理学家荣格的《人格与发展》等。

认知心理学存在的工作和生活情境也非常广泛。我们之前讨论过注意力资源的问题，还有认知偏差的理论也比较常用。认知心理学中的个体认知偏差是非常常见的，包括选择性知觉与刻板印象两个问题。人的认知活动是主观的，人对外在的认识是由内心形成的。虽然认识的来源是物质和实践，但是人的内心认识不是镜子反射一样对物质和实践的简单呈现。仁者见仁，智者见智，一千个人心中有一千个哈姆雷特，都说明了，认识如何呈现是受内心影响的。所谓选择性知觉，人们总是选择那些与自己的个性定型的知觉及心理预期相同或相似的东西，而本能地忽略和扭曲那些他们觉得不舒服和威胁到他们观点的信息。选择性认识的例子很多，例如爱屋及乌、情人眼里出西施。还有盲人摸象，不同的盲人摸到象的位置不同，得到对大象的形状认识就不一样了。在我们日常管理和日常生活中，是不是经常犯一些选择性知觉的错误？有没有根据自己的经历和偏好做一些选择性的判断，或者做一些选择性的决策？这是非常普遍的。我们知道，一个单位或者部门的领导会对这个单位或者部门的相关决策产生非常重大的影响。而我们抑制选择性偏差的办法，就是民主集中制。还有审判管理部门在做审判管理决策时，是不是也会出现选择性知觉偏差？对于这种认知偏差应该给予足够的认识。

个体归因的问题也值得我们注意。归因就是寻找原因，如何寻找原因？归因有两种类型，即内部归因和外部归因。内部归因，是从自身来找原因，指个体控制能力之内的内部责任和来源。外部归因，指的是个体出现问题，从外部寻找原因，指个体控制能力之外的外部责任和来源。两类归因有不同的倾向性。归因偏差有两种类型，一种是自利性偏差，另一种是基本归因偏差。什么是自利性偏差？就是人们遇到挫折、遇到困难、取得失败，往往从哪儿找原因。大多数人的倾向是归因于外部环境，怨天尤人。反过来，个人的成功，往往归于自身，从内部找原因，而不从外部找原因，不知道感恩。个人取得成功，冠冕堂皇地感谢了一圈，内心却把成功归于自己。另一种个体归因偏差是基本归因偏差。就是我们探究原因的时候，可能逻辑出发点是有问题的。心理学中有一个责任分散原则，例如某个单位会议室的椅子坏了、桌牌没了、窗户关不上，卫生间的水龙头滴水，大家就会想，单位有好几百人呢，还有各管理部门及物业，轮不上我来管。再如，如果发现单位里、社区里或者公共设施存在某些隐患，事不关己高高挂起，就是出于责任分散这种心理。更可怕的是，由于责任分散的心态，所有人看见问题都不管，久而久之就把问题当常态，最终什么问题都看不见了，熟视无睹就是这么来的。工作中有很多细小的环节不合理或者有待改进，大家一旦习以为常了，就没有人提出来要研究改进一下。在群体中很容易出现责任分散的群体心理，这与个人心理是不同的。我们不能责备群体中的某些个人，不能由此得出这个单位、这个社区的人责任心差、素质低的结论。建立在这样一个错误归因的基础上，一个单位或者社区就没法管理了，会发现严格提要求和严厉批评人都不奏效。不可能要求每一个人都是清醒又高尚的圣人，作为一个普通人，出现类似的群体心理是非常正常的。想解决问题，就要懂得这些心理学常识，选择正确的逻辑起点。

还有一种认知偏差，叫刻板印象，在我们日常工作和生活中也是非常普遍的。当一个群体具有某些典型特征时，属于这个群体的个人，同样拥有这个特征的倾向。例如，戴眼镜的人给人一种有学问的刻板印象。还有，我们会刻板地认为，老法官经验丰富但理论不足，年轻法官理论较好但经验不足。我们在研究法院的司法宣传、司法权威等问题时，就要注意到这些刻板印象的认知偏差问题。如果是个体的认知偏差，相对容易解决；如果是群体的认知偏差甚至是全社会的认知偏差，就是一个非常麻烦的问题了。在研究司法改革与法院管理问题时，一方面，要注意到我们自身是否存在刻板印象，避免锚定效应、以貌取人；另一方面，看看我们所研究的问题中是否存在刻板印象问题，采取有效措施，打破刻板印象。一定要采取社会公众喜闻乐见的语言和形式，才能起到入脑入心的效果。例如谈到马克思和恩格斯，可能会有一种大胡子和不食人间烟火的刻板印象。而 Bilibili 中的动画版《领风者》，就描绘了二次元形象的多彩的马克思和恩格斯，让人感受到的是英俊帅气、有血有肉的马克思和恩格斯。通过这种形象化的方式，让很多“90 后”“00 后”的年轻人也能够理解马克思，理解马克思的思想，理解中学课本的政治理论都是怎么产生的；进而通过对马克思的形象认同、情感认同来促进对马克思的理论认同，每一条政治理论、哲学理论不再是刻板的教条，而是活的思想。

社会心理学方法：法律世界的乌合之众

运用心理学方法观察法律问题，必须注意个体心理规律与群体的心理规律之间的巨大差异。“物以类聚，人以群分。”群体，就是一大群人凑在一起。如果仅仅是一大群人凑在一起就成为一个群体吗？看看一起乘坐地铁的人们，车站和车厢里拥挤了很多人，但并不能因此成为一个群体。很多研究大众心理学的专家学者都对群体的概念从不同角度进行了定义，但其中的共识是群体中的个体之间要相互影响。

群体的基本特征是相互影响。司法案件一直是社会公众关注度很高的领域，对司法案件的意见交互影响就形成了舆论，涉法舆论一直是舆论场的热点。近十几年来，随着互联网尤其是移动互联网的普及，舆论场由大街小巷、田间地头转向网络空间。研究互联网时代群体心理，对于司法机关及司法工作人员提高媒体素养和与群众打交道的能力、维护司法公共关系，具有十分重要的意义。与传统媒体不同，互联网新媒体的最根本特征是“数字化”和“互动性”。新媒体提供的网络空间不仅为广大网民提供了进行意见互动的场域，而且网民之间能够突破时间和空间的限制，实现广泛、即时的互动。在一个议题之下，网民之间意见交互形成一个典型的群体。由于互联网技术，网民形成的群体不再受到地域的限制。互联网时代能够相互影响的人不再是局限于一个地区、一个团体等，而是整个社会甚至是全球。由于这个群体规模无限大，群体中的每个个体对群体的作用表现为“无力者的力量”①，群体内混沌特征更加明显。无数“无力者的力量”交互影响、叠加聚合，最后形成的舆论能量巨大。

研究参与网络舆论这样庞大群体的心理特征，勒庞的经典名著《乌合之众》很有启发。在勒庞的笔下，群体就是“乌合之众”，是一群人凑在一起构成了一个“心理群体”。勒庞这本惊世之作出版于1895年，一百多年后的互联网时代，我们发现勒庞笔下“乌合之众”的特点不仅没有消失，反而更加夸张。勒庞洞悉了群体中最朴素、最深刻的人性，抹去时光流逝，打破国界民族，消除性别、职业、学历、地域、种族、民族、文化等差异，留下人类无差别的非理性人格。理性因上述诸种因素的差异而差异，理性的能量因此很难聚焦起来；而非理性人格中有人类共同的情感、情绪，不受上述差异因素的影响，就成为群体心理的基础。勒庞认为，一个单独的个体与一个处于群体中的个体之间最大的区别是“有意识人格的消失，无意识人格的得势，思想和感情因暗示和相互传染作用而转向一个共同的方向，以及立刻把暗示的观念转化为行动的倾向，是组成群体的个人所表现出来的主要特点。他不再是他自己，他变成了一个不再受自己意志支配的玩偶”。② 这段文字是勒庞

---

① ［美］约翰·布里格斯、［英］F·戴维·皮特：《混沌七鉴》，陈忠、金纬译，上海科学教育出版社2001年版，第34页。

② ［法］古斯塔夫·勒庞：《乌合之众：大众心理研究》，冯克利译，中央编译出版社2004年版，第18页。

对群体的特征最经典的表述。当某一个体具备勒庞所描述的上述特征时，一个心理群体就产生了。按照勒庞的观点，群体中的个人主要有三个特点：第一个特点是“有意识”的人格消失了，而“无意识”得以起势并控制群体；第二个特点是在暗示和传染的作用下，思想向同一个方向汇聚转变；第三个特点是暗示的观念即刻就能够转化成行动的倾向。分析其中原因，有三个关键词：一是“本能”，激发一个人的本能的重要因素是数量，而群体具有这样的特征；二是“传染”，群体情绪的相互传染，对群体行为选择的倾向起决定性作用；三是“暗示”，个人进入群体后，理性丧失，暗示成为相互传染的后果。

在网络空间中，一个论坛社区、一个微信公众号汇聚成千上万的网民，也未必成为一个网络群体。而如果某一社会事件或司法案件吸引了广大网民的关注和互动讨论，如果“他们的思想和感情可能因暗示和相互传染而转向一个相同的方向”，那么就产生了一种网络心理群体，群体中的个体具备了群体的特征，获得了一种不同于每个孤立个体的群体心理。在网络环境下，一方面，网民数以亿计，群体数量、规模大大扩张，网民互动的范围、热度要远远超出传统舆论环境，体现出强大的群体张力。另一方面，网民的匿名性以及相互之间的陌生化，使得他们之间不再具有现实社会中的组织联系，充分放下现实社会中的各种约束。随着群体互动张力的扩大和现实社会约束的减弱，靳庞笔下所描述的群体的特征更加突显出来。“本能+传染+暗示”，三个原因的作用力叠加后将产生极致的效果。

互联网时代的社会心理学，靳庞描绘的无意识、交互暗示传染、易冲动易变、夸张短暂情绪等群体特征，对我们研究网络群体仍是很好的借鉴。我们要对上述群体特征保持警惕，尤其防范这些特征被敌对势力利用。

首先，网民群体无意识的网络认知状态。群体的第一个突出特征，就是“有意识”的人格销声匿迹、“无意识”滋生蔓延，这也是作为群体形态的网民的基本心理特征。网民之间智力有高低、年龄有大小、职业有分别、地域有差异……但是，网民作为人类的本能和情感却可能是非常相似的。这些属于人类共同的本能和情感与智力水平、年龄大小、职业类别、地域分布等毫不相关，而是受到一些“无意识因素”的支配。这些存在于“潜意识”层面的各种因素就成为一个群体的共同属性。在我们所见到的网络舆情中，真正起作用的要素，是人内心中最朴素的道德情感。当内心中的道德感情成为评判事件或案件是非曲直的标尺时，网民作为个体的才智、知识等个性化因素就被削弱了。属于本能的情绪在网络中随意发泄，因为这些情绪是人的共同属性，因此可以协同并凝聚成网络舆论的洪流。网络舆论中蕴藏着势不可挡的混沌力量，网民个体的特性被群体淹没。

其次，网民群体交互暗示、交互传染。在网络环境下，网民群体数量增加，规模扩大，制约减少，话语增强，非理性层面的“本能”得到充分释放。由于无意识的思想和感情是人所共通的“本能”，打破年龄、性别、学历、职业等藩篱，所以舆论中的朴素观念、情绪情感具有强大的“传染”“暗示”力量。在网络空间里，网民之间交互“传染”、交互“暗示”，舆论中蕴藏的“本能”信息在“传染”“暗示”的作用下呈网状、立体化扩散。“传染”“暗示”的作用在网民中的表现更加显著。

再次，网民群体的易冲动、易传染、易变和易从众倾向。在网络中，一旦心理群体形成，裹挟某种感情的言论就在群体内具有传染性，可以感染到群体内每一个网民。在共同的情绪情感的刺激下，群体内网民会朝着情绪情感的共同方向表达出更为冲动的言行。一旦网络舆情感染到现实生活中促成群体事件或群体纠纷的发生，个体就可能像勒庞描述的一样可能随时准备为群体牺牲个人利益。如果不是由于群体的力量，个体是不可能出现如此倾向。如果这样冲动的倾向走向极端，就会出现“网络暴民化”问题，网络舆论演化为“网络暴力”。网络舆论中冲动的因素容易在从众心理下像滚雪球一样增加，但却不可能长时间处于稳定状态，随时可能发生变化或崩溃。因此，抓住时机引导舆论走向，就可能实现舆情反转。

最后，网民群体朴素、夸张、短暂的情绪表达。在网络舆论中，我们能够看到群体展示出来的感情都是又简单又夸张的，不论是点赞还是批判都是如此形式。通过暗示和传染的心理过程，事件、案件关联出的属于本能的情绪情感就会汇聚成属于整个网民群体的情绪情感。协同和汇聚后的情绪情感必然聚集了大量的能量，其表达方式远远夸张于个体的表达。我们能直观地感受到，如果不是参与到一个网络舆情中，也许在平时的聊天中都不会这样说话。在这个过程中，只有 Yes 或 No、好人或坏人这样最简单的东西才最容易传播，复杂的判断推理不是可能快速传播的，这样就造成网民群体表达的简单化。简单化的情绪情感因为没有理论和理性的支撑，在汇聚以后释放的过程就像是爆竹一样，非常容易“过气”，一阵网络舆论洪流后，过几天就可能没人有再愿意谈这个课题了。

互联网空间的群体观念呈现哪些特征？借鉴靳庞的描述，可以概括为：理性弱化，群体极化，形象思维。第一，理性弱化。在勒庞笔下，“群体无疑总是无意识的，但也许就在这种无意识中间，隐藏着它力量强大的秘密”。[①]“群体没有推理能力，因此它也无法表现出任何批判精神，也就是说，它不能辨别真伪或对任何事物形成正确的判断。”[②]可以说，作为人类的理性在群体中被弱化了。群体只能接受属于人类共有的、最原始的观念和情感，“理性不过是较为晚近的人类才具有的属性，而且尚未完美到能够向我们揭示无意识的规律”[③]。可以说，理性是一种高级的思维，也只能是个性化的思维，至少在人类心智发展进化的现阶段，难以形成一个群体共性特征。也许人类心智进化到一定程度以后，这个群体特征就不复存在。第二，群体极化、绝对化。极端与情绪化反应是群体的弱点。情绪对群体内的成员具有感染作用。当一种情绪在群体内的个体之间相互感染，就会对每个个人的情绪起到放大作用，从而增加整个群体的情绪能量，使群体带有情绪化的意见表达走向极端和偏激。靳庞认为，“群体因为夸大自己的感情，因此它只会被极端感情打动。”[④]“群体只知道简单而极端的感情”，[⑤]群体的观念以及观念中带有情感具

① 参见［法］勒庞：《乌合之众：大众心理研究》，冯克利译，中央编译出版社 2004 年版，第 4 页。

② 参见［法］勒庞：《乌合之众：大众心理研究》，冯克利译，中央编译出版社 2004 年版，第 48 页。

③ 参见［法］勒庞：《乌合之众：大众心理研究》，冯克利译，中央编译出版社 2004 年版，第 4 页。

④ 参见［法］勒庞：《乌合之众：大众心理研究》，冯克利译，中央编译出版社 2004 年版，第 34 页。

⑤ 参见［法］勒庞：《乌合之众：大众心理研究》，冯克利译，中央编译出版社 2004 年版，第 36 页。

有走向极端的发展倾向，这就会形成“群体极化”的现象。在“群体极化”作用下，群体观念会因走向极端而被绝对化了。思辨不是群体的特征，在群体的交流方式中只有意见的简单交锋和粗暴对抗。在“群体极化”的过程中，群体接受不了异见，更不可能进行辩证思维。第三，形象思维，激活群体的想象力。在网络传播中，“有图有真相”常被提起。这是因为作为群体的网民，喜欢看图，而不是看文字。因为群体不善抽象思维，更倾向于形象思维。但往往有图未必有真相。喜欢形象思维的群体并不关心真正的“真相”，在“标签化”的作用下，网民群众更在乎的是他们心中的“真相”，例如彭宇被网民塑造成“落难英雄”的虚拟形象，虽然与事实不符，即使在彭宇亲自辟谣后仍然没有改变；药家鑫被贴上了几个“X 二代”的公式化标签，就激起网民普遍的愤怒情绪。这是因为这些标签就是勒庞笔下所描述的“利用一些词语或套话巧妙地把形象思维激活”。[①] 这些标签就是刺激群体形象化思考的词语和套话。当今网络上流行的“标题党”惯用的手法也是如此，通过具有刺激性的标签化关键词来吸引网民的眼球，并用这些词语刺激眼球中浮现出相关故事影像。

此外，还有其他社会心理学著作可以参考，我推荐《西奥迪尼社会心理学》、戴维·迈尔斯的《社会心理学》和阿伦森的《社会心理学》这三本书。

传播学方法：司法公共关系之舆情素养

新的时代赋予了法官、检察官新的历史担当。中国司法近几年来的社会环境，冷静研判，社会公众追求公平正义的司法价值没有变化，公正司法、司法为民的主线没有动摇。诚然，司法人员已深切地感受到，公民的交往方式、信息传播的方式发生着深刻变化且不可预知。早在 15 年前，各种论坛才刚刚兴起；约 10 年前，微博仅仅是各种娱乐的阵地；近 5 年前，微信还是一种时尚，人们感到幼稚而陌生。随着社会的发展，智能手机进入了寻常百姓

① 参见［法］勒庞：《乌合之众：大众心理研究》，冯克利译，中央编译出版社 2004 年版，第 82 页。

的手中，手机网民“低头族”占据了统治地位，微信、知乎、抖音、Bilibili等各种新媒体已经成为民众认知与交往的日常媒介，网络空间已经成为人们日常生活的另一块领地。司法不可能是神秘的围城，法院不可能是封闭的堡垒。在信息网络快速发展的时代，尤其是近年来，越来越多的裁判文书、法院的司法案件在网络上被广大公众热议，在不经意中，司法已经成为网络舆论的热点和焦点。我们也清楚，在网络的空间里，既有失实的案情披露，也有偏执的舆论审判，更有疯狂的情绪宣泄……司法正面临着网络时代的冲击，在这样的大环境下，如何守得住公平正义？若仍然是仅仅问案于公堂之上、仅仅辛劳于案牍之间，即使是“白加黑”“五加二”，也可能会将司法权威、公平正义湮没于网络时代的洪流。有的司法人员说，应对社会舆情网事，是新闻部门的活，不是我们法官和检察官应该做的事。可是，大家是否想过，所有司法案件，冲锋在审判第一线的是谁呢？每个司法案件都不可避免或多或少地隐藏着各种各样的敏感因素。在执法办案过程中，一线法官、检察官的每一个不妥当的行为、每一次不小心的疏忽，都有可能即刻点燃舆情的火药桶。新闻部门能做的仅仅是舆情的消防队，强化媒体意识，也只能依靠法官、检察官自己。在新的时代发扬“马锡五”精神，应当坚持历史唯物主义观点，注意到社情民意已经从田间地头转移至网络空间。如何做好网络时代的审判工作，是司法改革后每一名法官、检察官需要认真思考的问题，也是在新时代理应标配的新担当。

什么是舆论？美国著名新闻评论家和学者李普曼认为，“舆论基本上就是对一些事实从道义上加以解释和经过整理的一种看法”。[①] 陈力丹教授（中国人民大学新闻学院）的观点是，“从本源上说，舆论是公众关于现实社会以及社会中的各种现象、问题所表达的信念、态度、意见和情绪表现的总和”。[②] 相对共识认为，舆论是公众的意见，主要的观点分歧在于如何解析舆论要素。比较经典的理论是陈力丹教授提出的舆论的八个要素[③]。

① ［美］李普曼：《舆论学》，华夏出版社1989年版，第78页。
② 陈力丹：《舆论学——舆论导向研究》，中国广播电视出版社1999年版，第11页。
③ 参见陈力丹：《舆论学——舆论导向研究》，中国广播电视出版社1999年版，第10~24页。

舆论的主体	社会公众
舆论的客体	现实社会（各种社会现象和社会问题）
舆论自身	意见、态度、信念及情绪、情感的总和
舆论的数量	舆论的一致性程度
舆论的强烈程度	测量舆论存在与否的量度之一
舆论的持续性（存在时间）	舆论的韧性，与舆论客体的情况相关
舆论的功能表现	影响舆论客体
舆论的质量	理智与非理智成分

上述八个要素是舆论的必要要素，是舆论区别于个别人的意见、一般性议论的重要标志。从司法与传媒的视角来看，舆论的质量是舆情引导的重点。此外，舆论还包括一些非必要要素，如空间要素、民族或种族特征、表现方式、文化含量、信息含量等。

以信息网络为主要载体的“新媒体”精确的表达是“数字化、互动式新媒体”。“数字化”是新媒体的技术特征，“互动性”是新媒体的传播特征。新媒体的“新”不是一成不变的，而是一个相对的时间概念，是指今日之“新”、当下之“新”。与传统的媒体和媒介形式相比，除了“数字化”和“互动性”两个根本特征以外，新媒体还表现出来如下新特征：一曰即时性，二曰开放性，三曰个性化，四曰分众性，五曰融合性，六曰信息海量，七曰便捷检索，八曰低成本传播……网络自媒体的新特点包括两方面：一方面是技术性特征，包括：信息源散点化，话语权去中心化；传播方式交互性；传播速度裂变性。另一方面是衍生特征：无组织性，无规范性；门槛低，草根化；鱼龙混杂，真假难辨。

深入理解舆论传播，一定要理解公共领域的概念。公共领域，是著名社会学家哈贝马斯提出的概念，是介于官方权威和私人自治之间的一个领域。在公共领域里，市民可以自由表达与沟通意见，使权威与民意达成共识，形成公共意见。哈贝马斯提出，“理想的传媒提供的开放的公共论坛，尊重弱势社群的发言空间，所呈现多元化的报道，彰显了公共领域的精义及多元社会的理念”。[①] 在社会公众参与社会政治活动、形成公共舆论并企图影响公共决策的过程中，媒体无疑是重要工具。媒体在公共领域中占有重要的地位，是公共领域形成和发展的重要媒介力量。著名社会学家哈贝马斯提出，“本来意义上的公共性是一种民主原则，这倒不是因为有了公共性，每个人一般都能有平等的机会表达其个人倾向、愿望和信念——意见；只有当这些个人意见通过公众批判而变成公众舆论时，公共性才能实现”。[②] 可见，公共领域的本质是什么？可以说是舆论的公共性，或者说是舆论的公众性。在“公共领域”中形成的具有“公共性”的意见形成了对公权力的约束和制衡。按照哈贝马斯的观点，“有些时候，公共领域说到底就是公众舆论领域，它和公共权力机关直接相抗衡”。[③] “公共领域”是独立于国家权力存在的领域，公共领域形成的公共意见具有参与公共决策的积极性，试图通过不同的方式和途径渗透到国家权力决策中，也包括司法决策领域。在一些公众关注的司法案件中，公共领域与司法权紧紧联系在一起，彰显民主与法治的深层逻辑。在这个深层逻辑中，二者形成既有对立、又有统一的矛盾体。民主是一种政治形态，保证公民能够广泛参与到政治事务中去；但是要辩证地认识民主原则，民主是把“双刃剑”，民主并非没有边界的绝对的自由。非理性的民主会严重干扰司法公正，最典型的就是经常被议论的“舆论审判”现象。司法机关不能被动地接受来自舆论暴力的冲击，而应当主动参与到公共领域中去，去影响和引导公共意见的形成。

传统的公共领域的场域以广场、茶馆、街巷为载体，有很大的空间局限。互联网出现以后，出现了一个去权威、去中心、多元化、开放性的公共网络空间。在这个开放的网络空间里，所有的参与者没有高低贵贱之分，都可以自由地、平等地参与讨论。这样的网络空间不仅突破了空间场域的限制，而且打破了传统媒介那样过多和严格的准入门槛，等级观念削

---

① ［德］哈贝马斯：《交往与社会进化》，张博树译，重庆出版社 1993 年版，第 35 页。
② ［德］哈贝马斯：《公共领域的结构转型》，曹卫东等译，学林出版社 1999 年版，第 252 页。
③ ［德］哈贝马斯：《公共领域的结构转型》，曹卫东等译，学林出版社 1999 年版，第 2 页。

弱，话语体系重建。权威与非权威在网络社会中不再遵守现实社会中的秩序，在线互动讨论等允许参与者以平等的角色参与讨论。由此，互联网开辟了一个新型的公共领域。面对网络信息时代新媒体的冲击，传媒和司法二元维度解构，公共领域凸显，二者关系发生深刻变化。公开不是简单地敞开法律之门，而是司法与媒体、司法与公众的互动沟通，实现司法信息的双向交流。在这个司法公开与信息交互的过程中，隐含着一个信息生产中供求的规律。在网络信息时代，信息即时传播、交互共享，新媒体异军突起，为公众需求表达提供了开放的公共领域。这个网络公共空间不属于任何人，也难以受控于任何力量，是一个高度开放的舆论场。在这里，公众对司法信息的知情需求无法被抑制。在这个供求关系中，司法机关是供给侧，媒体与公众是需求侧，公共领域是信息供求交换的“舆论市场”。

交往理性的概念，由哈贝马斯提出。哈贝马斯认为，交往理性是理性的正道，他倡导通过商谈、沟通、协作的沟通求同存异，力求各方通过沟通达成共识。交往理性实现的民主，是一种通过协商性沟通达到的民主状态。当作为政治形态的民主以交往理性作为哲学基础时，在价值判断方式上，实体价值已经不是最为重要的了，而商谈程序的合理性、理由的可接受性才是最重要的。交往理性的核心要义，就是通过程序合理性产生实体的合理性，使各方的理由达成共识。交往理性对司法领域产生重要影响，促进了司法公开和裁判可接受性理念生成和制度改革。协商性司法的核心就是交往理性。司法机关与当事人、代理人、利害相关人以及社会公众，通过对话沟通和理性协商的方式，对法律案件和事件的处理达成一致共识，使裁判结果在参与者的协商中日趋完善。“于欢案”最终裁判结果以皆大欢喜而告终，整个审理和裁判的过程充分体现出“商谈型司法”的理念，司法机关与社会公众形成了良性互动的舆论生态。

“商谈型司法”追求的价值是法律效果与社会效果的统一，不是司法强加于民意，更不是“舆论审判”。一方面，“商谈型司法”要求司法过程和结果不仅要实现公平正义，还要让当事人和人民群众“可感受”并且“可接受”，从而树立法治信仰与司法权威。互联网所建构的公共领域为司法机关与广大公众的良性互动提供了即时、广阔的场域，使得互动无时间和空间的限制。在网络空间，司法机关与普通网民、法学专家等充分对话，消除隔阂。在司法个案中，个体权利代表着广大公众的私权，个案的妥善处理使权利意识更深入民心。“于欢案”的舆情沟通亮点，在于司法机关把社会公众广泛关注的舆情案件变成了一场生动的法治课，把广阔的互联网空间变成了一个无边际的法治大课堂。在这个法治大课堂中，成功的商谈就是一场成功的互动式教学。“商谈型司法”的结果是潜移默化地在公众内心种下法治的信仰，司法权威也悄悄地社会公众心中树立起来。另一方面，“商谈型司法”疏导公众情绪，使社会舆论趋于理性。“舆论带有较强的自发性和盲目性，它的变化、发展在一定程度上是被动的，文化和道德等因素会不断地引起它的波动、不少舆论主要是以不同的社会阶层、不同的发生范围、不同的舆论客体等等划分存在空间的，而不同空间的舆论主体的文化水平和信息接受能力十分悬殊。”[①]“商谈型司法”不仅可以成为树立司法权威和司法公信新思路，同时也能够引导社会公众改变和完善对法律的理性认知，通过一次次互动沟通，不断地弥合道德与法律的价值评价层面的错位，不断消除普通公众对法律常识和司法程序的陌生，不断压缩背离法治理论的非理性、情绪化言论的舆论空间。

管理学方法：成为卓有成效的管理者

以法院管理、司法改革为主题的学术研究，问题的本质往往不在法律领域，几乎都要延伸到管理学领域。法律人提高管理学素养，当学大师、读经典。彼德·德鲁克，被《经济学人》称为“大师中的大师”，曾提出“目标管理”这一管理学史上重要的管理工具。彼得·德鲁克也被誉为“启蒙中国现代管理第一人”，他曾经对中国的管理现状表达了自己的关心，说：“只有中

① 马新福：《法律社会学导论》，吉林大学出版社 1992 年版，第 135 页。

国人才能建设中国，只有中国人才能管理中国”。这句话放在法治领域也同样适用，只有中国的法律人才能建设和管理中国的法治建筑。我刚刚到审判管理部门工作，领导就介绍我读一本书，杜拉克《有效的管理者》[①]。与我曾经看过的德鲁克的伟大经典《卓有成效的管理者》[②] 是同一本书，那是他年轻时读过的旧版本的译法。我学习过这本书，虽略知皮毛，却已见大师思想光辉，在此推荐法律人共读此书，从中启发受益。我看过一篇文章，运用这本书的思想来研究法院干部轮岗和培养问题，获得过大奖。可以说，《卓有成效的管理者》是一本引导普通人走上自我管理道路的管理学基础读物，它用浅显易懂的语言，利用大量的真实案例，讲解了管理学的基本知识，比如员工管理、时间管理、决策等。德鲁克提倡管理者必须“卓有成效”，做出更多的贡献，发挥自己的最大潜能。如果不当领导，也不在管理部门工作，这本书就没用了吗？司法改革后，“让审理者裁判，由裁判者负责”的理念与德鲁克的管理思想不谋而合。认真学习，你会领会到每个人都是一个管理者的理念，每个人都应该卓有成效。

接下来，我结合“有书”APP 的解读，给大家介绍一下邱昭良《卓有成效的管理者》全书的精华。第一个重点是如何管理他人。卓有成效的管理者，首先就要学会管理员工，使员工注重贡献。因此，一个单位要对员工做出相应要求：一是员工要有直接成果；二是员工要树立新的价值观；三是员工配合管理者对人才的培养。另外，卓有成效的管理者要学会管理上司：一是要认识到上司必有成为上司的特征和能力，将关注重点放置在其长处而非短板上；二是管理者要明白，协助上司发挥所长，管理者不能唯命是从，而是应该从正确的事着手，以上司能够接受的方式提出建议。第二个重点是如何进行自我管理。首先，为了管理自己的时间，管理者需要学会记录时间、管理时间和统一安排时间。其次，管理者要学会发挥自己的长处，做出贡献。有效的管理注重贡献，注重对成果负责。我们在生活中要明白这个道理：如果自己擅长某件事，那么依靠自己的特长，就能做出更多的贡献。第三个重点

---

① ［美］杜拉克：《有效的管理者》，中华企业管理发展中心 1978 年版。

② ［美］彼德·德鲁克：《卓有成效的管理者》，机械工业出版社 2009 年版。

是我们如何才能有效决策。首先，想成为一名卓有成效的管理者，我们需要掌握决策的五个要素：一是要确实了解问题的性质；二是要确实找出解决问题时必须满足的界限；三是仔细思考解决问题的真正方案是什么，以及这些方案必须满足哪些条件，然后再考虑必要的妥协、适应及让步事项，从而使决策能被广泛接受；四是决策方案要同时兼顾执行措施，让决策变成可以被贯彻的行动；五是在执行过程中重视反馈，以印证决策的正确性和有效性。其次，卓有成效的管理者要学会巧用反面意见，这是因为：一是唯有反面意见，才能保护决策者不致沦为组织的俘虏；二是反面意见本身正是决策所需要的“B 方案”；三是反面意见可以启发批判性思考，激发想象和创新。决策对管理者来说非常重要，作为普通人，我们也会面临很多决策，如果能学会利用决策的五个要素、巧用反面意见，就能让自己更有可能做出好决定，收获好效果。

谈到管理学的决策，需要关注决策中的有限理性问题。有限理性，是诺贝尔经济学奖获奖者赫伯特·西蒙提出的概念。[①] 我们有两种理性，一种是完全理性，另一种是有限理性。完全理性，就是你能够获得充分、完备的信息，可以找出所有的备选方案并排除各种不确定因素。在这种情况下做决策，自然决策的效果可以达到完美的境界。但实际情况下存在吗？我们发现，这是不可能的。我们都希望能够在完全理性下做决策，但是大多数情况下，人的理性是有限的，我们只能在有限理性的条件下做决策。因此，决策风险和结果不确定性都不可避免。结合之前对因果律的讨论，可以很好地解决有限理性的根源。深藏在现象背后的规律性联系很难被观察和把握，我能够获得的信息是不完整、不充分、不对称的，情况的复杂性远远超出我们的预判。我们掌握的知识技能是不完备的，不同程度地在做盲人摸象式的认知和决策。加之人的主观性对决策有很大影响，知觉和认知的偏差不可能避免。在这种情况下，我们做决策想追求绝对完美，显然是不可能的。我们追求的决策效果只能是次优的效果，是有限理性制约下相对满意的效果。我们讲“帕累托

① 参见［美］赫伯特·西蒙：《管理行为——管理组织决策过程的研究》，杨砾、韩春立、徐立译，北京经济学院出版社 1988 年版，第 78~82 页。

最优”，也是在有限理性下做选择的最优效果。在研究法院管理和司法改革相关命题时，不要追求完美。追求完美很痛苦，容易举棋不定、错过时机，而且最终一定事与愿违。同时，我们也不要苛求决策者，有人受委屈、吐吐槽是正常现象。我们不是追求最优，而是追求自由。让大家的意见自由表达、信息自由反馈，通过不断调整利益格局实现“潜在的帕累托改进”，达到令人相对满意的效果。

管理者还需要具备平衡思维。例如在审判质量与效率两个因素中，如果过分追求效率就有可能导致案件质量下滑；反过来，在质量上追求每一个案件都精细审理，带来的问题是成本极大增加，案件审理时间会无限拉长，迟到的正义是我们需要的吗？如果粗放式地提高标准、严格要求，以牺牲法官身心健康为代价，换来的案件质量与效率具有可持续性吗？作为一个管理者、决策者，就需要在案件的质量、效率和成本三个要素之间做一个平衡选择，才能使三者效果最大化。在管理学中，质量、时间和成本三个要素是相互制约的。法官人数有限，人力资源成本有限；法官精力有限，注意力资源也是有限的。在此情况下，如果案件数量超过法官工作饱和度，想追求案件质量与效率均达到极致，是不可能做得到的。我们又不可能无限制地增加法官员额，那怎么办呢？就要改变质量、效率这两个要素与人力资源成本之间的配置格局，将法官的注意力资源根据质量和效率两个维度的特点进行合理分配，实现最佳的平衡效果。研究审判管理，要平衡管理中的诸多影响条件和约束条件，实现令人满意的审判管理效果。例如，繁简分流改革为什么要讲快慢分道，还要讲轻重分离？其中体现出怎样的管理学规律呢？快慢分道，主要考虑的是时间要素，追求案件复杂程度与法官人力资源成本的最佳配置；轻重分离，主要考虑的是质量要素，追求案件疑难程度与法官人力资源成本的最佳配置。如此，质量、效率两要素与精力成本达到了最佳的平衡点。少数法官快审大量简易、简单案件，多数法官精审少量复杂、疑难案件，实现“二八定律”效果。

我还有必要进一步解释可能对平衡思维产生的误解，即会不会有人担心平衡是对质量、效率某一方面的牺牲？如果以牺牲某一方面价值追求为代价来换取另一方面价值追求，那就不是平衡了。例如案件繁简分流后，快审和速裁并非以降低质量为代价换取效率。简化程序只是把程式性的环节省略了，把重复性的环节合并了，并未克减当事人的基本程序权利；简式文书，是删繁就简，让重点更突出，不影响争议解决，也不影响说理到位。程序和文书的简化，减少的是无用功和低效率的人力投入，不是减权利、降质量。质量与效率，非此即彼，得此失彼，是形而上学。平衡的艺术，是创造性运用唯物辩证法解决矛盾的艺术，实现人力资源成本的最佳配置，使得质量和效率两方面因素最大化。

绩效管理，也是法院日常管理中的重点问题。绩效管理规律和审判权运行规律是法院绩效考核必须遵循的基本要求，但是二者分属不同领域，容易搞成两张皮。如何实现绩效管理规律和审判权运行规律深度融合创新，形成审判管理的特殊规律，具有相当难度。从绩效考核向绩效管理升级具有创新难度。我们还面临一些难点问题：第一，在人员分类管理改革的背景下，将绩效管理应用到司法人力管理中，有助于提高法官业绩评价的科学化水平，并提升法院的科学管理水平。但是，将绩效管理运用到法院审判管理尚无现成的理论成果与实践参考。第二，法官绩效指标设定方法既是重点又是难点。在指标体系选择方面，分值累计法与比例折算法各有优劣，如何选择需要深入研究。评价方式配置方面，包括客观评价、主观评价、客观基础上的主观筛查（如对发回改判案件负向评价等）的选择适用。还有指标项目选择、指标衡量标准、指标权重设计等方法论问题。第三，改革后的审判团队考核与法官个人考核的关系。绩效考核如何从单打独斗式的个人考核转向促进法官之间协同是需要研究的新问题。促进协同对团队考核和个人考核产生影响，一种思路是团队考核占个人考核一定比重，另一种思路是在考核结果运用上。第四，落实司法责任制中的绩效管理主体责任。传统的绩效考核并未关注绩效管理主体责任问题。在司法责任制中，院庭长的监督管理责任和法官的自我管理责任，都是绩效管理的重要方面。在制度设计中，明确考评委员会、绩效管理部门、庭长、法官几类主体的责任，是新问题，也是必须研究的问题。第五，绩效管理信息化问题。对接智慧法院建设，未来的法官绩效管理的精细化、过程化、辅助化都超出人力可为，必须依托大数据分析、信息化处理、智能化辅助来实现。

用管理学的理念来考核法院中组织和个人的绩效问题，首先要进行理念升级，从静态、片段式绩效考核升级到动态、系统化绩效管理。传统的绩效考核的模式是按一定的时间节点进行“事后算账”，造成指引性不强、与法院整体战略脱节等弊端。其理念根源是传统的行政化思维，由于历史原因，我国法院对法官的考评一直应用公务员的考核制度。时移则事易，事易则备变。随着司法体制改革的深入，必须破除与新的审判权运行机制不相符的体制性机制性障碍。破旧立新，理念先行。从绩效考核升级到绩效管理，为领导决策、法官自我管理提供即时、动态、全面、科学的目标指引，是司法改革深入推进中审判管理改革的必然方向。可以借鉴系统循环理论，将 PDCA 原则应用于绩效管理；还可以尝试将企业、政府管理中广泛应用的人力资源管理理论转化到司法改革的语境中，将绩效管理应用到司法人力管理中，有助于提高法官业绩评价的科学化水平，并提升法院的科学管理水平。

在思路设计中，还应当注意三个问题：一是教练引导，由传统的行政化考核转向“教练式”引导转型。构建科学合理的绩效考评机制，可以有效提升法官素质，也有利于推进法官职业化进程。未来的考核不再是行政管理式的事后评判，而应当转向“绩效教练”式的过程引导。可以尝试构建一套与司法体制改革深入推进相适应全新的绩效管理制度，通过去行政化实现法官自我管理的卓有成效。绩效计划目标、绩效过程管理、绩效考核实施、绩效考核反馈、考核结果应用建立全新的法官绩效管理模型。二是责任落地，明确与司法责任制相配套的绩效管理主体责任。传统的法院绩效考核关注指标考核，在行政管理的思维下，形成逐级科层式考核模式。在司法责任制落实后，原先的行政化、科层制考核结构已经无法适应司法改革的新要求。应当深入分析、体系化解析改革精神，认识到考评委员会、绩效管理部门、院庭长、法官都承担相应的审判管理责任。在司法责任制中，院庭长的监督管理责任和法官的自我管理责任，都是绩效管理的重要方面。尤其对于法官而言，在司法责任制背景下，法官承担团队管理和案件管理责任，不能把自己视为被动的被管理者和被考核者，而应当转变理念，把自己塑造成为卓有成效的自我管理者。司法责任制除了审判权运行的责任，还包括了个人绩效管理的责任。在制度设计中，明确考评委员会、绩效管理部门、庭长、法官几类主体的责任，是需要研究的新问题。三是定量评估，依托大数据、信息化的绩效管理探索。凭经验性的情况和方法进行绩效管理和人力资源配置，缺乏科学依据。依托信息化方法，借助大数据分析，让法院绩效考核和管理决策建立在精确数据和科学方法之上，成为解决问题的重要出路。绩效管理的基础在于科学核定各类人员的工作量，故应当建立一套以信息化为基础的司法工作量核定系统，利用大数据科学测定全院、各庭室、各审判团队以及各类具体人员的工作量。一些传统考核方法存在两大症结，其一是过分重视指标的完成度，在“量、质、效”三个维度上欠缺对法官工作“量”的合理评价；其二是单一的案件数累加法不能客观反映各类案件的实际工作量，考评者无横向对比各业务类型法官工作量的依据。对此，利用信息化和大数据的司法核定系统对法官工作量考核符合可衡量性的标准，绩效指标的数据是数量化的、可取值的。实现区域内法院系统内部数据对接，海量数据由系统自动采集，借助电子卷宗深度应用逐步减少人工填报信息，建立起覆盖全流程、贯通多案由的“办案要点”构成的精细化审判信息库，由系统自动生成工作量的评估结果，保证了数据的真实客观。我们还可以大胆应用区块链技术，保证处于分散状态的人、案信息能够及时交互、留痕、汇总又不被轻易篡改。

关于绩效管理，我推荐把胡劲松《绩效管理从入门到精通》[①] 作为入门读物，还可以参考徐斌教授的《绩效管理》《绩效教练——教练式绩效管理的六

---

① 参见胡劲松：《绩效管理从入门到精通》，清华大学出版社 2015 年版。

大工具》《NLP 原理与教练式领导力》[①] 等资料。关于国外学者，可以参考管理学家阿吉斯的作品《绩效管理》等[②]。还有几本专门探讨法院管理的书，例如：张述元主编的《司法改革形式下的审判管理基本理论研究》[③]，高权的《审判管理学原理》[④]，孙海龙的《深化审判管理》[⑤]，傅郁林与荷兰学者凡瑞主编的《中欧民事审判管理比较研究》[⑥]，邹碧华的《法院的可视化管理》[⑦]，沈志先主编的《法院管理》[⑧]。

最后，我建议了解一些组织行为学的常识和基本原理。为什么要学组织行为学？道理很简单，法治的愿景要通过法院的工作目标来落实，而目的的实现不单是领导管出来的，最终是所有法院这个组织中的成员干出来的。组织行为学给我们科学的视角和工具，研究组织当中人员的行为，探讨行为背后的规律和原因，从而从管理者视角去控制和引导组织中人员的行为，帮助我们达到组织的目标。组织行为学教会我们，作为一个管理者，怎样去更好地承担管理者的角色。管理者，是一个能够让他人更好地去工作的人，想办法让他人能干，而且愿意干，还得有条件干。要承担一些角色、履行一些职能，才能更好去满足作为管理者的要求。组织行为学教我们正确地分析组织中成员行为背后的原因，教我们从三个层面来认识：一是个体层面，个体因素会影响到组织成员的行为；二是群体层面，也就是成员所在的单位、部门或者团队的一些特点会影响到成员的行为；三是组织层面，我们所在的这个组织的一些特点会影响到组织成员的行为。学习组织行为学，首推著名管理

① 参见徐斌：《绩效管理》，中国人民大学出版社 2017 年版；徐斌、张帆、胡晖：《绩效教练——教练式绩效管理的六大工具》，人民邮电出版社 2014 年版；徐斌、西楠、胡晖：《NLP 原理与教练式领导力》，人民邮电出版社 2015 年版。

② ［美］赫尔曼·阿吉斯：《绩效管理（第 3 版）》，刘昕、柴茂昌、孙瑶译，中国人民大学出版社 2018 年版。

③ 张述元主编：《司法改革形式下的审判管理基本理论研究》，人民法院出版 2018 年版。

④ 高权：《审判管理学原理》，人民法院出版社 2014 年版。

⑤ 孙海龙：《深化审判管理》，人民法院出版社 2013 年版。

⑥ 傅郁林、［荷］凡瑞主编：《中欧民事审判管理比较研究》，法律出版社 2015 年版。

⑦ 邹碧华：《法院的可视化管理》，法律出版社 2017 年版。

⑧ 沈志先主编：《法院管理》，法律出版社 2013 年版。

学大师罗宾斯的《组织行为学》[1]，被公认为组织行为学教材的权威标准。该书详细讲述组织中的多元化、态度与工作满意度、情绪与心境、人格与价值观、知觉与个体决策、动机、群体行为、工作团队、沟通、领导、权力与政治、冲突与谈判、组织结构、组织文化、人力资源政策与实践、组织变革与压力管理等问题，对我们研究审判团队运转、绩效管理与激励、院庭长监督管理、内容机构改革、大庭室与大部门管理等问题，都有很好的理论启发。

未来已来？人工智能，大数据，区块链……

霍姆斯在《法律的道路》中大胆预测"对于法律的理性研究而言，现在的主流还是文本研究者，但是未来的主宰将是大数据统计学者和经济学专家"。[2] 霍姆斯预测的法律的未来已经到来。法律人的"经济脑"已经讨论过了，在此简单谈谈统计学问题。法律人没有必要深入研究烧脑的统计学，但了解统计学基本原理和方法还是十分必要的，推荐将《简单统计学》作为入门书，这部书能够带给你全新的思维体验和知识升级。我下面结合"有书"APP的解读介绍一下该书主要内容。我们所生活的环境和数据已经十分复杂，简单解释和归纳的传统认知模式不能适应现代的生活。现实和认知的差异，导致我们很容易被模式化的事物和解释模式的理论忽悠却未察觉。到底是什么在欺骗我们？数据本身可能欺骗我们。审判管理中能否迷信指标呢？指标与现实、指标目的之间是否存在认识的偏差？例如之前讨论过被改判发回重审率更高就说明质量更差吗？如果不统计有多大比例案件上诉，就可能被指标数据欺骗。除了数据本身，人们对数据的处理，同样也可能产生大问题。例如评选优秀裁判文书，每篇文书请几名评委打分，我们

---

① 参见［美］斯蒂芬·罗宾斯、蒂莫西·贾奇：《组织行为学》（第16版），孙健敏、王震、李原译，中国人民大学出版社2016年版；［美］斯蒂芬·罗宾斯、蒂莫西·贾奇：《组织行为学精要》（原书第13版），郑晓明译，机械工业出版社2016年版。

② 参见［美］奥利弗·温德尔·霍姆斯：《法律的道路》，李俊晔译，中国法制出版社2018年版，第51页。

采取体育比赛中去掉最高分和最低分的方式来避免结果偏差，还是取平均分来综合考虑呢？分数还隐藏一个问题，有的评委给的分数很接近，最高分和最低分差不了几分；有的评委则分数区分度很大，最高分和最低分的跨度有几十分。那么，区分度越大对平均分影响越大，该评委的主观想法基本上左右了最终的结果。如果这个问题很严重，怎么避免呢？那就按分数高低顺序将每个评委的打分换算成排名吧，同一篇裁判文书的排名值加在一起，将所有裁判文书按总分升序排列就得到最终名次。我们需要留心那些貌似有数据支持的假结论，警惕由数据本身产生的迷惑和我们主观上的错误理解。统计学不仅是认识数据和事实的方法，还是一种思维方式。一个不会枪法的人对着一面墙胡乱开枪，然后再在枪眼最多的地方画上靶子。即使是随机数据，也是可能出现聚集现象的，这就是统计学上的“正态分布”。之前给大家介绍过程立武同志对一等奖论文做的大数据分析，标题结构和文章结构都会呈现聚焦分布的现象，为什么不能迷信分布最多的结构而认为这种结构就是最好的？因为这只是统计的结果而已。统计学上的“正态分布”能够帮助我们对很多法律问题进行全新的认识，或许可能洞悉一些法律问题的本质。例如什么是经验法则。一方面，经验法则是客观存在的“因果关系”；另一方面，经验法则是主观认知的“关联关系”，即统计学上高概率。事实间的因果关系属于客观存在范畴，很难真正辨明。我们只能运用经验观察反复出现的类似事实，再通过归纳思维抽象出事实间关联关系。仔细回味，经验性归纳，其实是一个大数据统计分析过程。统计学意义上的经验法则，就是高概率，表现为样本的正态分布。我们运用的归纳思维是“执果索因”逆向思维，即以生活经验所见的大量事例为样本，对同类结果事实关联的原因事实进行分布统计；从中提取标准原因事实，盖然性原因事实就分布在一定偏差范围内。统计学切比雪夫定理恰当地解释了法学领域中的经验法则。

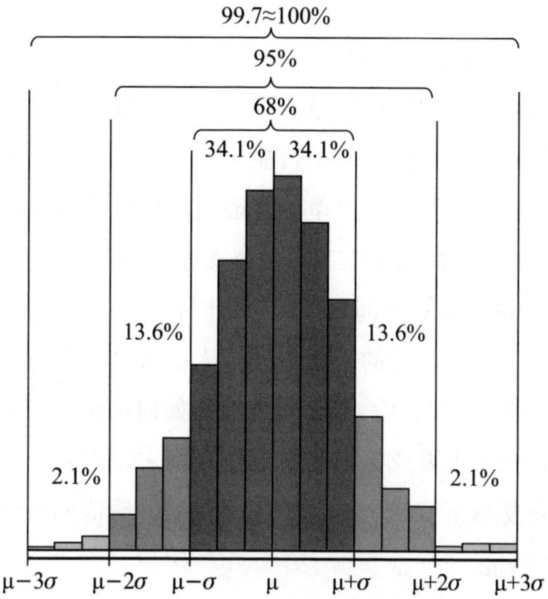

切比雪夫定理

1.约68%的数据，分布在与均值相差一个单位标准差内。
2.约95%的数据，分布在与均值相差两个单位的标准差内。
3.约99.7%的数据，分布在与均值相差三个单位标准差内。

未来是当今的延续，当今又是历史上未来的到来。人类一共经历了三次技术革命，历史上每一次工业革命引发生产力和生产关系的巨大变革，还推动了上层建筑的政治革命和改革。蒸汽技术引领了第一次工业革命，电力技术引领了第二次工业革命，计算机及信息技术引领了第三次工业革命。我们今天提出的工业 4.0 的概念，指正在进行的第四次科技革命。很多人能感受到我们生活的社会，正在被人工智能悄然变革。人工智能时代，还有区块链、量子信息、可控核聚变、虚拟现实、机器人、生物科技等未来技术。这些神乎其神的技术，我们也许无法理解，但它们也在悄悄地渗透到法律的罗马城中，改变甚至颠覆未来的法律世界。法律的未来与生产力和生产关系的变革紧紧联系在一起。“三个代表”重要思想之代表中国先进生产力的发展要求，提示了上层建筑当适应经济基础、适应经济基础中最根本的生产力因素发展方向的深刻道理。法律的道路上，法律人的活动、法律规则的实行、法律制度的运行，无往不在唯物辩证法基本规律的主宰之下。

工业 3.0 时代的信息化与工业 4.0 时代人工智能，引领了智慧法院建设的未来方向。《最高人民法院关于深化人民法院司法体制综合配套改革的意见——人民法院第五个五年改革纲要（2019—2023）》（即“五五改革纲要”）的基本原则与“四五改革纲要”相比，增加了“坚持强化科技驱动”的要求，提出“贯彻实施网络强国战略，全面建设智慧法院。牢牢把握新一轮科技革命历史机遇，充分运用大数据、云计算、人工智能等现代科技手段破解改革难题、提升司法效能，推动人民法院司法改革与智能化、信息化建设两翼发力，为促进审判体系和审判能力现代化提供有力科技支撑”。纲要第十部分对“建设现代化智慧法院应用体系”作具体部署。进入新时代，不懂人工智能的法律人将被时光定格。人工智能解放人的智力，模拟人的大脑来思考，又能突破人的局限。了解人工智能，首先要了解人的大脑是如何记忆、识别、学习和预测的。这并不意味着法律人要成为人工智能工程师，但需要了解这个时代的生产力发展方向，需要与不了解法律的工程师沟通，请他们帮助我们把法律人的需求转化为人工智能。

法律人需要知道人工智能模拟人类大脑的四大思维：[①] 一是准确的沟通、记忆和计算能力；二是计算的通用，是信息时代依赖的核心基础之一；三是冯-诺依曼结构；四是按照大脑核心算法进行创造性的思考。人工智能在司法机关的应用场景很广泛，以类案信息推送为例，机器如何从现有的系统信息、电子卷宗、裁判文书提取关键信息，知道法官需要哪些法律法规、司法案例、学术观点等资料呢？这里用到 NLP 和机器学习技术，我们有必要简要了解一下。NLP（Natural Language Processing），指自然语言处理技术，是人工智能（AI）关于人机交互方式的子领域；与之前探讨过的 NLP（Neuro Linguistic Programming）神经语言程序学不是一回事。想实现精准推送，不仅要识别和理解人的自然语言，还要模拟人的大脑思考过程，提炼出大量要素点构建复杂的神经网络体系。如何让机器越来越聪明，推送资料越来越精准，人机交互越来越顺畅？还需要了解机器学习（Machine Learning，ML）技术。这是一门涉及概率论、统计学、逼近论、凸分析、算法复杂度理论等多领域的交叉学科，是人工智能的核心，是使计算机具有智能的根本途径。机

---

① 参见［美］雷·库兹韦尔：《人工智能的未来》，盛杨燕译，浙江人民出版社 2016 年版。另参见“有书”APP 对本书的解读。

器学习让人工智能系统模拟人类的归纳、综合等思维过程，让系统掌握人类的学习能力，以获取新的知识或技能，重新组织已有知识结构使自身功能不断改善。

习近平总书记在中央政治局第十八次集体学习时强调，“把区块链作为核心技术自主创新重要突破口，加快推动区块链技术和产业创新发展”。[①] 近年来，“区块链”开始火起来，其应用场景已经从金融、商业领域延伸到法律圈，例如北京互联网法院就已经应用了区块链技术。究竟区块链是什么？了解区块链的基本常识，《白话区块链》[②] 是非常好的入门读物，还可以参阅《区块链革命》[③] 这本书。我结合“有书”APP 对这两本书的解读，对区块链简要介绍一下。首先说区块链是什么？区块链就是一种去中心化的分布式账本数据库。互联网是中心化的、侵犯隐私的，而区块链解决了互联网的两个弊端：区块链没有中心，或者说人人都是中心，通过解决信任问题来去中心化。区块链通过“分布式账本”解决信任的问题。分布式账本数据库，意味着记载方式不只是将账本数据存储在每个节点，而且每个节点会同步共享复制整个账本的数据。如果所有数据公开透明，人和人之间就可以存在绝对信任，因为这种信任是机器信任，是没有办法抵赖的。区块链链条上众多节点都有所有数据的备份，使得数据更权威、更安全，即不易篡改、不易丢失。其次，区块链解决隐私问题。区块链就是一个大账本，一种很好的加密技术，可以保护每个人的隐私。每个人的隐私数据加密了，完全归自己掌管，可以根据需要有选择地把隐私透露给他。区块链采用加密技术，可以让信息匿名传播，信息不易泄露，价值传输更有安全保证。另推荐阅读《区块链领导干部读本》[④] 和工信部发布的《中国区块链技术和应用发展白皮书》。

区块链技术的上述特点展示出明显的优势，在智慧法院、智慧司法、智

---

① 习近平：《习近平在中央政治局第十八次集体学习时强调把区块链作为核心技术自主创新重要突破口加快推动区块链技术和产业创新发展》，载《人民日报》2019 年 10 月 26 日，第 1 版。

② 蒋勇、文延、嘉文：《白话区块链》，机械工业出版社 2017 年版。

③ ［加］唐塔普斯科特、亚力克斯·塔普斯科特：《区块链革命》，凯尔、孙铭、周沁园译，中信出版社 2016 年版。

④ 任仲文编：《区块链领导干部读本》，人民日报出版社 2018 年版。

慧法治建设进程中，区块链将在未来比互联网和信息技术释放更大的生产力。首先，区块链技术代表了未来司法公开的生产力发展方向。采用区块链技术后，所有的审判流程上的行为都可以记录在共享账本上，法官及其他工作人员、当事人及其代理人按照自己的权限，该记录的负责记录，该确认的负责确认。各诉讼参与人及社会公众也可以根据自己的权限访问链条上公开或私密数据。去中心化的数据记录、交互方式，公开透明，高效权威。其次，星际文件系统已经应用于互联网审判，颠覆传统的举证质证过程。这种分布式存储结构上传文件的时候，系统会将文件进行哈希计算，得到一个代码，作为这个文件的索引。然后文件将被分割、复制、存储在各区块里。当需要下载时，我们只需要提供文件的哈希值，系统会将数据从离我们最近的节点传输到我们的设备上。如果最近的节点不存在，我们就能从另外的节点索取文件碎片，这样将大大地提高文件存储的性能。各法院之间，法院与政府机关、金融机构、商业交易平台等建立星际文件系统，可以实现信息交互共享，也完全不用担心隐私泄漏、保密安全、权力滥用等问题。最后，区块链技术有防伪溯源的能力，数据不可篡改，带有时间戳，为溯源、防伪等场景提供了有力工具。当事人身份信息及其他社会交往信息认证，司法文书送达和真伪认证，司法机关基础信息保护，被执行人财产信息动态监控，都是未来法院区块链应用场景。如果将区块链技术与物联网技术、虚拟现实技术结合起来，未来法庭的模样将让人赞叹。

我们是否可以大胆猜想，区块链只是一项新技术吗？作为新的生产力，会不会悄悄催生新的生产关系，进而变革人类社会的交往方式、组织形式甚至世界格局？如果将区块链的应用场景放大到大的格局中，是不是共产主义社会的图景？也许，共产主义的萌芽已经悄悄破土而出。

【彩蛋】高效阅读术 + 时间折叠术

高效阅读术：快速提取书中思想精华为你所用

阅读，是研究的基础。阅读速度慢、读完记不住，是很多人的苦恼。我们一页一页读一本书，需要几个月，而且读下来又可能什么都没记住。一目十行，过目不忘，就是很多人的梦想，也是我曾经的梦想。阅读真是越快越好吗？记住的东西越多越好吗？我给大家出两道填空题：一本书你能记住（ ）%？一本书中（ ）% 对你有用？每个人填的数字可能不同，但我相信基本上都是个位数，不会超过 10%。读书的目的，不是把全书背下来，而是提炼出有用精华，或者找到对命题研究有用的理论工具。千万不要逼自己，给自己折磨得挺痛苦，还收不到预期效果。阅读有科学的方法，当以书为友，千万不要当与书作对的“死磕派”。我之前介绍过毛泽东同志的读书方法，当好“联系员”和“评论员”两个角色。“联系员”是带着问题读书，边读书边联系实践中的问题，联系既有知识体系中的其他理论问题。“评论员”就是要把读书的收获及时记录下来，否则过段时间一定会忘。“评论员”的方法还可以拓展为虚拟专家论证会，应用到问题研究和论文写作。

书中自有……如何发掘书中的智慧宝藏，各家有各家的招儿。我建议首先要向毛主席学读书，然后博采各家之长。我之前介绍“葱鲔火锅笔记法”时提到奥野宣之的《如何有效阅读一本书》，这本书有很多实用方法，值得学习。那个擅长PPT的秋叶也写过一本阅读好书《秋叶：如何高效读懂一本书》[①]，介绍了解决读了就忘的十大招术：通读法，培养思考框架；树读法，进行主题阅读；图读法，啃硬书的窍门；框读法，经管书籍这样读；炼读法，畅销书这样读就好；逆读法，传道书可以这样读；抄读法，“大牛书”的读法；仿读法，工具书正确打开姿势；诵读法，文艺书的读法；闲读法，快餐书随意。再推荐一本书，格吕宁的《超级快速阅读》[②]，台湾地区翻译版是格绿宁的《读书别靠意志力：风靡德国的逻辑K书法》[③]。还有拆书帮赵周老师的《这样读书就够了》[④]也非常有启发性。

我重要推荐的是一本风靡全球的好书《如何阅读一本书》[⑤]。我结合“有书”APP的解读介绍该书中的精华。第一个问题阅读的四个层次是什么?作者把阅读分为四个层次，分别是基础阅读、检视阅读、分析阅读和主题阅读，可以根据作者对各个层次的详细描述，判断一下自己的阅读处在哪个层次。一是基础阅读，这个层次的阅读比较简单，是小学阶段就能完成的。要求是摆脱文盲的状态，理解书中的字和词的意思。二是检视阅读，通俗点讲就是略读，大概地浏览书中的观点、情节、建议等。这个层次的阅读分为有系统地略读和粗浅地阅读。有系统地略读需要在一定的时间掌握书中的大意、主旨。而粗浅地阅读则是跳过晦涩难懂的部分，直接阅读自己感兴趣、读得懂的。三是分析阅读，它就比较复杂了，在分析阅读的第一阶段，作为一个读者，你应该按照书的种类和主题进行分类，使用一个单一的句子或几句话来叙述一下整本书的大概意思。第二阶段是找出与作者表述不清的词义，找出论述书主旨的语句，以及哪些是作者已经解决的，哪些是作者未解决的问

① 秋叶：《秋叶：如何高效读懂一本书》，北京联合出版公司2015年版。

② ［德］克里斯蒂安·格吕宁：《超级快速阅读》，郝湉译，中信出版社2015年版。

③ ［德］克里斯迪安·格绿宁：《读书别靠意志力：风靡德国的逻辑K书法》，庄仲黎译，台湾地区究竟出版社股份有限公司2009年版。

④ 赵周：《这样读书就够了》，中信出版社2017年版。

⑤ ［美］莫提默·J.艾德勒、查尔斯·范多伦：《如何阅读一本书》，郝明义、朱衣译，商务印书馆2004年版。

题。作者通常会把他要传达的思想藏在书中，或深或浅，需要读者主动地去探索，因此分析阅读的主动性是很重要的。第三阶段是如何评价一本书的好坏，如何成为一个有素质的读者。如果你觉得一本书与你的生活比较贴切、相符，那么这本书是比较符合你的价值观的，定义该是好的。四是主题阅读，最后这个是最花力气、最主动的阅读。这个层次需要阅读很多书，从中提炼出一个主题。你需要找出涉及相关的主题的章节，带领多个作者与你达成共识、理清问题、界定议题和进行分析讨论。第二个问题，众多书籍所涉及的四个基本问题是什么？一是从整体看，这本书在讲什么？二是作者详细说了什么？怎么说的？三是作者说的有道理吗？是全部有道理还是部分有道理？四是这本书对于“我”有什么意义？在读书的过程中，思考以上四个问题，读懂一本书不过是时间和耐心的问题了。第三个问题，阅读与心智有什么联系？我们的身体是有限制的，心智却没有限制。在力量和技巧方面，身体不能无限制地成长，在30岁左右会达到巅峰。而我们的心智不会因为到了某个年龄就停止成长。阅读能够刺激我们心智的成长，好的阅读，主动的阅读，不仅能对我们的事业和工作有帮助，更能帮助我们的心智保持活力，刺激它的成长。

如果你真的想在不影响理解效果的基础上提升阅读速度，有什么好办法吗？我向大家推荐保罗·席利开创的影像阅读方法。这个方法充分运用了人的大脑和视觉的生理机能，还借助了一点催眠术的技巧帮助你高度集中注意力。从操作层面上讲，学起来很简单，但是需要经过长期训练才能掌握。如何修炼成功，高倍速阅读法能帮你实现自主阅读，达到一秒钟看一页、一分钟看60页书的阅读速度，并且读完之后还能掌握书中内容。下面，我结合“有书”APP对保罗·席利的《高倍速阅读法》[①]的解读介绍影像阅读的五个步骤：准备—预习—影像翻阅—复习—激活。

第一步是准备。准备工作分为两个要素，一是明确目的，二是进入集中学习模式。明确目的后，带着目的去阅读，大脑就变成了一种主动获取信息的状态，阅读效率自然就会提高。如何进入集中学习模式呢？可以采用“一

① ［美］保罗·R.席列：《高倍速阅读法：将阅读效率提升10倍以上的全新学习方法》，中信出版社2017年版。

个橘子”的方法。这个方法来源于20世纪80年代中期治疗阅读障碍的心理学方法，想象出一个放在后脑勺上方的橘子，把自己的注意力固定在一个点上。这样能够有效地帮你集中注意力，进入集中学习的模式。

第二步是预习。通过目录大致了解一下文章结构，看看里面有没有自己感兴趣的部分，大脑可以预选判断，是否符合自己的阅读目的，然后再决定要不要继续阅读。预习这一步虽然只花费一两分钟，但却能帮我们了解内容概况，比翻开书就读的方式要高效很多。

第三步是影像翻阅。影像阅读的核心部分是我们把自己的视野放宽到一次能够看到整个页面，而不是每次只看一行或者是几行。如何才能做到呢？改变自己的用眼方式就可以。利用软眼，把视野拓宽到一整页书的内容，通过大脑的潜意识直接来吸收信息，达到快速摄入信息的效果。如何练出软眼？我们平视前方，将视线集中于远处一点；向前伸直双臂，竖起食指，慢慢向眼睛靠近，到某一点会出现第三根手指；保持眼线不变，我们向前平举一本书，慢慢靠近，停在出现第三根手指的距离上，你会发现书上的文字会有一个先逐渐变得模糊又逐渐清晰的过程，而且两页中间还会出现“悬页”，保持这个状态以一秒一页的速度翻页。软眼是一个宽幅视野，在日常生活中是存在的，例如老司机会和足球球星都能做到虽然眼睛向前看，但余光会收进左右的影像。新司机和普通球员与之差距，就在于没有这样的宽幅视野。

第四步是复习。影像翻阅帮我们利用潜意识大量地吸收信息，但是我们还需要将接触到的信息进行分类和识别。如何复习呢？学会找关键词，找到关键词之后，围绕着关键词，把大脑当中产生的疑问记录、整理出来。这个过程就是在让大脑主观意识归纳整理信息，方便大脑整理跟记忆。

第五步是激活。我们通过前面的第三步和第四步，已经大概了解了自己想要了解的信息。在激活这个步骤当中，要进行一些深度的理解，达到将知识内化的过程。如何激活呢？利用抄读和摘读的方式，从书里找出问题的答案。能把答案找出来，就代表你对书中内容有了相当的了解，从而达到阅读目的。

还可以参阅保罗·席利的《10倍速影像阅读法》[①]。特别推荐，神田昌典先生作为影像阅读的体验者、受益者，把保罗·席利的这本书画成了连环画《图解10倍速影像阅读法》[②]，非常适合我们快速掌握影像阅读的要领。磨刀不误砍柴工，通过一段时间的训练熟悉掌握影像阅读技术，长远来看是很值得的。

时间折叠术：告别拖延，开发宝贵青春财富

价值是凝结在商品中的无差别的人类抽象劳动，同一劳动过程的具体劳动创造了对人有用的使用价值。如果将劳动力看作商品，劳动力的价值也是凝结其中的无差别的抽象劳动，劳动力中的知识、技能等使用价值也是依靠自我学习和实践的具体劳动创造的。人的价值如何体现呢？从使用价值角度看，人的价值体现在对他人、对社会、对民族、对人类的有用性，而不是其拥有的财富、权力和名誉。如何让自己成为一个有价值的人？首先要为自己投资、为自己劳动，让自己凝结更多的无差别的人类劳动，提升自己的价值量。很多人讲工作与生活要平衡，可以延伸理解为劳与逸的平衡。我有一位师兄，朴新教育创始人沙云龙先生讲过：年轻人如果讲工作与生活要平衡，那么永远都是低水平的平衡。我非常欣赏他的这个论断，劳逸结合与劳逸平衡是不同的意思。个人思想境界、能力水平的提升必须依靠时间的投入，把时间和金钱投资给自己永远都是最划算的。个人本身的价值提升了，才能够让自己创造更大的价值。别人在刷朋友圈、刷小视频，而你在读书；别人逛淘宝，而你逛书店；别人在喝酒应酬，而你在思考问题写文章……一天两天看不出来，拿出乌龟跟兔子赛跑的精神日积月累，你的价值将不可估量。

时间的投入与价值的凝结是成正比吗？我之前讨论过成功三大定律，竹子、荷花、蝉的生长过程告诉我们，价值的凝结随时间的投入呈几何式增长。在初始打基础的阶段，个人成长和价值凝结的速度是很慢的，一定要耐得住寂寞、忍得

---

① ［美］保罗·席利：《10倍速影像阅读法》，李毓昭译，哈尔滨出版社2003年版。

② ［日］神田昌典：《图解10倍速影像阅读法》，李毓昭译，台湾地区晨星出版有限公司2014年版。

住煎熬。我来法院工作以后年年写论文，第 6 年才突然开窍获得全国一等奖，我所有的成果都是近两三年内获得的；之前付出很多却看不到任何回报，我也痛苦过、迷茫过，质疑自己，没有自信。以我的经历告诉大家，持续投入时间，一定会有回报。为什么行百里者半九十？别小看最后的十里路，其收获可能远远超越前面的九十里。例如荷花定律，如果第 30 天开满池塘，第几天开满一半呢？ 15 天？不。是第 29 天，第 15 天可能刚刚开满一个不起眼的旮旯。

时间的投入与价值的凝结又不仅仅是简单的二次方正相关，还要想办法提升单位时间凝结价值的效率。如何让时间利用更高效？有一位著名的管理学者叫史蒂芬·柯维，他有一本名著叫《高效能人士的七个习惯》①，后来又推出《高效能人士的第八个习惯：从效能迈向卓越》②。所谓七个习惯，从个人成功到公众成功，从依赖期、独立期到互赖期这三个不同的时期，有七个不同的习惯在起作用。

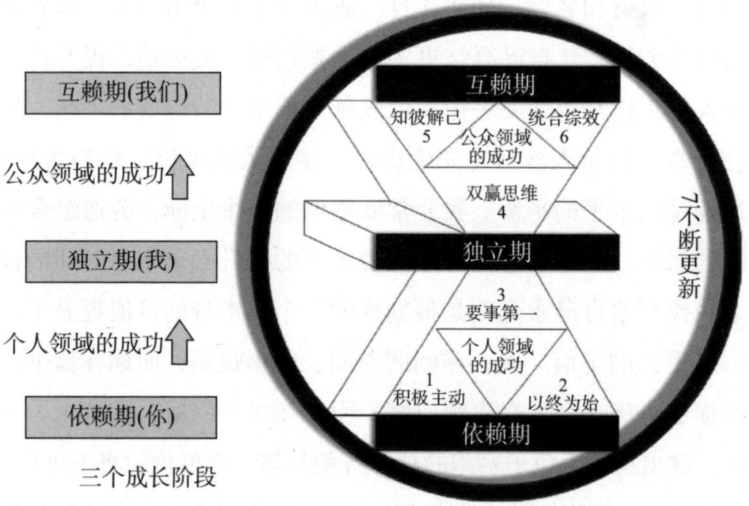

要想获得个人领域的成功就要养成三个习惯：积极主动、以终为始、要事第一。积极主动，做事情积极主动，不是被动接受任务，而是主动地去找

① ［美］史蒂芬·柯维：《高效能人士的七个习惯》，高新勇、王亦兵、葛雪蕾译，中国青年出版社 2018 年版。

② ［美］史蒂芬·柯维：《高效能人士的第八个习惯：从效能迈向卓越》，陈允明、王亦兵、梁有昶译，中国青年出版社 2010 年版。

任务。以终为始，目标明确，坚持把一件事情做完做成。要事第一，时间和精力不是撒毛毛雨，始终围绕着工作和个人成长的主线来分配精力。这三个习惯往往就能够支撑个人的成功，但是每个人都是社会中的人，要想实现公众领域的成功就要养成三个习惯：双赢思维、知彼解己、统合综效。双赢思维，不能只想自利，更要利他。知彼解己，要先去理解别人，别人才能了解你；要把自己的优势发挥出来，还要知人善用。统合综效，就是一加一大于二，还要做好平衡。第七个习惯呢？要想实现自我提升和完善，就要不断更新自己，也就是要学会投资自己，要学会从身体、精神、智力、情感四个层面来投资自己。身体层面的投资就是要好好吃饭、好好睡觉、好好锻炼；精神层面的投资，除了多读书，多陶冶情操，还要培养强大的内心；智力层面的投资，一个很好的方法就是写作，通过写作来使自己的思路清晰、表达流畅；情感层面的投资则是不断向重要的情感账户中储存感情。史蒂芬·柯维先生后来又写了第八个习惯，找到自己的心声并激励他人，找到属于自己的心声无比重要。爱一行干一行，一个人的职业能够走多远，其实最终由内心决定，因为做自己感兴趣的事才会持久。我为什么把选题部分的核心命题提炼为“选题心动术”？为什么强调作者本人心动？这是同样的道理。如何养成柯维先生的第八个习惯？你要学会聆听内心的声音，你内心究竟呼唤什么？还要学会激励他人，激励你的团队，激励你的小伙伴，找到属于他们的心声。如果你是一个管理者或者研究法院管理问题，就要善于发现大家的兴趣点所在，想办法把大家的正能量激发出来，从而抑制可能存在的负能量。在此，我延伸推荐一本好书，魏宏的《带队伍就是带人心》①。

与要事第一的习惯相关，博恩·崔西的《吃掉那只青蛙》②，这本书非常值得一读。首先明确你的“三只大青蛙”，它们又大又丑，是一些非常重要的任务，需要你持续保持专注度才能完成。确定重要目标后，要运用时间管理的帕累托定律“80% 的成就源自 20% 的活动”。如果一天工作 8 小时，效率的

---

① 魏宏：《带队伍就是带人心》，人民邮电出版社 2014 年版。

② ［美］博恩·崔西：《吃掉那只青蛙：博恩·崔西的高效时间管理法则》（原书第 3 版），机械工业出版社 2017 年版。

差异取决于你分配给最重要事情一两个小时。那么，就先吃掉最大、最丑的那只青蛙，就是比其他两项更重要、更困难的那个任务。吃青蛙，需要应用史蒂芬·柯维的“时间矩阵”（Time Matrix），也就是著名的“四象限法则”，按重要与不重要、紧急与不紧急两个维度构建如下矩阵。

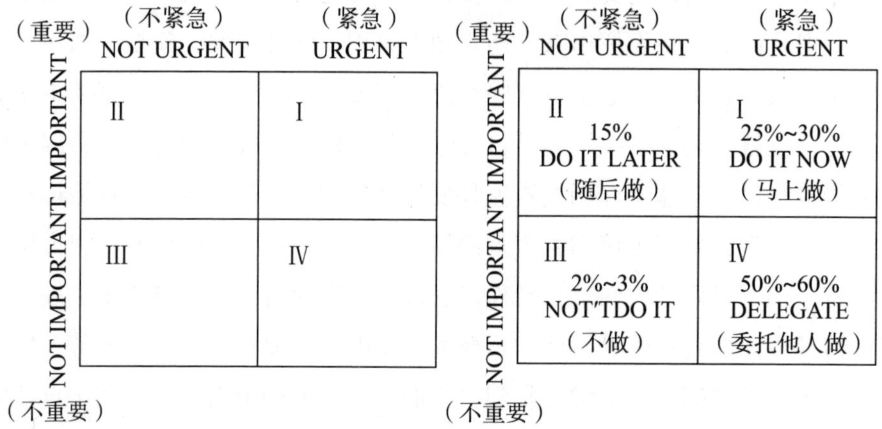

每天保护自己的“青蛙时间”，确保你每周有足够时间专注“又大又丑的青蛙”。你需要从可利用的时间中为青蛙划出一个保护圈，不惜一切代价守护之。你必须对一些浪费时间的妖魔鬼怪说不，不让它们入侵“青蛙时间”保护圈。有一位吃青蛙的高手，他工作很忙，却著作等身，而且每部著作都是重磅现象级的。推荐阅读微信公众号法影斑斓中何帆的一篇文章“我的时间管理六原则”。①

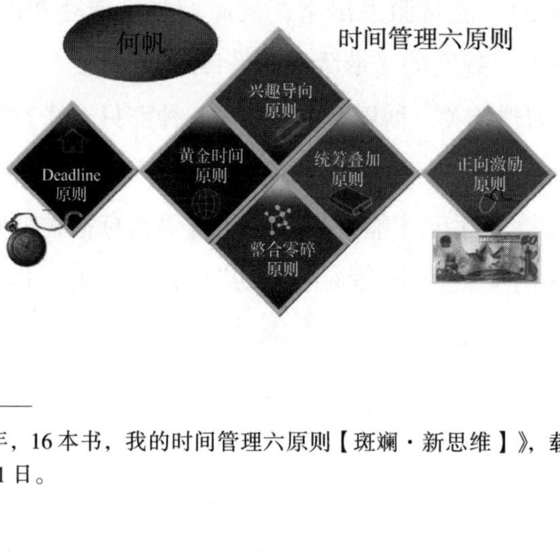

① 何帆：《9年，16本书，我的时间管理六原则【斑斓·新思维】》，载微信公众号“法影斑斓”，2016年12月11日。

在“青蛙时间”内，我们如何保持精力集中，又不至于因长时间专注而疲劳？我们还需要一个番茄。按照人的生理规律，集中精力 25 分钟之后就会产生疲劳，即使你坚持工作，效率也会降低。那么工作每 25 分钟就需要休息几分钟，25 分钟就是一个番茄钟。这就是著名的“番茄工作法”。[①] 我们要坚持 6 条基本原则：（1）一个 25 分钟番茄时间可分割，不存在半个或一个半番茄时间；（2）一个番茄时间内如果做与任务无关的事情，该番茄时间作废，不能继续计时；（3）不要在非工作时间内使用番茄工作法，例如不能用 1 个番茄时间逛淘宝、用 3 个番茄时间刷微信朋友圈；（4）不要拿自己番茄数据与他人番茄数据比较；（5）番茄数量不可能决定任务最终成败；（6）必须有一份适合自己的作息时间表。具体方法有 7 个要点：（1）每天规划当天要完成几项任务，逐项写入列表里或列清单；（2）设定 25 分钟番茄钟，可以买个番茄钟定时器，或者用沙漏；（3）开始完成第一项任务，直到番茄钟响；（4）停止工作，在列表里该项任务后画个标记；（5）休息 3~5 分钟，静养、活动、喝水都行，时间长短视情况而定，但不可过长；（6）开始下一个番茄钟，继续该任务，一直循环下去，直到完成该任务；（7）每 4 个番茄钟后休息 25 分钟。如果在番茄钟内，突然想起另一件事要做怎么办？如果能等一等再做，在列表该项任务后面做个打扰标记，并记在计划外事件的列表中，接着完成这个番茄钟；如果必须马上做，不能等，那就作废这个番茄钟，做完这件事重新开始同一个番茄钟。

修炼强大的意志力是很难的，能克制欲望、不往安乐，是圣人的境界，普通人很难做到。那么，我们在磨砺心性、修炼意志力的同时，还要实事求是，与自己好逸恶劳的天性做个小谈判、小交易。我们的注意力不可能长时间集中在某一点上，这是人的天性。对于这个问题，可以用番茄钟来解决，用倒计时告诉自己再干多少分钟就可以休息一会儿了。另外，人的天性喜欢安逸，不想吃青蛙。特别是在缺乏激励，尤其缺乏内驱力的时候，人容易懈怠下来。我们就得跟自己做个谈判交易。一方面，我们不想干活，总会找到

---

① 参见［瑞典］史蒂夫·诺特伯格：《番茄工作法图解：简单易行的时间管理方法》，人民邮电出版社 2011 年版。

借口，首先就要杜绝没有道理的借口；然后用SMART原则把目的确定下来，尤其给自己设定个最后期限。另一方面，每一件事情做完以后，要犒赏一下自己，物质的和精神的犒赏都好。不能一味地逼自己吃青蛙，吃下一只青蛙之后再吃点好东西，找回愉快的心理体验。

给大家推荐几本时间管理方面的书。《和时间做朋友》[①]这本书是一本时间管理的入门级书籍，但它并不是泛泛而谈一些时间管控的大道理。该书以成败案例来说明时间管理的六大步骤和十一种时间管理方法。时间管理的六个步骤包括：一是时间管理从提高效率开始；二是目标管理，做事之前制定一套可行性目标；三是调整好做事的顺序，给事情做一个等级分类，了解每件事情的机会成本；四是拿出自己的态度，自律的人才能真正地掌握时间；五是排除外界打扰、舍弃没有意义的事情；六是给自己留下一点儿空当，劳逸结合，对抗情绪病毒，防止它蔓延到工作中去。格列宁的《奇特的一生》[②]也是一部时间管理的经典，主人公柳比歇夫是一个真正和时间成为朋友的人，将自己的一生用时间来计划。柳比歇夫通过独创的“时间统计法”，对自己做了研究和试验，看看自己在写、读、听、工作、思索等各方面到底能干多少以及怎么干。他不让自己负担过重、力不胜任，总是循着自己能力的边缘前进，他对自己能力的掂量精确无疑。还可以看看刘未鹏的《暗时间》[③]，从心理学、认知科学和神经科学角度研究时间管理。纪元的《哪有没时间》[④]、叶武滨的《善用时间》[⑤]、邹鑫的《小强升职记》[⑥]、彭小六的《让未来现在就来》[⑦]、张萌的《人生效率手册》[⑧]《加速》[⑨]、诺特伯格的《番茄工作法图解》《单核工作法图

---

① 李泽文：《和时间做朋友》，北京联合出版有限公司2017年版。

② ［俄］格列宁：《奇特的一生》，侯焕闳、唐其慈译，北京联合出版公司2016年版。

③ 刘未鹏：《暗时间》，电子工业出版社2011年版。

④ 纪元：《哪有没时间这回事》，北京联合出版有限公司2017年版；纪元：《哪有没时间这回事Ⅱ：自律的力量》，北京联合出版有限公司2017年版。

⑤ 叶武滨：《善用时间：90天重塑习惯升级人生》，人民邮电出版社2015年版。

⑥ 邹鑫：《小强升职记（升级版）时间管理故事书》，电子工业出版社2014年版。

⑦ 彭小六：《让未来现在就来：成为高效能的行动派》，中国铁道出版社2016年版。

⑧ 张萌：《人生效率手册：如何卓有成效地过好每一天》，湖南文艺出版社2017年版。

⑨ 张萌：《加速：从拖延到高效，过三倍速度人生》，湖南文艺出版社2018年版。

解》[①]、兰德尔的《时间管理》[②]都是时间管理领域的好书。

大胸怀，大理想，大格局，大担当

最后，跟大家回味分享一下，我们如何写一篇好的论文。绝对不能抱一种功利的心态，为了获奖写论文反而无法获奖。我们做很多事情，都是欲速则不达，特别想求的东西往往求之不得。每年全国法院学术讨论会的一、二等奖论文都是应用法学的典范，我从获奖论文的字里行间感受到司法战线上一大批有志青年的大胸怀、大理想、大格局、大担当。自己身在其中，幸在其中。学术讨论会的平台不仅锻炼了我，还给了我一个广阔的视野。我也感受到，只有高的政治站位，才会有高的学术眼光，才会取得扎实的业绩和荣誉。做文章实际上是在做研究，不做花拳绣腿、涂脂抹粉的文章，要做经世致用、利国利民的真学问、大学问。学问的要领，不在于作文章的雕虫小技，而在于实践与认识的哲学关系的深刻道理。我多次强调核心命题的重要性，而我全书的核心命题，就是实践与认识的哲学辩证关系。扎扎实实地研究一个难题，就能为司法事业做一点贡献，为法治进步尽一点微薄之力。我们的努力和成果转化为社会价值，才会实现个人价值。我们的一点成就、一点进步，都离不开组织的培养，更离不开新时代创造的机遇和条件。只有将个人成长与组织进步、地区繁荣、国家富强、人民幸福、民族复兴紧紧联系在一起，才能获得成长的力量。法律的道路三人行，千百万法律人的微薄之力是中国法律道路的前进动力。我们这些怀着法治中国梦的法律人，当不忘初心，在法律实践与研究思考的相互促进中扎实前进，不断提升个人境界和能力，不断为司法事业做出贡献，为国家和社会做出贡献，为中华民族做出贡献，走出一条属于中国人的法律的道路。

---

① ［瑞典］史蒂夫·诺特伯格：《单核工作法图解：事多到事少，拖延变高效》，人民邮电出版社 2017 年版。

② ［美］吉姆·兰德尔：《时间管理——如何充分利用你的 24 小时》，舒建广译，上海交通大学出版社 2012 年版。

参考文献

一、著作

1.［德］马克思、恩格斯：《共产党宣言》，中共中央马克思恩格斯列宁斯大林著作编译局译，人民出版社 1997 年版。

2.《马克思恩格斯选集》（第 2 卷），人民出版社 1972 年版。

3.《马克思恩格斯选集》（第 4 卷），人民出版社 2012 年版。

4.《列宁全集》（第 39 卷），人民出版社 1992 年版。

5.《毛泽东文集》（第 2 卷），人民出版社 1996 年版。

6.《毛泽东文集》（第 8 卷），人民出版社 1999 年版。

7. 毛泽东：《改造我们的学习》，解放社 1950 年版。

8.《建国以来毛泽东文稿》（第九册），中央文献出版社 1996 年版。

9. 毛泽东：《实践论》，人民出版社 1952 年版。

10. 毛泽东：《矛盾论》，人民出版社 1952 年版。

11. 毛泽东：《反对党八股》，人民出版社 1975 年版。

12.《陈云文选》（第 3 卷），人民出版社 1995 年版。

13. 中共中央宣传部：《习近平新时代中国特色社会主义思想三十讲》，学习出版社 2018 年版。

14. 中共中央党史和文献研究院等编：《习近平关于"不忘初心、牢记使命"重要论述选编》，党建读物出版社、中央文献出版社 2019 年版。

15. 中共中央宣传部：《习近平新时代中国特色社会主义思想学习纲要》，

学习出版社、人民出版社 2019 年版。

16. 王力、朱光潜等:《怎样写学术论文》,北京大学出版社 1981 年版。

17. 陈望道:《作文法讲义》,民智书局 1925 年版。

18. 夏丏尊、刘薰宇:《文章作法》,开明书店 1926 年版。

19. 宋楚瑜:《如何写学术论文》,北京大学出版社 2014 年版。

20. 梁慧星:《法学学位论文写作方法》(第 3 版),法律出版社 2017 年版。

21. 何海波:《法学论文写作》,北京大学出版社 2014 年版。

22. 陈瑞华:《论法学研究方法》,法律出版社 2017 年版。

23. 袁方主编:《社会研究方法教程》,北京大学出版社 1997 年版。

24. 风笑天:《现代社会调查方法》(第 5 版),华中科技大学出版社 2015 年版。

25. 仇立平:《社会研究方法》(第 2 版),重庆大学出版社 2015 年版。

26. 白建军:《法律实证分析研究》(第 2 版),北京大学出版社 2014 年版。

27. 韩毓海:《重读毛泽东:从 1893 到 1949》,人民出版社 2017 年版。

28. 韩毓海:《一篇读罢头飞雪,重读马克思》,中信出版社 2014 年版。

29. 陈晋主编:《毛泽东读书笔记精讲》,广西人民出版社 2017 年版。

30. 梁颂成:《毛泽东的比喻艺术》,天津人民出版社 1998 年版。

31. 邹碧华:《法院的可视化管理》,法律出版社 2017 年版。

32. 梁慧星:《裁判的方法》,法律出版社 2003 年版。

33. 梁慧星:《民法解释学》,中国政法大学出版社 1995 年版。

34. 王泽鉴:《法律思维与民法实例——请求权基础理论体系》,中国政法大学出版社 2001 年版。

35. 王泽鉴:《民法思维:请求权基础理论体系》,北京大学出版社 2009 年版。

36. 杨仁寿:《法学方法论》,中国政法大学出版社 1999 年版。

37. 黄建辉:《法律阐释论》,台湾地区新学林出版股份有限公司 2000 年版。

38. 许可:《民事审判方法——要件事实引论》,法律出版社 2009 年版。

39. 郭卫华：《“找法”与“造法”：法官适用法律的方法》，法律出版社 2005 年版。

40. 周玉华主编：《中国司法学》，法律出版社 2015 年版。

41. 苏力：《大国宪制：历史中国的制度构成》，北京大学出版社 2018 年版。

42. 李俊晔：《暴风眼中的法庭——司法公共关系之媒体素养与舆论引导》，人民法院出版社 2018 年版。

43. 李俊晔：《不动产财产权利价值论》，中国人民大学出版社 2016 年版。

44. 孙易新：《思维导图应用宝典：最适合华人使用的思维导图专著》，时代出版传媒股份有限公司、北京时代华文书局 2015 年版。

45. 邱昭良：《如何系统思考》，机械工业出版社 2018 年版。

46. 邱昭良：《系统思考实践篇》，中国人民大学出版社 2009 年版。

47. 王世民：《思维力：高效的系统思维》，电子工业出版社 2017 年版。

48. 蒋勇主编：《诉讼可视化》，法律出版社 2017 年版。

49. 陈为、张嵩、鲁爱东：《数据可视化的基本原理与方法》，科学出版社 2013 年版。

50. 车品觉：《数据的本质》，中信出版社 2018 年版。

51. 雷子：《复制卓越的艺术》，人民邮电出版社 2014 年版。

52. 应星：《大河移民上访的故事》，生活·读书·新知三联书店 2001 年版。

53. 张鲁原编著：《中华古谚语大辞典》，上海大学出版社 2011 年版。

54. 陆懋德：《史学方法大纲》，台湾地区阳明出版社 1969 年版。

55. 白寿彝主编：《史学概论》，中国友谊出版公司 2012 年版。

56. 陈力丹：《舆论学——舆论导向研究》，中国广播电视出版社 1999 年版。

57. 马新福：《法律社会学导论》，吉林大学出版社 1992 年版。

58. 张述元主编：《司法改革形式下的审判管理基本理论研究》，人民法院出版 2018 年版。

59. 高权:《审判管理学原理》，人民法院出版社 2014 年版。

60. 孙海龙:《深化审判管理》，人民法院出版社 2013 年版。

61. 傅郁林、[荷]凡瑞主编:《中欧民事审判管理比较研究》，法律出版社 2015 年版。

62. 沈志先主编:《法院管理》，法律出版社 2013 年版。

63. 胡劲松:《绩效管理从入门到精通》，清华大学出版社 2015 年版。

64. 徐斌:《绩效管理》，中国人民大学出版社 2017 年版。

65. 徐斌、张帆、胡晖:《绩效教练——教练式绩效管理的六大工具》，人民邮电出版社 2014 年版。

66. 徐斌、西楠、胡晖:《NLP 原理与教练式领导力》，人民邮电出版社 2015 年版。

67. 任仲文编:《区块链领导干部读本》，人民日报出版社 2018 年版。

68. 蒋勇、文延、嘉文:《白话区块链》，机械工业出版社 2017 年版。

69. 秋叶:《秋叶：如何高效读懂一本书》，北京联合出版公司 2015 年版。

70. 赵周:《这样读书就够了》，中信出版社 2017 年版。

71. 魏宏:《带队伍就是带人心》，人民邮电出版社 2014 年版。

72. 李泽文:《和时间做朋友》，北京联合出版有限公司 2017 年版。

73. 刘未鹏:《暗时间》，电子工业出版社 2011 年版。

74. 邹鑫:《小强升职记（升级版）时间管理故事书》，电子工业出版社 2014 年版。

75. 叶武滨:《善用时间：90 天重塑习惯升级人生》，人民邮电出版社 2015 年版。

76. 纪元:《哪有没时间这回事》，北京联合出版有限公司 2017 年版。

77. 纪元:《哪有没时间这回事Ⅱ：自律的力量》，北京联合出版有限公司 2017 年版。

78. 张萌:《人生效率手册：如何卓有成效地过好每一天》，湖南文艺出版社 2017 年版。

79. 张萌:《加速：从拖延到高效，过三倍速度人生》，湖南文艺出版社

2018 年版。

80. 古典：《跃迁：成为高手的技术》，中信出版社 2017 年版。

二、译著

1. ［美］布斯、卡洛姆、威廉姆斯：《研究是一门艺术》，陈美霞、徐毕卿、许甘霖译，新华出版社 2009 年版。

2. ［美］韦斯顿：《论证是一门学问》，卿松竹译，新华出版社 2011 年版。

3. ［美］布鲁克·诺埃尔·摩尔、理查德·帕克：《批判性思维》，朱素梅译，机械工业出版社 2015 年版。

4. ［美］朱迪丝·博斯：《独立思考：日常生活中的批判性思维》，岳盈盈、翟继强译，商务印书馆 2016 年版。

5. ［美］德内拉·梅多斯：《系统之美：决策者的系统思考》，邱昭良译，浙江人民出版社 2012 年版。

6. ［美］丹尼斯·舍伍德：《系统思考》，邱昭良、刘昕译，机械工业出版社 2014 年版。

7. ［美］哈里·G. 法兰克福：《论扯淡》，译林出版社 2008 年版。

8. ［美］艾尔·巴比：《社会研究方法》（第 11 版），邱汉奇译，华夏出版社 2009 年版。

9. ［美］奥利弗·温德尔·霍姆斯：《普通法》，冉昊、姚中秋译，法律出版社 2003 年版。

10. ［美］奥利弗·温德尔·霍姆斯：《法律的道路》，李俊晔译，中国法制出版社 2018 年版。

11. ［美］本杰明·N. 卡多佐：《法律的成长：法律科学的悖论》，董炯、彭冰译，中国法制出版社 2002 年版。

12. ［美］本杰明·N. 卡多佐：《司法过程的性质》，苏力译，商务印书馆 2005 年版。

13. ［美］波斯纳：《法律的经济分析（上）》，蒋兆康译，中国大百科全书出版社 1997 年版。

14. [美] 理查德 · A. 波斯纳:《法律、实用主义和民主》, 凌斌、李国庆译, 中国政法大学出版社 2005 年版。

15. [美] 理查德 · A. 波斯纳:《法理学问题》, 中国政法大学出版社 2002 年版。

16. [美] 鲁格罗 · 亚狄瑟:《法律的逻辑——法官写给法律人的逻辑指引》, 唐欣伟译, 法律出版社 2007 年版。

17. [美] 麦克伦尼:《简单的逻辑学》, 赵明燕译, 中国人民大学出版社 2008 年版。

18. [美] 欧文 · M. 柯匹、卡尔 · 科恩:《逻辑学导论》(第 11 版), 张建军、潘天群等译, 中国人民大学出版社 2007 年版。

19. [美] 阿里 · 阿莫萨维:《神逻辑: 不讲道理的人怎么总有理》, 黄宁云译, 新星出版社 2016 年版。

20. [美] Robert J. Sternberg, Karin Sternberg:《认知心理学》(第 6 版), 邵志芳译, 中国轻工业出版社 2017 年版。

21. [美] 阿图 · 葛文德:《清单革命: 如何持续、正确、安全地把事情做好》, 王佳艺译, 北京联合出版公司 2017 年版。

22. [美] Julie Steele & Noah Iliinsky:《数据可视化之美》, 祝洪凯、李妹芳译, 机械工业出版社 2011 年版。

23. [美] Nathan Yau:《鲜活的数据: 数据可视化指南》, 向怡宁译, 人民邮电出版社 2012 年版。

24. [美] 丹 · 罗姆:《餐巾纸的背面》, 徐思源、颜筝译, 中信出版社 2009 年版。

25. [美] 丹 · 罗姆:《打开餐巾纸》, 颜筝译, 中信出版社 2010 年版。

26. [美] 威廉 · 富特 · 怀特:《街角社会》, 黄育馥译, 商务印书馆 1994 年版。

27. [美] 布里格斯、[英] 皮特:《混沌七鉴》, 陈忠、金纬译, 上海科学教育出版社 2001 年版。

28. [美] 巴巴拉·明托：《金字塔原理：思考、写作和解决问题的逻辑》，王德忠、张珣译，民主与建设出版社 2002 年版。

29. [美] 李普曼：《舆论学》，华夏出版社 1989 年版。

30. [美] 杜拉克：《有效的管理者》，中华企业管理发展中心 1978 年版。

31. [美] 彼德·德鲁克：《卓有成效的管理者》，机械工业出版社 2009 年版。

32. [美] 赫伯特·西蒙：《管理行为——管理组织决策过程的研究》，杨砾、韩春立、徐立译，北京经济学院出版社 1988 年版。

33. [美] 赫尔曼·阿吉斯：《绩效管理》(第 3 版)，刘昕、柴茂昌、孙瑶译，中国人民大学出版社 2018 年版。

34. [美] 纳西姆·尼古拉斯·塔勒布：《黑天鹅：如何应对不可预知的未来（升级版）》，万丹、刘宁译，中信出版社 2011 年版。

35. [美] 米歇尔·渥克：《灰犀牛：如何应对大概率危机》，王丽云译，中信出版社 2017 年版。

36. [美] 斯蒂芬·罗宾斯、蒂莫西·贾奇：《组织行为学》(第 16 版)，孙健敏、王震、李原译，中国人民大学出版社 2016 年版。

37. [美] 斯蒂芬·罗宾斯、蒂莫西·贾奇：《组织行为学精要》(原书第 13 版)，郑晓明译，机械工业出版社 2016 年版。

38. [美] 史蒂文·L. 麦克沙恩、玛丽·安·冯·格利诺、吴培冠：《组织行为学》(原书第 7 版)，机械工业出版社 2017 年版。

39. [美] 约翰·W. 斯洛科姆、达恩·海瑞格尔：《组织行为学（第 13 版）》，北京大学出版社 2018 年版。

40. [美] 里基·W. 格里芬、格利高里·摩海德、[中] 唐宁玉：《组织行为学》(中国版)(第八版)，刘伟译，中国市场出版社 2010 年版。

41. [美] 雷·库兹韦尔：《人工智能的未来》，盛杨燕译，浙江人民出版社 2016 年版。

42. [美] 保罗·R. 席列：《高倍速阅读法：将阅读效率提升 10 倍以上的全新学习方法》，中信出版社 2017 年版。

43. [美] 保罗·席利:《10 倍速影像阅读法》，李毓昭译，哈尔滨出版社 2003 年版。

44. [美] 史蒂芬·柯维:《高效能人士的七个习惯》，高新勇、王亦兵、葛雪蕾译，中国青年出版社 2018 年版。

45. [美] 史蒂芬·柯维:《高效能人士的第八个习惯：从效能迈向卓越》，陈允明、王亦兵、梁有昶译，中国青年出版社 2010 年版。

46. [美] 博恩·崔西:《吃掉那只青蛙：博恩·崔西的高效时间管理法则》(原书第 3 版)，机械工业出版社 2017 年版。

47. [美] 吉姆·兰德尔:《时间管理——如何充分利用你的 24 小时》，舒建广译，上海交通大学出版社 2012 年版。

48. [加] 唐塔普斯科特、亚力克斯·塔普斯科特:《区块链革命》，凯尔、孙铭、周沁园译，中信出版社 2016 年版。

49. [英] 哈特:《法律的概念》，张文显等译，中国大百科全书出版社 1996 年版。

50. [英] 约翰·穆勒《穆勒名学》，严复译，商务印书馆 1981 年版。

51. [英] 哈耶克:《个人主义与经济秩序》，邓正来译，生活·读书·新知三联书店 2003 年版。

52. [英] 维克托·迈尔－舍恩伯格、肯尼思·库克耶:《大数据时代：生活、工作与思维的大变革》，浙江人民出版社 2013 年版。

53. [英] 东尼·博赞:《思维导图完整手册》，郭胜阳译，中信出版社 2018 年版。

54. [英] 爱德华·德·波诺:《六顶思考帽：如何简单而高效地思考》，马睿译，中信出版社 2016 年版。

55. [英] 爱德华·德·波诺:《超级思考帽：爱德华·德·波诺思维训练最新教程》，陈荣平译，人民邮电出版社 2006 年版。

56. [英] 爱德华·德·波诺:《六双行动鞋》，安延、叶隽译，新华出版社 2003 年版。

57. [英] 爱德华·德·波诺:《六块价值牌》，欧阳莲译，电子工业出版社 2006 年版。

58.［英］爱德华·德·波诺：《六个思考框》，庄榕霞、祖道海译，万卷出版公司 2011 年版。

59.［英］爱德华·德·波诺、彼德·德·波诺：《柯尔特教程》（上、下），德·波诺思维训练中心编译，新华出版社 2002 年版。

60.［英］迈克尔·C. 杰克逊：《系统思考：适于管理者的创造性整体论》，高飞、李萌译，中国人民大学出版社 2005 年版。

61.［日］大野耐一：《丰田生产方式》，李长信、赵世英、吕永和译，北京出版社 1979 年版。

62.［日］远藤功：《可视力：实现可视化管理的 5 种方法》，中信出版社 2007 年版。

63.［日］外山滋比古：《思考的整理术》，王丹丹译，北京科学技术出版社 2010 年版。

64.［日］西村克己：《逻辑思考力》，邢舒睿译，中国人民大学出版社 2013 年版。

65.［日］岸良裕司、岸良真由子：《三大思考工具轻松解决各种问题》，李瑗祺译，时代出版传媒股份有限公司、北京时代华文书局 2016 年版。

66.［日］富田和成：《高效 PDCA 工作术》，王延庆译，湖南文艺出版社 2018 年版。

67.［日］川原镇也：《PDCA 精进法》，谌红军译，东方出版社 2017 年版。

68.［日］奥野宣之：《如何有效阅读一本书：超实用笔记读书法》，江西人民出版社 2016 年版。

69.［德］康德：《纯粹理性批判》，蓝公武译，商务印书馆 1960 年版。

70.［德］卡尔·拉伦茨：《法学方法论》，陈爱娥译，台湾地区五南图书出版公司 1996 年版。

71.［德］卡尔·拉伦茨：《法学方法论》，陈爱娥译，商务印书馆 2003 年版。

72. ［德］Ingeborg Puppe:《法律思维小学堂——法学方法论密集班》，蔡圣伟译，台湾地区元照出版公司 2010 年版。

73. ［德］英格伯格·普珀:《法学思维小学堂——法律人的 6 堂思维训练课》，蔡圣伟译，北京大学出版社 2011 年版。

74. ［德］哈贝马斯:《交往与社会进化》，张博树译，重庆出版社 1993 年版。

75. ［德］哈贝马斯:《公共领域的结构转型》，曹卫东等译，学林出版社 1999 年版。

76. ［德］克里斯蒂安·格吕宁:《超级快速阅读》，郝湉译，中信出版社 2015 年版。

77. ［德］克里斯迪安·格绿宁:《读书别靠意志力：风靡德国的逻辑 K 书法》，庄仲黎译，台湾地区究竟出版社股份有限公司 2009 年版。

78. ［法］加布里埃尔·塔尔德:《模仿律》，何道宽译，中国人民大学出版社 2008 年版。

79. ［法］古斯塔夫·勒庞:《乌合之众：大众心理研究》，冯克利译，中央编译出版社 2004 年版。

80. ［意］莫诺·卡佩莱蒂:《比较法视野中的司法程序》，徐昕、王奕译，清华大学出版社 2005 年版。

81. ［奥］维特根斯坦:《逻辑哲学论》，郭英译，商务印书馆 1985 年版。

82. ［澳］郎达·拜恩:《秘密》，湖南文艺出版社 2018 年版。

83. ［瑞典］史蒂夫·诺特伯格:《番茄工作法图解：简单易行的时间管理方法》，人民邮电出版社 2011 年版。

84. ［瑞典］史蒂夫·诺特伯格:《单核工作法图解：事多到事少，拖延变高效》，人民邮电出版社 2017 年版。

85. ［俄］格列宁:《奇特的一生》，侯焕闳、唐其慈译，北京联合出版公司 2016 年版。

三、文章

1. 毛泽东：《反对本本主义》，载《毛泽东农村调查文集》，人民出版社1982年版。

2. 毛泽东：《人的正确思想是从哪里来的？》，载《毛泽东著作选读》(乙种本)，中国青年出版社出版1965年版。

3. 毛泽东：《总政治部关于调查人口和土地状况的通知》(1931年4月2日)，载《毛泽东农村调查文集》，人民出版社1982年版。

4. 毛泽东：《"农村调查"序言二》，载中共中央文献研究室编辑：《毛泽东农村调查文集》，人民出版社1982年版。

5. 毛泽东：《关于农村调查》(1941年9月13日)，载《毛泽东文集》(第2卷)，人民出版社1996年版。

6. 毛泽东：《要做系统的由历史到现状的调查研究》(1961年3月31日)，载《毛泽东文集》(第8卷)，人民出版社1999年版。

7. 毛泽东：《中央转发邓子恢关于农村人民公社基本核算单位试点情况调查报告的批语》，载《建国以来毛泽东文稿》(第九册)，中央文献出版社1996年版，第605页。

8. 周恩来：《调查研究要有理论指导》，载中共中央文献研究室编：《毛泽东、周恩来、刘少奇、朱德、邓小平、陈云论调查研究》，中央文献出版社2006年版，第143页。

9. 邓小平：《不是靠本本，而是靠实践》，载中共中央文献研究室编：《毛泽东、周恩来、刘少奇、朱德、邓小平、陈云论调查研究》，中央文献出版社2006年版，第163页。

10. 刘少奇：《要踏踏实实地、不抱成见地去做调查研究》，载中共中央文献研究室编：《毛泽东、周恩来、刘少奇、朱德、邓小平、陈云论调查研究》，中央文献出版社2006年版，第145页。

11. 陈云：《应该用百分之九十以上的时间去弄清情况，用不到百分之十的时间来决定政策》，载中共中央文献研究室编：《毛泽东、周恩来、刘少奇、朱德、邓小平、陈云论调查研究》，中央文献出版社 2006 年版，第 103 页。

12. 陈云：《关于调查研究的方法》，载中共中央文献研究室编：《毛泽东、周恩来、刘少奇、朱德、邓小平、陈云论调查研究》，中央文献出版社 2006 年版，第 59 页。

13. 陈云：《怎样使我们的认识更正确些》，载《陈云文选》（第 3 卷），人民出版社 1995 年版，第 187 页。

14. 习近平：《辩证唯物主义是中国共产党人的世界观和方法论》，载《求是》2019 年第 1 期。

15. 习近平：《在纪念毛泽东同志诞辰 120 周年座谈会上的讲话》，载《人民日报》2013 年 12 月 27 日，第 2 版。

16. 习近平：《广大干部特别是年轻干部要做到信念坚、政治强、本领高、作风硬》，载《习近平关于"不忘初心、牢记使命"重要论述选编》，党建读物出版社、中央文献出版社 2019 年版，第 385 页。

17. 习近平：《推动全党学习和掌握历史唯物主义，更好认识规律，更加能动地推进工作》，载《习近平关于"不忘初心、牢记使命"重要论述选编》，党建读物出版社、中央文献出版社 2019 年版，第 98 页。

18. 习近平：《推动全党学习和掌握历史唯物主义 更好认识规律更加能动地推进工作》，载《人民日报》2013 年 12 月 5 日，第 1 版。

19. 习近平：《决胜全面建成小康社会 夺取新时代中国特色社会主义伟大胜利——在中国共产党第十九次全国代表大会上的报告》，载《人民日报》2017 年 10 月 28 日，第 3 版。

20. 习近平：《关于坚持和发展中国特色社会主义的几个问题》，载《求是》2019 年第 7 期。

21. 习近平：《在纪念马克思诞辰 200 周年大会上的讲话》，载《人民日报》2018 年 5 月 5 日，第 2 版。

22.《习近平为第五批全国干部学习培训教材作序 要求加快推进马克思主义学习型政党学习大国建设》，载《人民日报》2019 年 3 月 1 日，第 1 版。

23. 习近平：《在纪念五四运动 100 周年大会上的讲话》，载《人民日报》

2019 年 5 月 1 日，第 2 版。

24. 习近平：《提高防控能力着力防范化解重大风险 保持经济持续健康发展社会大局稳定》，载《人民日报》2019 年 1 月 22 日，第 1 版。

25. 习近平：《全面深入做好新时代政法各项工作 促进社会公平正义保障人民安居乐业》，载《人民日报》2019 年 1 月 17 日，第 1 版。

26.《习近平在中央政治局第十八次集体学习时强调把区块链作为核心技术自主创新重要突破口加快推动区块链技术和产业创新发展》，载《人民日报》2019 年 10 月 26 日，第 1 版。

27. 刘南平：《法学博士论文的"骨髓"和"皮囊"——兼论我国法学研究之流弊》，载《中外法学》2000 年第 1 期。

28. 陈晋：《怎样把书读活——谈谈毛泽东的读书方法》，载《人民日报》2018 年 12 月 27 日，第 24 版。

29. 于同志：《论指导性案例的"参照适用"》，载《人民司法》2013 年第 7 期。

30. 张骐：《论寻找指导性案例的方法——以审判经验为基础》，载《中外法学》2009 年第 3 期。

31. 陈金钊：《法律论证及其意义》，载《河南省政法管理干部学院学报》2004 年第 4 期。

32. 王力：《谈谈写论文》，载王力、朱光潜等：《怎样写学术论文》，北京大学出版社 1981 年版。

33. 王世德：《怎样写毕业论文和学年论文》，载王力、朱光潜等：《怎样写学术论文》，北京大学出版社 1981 年版。

34. 朱光潜：《漫谈说理文》，载王力、朱光潜等：《怎样写学术论文》，北京大学出版社 1981 年版。

35. 王伟光：《读懂用好"实践论""矛盾论"的哲学智慧》，载《光明日报》2017 年 9 月 1 日，第 6 版。

36. 孙国华：《再论法是"理"和"力"的结合》，载《河南省政法管理干部学院学报》2001 年第 1 期。

37. 张志铭:《裁判中的事实认知》,载王敏远主编:《公法》(第4卷),法律出版社2004年版。

38. 王宏治:《试论中国古代史学与法学同源》,载《政法论坛》2003年4月。

39. 王宏斌:《历史考据法探源》,载《史学理论研究》2002年第3期。

40. 张世明:《"治史如断狱"——历史考据学与律学渊源的知识史考察》,载《光明日报》2015年3月25日,第14版。

41. 支振锋:《信息化助力法治发展进步》,载《人民日报》2019年7月5日,第9版。

42.《我们叫龙的传人(习近平讲故事)》,载《人民日报》(海外版)2017年11月16日,第5版。

43. [德]马克思:《"政治经济学批判"序言》,载《马克思恩格斯选集》(第2卷),人民出版社1972年版,第81页。

44. [德]恩格斯:《恩格斯致韦尔纳·桑巴特(3月11日)》,载《马克思恩格斯选集》(第4卷),人民出版社2012年版,第662页。

45. [苏]列宁:《青年团的任务》,载《列宁全集》(第39卷),人民出版社1992年版,第298页。

46. [英]哈耶克:《社会科学的事实》,载《个人主义与经济秩序》,邓正来译,生活·读书·新知三联书店2003年版。

四、古籍

1.《诗经·秦风·蒹葭》。

2.《尚书·周官》。

3.(春秋)老子:《老子》。

4.(春秋)孟轲:《孟子·尽心上》。

5.(西汉)桓宽:《盐铁论》。

6.(北宋)张载:《横渠语录》。

7.（南宋）陆游：《剑南诗稿·文章》。

8.（元）陶宗仪：《南村辍耕录》。

9.（明）王阳明：《传习录》，阎韬注评，江苏古籍出版社2001年版。

10.（清）潘耒：《国史考异序》。

五、外文资料

1.Oliver Wendell Holmes, Jr., The Common Law, Macmillan & Co., London, 1882.

2.D.Q.Mclnerny, Being Logical – A Guide to Good Thinking, Random House, New York.

3.Julie Steele & Noah Iliinsky, Beautiful Visualization, O'Reilly Media, Inc., 2010.

4.Gabriel Tarde, Laws of Imitation, Henry Holt And Company, 1903, Preface to the Second Edition.

六、其他

1.《中国大百科全书》（第2版），中国大百科全书出版社2009年版。

2.《不列颠百科全书》（国际中文版），中国大百科全书出版社1999年版。

3. 工信部《中国区块链技术和应用发展白皮书》。